Christian Reutlinger · Caroline Fritsche · Eva Lingg (Hrsg.)

Raumwissenschaftliche Basics

# Sozialraumforschung und Sozialraumarbeit
Band 7

Herausgegeben von
Fabian Kessl
Christian Reutlinger

Sozialraumforschung und Sozialraumarbeit finden ihren Ausgangspunkt in der konstitutiven Gleichzeitigkeit von sozialer Konstruktion und Wirkmächtigkeit (vor)herrschender Raumordnungen. Letztere prägen Prozesse der Raumkonstitution ohne soziale Praktiken vollständig zu determinieren. Raumordnungen sind wiederum das Ergebnis dieser sozialen Praktiken und insofern nicht über-historisch, das heißt keine natürlich bereits vorgegebenen Handlungseinheiten. Räume sind immer Sozial-Räume.
In der Sozialraumforschung steht die Analyse dieser Sozialräume im Zentrum des Interesses. Studien zur Sozialraumforschung untersuchen die spezifischen historischen Ordnungen des Räumlichen als Ergebnis politischer Kämpfe, die diese wiederum prägen. Sozialraumarbeit ist die professionelle Arbeit an und mit diesen Sozialräumen. Ihren Ausgangspunkt sucht die Sozialraumarbeit deshalb nicht innerhalb spezifischer Territorien, sondern an den konkreten, aber heterogenen und dynamischen Orten und dem Zusammenspiel der unterschiedlichen Aktivitäten, die Räume (re-)konstruieren.

Christian Reutlinger
Caroline Fritsche
Eva Lingg (Hrsg.)

# Raumwissen-schaftliche Basics

Eine Einführung
für die Soziale Arbeit

VS VERLAG

Bibliografische Information der Deutschen Nationalbibliothek
Die Deutsche Nationalbibliothek verzeichnet diese Publikation in der
Deutschen Nationalbibliografie; detaillierte bibliografische Daten sind im Internet über
<http://dnb.d-nb.de> abrufbar.

1. Auflage 2010

Alle Rechte vorbehalten
© VS Verlag für Sozialwissenschaften | Springer Fachmedien Wiesbaden GmbH 2010

Lektorat: Stefanie Laux

Der VS Verlag für Sozialwissenschaften ist eine Marke von Springer Fachmedien.
Springer Fachmedien ist Teil der Fachverlagsgruppe Springer Science+Business Media.
www.vs-verlag.de

Das Werk einschließlich aller seiner Teile ist urheberrechtlich geschützt. Jede Verwertung außerhalb der engen Grenzen des Urheberrechtsgesetzes ist ohne Zustimmung des Verlags unzulässig und strafbar. Das gilt insbesondere für Vervielfältigungen, Übersetzungen, Mikroverfilmungen und die Einspeicherung und Verarbeitung in elektronischen Systemen.

Die Wiedergabe von Gebrauchsnamen, Handelsnamen, Warenbezeichnungen usw. in diesem Werk berechtigt auch ohne besondere Kennzeichnung nicht zu der Annahme, dass solche Namen im Sinne der Warenzeichen- und Markenschutz-Gesetzgebung als frei zu betrachten wären und daher von jedermann benutzt werden dürften.

Umschlaggestaltung: KünkelLopka Medienentwicklung, Heidelberg
Satz: format.absatz.zeichen, Susanne Koch, Niedernhausen
Druck und buchbinderische Verarbeitung: Ten Brink, Meppel
Gedruckt auf säurefreiem und chlorfrei gebleichtem Papier
Printed in the Netherlands

ISBN 978-3-531-16849-4

# Inhalt

Vorwort . . . . . . . . . . . . . . . . . . . . . . . . . . . . . . 9

Caroline Fritsche | Eva Lingg | Christian Reutlinger
**Raumwissenschaftliche Basics – eine Einleitung** . . . . . . . . . . . 11

Markus Hesse
**Aktionsraum** . . . . . . . . . . . . . . . . . . . . . . . . . . 25

Ulrich Deinet
**Aneignungsraum** . . . . . . . . . . . . . . . . . . . . . . . 35

Eric van Santen
**Brennpunkt** . . . . . . . . . . . . . . . . . . . . . . . . . . 45

Thomas Latka
**Feld** . . . . . . . . . . . . . . . . . . . . . . . . . . . . . . 55

Fabian Kessl | Christian Reutlinger
**Format** . . . . . . . . . . . . . . . . . . . . . . . . . . . . . 63

Benno Werlen
**Geographie** . . . . . . . . . . . . . . . . . . . . . . . . . . 71

Annegret Wigger
**Grenze** . . . . . . . . . . . . . . . . . . . . . . . . . . . . . 81

Stefan Obkircher
**Heimat** . . . . . . . . . . . . . . . . . . . . . . . . . . . . . .91

Michael Hermann
**Kartographie** . . . . . . . . . . . . . . . . . . . . . . . . . . .99

Nadine Günnewig
**Kontext** . . . . . . . . . . . . . . . . . . . . . . . . . . . . . 109

Eva Lingg | Christian Reutlinger | Caroline Fritsche
**Landschaft** . . . . . . . . . . . . . . . . . . . . . . . . . . . 119

Joachim Schöffel | Raimund Kemper
**Lebensraum** . . . . . . . . . . . . . . . . . . . . . . . . . . 129

Peter Rahn
**Lebenswelt** . . . . . . . . . . . . . . . . . . . . . . . . . . . 141

Angela Tillmann
**Medienwelt** . . . . . . . . . . . . . . . . . . . . . . . . . . . 149

Katharina Manderscheid
**Milieu** . . . . . . . . . . . . . . . . . . . . . . . . . . . . . . 159

Eva Lingg | Steve Stiehler
**Nahraum** . . . . . . . . . . . . . . . . . . . . . . . . . . . . 169

Markus Schroer | Jessica Wilde
**Ort** . . . . . . . . . . . . . . . . . . . . . . . . . . . . . . . 181

Caroline Fritsche
**Platz** . . . . . . . . . . . . . . . . . . . . . . . . . . . . . . 191

Patrick Oehler | Matthias Drilling
**Quartier** . . . . . . . . . . . . . . . . . . . . . . . . . . . . . . . . 201

Christian Reutlinger
**Rand** . . . . . . . . . . . . . . . . . . . . . . . . . . . . . . . . . . 211

Daniela Ahrens
**Region** . . . . . . . . . . . . . . . . . . . . . . . . . . . . . . . . . 221

Gerd Held
**Revier** . . . . . . . . . . . . . . . . . . . . . . . . . . . . . . . . . 231

Helga Cremer-Schäfer
**Situation** . . . . . . . . . . . . . . . . . . . . . . . . . . . . . . . . 239

Fabian Kessl | Christian Reutlinger
**Sozialraum** . . . . . . . . . . . . . . . . . . . . . . . . . . . . . . 247

Nadia Baghdadi
**Transit** . . . . . . . . . . . . . . . . . . . . . . . . . . . . . . . . . 257

Alois Herlth
**Umwelt** . . . . . . . . . . . . . . . . . . . . . . . . . . . . . . . . . 265

Silke Steets
**Viertel** . . . . . . . . . . . . . . . . . . . . . . . . . . . . . . . . . 275

**101 Stichworte** . . . . . . . . . . . . . . . . . . . . . . . . . . . 283

**Autorinnen | Autoren** . . . . . . . . . . . . . . . . . . . . . . 287

# Vorwort

In den vergangenen 10 bis 15 Jahren sind in den verschiedenen Tätigkeits*gebieten* der Sozialen Arbeit unterschiedlichste Raumbegriffe eingeflossen – oder Soziale Arbeit agiert und denkt (sich) zunehmend raumorientiert, was auch durch die gesteigerte Verwendung etlicher Raumbegriffe markiert wird, wie bspw. *Feld*arbeit, *Gebiets*bezug, *Grenz*erfahrung, *Orts*gebundenheit, *Rand*ständigkeit, *Rayon*verbot oder *Sozialraum*orientierung.

Wovon reden die unterschiedlichen AkteurInnen im *Feld* der Sozialen Arbeit jedoch, wenn sie räumliche Begriffe benutzen, mit diesen professionell arbeiten? Von expliziten Raumwissenschaften her kommend (Sozialgeographie, Raumsoziologie und Architektur) und in räumlicher Sprache sozialisiert erzeugte dieser oftmals unreflektierte Umgang mit Raumbegriffen bei den HerausgeberInnen des vorliegenden Buches Irritation und Unverständnis. Diese – an der Oberfläche betrachtete – babylonische Sprachverwirrung stand am Anfang des vorliegenden Buchprojektes.

Im genauen Hinhören und Verstehen-Wollen wurde mehr und mehr deutlich, dass in dieser spezifischen Art der Raumsprache oftmals nur die Hoffnung einer Erweiterung von Handlungs- bzw. Gestaltungsmöglichkeiten liegt. Raumbegriffe werden in vielen Verwendungszusammenhängen der Sozialen Arbeit demnach lediglich als Metaphern verstanden, indem bspw. ein scheinbar neutraler, bisher in der Sozialen Arbeit unbesetzter Begriff wie „Klima" ins Vokabular aufgenommen und mit einer eigenen Deutung belegt wird. Keine Rolle spielt dabei, dass es in anderen sozialwissenschaftlichen Disziplinen eine breite Auseinandersetzung, eine regelrechte Klimaforschung gibt und dieser Begriff damit alles andere als neutral ist. Dies ist jedoch wichtig, denn auch Raumbegriffe haben eine Geschichte, sind bedeutungsgeladen und diese Bedeutung wird in der Verwendung durch sozialarbeiterische Praxis und Theoriebildung weitertransportiert.

Im Laufe des Produktionsprozesses der vorliegenden Publikation wurde unser Umgang mit Raumbegriffen soweit sensibilisiert, dass wir in den Diskussionen schließlich sprachlos blieben: viele im Alltag und in der Fachdiskussion verwendete Begriffe werden im vorliegenden Buch genauer unter die Lupe genommen. Sie waren deshalb wie mit einem Tabu belegt. Rettungsanker, um dennoch sprechen zu können waren für uns scheinbar neutrale Stellvertreterbegriffe wie Setting, Moment oder Arrangement, im Bewusstsein, dass natürlich auch hier eine gewisse Bedeutung mitschwingt.

Dieses Ringen um einen bewussten Umgang mit Raumbegriffen war für uns der Gewinn in diesem arbeitsintensiven Projekt. Und hier liegt auch die Hoffnung für den Band: es geht uns nicht um die Setzung bzw. Durchsetzung einer gängigen Sprachregelung oder gar einer konsistenten Raumsprache (als „Wort-Polizisten" zu agieren liegt uns fern), vielmehr soll aufgezeigt werden, dass das Potenzial einer sozialraumorientierten Sozialen Arbeit bzw. Sozialraumarbeit erst durch einen bewussten Umgang mit Raumbegriffen ausgeschöpft werden kann.

Gemeinsam mit unseren Partnern des Instituts für Soziale Arbeit und Sozialpolitik der Universität Duisburg-Essen (Prof. Fabian Kessl) arbeiten wir am Kompetenzzentrum Soziale Räume der FHS St. Gallen (www.fhsg.ch/sozialeraeume) an der Entwicklung einer reflexiven *Sozialraumarbeit und Sozialraumforschung*. Dieser produktive Arbeitskontext hat das vorliegende Projekt erst ermöglicht. Wir danken insbesondere unseren Kolleginnen Bettina Brüschweiler und Trix Frische für die Unterstützung der redaktionellen Arbeit.

Das HerausgeberInnenteam,
Rorschach im Juli 2010

Caroline Fritsche | Eva Lingg | Christian Reutlinger

# Raumwissenschaftliche Basics – eine Einleitung

Auseinandersetzungen mit *Raum* nehmen in den Sozial- und Erziehungswissenschaften mittlerweile eine prominente Rolle ein. Allerdings gibt es auch kritische Stimmen, die vor einer Art Inflation durch eine fast omnipräsente Bezugnahme auf *Raum* warnen (vgl. Günzel 2009: 12/13).
    Die wissenschaftlichen Diskurse oder die dominierenden „Reden vom Raum" (vgl. Kessl/Reutlinger 2008b: 10) gehen auch mit einer veränderten Praxis einher, die sich z.B. in der Sozialen Arbeit in der Formel *vom Fall zum Feld* zuspitzt. Damit wird eine Abwendung vom Einzel*fall* bzw. dem Klienten oder der Klientin als Zielgröße professionellen Handelns und eine Hinwendung zu einer räumlichen Perspektive – dem *Umfeld* – gefordert und vollzogen.
    Im Zuge des Wechselspiels der Reden vom Raum (*disziplinär-systematische Ebene*) und der darauf Bezug nehmenden neuen Praktiken in der Sozialen Arbeit (*konzeptionell-handlungsbezogene Ebene*) entsteht ein Begriffsdschungel, der insbesondere Fachleute aus der Sozialen Arbeit ohne explizit raumtheoretischen Hintergrund vor einige Herausforderungen stellen kann.
    Trotz verschiedener aktueller Ordnungsversuche (siehe Döring/Thielmann 2008; Günzel 2009, 2010; Kessl/Reutlinger/Maurer/Frey 2005; Werlen 2008, 2010), die das Manövrieren durch den Begriffsdschungel erleichtern, bleibt es dem Leser oder der Leserin überlassen, die Begrifflichkeiten und Diskurse für das eigene professionelle Handeln fruchtbar zu machen. An dieser Problematik setzt die vorliegende Publikation an. Eine Annäherung an den oben erwähnten Begriffsd-

schungel wurde in Form der hier versammelten Basic-Begriffe unternommen, wobei einige Begriffe nicht unbedingt dem Verwendungs-Mainstream zuzuordnen sind, aber dennoch Potential für die Soziale Arbeit bieten könnten.

Gemeinsam ist den Begriffen, dass sie Eingang in die Soziale Arbeit gefunden haben oder finden sollten. Die Begriffe sind jedoch unterschiedlich „gefüllt" und kommen mit einer Geschichte daher – für beides möchte diese Publikation sensibilisieren, ohne einen Vollständigkeitsanspruch zu erheben.

Da manche Begriffe sowohl in den Reden vom Raum wie auch in den Praktiken Sozialer Arbeit synonym und mitunter auch beliebig verwendet werden, sind auch Begriffe mit aufgenommen worden, die zunächst nicht genuin raumwissenschaftlich erscheinen. Selbst bei dem Vergewisserungsversuch in Form dieser Publikation konnte die Uneindeutigkeit einiger Begriffe hinsichtlich ihres Verwendungszusammenhangs in der Sozialen Arbeit zwar dargelegt werden, kann aber dennoch nicht als abschließend geklärt betrachtet werden.

Diese Einleitung führt im weiteren Verlauf an einige Chancen und Gefahren im Umgang mit Raumbegriffen in der Sozialen Arbeit heran, wodurch die Hintergrundfolie des gesamten Buches gebildet wird. Chancen und Gefahren werden in den einzelnen Beiträgen wieder aufgegriffen und thematisiert.

Die Reden vom Raum in der Sozialen Arbeit und die daran anknüpfenden raumbezogenen Praktiken werden im Wesentlichen von drei Raumvorstellungen geprägt. Dabei sind sie nicht als These, Antithese und Synthese zu verstehen, sondern stellen je eigene Perspektiven dar. Je nach Zusammenhang und Fragestellung bieten sie ein unterschiedliches Erklärungspotenzial. Im professionellen Arbeitsumfeld der Sozialen Arbeit ist es deshalb notwendig die vertretenen Raumvorstellungen zu reflektieren, da nur so die dahinterliegenden Gestaltungsperspektiven und -ziele berücksichtigt werden können.

In einer *absolutistischen Raumvorstellung* erscheint Raum als eigene Realität ohne Beziehung zu anderen Körpern. Raum ist also immer schon vorhanden. Er existiert demnach auch jenseits von sozialen Prozessen oder handelnden Subjekten und ist somit dem Handeln vorgelagert. Man spricht hier auch von einem Behälter- oder Containerraum (vgl. Einstein 1960), der beliebig mit Inhalt (z. B. Subjekte, Dinge, soziale Prozesse, Eigenschaften etc.) gefüllt werden kann, allerdings ohne durch diesen Inhalt beeinflusst zu werden. Entfernt man den Inhalt wieder, ist ein solcher Raum auch leer vorstellbar. Eine absolutistische Raumvorstellung wird in der Sozialen Arbeit beispielsweise in den derzeitigen internationalen Diskussionen um neue Gebietszuschnitte von Städten, sowie bei der Festlegung von *sozialen Brennpunkten* (» Basic: Brennpunkt), *Entwicklungsgebieten* oder *Stadtteilen mit besonderem Entwicklungsbedarf* sichtbar: Soziale Arbeit wird in Form von gemeinwesenarbeiterischen oder gebietsmanagementbezogenen Ansätzen in solchen Gebieten aktiv (» Basic: Quartier). Oftmals liegen diese durch statistische Indikatoren gebildeten Einheiten quer zu den Logiken sozialarbeiterischen Handelns (vgl. Netzwerke im Stadtteil 2005; Reutlinger 2004). Nicht hinterfragt wird, welche Bedeutungen diese Gebiete für die unterschiedlichen Bewohner und Bewohnerinnen haben bzw. welches die Beziehungsstrukturen sind. Vielmehr bleibt das Gebiet in der Regel Ausgangs- und Endpunkt sozialarbeiterischen Handelns.

> Gefahr der Containerisierung des Sozialen!

Eine *relativistische Raumvorstellung* setzt keinen Behälterraum voraus, sondern begreift Raum als Ergebnis von Beziehungen zwischen Körpern. Raum existiert hier nicht als eigene absolute Realität vor jedem Handeln, sondern nur über die Beziehungen zwischen Körpern. In dieser Vorstellung gibt es auch keinen leeren Raum mehr, der nur mit Inhalten gefüllt zu werden braucht. Ein relativistischer Raumbegriff favorisiert vielmehr die Handlungsebene, indem Raum als im Handeln hergestellt begriffen wird. Dadurch wird es möglich mehrere Räume an einem Ort zu denken, wodurch eine determinierende Verbindung zwischen Erdoberfläche und Handlungen vermieden wird. Eine Orientierung an scheinbar unabhängigen Beziehungsstrukturen ohne eine Berücksichtigung unterschiedlicher Ressourcenverteilungen, sowie Machtverhältnisse und räumlicher Strukturen würde dieser Raumvorstellung entsprechen. In der Sozialen Arbeit findet diese Raumvorstellung ihr Äquivalent in tendenziell konstruktivistischen Positionen, die Sozialraum als unabhängig-individuelle Deutung, Denkleistung oder eben Konstruktion begreifen. Es ist dann z. B. von Erlebnisraum (für Jugendliche), Problemraum (für Verwaltungsakteurinnen) oder Funktionsraum (für Berufstätige) die

Rede, die alle scheinbar losgelöst voneinander existieren und auch unabhängig bearbeitet werden können. Eine *relationale Raumvorstellung* berücksichtigt zwar auch den Handlungsaspekt ganz wesentlich, behält aber zusätzlich die strukturellen Aspekte im Blick, die wiederum Einfluss auf das Soziale und zukünftige Raumbildungen haben. Raum wird demnach durch soziale Prozesse immer wieder hergestellt und wirkt strukturierend auf diese zurück. Oder anders ausgedrückt, Raum wird hier in seiner Dualität bzw. in seinem Doppelcharakter als Resultat *und* Bedingung sozialer Prozesse begriffen (vgl. grundlegend Giddens 1988; Läpple 1991, ausführlich in der sozialgeographischen Diskussion Werlen 1987, 1995, 1997 oder in der raumsoziologischen Diskussion Löw 2001; Schroer 2006). Für die Sozial- und Erziehungswissenschaften werden dadurch die Herstellungen inkl. Wahrnehmungen von Raum besonders relevant, und zwar unter besonderer Berücksichtigung der gesellschaftlichen Strukturen. Eine solche relationale Raumvorstellung ist auch einigen Ansätzen und Methoden der Sozialen Arbeit hinterlegt. So bilden die Aneignungs- und Bewältigungsleistungen (*Geographien,* » Basic: Geographie) von Kindern und Jugendlichen bei der Suche nach eigenen jugendkulturellen Räumen (im öffentlichen Raum) den Ausgangspunkt der so genannten *sozialräumlichen Jugendarbeit* (Böhnisch/Münchmeier 1987; Deinet 2005). Kinder und Jugendliche erleben die gesellschaftlichen Verhältnisse und strukturellen Bedingungen – das was geht und was nicht geht – in ihren räumlichen Handlungen und jugendkulturellen Interaktionen (» Basic: Aneignungsraum). Deshalb haben gesellschaftliche Umbrüche, abzulesen beispielsweise an „räumlicher Desorganisation als Folge sozialer Entwicklungen oder sozialer Krisen (Verbauung von aneigenbaren Räumen, Blockierung von räumlichen Aneignungsmöglichkeiten, Ausgrenzung etc.) im Sozialerleben und Sozialverhalten" (Böhnisch/Münchmeier 1987: 107) für Kinder und Jugendliche eine direktere und durchschlagendere Bedeutung als für Erwachsene (» Basic: Grenze). Gelingt es die jugendkulturelle Bedeutung der Eroberung von Plätzen oder Orten zu entschlüsseln, können daraus die sozialen Beziehungen, Regeln und gruppenbezogenen Verhaltensmuster, aber auch die aktuellen Bewältigungsleistungen in den Lebensphasen Jugend und Kindheit abgeleitet werden. In europäischen Untersuchungen über unsichtbare Bewältigungskarten von Jugendlichen wird z. B. deutlich, dass sich im gegenwärtigen Strukturwandel der Arbeitsgesellschaft das Aneignungshandeln verändert hat. Selbstwert, Anerkennung und Orientierung finden junge Menschen nicht länger über einen Job, sondern über sich selbst und über die Gruppe der Gleichaltrigen – jugendliche Rückzugswelten sind zunehmend entkoppelt (Reutlinger/Mack/Wächter/Lang 2007).

Während Raum bzw. unterschiedliche Raumvorstellungen schon von Naturwissenschaftlern und Philosophen wie Newton, Leibniz und Einstein diskutiert wurden (und auch schon davor), hat der sogenannte spatial turn in den Sozial- und Erziehungswissenschaften (scheinbar) erst im Übergang zum 21. Jahrhundert stattgefunden (zur Kritik an der Ausrufung eines spatial turns in den Sozialwissenschaften siehe Döring/Thielmann 2008). Mit der Bezeichnung spatial turn wird auf eine Verschiebung der Wahrnehmung bzw. der Perspektive „vom Zeitgeist zum Raumgeist" (Soja 2008: 241ff.) hingedeutet. So ist mit ihm die Hervorhebung des Gleichzeitigen und des Synchronen verbunden, wodurch die Vorstellung eines Nacheinanders bzw. einer zeitlich linear ablaufenden Evolution in Frage gestellt wird (siehe zum spatial turn u. a. Soja 2003; Bachmann-Medick 2007).

Die Handhabung sozialer Phänomene über einen räumlichen – meist territorialen – Zugang hat durchaus Tradition. Man denke hier etwa an die Nationalstaaten, die sowohl über eine Nationalgesellschaft/Nation als auch ein nationales Hoheitsgebiet definiert werden können. Ludger Pries spricht in diesem Zusammenhang von einer doppelten Verschachtelung bzw. „doppelten Verschränkung von territorialem Flächenraum und gesellschaftlichem Sozialraum" (Pries 2008: 122). Im Zusammenhang mit den Nationalstaaten sei auch an die jeweils nationalen sozialen Sicherungssysteme bzw. an Wohlfahrtspolitiken erinnert, die sich ebenfalls auf ein bestimmtes Territorium erstrecken (» Basic: Transit).

Allerdings wird darauf hingewiesen, dass seit dem letzten Drittel des 20. Jahrhunderts neue Herausforderungen in der politischen Steuerung eine Verschiebung der staatlichen Zuständigkeit u. a. hin zur kommunalen Ebene zur Folge haben (vgl. Kessl/Otto 2007: 7-21). Es finde eine Verantwortungsübergabe auf die kommunale Ebene statt, die sich in einer Fokussierung der jeweils kommunalen Verwaltungseinheit Stadt bzw. Gemeinde ausdrückt. So ist Stadtpolitik zunehmend von Quartiers-, Stadtteil- oder Brennpunktkonzepten bestimmt, wodurch kleinräumige Einheiten in den Vordergrund rücken. Man könnte also sagen, „[d]ie bisherige Territorialisierung des Sozialen wird neu formatiert" (ebd.: 9).

Mit dieser Neuformatierung hin zu kleinräumigen Einheiten sind Chancen und Hoffnungen verbunden (»Basic: Format), die durchaus ihre Existenzberechtigung haben. Kleinräumigen Einheiten wie z. B. der Nachbarschaft (»Basic: Nahraum), dem Quartier, Stadtteil oder Entwicklungsgebiet wird das Potenzial zugeschrieben, in Zeiten gesellschaftlicher Heterogenität und einer Pluralisierung der Lebensentwürfe adäquate Handlungsgrößen für die Soziale Arbeit zu sein. Das Potenzial liege dabei vor allem in der Aktivierung des sozialen Kapitals der Bevölkerung, was über eine maßgeschneiderte Konzeption für eine bestimmte Bevölkerungsgruppe unter Berücksichtigung ihrer spezifischen Wohnorte („die Anwohner der xy-Strasse", „die Quartierbewohner", Stadtteilfest,...) erreicht werden soll. Dieser Ansatz liegt z. B. dem Quartiermanagement zugrunde, das u. a. im deutschen Bund-Länder-Programm *Stadtteile mit besonderem Entwicklungsbedarf – Soziale Stadt* eine große Rolle spielt.

Gefahr der Territorialisierung des Sozialen!

Der spatial turn findet unter dem Stichwort *Sozialraumorientierung* Eingang in die Soziale Arbeit, die dementsprechend umgestaltet wird (»Basic: Sozialraum). Dabei lassen sich drei Prämissen beobachten, die mit einer solchen Sozialraumorientierung verbunden werden (vgl. Kessl/Reutlinger 2010: 44ff.):

- Sozialraumorientierung schaut von unten, d. h. die professionelle Perspektive setzt bei den betroffenen Menschen und nicht auf der Ebene von Politik und Steuerung an.
- Sozialraumorientierung ist modern, d. h. sie wird als emanzipatorisches Gegenkonstrukt zur als veraltet wahrgenommenen Fallfokussierung gesehen.
- Sozialraumorientierung macht gestaltungsfähig, d. h. durch eine sozialraumorientierte Soziale Arbeit scheint die Möglichkeit gegeben, bei kommunal-politischen Prozes-

sen gehört zu werden und darüber hinaus auch ein aktives Mitbestimmungsrecht verteidigen zu können.

Über einen sozialräumlichen Zugang scheint zum einen das Soziale wieder gestalt- und handhabbar zu sein, zum anderen erscheint eine sozialräumliche Ausrichtung auf der Höhe der Zeit und somit modern – und gut – zu sein. Dies drückt sich nicht zuletzt in der Konjunktur aus, die sozialraumorientierte Ansätze und sozialräumliche Methoden in der Sozialen Arbeit zurzeit erleben (vgl. ebd.: 43 ff.).

Die oben erwähnte Konzentration auf kleinräumige Einheiten zur Bearbeitung des Sozialen birgt aber auch Gefahren in sich. So erscheinen die BewohnerInnen eines bestimmten Quartiers, Stadtteils, Gebiets oder einer Straße als homogene Gruppe aufgrund ihres Wohnorts. Die Heterogenität innerhalb dieser angenommenen Gruppe und die komplexen Sozialräume der jeweiligen Personen (die sich evtl. nicht über die Straße oder das Quartier aufspannen) bleiben unreflektiert. Es besteht die Gefahr, Soziales zur messbaren Größe zu reduzieren und damit zu operationalisieren.

*Gefahr der Homogenisierung und Verdinglichung!*

## Chancen einer kritisch-reflexiven Auseinandersetzung

(Sozial)räumliche Zugänge, Begrifflichkeiten und Methoden können also nicht per se angemessen, gut und richtig sein. Eine kritisch-reflexive Auseinandersetzung bleibt notwendig, in deren Verlauf die Sinnhaftigkeit eines räumlichen Zugangs für das eigene professionelle Handeln hinterfragt und abgeschätzt werden muss. Doch dazu ist es notwendig sich über das eigene Raumverständnis, die verwendeten Begriffe und die Beziehungen zu anderen Akteursgruppen im Klaren zu sein: Geht es um eine Verwaltungseinheit oder um Sozialräume bestimmter Nutzergruppen? Welche unterschiedlichen Raumlogiken (AkteurInnen der Politik, Verwaltung, Ökonomie, Sozialen Arbeit, Nachbarschaft, anderer Ziel- und Nutzergruppen) spielen im jeweiligen Zusammenhang eine Rolle? Welche Ziele und Interessen stehen hinter den beteiligten AkteurInnen? Was soll eigentlich wie gestaltet werden?

Geht es – wie z. B. in der Sozialen Arbeit – um die Beeinflussung des Sozialen oder genauer der Lebenszusammenhänge von Menschen, lassen sich drei dominante Zugänge bzw. Herangehensweisen ausmachen: der Zugang über Menschen, über Orte und über strukturelle Steuerung (vgl. Reutlinger/ Wigger 2010a). Ein Zugang über Menschen stellt diese ins Zentrum seiner Perspektive und bindet sie in die Arbeit an sozialen Zusammenhängen mit ein. Dazu zählen z. B. die Begleitung von Partizipationsprozessen bei der Stadtentwicklung oder Ideenwerkstätten für mehr Lebensqualität im Wohnquartier. Indem relevante Themen mit den Menschen vor Ort entwickelt und bearbeitet werden, rückt das Soziale tatsächlich in den Mittelpunkt der professionellen (Sozialen) Arbeit.

Mit dem zweiten Zugang wird versucht Sozialräume über die Planung und Gestaltung konkreter Orte zu beeinflussen. Dazu zählen z. B. Versuche über die Neugestaltung von Spielplätzen mehr Anreize und Möglichkeiten für Kinder zu schaffen oder durch die Beleuchtung einer Unterführung das subjektive Sicherheitsgefühl von Passantinnen und Passanten zu stärken.

Der Zugang über strukturelle Steuerung fokussiert schließlich auf politische oder verwaltungstechnische Grundlagen und Abläufe. Darunter fällt z. B. die Einführung von Schulsozialarbeit und die damit verbundene Beeinflussung des Sozialraums Schule (vgl. Reutlinger/Sommer 2010 i.E.). Ein weiteres Beispiel wäre die Einführung eines Wegweisungsartikels ins Polizeigesetz, wodurch die Polizei die Befugnis erhält, bestimmten Personengruppen den Aufenthalt an einem Ort zu untersagen.

Die drei Zugänge bezeichnen unterschiedliche Formen der Einflussnahme auf sozialräumliche Zusammenhänge, wobei sie eher als Pole eines Dreiecks zu verstehen sind, zwischen denen eine Reihe von Mischformen auftreten kann. Außerdem sind diese Pole nicht unabhängig voneinander zu verstehen, zwischen ihnen besteht vielmehr ein Spannungsverhältnis. Jedoch gelingt es über diese Auslegeordnung, die Ziele und Herangehensweisen der für den jeweiligen Zusammenhang relevanten Akteursgruppen zu benennen und zueinander ins Verhältnis zu setzen.

Bleibt das eigene Raumverständnis bzw. der eigene Zugang, um Einfluss auf sozialräumliche Zusammenhänge zu nehmen, unreflektiert, besteht beispielsweise die Gefahr

Raum mit Territorium gleichzusetzen und somit soziales Handeln untrennbar an einen bestimmten Ausschnitt der Erdoberfläche zu binden. Die Folge ist eine Verunsicherung zwischen Ursache und Wirkung, die u. a. in Konzepten des aktuellen Sicherheitsdiskurses wiederzufinden ist. So gehen beispielsweise die Broken-Windows-Theorie oder der Defensible-Space-Ansatz davon aus, dass die physikalische Beschaffenheit eines Ortes (also ein definiertes Territorium) zu einem bestimmten Verhalten führt. Im Fall der Broken-Windows-Theorie führt ein Ort, an dem Anzeichen geringer sozialer Kontrolle zu erkennen sind (z. B. Müll, Beschädigungen) vermehrt zu abweichendem Verhalten als ein Ort, bei dem geringste Anzeichen von Normbrüchen umgehend beseitigt werden (vgl. Wilson/Kelling 1982). Der Defensible-Space-Ansatz versucht hingegen über die Gestaltung eines Ortes (z. B. Beleuchtung, Bepflanzung und Möblierung in einem Wohngebiet), ein höheres Maß an sozialer Kontrolle zu ermöglichen (vgl. Stummvoll 2002). Die Gestaltung des Ortes soll somit abweichendes Verhalten, in dem Fall kriminelles Verhalten, unattraktiv machen. Es wird also nicht am Verhalten selbst – dem Sozialen – angesetzt, sondern am Territorium. Dahinter steht die Idee von Subjekten im Sinne einer Rational-Choice-Theorie, wonach in jeder Situation die Vor- und Nachteile einer bestimmten Handlung bzw. Handlungsalternativen unter rationalen Gesichtspunkten abgewogen werden, bevor die Handlung vollzogen wird. Ist der Gewinn durch eine Handlung besonders niedrig oder das Risiko einer Sanktion besonders hoch, sei die Handlung unattraktiv und werde somit nicht vollzogen. Das Subjekt erscheint also als stets rational kalkulierend und frei von gesellschaftlichen Zusammenhängen.

Eine ähnliche determinierende Verbindung wie beim Defensible-Space-Ansatz wird hergestellt, wenn geologische Faktoren herangezogen werden, um normativ gefärbte Einschätzungen eines bestimmten Handelns zu legitimieren – wenn also menschliches Handeln über Naturgegebenheiten erklärt wird. Dieser Geodeterminismus lässt sich aktuell in einer weiterentwickelten Form beobachten. So wird z. B. bei sogenannten *sozialen Brennpunkten* oder *neuralgischen Punkten in der Stadt* über den Wohn- oder Aufenthaltsort auf ein bestimmtes Verhalten geschlossen (»Basic: Rand) – in der Folge werden diese Orte vermehrt von Polizei oder Videokameras überwacht. Die Gefahr besteht auch hierbei darin in einen Geodeterminismus zu verfallen (»Basic: Geographie) und den Ort bzw. das Territorium (»Basics: Ort und Revier) zur Ursache für soziales Handeln zu erklären.

*Gefahr des Geodeterminismus!*

Der öffentliche Raum wird aber nicht nur von Polizei und Videokameras betreut, sondern entwickelt sich auch immer mehr zum Betätigungsfeld der Sozialen Arbeit. Anlässe dazu finden sich meist in Form von Jugendlichen, sogenannten Randständigen oder Subkulturen, die sich öffentlichen Raum entgegen dominanter Normen aneignen. Auf solche Entgrenzungsphänomene bzw. auf die Wahrnehmung eines Verlusts an sozialer Kontrolle wird meist mit einer Erhöhung der Kontrolle des öffentlichen Raums reagiert (»Basic: Platz). Dabei spielen repressive wie auch präventive Maßnahmen mit pädagogischem Hintergrund eine immer größere Rolle (z.B. aufsuchende Jugendarbeit, Gassenarbeit, Abfallunterricht in Schulen, Jugendpolizei). Solche Maßnahmen sind mit Vorsicht zu genießen, da hier die Gefahr besteht, dass sich eine triviale Vorstellung von Pädagogik bzw. Sozialer Arbeit durchsetzt. Ein Verschmelzen der Zuständigkeiten von Kommunalpolitik, Polizei und Sozialer Arbeit würde die Soziale Arbeit zur Handlangerin degradieren und ihr Agieren im Sinne der *Betroffenen* verunmöglichen. Damit würde die Soziale Arbeit zumindest einer der beobachteten Prämissen der Sozialraumorientierung widersprechen, nämlich *von unten zu schauen.*

*Gefahr einer Trivialpädagogik!*

Zusammenfassend lässt sich festhalten, dass die Beschäftigung mit räumlichen Begriffen und Zugängen eine Reihe von möglichen Gefahren birgt, auf die in dieser Einleitung hingewiesen wurde. Darunter zählen wir u.a. *die Containerisierung des Sozialen, unreflektierte Territorialisierung des Sozialen, Homogenisierung, Verdinglichung, Geodeterminismus* und *die Durchsetzung von Trivialpädagogik.* Zwar stellt diese Gefahrenkette keine unausweichliche Folgereaktion dar, die Verwandtschaft zwischen den genannten Gefahren liegt aber darin, dass sie die sozial-politischen Zusammenhänge stark vereinfachen und damit den Blick eher einschränken als ihn für die Komplexität sozialer Zusammenhänge zu öffnen.

Ziel der *Raumwissenschaftlichen Basics* ist es demnach, eine Sensibilisierung im Umgang mit Raumbegriffen in der Sozialen Arbeit zu erreichen. Es soll nicht in Konkurrenz zu Abhandlungen über Raumtheorie stehen (dazu sei z. B. auf die Arbeiten von Benno Werlen (1987, 2010), Martina Löw (2001), Markus Schroer (2006) oder Jörg Dünne/Stephan Günzel (2006) verwiesen). Vielmehr ist der Anspruch bescheidener und gleichzeitig pragmatischer. Es soll insbesondere für Fachleute und Studierende aus der Sozialen Arbeit als Orientierungshilfe dienen, sich im Dschungel der räumlichen Begrifflichkeiten zurechtzufinden und die Aneignung der jeweiligen Diskurse erleichtern. Es soll eine Auseinandersetzung mit den Begriffen angeregt werden, wodurch ein kritisch-reflexives Verständnis der Begriffe und deren Rolle für das eigene professionelle Handeln in der Sozialen Arbeit entwickelt werden kann.

Da die Publikation auf die Soziale Arbeit zugeschnitten ist, wird in den einzelnen Beiträgen auch systematisch auf die Verwendung des jeweiligen Begriffs in Debatten der Sozialen Arbeit eingegangen. Ergänzt werden die Beiträge z.T. durch einen Blick auf die Verwendung der Begriffe in benachbarten Disziplinen, wie z. B. der Raumplanung (»Basic: Lebensraum), der Physik (»Basic: Feld), der Sozialgeographie (»Basic: Geographie), der Stadtsoziologie (»Basic: Viertel, Ort, Platz) sowie der Stadtplanung (»Basic: Nahraum). Im jeweils letzten Teil geht es um eine Rückführung, indem Konsequenzen oder relevante Fragestellungen für die Soziale Arbeit angesprochen werden. Die Beiträge schließen mit einem zusammenfassenden Merksatz zum jeweiligen Begriff sowie weiterführenden Literaturhinweisen.

## Literatur

Bachmann-Medick, Doris (2007): Cultural Turns. Neuorientierungen in den Kulturwissenschaften. Reinbek: Rowohlt (2. Aufl.)

Baier, Florian/Deinet, Ulrich (Hrsg.) i.E.: Praxisbuch Schulsozialarbeit. Methoden, Haltungen und Handlungsorientierungen für eine professionelle Praxis. Opladen & Farmington Hills: Verlag Barbara Budrich

Böhnisch, Lothar/Münchmeier, Richard (1987): Pädagogik des Jugendraums. Zur Begründung und Praxis einer sozialräumlichen Jugendpädagogik. Weinheim/München: Juventa Verlag

Deinet, Ulrich (2005): Sozialräumliche Jugendarbeit. Grundlagen, Methoden und Praxiskonzepte. Wiesbaden: VS Verlag für Sozialwissenschaften

Döring, Jörg/Thielmann, Tristan (Hrsg.) (2008): Spatial Turn. Das Raumparadigma in den Kultur- und Sozialwissenschaften. Bielefeld: transcript

Dünne, Jörg/Günzel, Stephan (Hrsg.) (2006): Raumtheorie. Grundlagentexte aus Philosophie und Kulturwissenschaften. Frankfurt am Main: Suhrkamp

Einstein, Albert (1960): Vorwort. In: Jammer (1960): XII-XVII.

Gebhardt, Hans/Reuber, Paul/Wolkersdorfer, Günter (Hrsg.) (2003): Kulturgeographie. Aktuelle Ansätze und Entwicklungen. Heidelberg/Berlin: Spektrum Akademischer Verlag

Giddens, Anthony (1988): Die Konstitution der Gesellschaft. Grundzüge einer Theorie der Strukturierung. Frankfurt am Main: Campus

Günzel, Stephan (Hrsg.) (2009): Raumwissenschaften. Frankfurt am Main: Suhrkamp

Günzel, Stephan (Hrsg.) (2010): Raum: ein interdisziplinäres Handbuch. Stuttgart: Metzler

Häußermann, Hartmut/Ipsen, Detlev/Krämer-Badoni, Thomas (Hrsg.) (1991): Stadt und Raum. Pfaffenweiler: Centaurus

Jammer, Max (1960): Das Problem des Raumes. Die Entwicklung der Raumtheorien. Darmstadt: Wissenschaftliche Buchgesellschaft

Kessl, Fabian/Otto, Hans-Uwe (2007): Von der (Re-)Territorialisierung des Sozialen. Zur Regierung sozialer Nahräume – eine Einleitung. In: Kessl/Otto (2007): 7-21

Kessl, Fabian/Otto, Hans-Uwe (2007): Territorialisierung des Sozialen. Regieren über soziale Nahräume. Opladen: Barbara Budrich

Kessl, Fabian/Reutlinger, Christian (2010): Sozialraum. Eine Einführung. 2. durchgesehene Auflage. Wiesbaden: VS Verlag für Sozialwissenschaften

Kessl, Fabian/Reutlinger, Christian (2008b): Zur Archäologie der Sozialraumforschung – eine Einleitung. In: Kessl/Reutlinger (2008a): 9-21

Kessl, Fabian/Reutlinger, Christian (2008a) (Hrsg.): Schlüsselwerke Sozialraumforschung. Traditionslinien in Text und Kontexten. Wiesbaden: VS Verlag für Sozialwissenschaften

Kessl, Fabian/Reutlinger, Christian/Maurer, Susanne/Frey, Oliver (Hrsg.) (2005): Handbuch Sozialraum. Wiesbaden: VS Verlag für Sozialwissenschaften

Läpple, Dieter (1991): Essay über den Raum. Für ein gesellschaftswissenschaftliches Raumkonzept. In: Häußermann/Ipsen/Krämer-Badoni (Hrsg.) (1991): 157-207

Löw, Martina (2001): Raumsoziologie. Frankfurt am Main: Suhrkamp

Netzwerke im Stadtteil (Hrsg.) (2004): Grenzen des Sozialraums. Kritik eines Konzepts – Perspektiven für Soziale Arbeit. DJI-Reihe. Wiesbaden: VS Verlag für Sozialwissenschaften

Pries, Ludger (2008): Die Transnationalisierung der sozialen Welt. Frankfurt am Main: Suhrkamp

Reutlinger, Christian (2004): Gespaltene Stadt und die Gefahr der Verdinglichung des Sozialraums – eine sozialgeographische Betrachtung. In: Projekt Netzwerke im Stadtteil (2004): 87-108

Reutlinger, Christian/Mack, Wolfgang/Wächter, Franziska/Lang, Susanne (2007): Jugend und Jugendpolitik in benachteiligten Stadtteilen in Europa. Wiesbaden: VS Verlag für Sozialwissenschaften

Reutlinger, Christian/Sommer, Antje (2010) i.E.: Schulsozialarbeit in Kooperation und Vernetzung – von der fallbezogenen Triage zum quartiersbezogenen/sozialraumbezogenen Vernetzungsgefüge. In: Baier/Deinet (Hrsg.) (i.E.)

Reutlinger, Christian/Wigger, Annegret (2010a): Das St.Galler Modell – eine Denkfigur zur Gestaltung des Sozialraums. In: Reutlinger/Wigger (2010b): 13-54

Reutlinger, Christian/Wigger, Annegret (2010b): Transdisziplinäre Sozialraumarbeit: Grundlegungen und Perspektiven des St.Galler Modells zur Gestaltung des Sozialraums. Berlin: Frank & Timme

Schroer, Markus (2006): Räume, Orte, Grenzen. Auf dem Weg zu einer Soziologie des Raums. Frankfurt am Main: Suhrkamp

Soja, Edward (2003): Thirdspace – Die Erweiterung des geographischen Blicks. In: Gebhardt/Reuber/Wolkersdorfer (Hrsg.) (2003): 269-288

Soja, Edward (2008): Vom „Zeitgeist" zum „Raumgeist". New Twists on the Spatial Turn. In: Döring/Thielmann (Hrsg.) (2008): 241-262

Stummvoll, Günter (2002): CPTED. Kriminalprävention durch Gestaltung des öffentlichen Raumes. Institut für Höhere Studien, Abteilung Soziologie, Wien 2002. Download: http://www.e-doca.eu/docs/CPTED_Stummvoll.pdf, Stand 30.07.2009

Werlen, Benno (1987): Gesellschaft, Handlung und Raum. Grundlagen handlungstheoretischer Sozialgeographie. Stuttgart: Franz Steiner

Werlen, Benno (1995): Sozialgeographie alltäglicher Regionalisierungen Bd. 1: Zur Ontologie von Gesellschaft und Raum. Stuttgart: Franz Steiner

Werlen, Benno (1997): Sozialgeographie alltäglicher Regionalisierungen Bd. 2: Globalisierung, Region und Regionalisierung. Stuttgart: Franz Steiner

Werlen, Benno (2008): Sozialgeographie. Eine Einführung. Bern: UTB/Paul Haupt (3. Aufl.)

Werlen, Benno (2010a): Gesellschaftliche Räumlichkeit. Bd. 1: Orte der Geographie. Stuttgart: Franz Steiner

Werlen, Benno (2010b): Gesellschaftliche Räumlichkeit. Bd. 2: Konstruktion geographischer Wirklichkeiten. Stuttgart: Franz Steiner

Wilson, James Q./Kelling, George L. (1982): The police and neighborhood safety: Broken Windows. In: The Atlantic Monthly. March 1982. http://www.theatlantic.com/doc/198203/broken-windows, Stand 30.07.2008

Markus Hesse

# Aktionsraum

Der Aktionsraum von Personen, d. h. die räumliche Erstreckung und zeitliche Rhythmik ihrer außerhäuslichen Aktivitäten, ändert sich in Abhängigkeit von Alter, Lebensführung, Haushaltssituation oder Interessen. So sind ältere Menschen beispielsweise damit konfrontiert, dass ihre Beweglichkeit abnimmt, das Mobilitätsspektrum eingeschränkt wird. Einkaufsstätten, öffentliche Einrichtungen, Familienangehörige werden schlechter erreichbar, soziale Teilhabe wird erheblich erschwert oder von der Hilfestellung Dritter abhängig. Aktionsraumforschung kann an dieser Stelle dazu beitragen, die Bedürfnisse bestimmter Zielgruppen – wie etwa alter Menschen – auch in raum-zeitlicher Hinsicht zu ermitteln: wie sind wichtige Standorte erreichbar, wie kann soziale Teilhabe sichergestellt werden? Auf diese Weise können Veränderungen sowohl in der Alltagswelt als auch in der räumlichen Umgebung transparent gemacht und daraus resultierende Anforderungen z. B. an die Infrastruktur- oder Mobiliätspolitik formuliert werden.

## Aktionsraum und Aktionsraumforschung in der Sozialen Arbeit

Der Begriff des Aktionsraums bzw. das Konzept der Aktionsraumforschung waren lange eine Schlüsselkategorie der Stadtanalyse bzw. Stadtforschung. Sie wurden in den 1970er und 1980er Jahren vor allem in der Stadt- und Regionalsoziologie, der Humangeographie und in den Planungswissenschaften entwickelt (vgl. Friedrichs 1975, Dangschat/Droth/Friedrichs/Kiehl 1980, 1982; Klingbeil 1978; Kreibich/Kreibich/Ruhl 1989). In Anlehnung an Definitionen aus der Humangeographie ist mit dem Aktionsraum („activity space") der Raum gemeint, innerhalb dessen die Mehrheit der Aktivitäten eines Individuums erfolgt; davon unterschieden wird der „action space" als der Raum, in dem Standortentscheidungen getroffen werden (Johnston/Gregory/Smith 1994b: 3, 4). Aktionsraumforschung hat die Beschreibung und Verortung raum-zeitlicher Aktivitäten von

Individuen oder Gruppen zum Inhalt. Erkenntnisleitend sind die Fragen danach, welche Aktivitäten durch welche Nutzer an welchem Ort (» Basic: Ort) sowie zur welchen Zeit bzw. über welche Dauer durchgeführt werden. Solche Ansätze fanden ihren praktischen Niederschlag u. a. auch in der Sozialraumanalyse, also der Untersuchung kleinräumiger Differenzierungen von Bevölkerungs- und Sozialstrukturen in Städten, wie Lebenslagen, Armut, Migration u. ä., die in den 1940er Jahren in den USA entwickelt wurde und im Anschluss daran auch in Europa sehr populär wurde; Handlungsprogramme wie die „Soziale Stadt" basieren heute auch auf solchen Analysen. Die Aktionsraumforschung richtet sich im Unterschied dazu aber nicht nur auf räumlich fixierte Tatbestände wie den Straßenraum, lokale Infrastrukturen u. ä., sondern ganz zentral auf individuelle Mobilitätsmuster und die daraus resultierenden Beziehungsnetze.

Konzeptionell war die Entstehung der Aktionsraumforschung eng verknüpft mit der Entwicklung der Wahrnehmungsgeographie sowie der Zeitgeographie. Ihr Gegenstand, das Handeln im räumlichen Kontext (» Basic: Kontext), wurde dabei in verschiedene Teile bzw. Schichten zerlegt: i) objektive Strukturen und Gegebenheiten der räumlichen Umwelt (» Basic: Umwelt), ii) die subjektive Wahrnehmung von Ausschnitten dieser Gegebenheiten durch Individuen bzw. Gruppen, iii) die Nutzung dieser Ausschnitte (Ausstattung) im Rahmen sozialer Praxis. Die Durchführung von Aktivitäten im spezifischen raum-zeitlichen Kontext wurde im Rahmen zeitgeographischer Analysen auch in Form sogenannter „Prismen" dargestellt (vgl. Lenntorp 2004). Dabei wurden Raum und Zeit als zentrale Rahmenbedingungen individuellen Handelns wahrgenommen und galten als hochgradig interdependent. Zur Erklärung von Art und Umfang aktionsräumlicher Praxis dienten vor allem sog. *„constraints"* der zeitgeographischen Schule, d. h. das Handeln der Individuen war Ausdruck bestimmter Begrenzungen bezogen auf Fähigkeiten, Budgets oder Zugangsrechte.

Ein wichtiges Anwendungsfeld der Aktionsraumforschung war die Analyse der Ausstattung des Stadtraums mit den für das Alltagsleben notwendigen Gelegenheiten wie Einkaufsstätten, Schulen oder Kultureinrichtungen. Ergebnisse der Aktionsraumforschung dienten der Kritik der funktional gegliederten, segmentierten Stadt des Nachkriegsstädtebaus und der Forderung nach einer integrierten Stadtentwicklungspolitik. Auch für die Untersuchung der Segregation als Kernkonzept der räumlich ungleichen Entwicklung waren aktionsräumliche Ansätze relevant (Friedrichs 1975: 324). Segregationsanalysen hatten ebenso wie die Aktionsraumforschung ihren Ausgangspunkt in der Erfassung der Wohnstandorte der Individuen. Weitere Anwendungen richteten sich auf die spezifischen Bedürfnisse ausgewählter Bevölkerungsgruppen mit Blick auf räumliche Ausstattung und Qualitäten, Erreichbarkeiten etc. Dabei wurden z. B. Kinder und Jugendliche als Zielgruppe in den Blick genommen, ausgehend von der Feststellung, dass die gegliederte und segmentierte Stadt der Nachkriegsmoderne auf deren spezifische Anforderungen nur sehr begrenzt eingerichtet war (vgl. Zeiher 1983). Der aus Aktionsraumansätzen hervorgehende, durchaus umfassende Blickwinkel auf die räumliche Entwicklung entstand auch in Abgrenzung zum oft als mechanistisch kritisierten Ansatz der quantitativen Geographie sowie vor allem der Regional Science, die seit den 1960er Jahren prosperierten. Paradigmatisch für diese Kritik ist der Titel eines klassischen Aufsatzes von Thorsten Hägerstrand, Mitbegründer der Zeitgeographie: „What about people in Regional Science?" (Hägerstrand 1970).

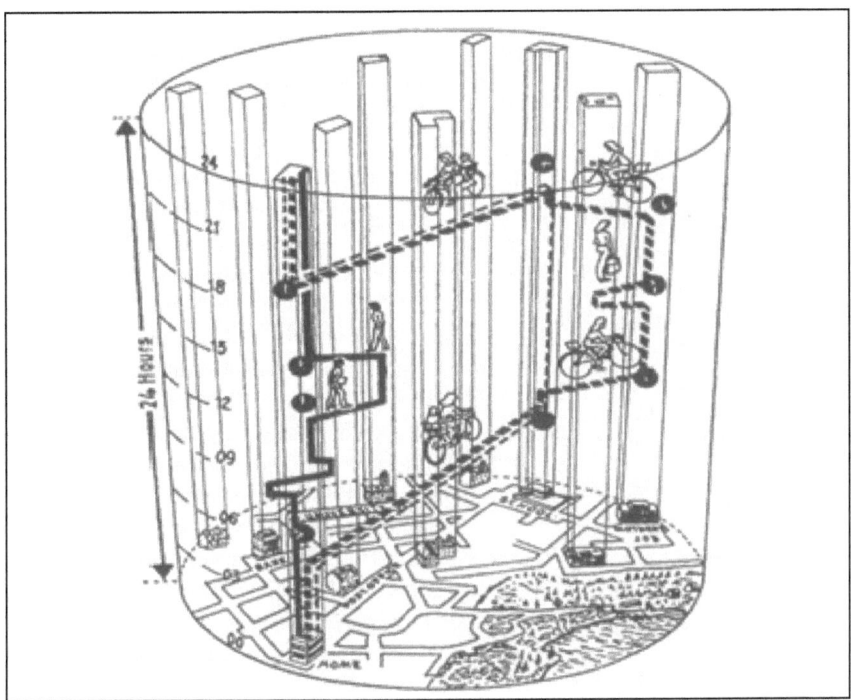

Abb. 1: Hägerstrand, Torsten: time-space-map; „Acitivity of the individuals in a Swedish family over a single day", z. B. abgebildet in Rose, Gillian (1993): 21

## Aktionsraum und Aktionsraumforschung unter veränderten Rahmenbedingungen

Das Konzept der Aktionsraumforschung hat in der Stadt- und Raumforschung seit Ende der 1980er Jahre an Bedeutung verloren. Seither wurden kaum einschlägige Arbeiten publiziert (vgl. Heydenreich 2000 als eine der wenigen Studien aus der Geographie und Pohl 2009). Im Zuge des sozialen, ökonomischen und technologischen Wandels der Industriegesellschaften haben sich Muster, Verlaufsformen und Begründungszusammenhänge individueller Aktivitäten stark verändert. Das vorwiegend analytische Konzept des Aktionsraums mit seiner stark deskriptiven Ausrichtung hat auf diesen Wandel keine zufriedenstellenden Antworten gegeben. Zudem boten sich nur wenige Anknüpfungspunkte an jüngere Forschungslinien der Kultur- und Sozialwissenschaften sowie der Humangeographie, die sich mit den Möglichkeiten einer Re-Theoretisierung raumbezogener Konzepte befassen.

Die Grundfragestellungen des Aktionsraumansatzes sind allerdings auch zur Analyse der heutigen, hochgradig arbeitsteiligen raum-zeitlichen Strukturen hilfreich. Womöglich stellen sie sich aufgrund ihrer Komplexität auch in einer ganz neuen Brisanz dar – und zwar dann, wenn räumliche Strukturen nicht mehr die Erklärungsgröße für gesellschaftliche Sachverhalte bzw. individuelles Handeln sind, sondern eine Perspektive zu ihrer Analyse eröffnen (vgl. Scheiner 2009). Denn individuelles Handeln im Raum vollzieht sich nicht mehr allein oder primär als Ausdruck lage-, dichte- und ausstattungsbezogener Parameter des materiellen Raums (Entfernung, Erreichbarkeiten, Transportkosten), sondern es wird im Kontext der Handlungen und der Konstruktionsleistungen von Individuen oder Gruppen je spezifisch interpretiert. Dabei kommt der subjektiven, i. d. R. selektiven Wahrnehmung räumlicher Sachverhalte durch die Individuen eine zentrale Rolle zu, deren Handeln sich erst auf dieser Basis in die objektiven Strukturen des Raumes einbettet: „Standortentscheidungen [strukturieren] für das Wohnen die Aktionsräume der Bewohner, da die Wohnung als Ankerpunkt raum-zeitlicher Regionalisierungen der Alltagswelt wirksam wird. Für die meisten Subjekte gilt dabei, dass sie (…) ihre alltägliche Geographie in räumliche Strukturen einpassen müssen, deren Herstellung außerhalb der Reichweite ihres Handelns liegt" (Weichhart 2008: 306). Wie sie dies jeweils in raumzeitlicher Hinsicht tun, kann mit dem Aktionsraumansatz untersucht werden.

Dabei zielt der Begriff der „Regionalisierung der Alltagswelt" auf das bewusste Handeln, das „Geographie-Machen" (Werlen) der Akteure (» Basic: Geographie). Die Handelnden beziehen die Welt auf sich, als Ergebnis spezifischer Wahrnehmungs-, Konstruktions- und Entscheidungsprozesse. Aktionsräumliches Handeln, im Rahmen der Alltagsmobilität etwa, erfolgt sowohl in Routinen und Alltagszwänge eingebettet als auch intrinsisch, freiwillig, „just for fun". Unter diesen Bedingungen erscheint das reine "mapping„ alltagsweltlicher aktionsräumlicher Bezüge, also ihre kartographische Erfassung an sich, nicht mehr gegenstandsgemäß (»Basic: Kartographie). Um das Handeln und seine Bezüge zu verstehen, müssen ebenso die Sinngebung (worauf zielt die Person mit einer Handlung?) und die Begründungszusammenhänge (warum wird so gehandelt?) nachvollzogen werden.

Sollte es eine substanzielle Wiederkehr räumlicher Kategorien der Gesellschaftsanalyse geben, wie dies die Argumentation des „spatial turn" unterstellt, dann kann eine theoretisch sensibilisierte und methodisch differenzierte Aktionsraumforschung wichtige erkenntnisleitende Beiträge leisten. Sie muss dazu aktuelle Entwicklungen in ihr analytisches Konzept integrieren, sowohl mit Blick auf ihren Gegenstand als auch auf seine Rahmenbedingungen und Kontexte (»Basic: Kontext). Dies gilt erstens für die stetig wachsende Mobilität und die damit einhergehende, großflächige Nivellierung von Erreichbarkeitsunterschieden durch Infrastrukturausbau; zweitens stellen neue Technologien einige zentrale Erkenntnislogiken der Aktionsraumforschung in Frage.

ad 1) Der aktuelle Wandel der Mobilität kann auch als umfassende Mobilisierung der Lebensverhältnisse gesehen werden, deren Bedeutung weit über diesen engeren Sektor hinaus reicht (vgl. Urry 2007). Räumliche Mobilität ist Voraussetzung und Folge einer zunehmend globalen räumlichen Arbeitsteilung: Prozesse am einen Ort sind immer stärker beeinflusst oder gar geprägt von Entscheidungen und Vorgängen am anderen Ort, und es gibt immer weniger Übereinstimmung zwischen dem physischen Raum (etwa dem abgegrenzten Stadtgebiet) und dem sozialen Raum, dem Interaktionsraum, dem politischen Entscheidungsraum. Auch private soziale Netzwerke sind räumlich immer weiter ausgreifend strukturiert (vgl. Axhausen/Urry/Larsen 2007). Stadt entwickelt sich von einer ortsfesten, territorial definierten Einheit zu einem Knoten im Netz großräumiger Beziehungen. Damit korrespondiert auf der Ebene des Individuums die zunehmende Durchsetzung flexibler, „verflüssigter" Lebensentwürfe, Lebensstile und Biographien. Sie ist exemplarisch sichtbar an der wachsenden Tendenz zum multilokalen Wohnen (Hesse/Scheiner 2007), die prototypisch ist sowohl im Sinne des Niveaus der räumlichen Mobilität, aber auch aufgrund der Hybridität der Mobilitätsformen. Es verschwimmen die Grenzen zwischen permanenter, residenzieller Mobilität (Wanderung) und zirkulärer Alltagsmobilität (Verkehr). Die Annahme eines fixen Wohnstandorts als Ausgangs- und Mittelpunkt einer Aktionsraumanalyse ist dadurch vor neue Herausforderungen gestellt, sowohl konzeptionell als auch empirisch.

ad 2) Die großflächige Verbreitung und massenhafte Anwendung neuer Informations- und Kommunikationstechnologien (IuK) haben Tendenzen der raum-zeitlichen Zerlegung von Aktivitäten in diskrete Einheiten gefördert. Couclelis (2004) hat dies „Fragmentierung" genannt. Die einzelnen Aktivitäten sind nicht mehr an einen fixen Standort gebunden, sondern streuen räumlich und zeitlich zunehmend. IuK haben in dieser Hinsicht zwar nicht (oder besser: noch nicht) zu einem Bruch in der raum-zeitlichen Entwicklungslogik an sich geführt. Sie haben allerdings Tendenzen der räumlichen Expansion und zeitlichen Verdichtung verfestigt und verfeinert, die bereits von den Vorläufer-Innovationen der Verkehrs- und Nachrichtentechnik angelegt waren (vgl. Hesse 2010). Und sie schaffen virtuelle Räume (» Basic: Medienwelt) – Parallelwelten, deren Nutzung und Konstruktion auf die Realwelten zurückwirkt. Dies gilt vor allem für Jugendliche, die heute wie selbstverständlich mit dem Gebrauch von IuK aufwachsen (vgl. Tully 2009).

## Perspektiven des Aktionsraumkonzepts für die Soziale Arbeit

Auch unter den aktuellen Rahmenbedingungen kann die Analyse von Aktionsräumen einen wichtigen Beitrag für die Soziale Arbeit leisten. Er liegt in der generellen Bewusstseinsschärfung für räumliche bzw. raumzeitliche Dimensionen des Handelns, die dieses nicht determinieren, aber beeinflussen (Beckmann/Hesse/Holz-Rau/Hunecke 2006). Außerdem ist davon auszugehen, dass Raumentwicklung sich zukünftig wieder verstärkt polarisiert – sowohl überregional als auch im Stadtraum. Fragen der „Raumgerechtigkeit", also des gleichberechtigten Zugangs zu räumlich verteilten Ressourcen, werden auch künftig eine wichtige Rolle spielen.

Aktionsraumanalysen können dieses Problem transparent machen. Konzeptionell sind dabei mindestens drei Voraussetzungen zu erfüllen: erstens eine Abkehr von der Idee der *constraints* und eine Hinwendung zu handlungstheoretisch fundierten Ansätzen, die individuelle Möglichkeitsräume realistisch abbilden – also das Vermögen, bestimmte Dinge in einem raum-zeitlichen Zusammenhang zu tun, an sozialen Prozessen teilzuhaben etc. Zweitens müssen diese Modelle über den alltäglichen Lebensraum (» Basic: Lebensraum) hinaus weisen und die komplexe Verschränkung verschiedener Maßstabsebenen einbeziehen. Drittens sollte ein nicht-essentialistisches Konzept des Aktionsraums unterstellt werden, das auch die „Produktion" des Raums durch die Nutzer berücksichtigt, statt deren Handeln allein als Reaktion auf ein gegebenes Setting zu interpretieren. Methodisch bieten nicht-standardisierte Verfahren Potenziale zur Erweiterung des Analyserahmens der Aktionsraumforschung. So könnte es gelingen, auch die für die Herausbildung individueller Aktionsräume zentralen Deutungsmuster, biographische Pfade u. ä. herauszuarbeiten.

Stärker standardisierte bzw. quantitativ angelegte Untersuchungen können heute mit Unterstützung moderner Erhebungs- und Verarbeitungstechnologien wesentlich rationeller als früher durchgeführt werden (vgl. Altenburg 2008). So können mobile elektronische Endgeräte (GPS-Empfänger) zur satellitengestützten Ortung von Personen und damit zum Nachvollzug aktionsräumlicher Muster eingesetzt werden. Elektronische Fragebögen, etwa auf einem PDA (Personal Digital Assistant) platziert, ermöglichen eine Dateneingabe vor Ort und erleichtern somit die Auswertung. Die erleichterten Analyse- und Auswertungsmethoden könnten auch eine Neubewertung des Instrumentariums der Aktionsraumforschung mit sich bringen: Eine Standardisierung von Erfassungsmethoden ermöglicht zum einen, einen genaueren Einblick in den untersuchten Gegenstand zu gewinnen, zum anderen kann wertvolle Forschungskapazität statt in Erhebungsumfänge in die sorgfältige Auswertung und Interpretation von Daten investiert werden.

## Merksatz

Der Aktionsraum umfasst den Raum des Alltagshandelns, innerhalb dessen die Mehrheit der Aktivitäten eines Individuums erfolgt, bzw. den Raum, in dem Standortentscheidungen getroffen werden. Er wurde zur deskriptiven Analyse individuellen Handelns im Raum verwendet. Heute bietet er Möglichkeiten zur Kontextualisierung der Wechselbeziehung zwischen Handlung und Raum, insbesondere mit Blick auf die Abbildung der räumlichen Dimension individuellen Handelns sowie den Einsatz räumlicher Kategorien als Perspektive – nicht als Erklärungsansatz – in der Gesellschaftsanalyse.

## Empfohlene Literatur zur Vertiefung

Beckmann, Klaus J./Hesse, Markus/Holz-Rau, Christian/Hunecke, Marcel (Hrsg.) (2006): StadtLeben. Wohnen, Mobilität und Lebensstil. Neue Perspektiven für Raum- und Verkehrsentwicklung.Wiesbaden: VS-Verlag für Sozialwissenschaften

Couclelis, Helen (2004): Pizza over the Internet. e-commerce, the fragmentation of activity, and the tyranny of the region. In: Entrepreneurship and Regional Development 16. 2004. 41-54

Friedrichs, Jürgen (1975): Stadtanalyse. Soziale und räumliche Organisation der Gesellschaft. Reinbek: Rowohlt

Heydenreich, Susanne (2000): Aktionsräume in dispersen Stadtregionen. Passau: LIS
Klingbeil, Detlev (1978): Aktionsräume im Verdichtungsraum. Regensburg: Kallmünz
Scheiner, Joachim (2009): Sozialer Wandel, Raum und Mobilität. Empirische Untersuchungen zur Subjektivierung der Verkehrsnachfrage. Wiesbaden: VS-Verlag für Sozialwissenschaften

## Weitere verwendete Literatur

Altenburg, Marc (2008): Clubkultur in Berlin. Eine quantitative und qualitative Untersuchung von 1996 bis 2006. In: arcaktuell – aus Forschung und Lehre Ausgabe 1. 2008. 20-21
Axhausen, Kai W./Urry, John/Larsen, Jonas (2007): The network society and the networked traveller. Arbeitsbericht Verkehrs- und Raumplanung 435. Zürich: ETH
Dangschat, Jens/Droth, Wolfram/Friedrichs, Jürgen/Kiehl, Klaus (1980): Aktionsräume von Stadtbewohnern. In: Arbeitsmaterial der Akademie für Raumforschung und Landesplanung 45.1980. Hannover: ARL. 15-27
Dangschat, Jens/Friedrichs, Jürgen/Droth, Wolfram/Kiehl Klaus (1982): Action Spaces of Urban Residents. An Empirical Study in the Region of Hamburg. In: Environment and Planning A 14. 1155-1174
Hägerstrand, Torsten (1970): What about people in regional science? In: Papers of the Regional Science. Association 24. 1-12
Hesse, Markus (2010): Raum und Zeit . Neue Muster des aktionsräumlichen Handelns. Erscheint in: Die alte Stadt 2. 2010
Hesse, Markus/Scheiner Joachim (2007): Räumliche Mobilität im Kontext des sozialen Wandels. Eine Typologie multilokalen Wohnens. In: Geographische Zeitschrift 95 (3). 2007. 138-154
Johnston, R. J./Gregory, Derek/Smith, David M. (eds.) (1994a): The Dictionary of Human Geography. 3rd ed. Oxford: Blackwell
Johnston, R. J. (1994b): Entries on „action space" and „activity space". In: Johnston/Gregory/Smith (1994a): 3, 4
Kessl, Fabian/Reutlinger, Christian/Maurer, Susanne/Frey, Oliver (2005): Handbuch Sozialraum. Wiesbaden: VS-Verlag für Sozialwissenschaften
Kreibich, Barbara/Kreibich, Volker/Ruhl, Gernot (1989): Vom Funktionsraum zum Aktionsraum. Wissenschaftliche Grundlagen für eine Modernisierung der Infrastruktur- und Regionalplanung. In: Informationen zur Raumentwicklung 1.1989. 51-71
Lenntorp, Bo (2004): Path, Prism, Project, Pocket and Population: An Introduction. In: Geografiska Annaler 86 B. 2004. 223-226
Marbach, Jan H. (1993): Auf dem Rückzug oder mittendrin? Der Aktionsraum älterer Menschen und seine Bestimmungsgründe. Manuskript. München: DJI
Pohl, Thomas (2009): Entgrenzte Stadt. Räumliche Fragmentierung und zeitliche Flexibilisierung in der Spätmoderne. Bielefeld: Transcript
Preuss-Lausitz, Ulf (1983) (Hrsg.): Kriegskinder, Konsumkinder, Krisenkinder. Zur Sozialisationsgeschichte seit dem Zweiten Weltkrieg. Weinheim: Juventa

Reutlinger, Christian (2003): Jugend, Stadt und Raum. Sozialgeographische Grundlagen einer Sozialpädagogik des Jugendalters. Opladen: Leske + Budrich

Riege, Marlo/Schubert, Herbert (2005): Sozialraumanalyse. Grundlagen – Methoden – Praxis. Wiesbaden: VS-Verlag für Sozialwissenschaften

Rose, Gillian (1993): Feminism&Geography. The Limits of geographical Knowledge. Oxford/Cambridge: Polity Press: 21

Schönfelder, Stefan/Axhausen, Kai W. (2003): Activity spaces. measures of social exclusion? In: Transport Policy 10 (4). 2003. 273-286

Tully, Claus (Hrsg.) (2009): Multilokalität und Vernetzung. Beiträge zur technikbasierten Gestaltung jugendlicher Sozialräume. Weinheim und München: Juventa

Urry, John (2007): Mobilities. Cambridge: Polity Press

Weichhart, Peter (2008): Entwicklungslinien der Sozialgeographie. Stuttgart: Franz Steiner Verlag

Werlen, Benno (2000): Sozialgeographie. Bern: Paul Haupt

Zeiher, Helga (1983): Die vielen Räume der Kinder. Zum Wandel räumlicher Lebensbedingungen. In: Preuss-Lausitz (1983):176-194

Ulrich Deinet

# Aneignungsraum

In einem Stadtteil, der zum Programmgebiet „Soziale Stadt" gehört, gibt es immer wieder Probleme mit Cliquen Jugendlicher, die sich an unterschiedlichen Treffpunkten im Stadtteil aufhalten. Von der Bevölkerung wird ihr Verhalten meist als Bedrohung und Ärgernis wahrgenommen, oft wird die Polizei eingeschaltet, so dass die Jugendlichen diesen Zustand als Vertreibung und Ausgrenzung erleben.
Ein freier Träger wird vom Jugendamt beauftragt, mit der Methode der aufsuchenden Jugendarbeit Kontakt zu den Jugendlichen herzustellen und Lösungen zu finden. Durch die gute Kooperation in der Stadtteilkonferenz gelingt es den beiden Honorarkräften nach kurzer Zeit, Kontakt mit einer der dominanten Jugendcliquen im öffentlichen Raum herzustellen. Schnell wird deutlich, dass die Jugendlichen sich einen eigenen Raum wünschen und diesen auch gerne selbst gestalten würden.
In der Stadtteilkonferenz wird für den Raum relativ schnell ein Ort gefunden, der auf Wunsch der Jugendlichen fast außerhalb des eigentlichen Stadtteils liegt und an dem die Jugendlichen nun mit Unterstützung der mobilen Jugendarbeit einen eigenen Cliquentreff errichten können.
Nach dreimonatiger Bauzeit wird der Cliquentreff durch die Kommunalpolitiker und die Jugendlichen eingeweiht und man ist froh, eine Lösung für die Jugendlichen gefunden zu haben. Ihnen steht jetzt ein Aneignungsraum zur Verfügung, so dass die Mitglieder der Stadtteilkonferenz jetzt auch hoffen, dass die Konflikte mit den Anwohnern zurückgehen werden.

## Soziale Arbeit als Schaffung von Aneignungsräumen

Die Bedeutung sozialräumlicher Aneignung für Kinder und Jugendliche und die Auseinandersetzung über die pädagogische Gestaltung von Aneignungsräumen wären derzeit im Rahmen des Sozialraum-Diskurses in der Sozialen Arbeit verstärkt zu thematisieren. Diese Diskussion ist jedoch zu einseitig durch planerische und administrative Aspekte geprägt, bezieht sie sich doch stark auf eine sozialgeografische Definition von Stadtteilen als „Sozialräume", wie etwa im Programm „Soziale Stadt" (vgl. Kessl/Reutlinger 2010). Soziale Arbeit hat in dieser Diskussion oft die Funktion, für (benachteiligte) Kinder und Jugendliche vorgefertigte, physisch-materielle Aneignungswelten bzw. Aneignungsräume zu schaffen. So wie das o.g. Beispiel zeigt, ist damit die Gefahr des „Einschlusses" und der „Territorialisierung" (ebd.) verbunden (Gefahr der Territorialisierung » Einleitung). Ein weiteres Problem liegt darin, dass aus dem verbal geäußerten Bedürfnis nach einem Cliquenraum ohne weitere Interpretationen und Analysen darauf geschlossen wird, dass die Bereitstellung eines konkreten Treffpunktes am Rand des Stadtteils eine bedarfsgerechte sozialpädagogische Intervention sei. Aufgrund der Analyse der Situation der Jugendlichen in diesem Stadtteil könnte es jedoch viel sinnvoller sein, die Jugendlichen durch erlebnispädagogische Angebote in der Erweiterung ihres Handlungsraums zu fördern, damit sie auch neue Möglichkeiten ihrer (sonst sehr eingeschränkten) Freizeitgestaltung kennen lernen.

Sowohl bei der Vorstellung eines Stadtteils als Planungsraum, wie auch beim Verständnis von Aneignungsräumen als physisch-materielle Welten fehlt der Blick der Akteure, etwa der von Kindern und Jugendlichen. Sie nutzen die Gegenstände und öffentlichen Plätze, die physisch-materielle Welt spezifisch, geben ihnen eine kinder- und jugendspezifische Bedeutung. Für die jugendliche Entwicklung ist dabei auf die zentrale Funktion der Erweiterung des Handlungsraumes hinzuweisen. Dies ist jedoch gerade für Kinder und Jugendliche aus sozial belasteten Stadtteilen oftmals schwierig (vgl. Deinet/Okroy/Dodt/Wüsthof 2009). So können Kinder und Jugendliche aus solchen Stadtteilen diese nur schwer verlassen, haben wenig Erfahrung im Umgang mit ungewohnten Herausforderungen und sind deshalb oft in der Erweiterung ihres Verhaltensrepertoires eingeschränkt. In Abgrenzung zu einem eher administrativ geprägten Sozialraumbegriff im Sinne eines Planungsraums wird im Folgenden eine stärker subjektorientierte Sichtweise von sozialräumlichen Handlungsräumen von Kindern und Jugendlichen entwickelt. Dabei stehen nicht die gegenständlichen Aneignungsräume und deren Bereitstellung durch die Soziale Arbeit, sondern Prozesse der *Raumaneignung* und das Erschließen von subjektiven Deutungen mit einem geeigneten Methodenrepertoire im Vordergrund.

## Das Aneignungskonzept

Die Ursprünge des Aneignungsbegriffes, welche im Konzept der Aneignungsräume liegen, gehen auf die sogenannte kulturhistorische Schule der sowjetischen Psychologie zurück, die vor allem mit dem Namen des sowjetischen

Psychologen Alexei Nikolajewitsch Leontjew verbunden ist. Die grundlegende Auffassung dieses Ansatzes besteht darin, die Entwicklung des Menschen als tätige Auseinandersetzung mit der ihn umgebenden Welt, als Aneignung der gegenständlichen und symbolischen Kultur zu verstehen. Die sozialräumliche Umgebung präsentiert sich dem Menschen in wesentlichen Teilen als eine Welt, die bereits durch menschliche Tätigkeit geschaffen bzw. verändert wurde. In der materialistischen Aneignungstheorie von Leontjew (1973) wird der Begriff der „Gegenstandsbedeutung" in den Mittelpunkt gestellt. Genauso wie im Prozess der Vergegenständlichung, Personen und Gegenstände durch das Ergebnis produktiver Arbeit miteinander verbunden sind, geht es im umgekehrten Prozess der Aneignung für Kinder und Jugendliche darum, einen Gegenstand aus seiner „Gewordenheit" zu begreifen und sich die in den Gegenständen verkörperten menschlichen Eigenschaften und Fähigkeiten anzueignen.

Im Gegensatz zu klassischen entwicklungspsychologischen Ansätzen entwickelt Leontjew damit ein Konzept, das die Entwicklung des Menschen nicht als innerpsychischen Prozess begreift, der mehr oder weniger von „außen" beeinflusst verläuft, sondern Entwicklung als tätige Auseinandersetzung mit der Umwelt begreift (» Basic: Umwelt). Als tätigkeitstheoretischer Ansatz wurde das Aneignungskonzept insbesondere von Klaus Holzkamp, einem bedeutenden Vertreter der „Kritischen Psychologie" (1973), weiterentwickelt und auf heutige gesellschaftliche Bedingungen übertragen. Der Leontjewsche Begriff der Gegenstandsbedeutung (als Vergegenständlichung gesellschaftlicher Erfahrung, die im Aneignungsprozess erschlossen werden muss) wird von Holzkamp bis auf die gesellschaftliche Ebene komplexer sozialer Beziehungen abstrahiert. Entsprechend muss die individuelle Entwicklung ebenfalls von einfachen (gegenständlichen) Formen bis zu hochkomplexen Zusammenhängen erschlossen werden.

Der Begriff Raumaneignung bezeichnet eine vom Subjekt ausgehende Tätigkeit, die durchaus auch im Konflikt mit gesellschaftlichen Veränderungen der Umwelt stehen kann. Raumaneignung bezieht sich auf das räumliche Erleben von Individuen, auf Veränderungen in ihrer Lebensumwelt und auf Qualitäten der Räume, die Individuen in ihrer unmittelbaren Umgebung finden.

### Bewegung, Veränderung, Verknüpfung von Räumen – Raumaneignung heute

Auf der Grundlage ihrer Definition von Raum als „eine relationale (An)Ordnung von Lebewesen und sozialen Gütern an Orten" (Löw 2001: 224f.) beschreibt Martina Löw, wie Kinder und Jugendliche heute mit unterschiedlichen Raumvorstellungen leben und Räume mit zwei Prozessen konstituieren, die sie als „Spacing" und „Syntheseleistung" bezeichnet. Spacing bezieht sich auf das

„Errichten, Bauen oder Positionieren" (Löw 2001: 158) in Relation zu anderen Positionierungen. Zur Konstituierung von Raum „bedarf es aber auch einer Syntheseleistung, das heißt, über Wahrnehmungs-, Vorstellungs- oder Erinnerungsprozesse werden Güter und Menschen zu Räumen zusammenfaßt" (Löw 2001: 159).

Vor dem Hintergrund der Erkenntnisse der Raumsoziologie muss der Aneignungsbegriff insofern aktualisiert werden, als er nach wie vor die tätige Auseinandersetzung des Individuums mit seiner Umwelt meint und bezogen auf die heutigen Raumveränderungen der Begriff dafür sein kann, wie Kinder und Jugendliche eigentätig Räume schaffen und die (verinselten) Räume ihrer Lebenswelt verbinden (» Basic: Lebenswelt). Insofern passt der Begriff der Aneignung sehr gut zu der von Löw besonders herausgehobenen Bedeutung der Bewegung und der prozesshaften Konstituierung von Raum im Handlungsverlauf. Diese „Tätigkeit" ist aber heute nicht mehr (nur) als gegenständlicher Aneignungsprozess in dem klassischen Sinne von Leontjew zu verwenden (s.o. Gegenstandsbedeutung etc.). Die von Kindern und Jugendlichen geleistete Verbindung unterschiedlicher (auch virtueller und symbolischer) Räume kann im Aneignungsbegriff als aktive prozesshafte Form eingebunden werden. Aneignung der Lebenswelt heute bedeutet, Räume zu schaffen (Spacing und Syntheseleistung) und sich nicht nur vorhandene gegenständlich anzueignen.

Zusammenfassend kann man den Aneignungsbegriff wie folgt operationalisieren: Aneignung für Kinder und Jugendliche ist

- eigentätige Auseinandersetzung mit der Umwelt,
- (kreative) Gestaltung von Räumen etc.,
- Inszenierung, Verortung im öffentlichen Raum (Nischen, Ecken, Bühnen) und in Institutionen,
- Erweiterung des Handlungsraumes (neue Möglichkeiten in neuen Räumen),
- Veränderung vorgegebener Arrangements,
- Erweiterung motorischer, gegenständlicher, kreativer und medialer Kompetenz,
- Erprobung des erweiterten Verhaltensrepertoires in neuen Umgebungen.

In der Konsequenz bedeutet also „Raumaneignung" für Kinder und Jugendliche nicht nur die Erschließung schon vorhandener und vorstrukturierter Räume (als Syntheseleistung), sondern im Sinne von Martina Löw gleichzeitig auch die Schaffung eigener Räume als Platzierungspraxis (Spacing). Gerade der öffentliche Raum hat im Hinblick auf die hier dargestellten Prozesse eine wichtige Funktion als „Bühne" für Aneignungsprozesse außerhalb von Institutionen.

Richard Krisch (2009) fasst jugendliche Raumaneignung in Anlehnung an den Soziologen Georg Simmel auch als einen Prozess der Wechselwirkung zwischen subjektiver Erschließung der Welt und den gesellschaftlich vorgegebenen Strukturen, der mit qualitativen Methoden erschlossen werden kann:

> „Um Aneignungsprozesse als Wechselwirkung zu beschreiben, braucht es qualitative Verfahren. Diese müssen die Wechselwirkung zwischen gesellschaftlich Gewordenem und individueller Aneignungsfähigkeit zu beschreiben versuchen. Das Aufeinandertreffen von z.T. divergenten Raumbestimmtheiten – da die Aneignungsformen von Heranwachsenden, dort gesellschaftliche Funktionszuschreibungen, Regelungen und Gebote – lassen sich schwer quantitativ in Erfahrung bringen oder abfragen. Sie müssen verstanden werden – als die Botschaften, die in den Räumen sind und den Deutungen und Interpretationen von Jugendlichen im Prozess ihrer Aneignung" (Krisch 2009: 194).

## Orte der Raumaneignung als Bestandteile von Bildungslandschaften

Zwischen dem tätigkeitstheoretischen Aneignungskonzept und dem aktuellen Bildungsdiskurs ergibt sich ein direkter Zusammenhang. Schlüsselkompetenzen wie Handlungskompetenz, Risikoabschätzung, Neugier und Offenheit als Dimensionen personaler Kompetenz und als zentrale Schlüsselqualifikationen auch für schulisches Lernen werden von Kindern und Jugendlichen insbesondere in den Bereichen informeller Bildung, an den Orten und Räumen der Lebenswelten erworben. Die Chancen, solche Kompetenzen zu entwickeln, werden wesentlich geprägt durch die Struktur der jeweiligen Lebenswelten und die Fähigkeiten des Individuums, sich die Räume seiner Umgebung anzueignen.

Kinder und Jugendliche lernen und bilden sich also nicht nur in Institutionen oder der Schule, sondern insbesondere auch im öffentlichen Raum. Diese Bereiche sind die Orte der informellen Bildung, welche die intentionalen Bildungsprozesse wesentlich mitprägen. Die Entwicklung sozialer Kompetenz in wechselnden Gruppen oder im Umgang mit fremden Menschen in neuen Situationen, die Erweiterung des Handlungsraumes und damit des Verhaltensrepertoires prägen auch die Fähigkeit für den Erwerb von Sprachkenntnissen und Bildungsabschlüssen.

Die Erweiterung des Bildungsbegriffs, insbesondere auf informelle und nicht formelle Bildung geht in der Debatte um die Bildungslandschaften aber einher mit einer Verengung der Bildungsprozesse auf Institutionen, Einrichtungen und formelle Orte (vgl. Reutlinger 2009). Der öffentliche Raum als wichtiger Bildungsbereich für Kinder und Jugendliche gerät hier kaum in den Blick, ist aber

Schauplatz der vom Subjekt ausgehenden Aneignungsprozesse und muss deshalb stärker betrachtet werden.

Auf der Grundlage eines dynamischen Raumbegriffes müssen Bildungslandschaften deshalb weiter gefasst werden und können sich nicht nur auf die Vernetzung von Bildungsinstitutionen beziehen (»Basic Landschaft). Die Einbeziehung weiterer Bildungsorte, insbesondere im öffentlichen Raum und die Orte der informellen Bildung machen eine interdisziplinäre Sichtweise erforderlich, in der z. b. die Stadtplanung viel stärker ins Spiel kommt. Die Planung von Spielräumen, Spielplätzen, öffentlichen Räumen bis hin zur Umnutzung und Zwischennutzung von Räumen kann die Grundlage für die Entwicklung einer Bildungslandschaft sein, die vielgestaltig ist, vielfältige Settings unterscheidet und die Förderung formeller, non-formaler und informeller Bildungsprozesse zum Ziel hat.

**Der Zusammenhang zwischen der Raumaneignung von Kindern und Jugendlichen und der Entwicklung sozialpädagogischer Konzepte**
Auf der Grundlage der Einblicke in subjektive Lebenswelten und das Erleben von Kindern in ihren Wohngebieten unter dem Aspekt der Raumaneignung wurden Verfahren einer „sozialräumlichen Konzeptentwicklung" entwickelt (vgl. Deinet/Krisch 2006): Man geht davon aus, dass aus der Beobachtung, Analyse und Interpretation der Raumaneignung von Kindern und Jugendlichen auch die Bedarfe für die Entwicklung von Konzepten und konkreten Angeboten der Kinder- und Jugendarbeit und anderer Bereiche abzuleiten sind. Solche Verfahren arbeiten deshalb weniger mit Bedürfnisabfragen (so wie in dem eingangs beschriebenen Beispiel), sondern versuchen die sozialräumlichen Zusammenhänge der Zielgruppen zu analysieren und ihr Aneignungsverhalten zu deuten. So können mit Hilfe von qualitativen Verfahren wie z. B. der Stadtteilbegehungen mit Kindern und Jugendlichen oder der Nadelmethode (Kennzeichnung von bestimmten Orten und Raumqualitäten mit farbigen Nadeln auf einem Stadtplan) Erkenntnisse über subjektives und z. B. zwischen Mädchen und Jungen unterschiedliches Raumerleben und Platzierungspraktiken in einem Stadtteil gewonnen werden.

Mit Hilfe solcher qualitativer Methoden (siehe ausführlich Deinet 2009; Krisch 2009) entwickelt die Kinder- und Jugendarbeit einen „sozialräumlichen Blick", d. h. Kompetenzen und Kenntnisse über Formen der Raumaneignung, jugendkulturelle Ausdrucksformen, ihre Orte und Räume etc. Mit einer solchen Kompetenz können sich die Mitarbeiter/innen der Jugendarbeit für die Nutzbarmachung, Rückgewinnung und Schaffung jugendkultureller Räume stark machen.

Eine sozialräumliche Konzeptentwicklung geht nicht von den institutionellen Rahmenbedingungen aus wie die klassische Konzeptentwicklung, sondern fragt aus der Analyse der Lebenswelten und dem Aneignungsverhalten von Kindern nach Bedarfen und Anforderungen an die Jugendarbeit oder andere Institutionen. Diese Vorgehensweise steht im Gegensatz zu einer institutionellen Konzeptentwicklung, die sehr stark von den Institutionen, Trägern, deren Ausstattung sowie den Ressourcen ausgeht (vgl. Deinet 2005 und 2009).

## Die Förderung von Prozessen der Raumaneignung im öffentlichen Raum – Rückführung in die Soziale Arbeit

Mit dem Begriff der Raumaneignung wird eine Programmatik sozialpädagogischen Handelns verbunden, die in Form von Projekten und Aktionen versucht, Kinder und Jugendliche in neue Handlungssituationen und Umgebungen zu bringen, um sie sicherer im Umgang mit fremden Menschen und für sie neuen Räumen zu machen. Erlebnispädagogische Projekte bieten dazu ein geeignetes Medium. Die Förderung sozialräumlicher Aneignung bezieht sich aber nicht nur auf die Möglichkeiten der Freizeitpädagogik, Jugendarbeit und Erlebnispädagogik im engeren Sinne ihrer eigenen Örtlichkeiten und Angebote, sondern auch auf die Chance einer sozialräumlich-, aneignungs- und bildungsorientierten Arbeit mit Kindern und Jugendlichen, die sich für die Revitalisierung öffentlicher Räume und die Schaffung jugendkultureller Räume einsetzt. Eine solche Mandatsfunktion kann besonders die Kinder- und Jugendarbeit aber dann übernehmen, wenn sie sich nicht nur an Besucher/innen und Mitgliedern orientiert, sondern an den Kindern und Jugendlichen eines Stadtteils insgesamt.

So kann z. B. die Kinder- und Jugendarbeit durch Schaffung unterschiedlicher Gelegenheiten für verschiedene Gruppierungen im öffentlichen Raum Treffmöglichkeiten schaffen und Verknüpfungen zwischen verschiedenen Szenen und Cliquen herstellen. Hierbei geht es etwa um die Beteiligung der Jugendlichen bei der Suche nach geeigneten Plätzen für die Errichtung von überdachten Treffs im öffentlichen Raum, deren konkrete Gestaltung sowie die Nutzung durch unterschiedliche Gruppierungen, somit um Verfahren und Methoden, die weit über die eingangs beschriebene Bedürfnisabfrage hinausgehen (vgl. Deinet et al. 2009).

### ✎ Merksatz

Ins Zentrum der Analyse kindlicher und jugendlicher „Aneignungsräume" sollen nicht nur physisch-materielle Gegebenheiten gestellt werden. Mit dem Begriff der Raumaneignung können etwa im Bereich der öffentlichen Räume Bildungsprozesse erfasst werden, die sehr stark subjektorientiert und lebensweltbezogen sind und als aktive Erschließung der Welt verstanden werden können.

##  Empfohlene Literatur zur Vertiefung

Deinet, Ulrich/Reutlinger, Christian (Hrsg.) (2004): „Aneignung" als Bildungskonzept der Sozialpädagogik. Beiträge zur Pädagogik des Kindes- und Jugendalters in Zeiten entgrenzter Lernorte. Wiesbaden: VS Verlag für Sozialwissenschaften

Reutlinger, Christian (2002): Unsichtbare Bewältigungskarten von Jugendlichen in gespaltenen Städten. Sozialpädagogik des Jugendraums aus sozialgeografischer Perspektive. Opladen: Leske + Budrich

Schubert, Herbert (2000): Städtischer Raum und Verhalten. Zu einer integrierten Theorie des öffentlichen Raumes. Opladen: Leske + Budrich

### Weitere verwendete Literatur

Blinkert, Baldo (1997): Aktionsräume von Kindern auf dem Land. Eine Untersuchung im Auftrag des Ministeriums für Umwelt und Forsten Rheinland-Pfalz, Pfaffenweiler. Freiburg: Centaurus Verlag GmbH + C

Böhme, Jeanette (Hrsg.) (2009): Schularchitektur im interdisziplinären Diskurs. Territorialisierungskrise und Gestaltungsperspektiven des schulischen Bildungsraums. Wiesbaden: VS Verlag für Sozialwissenschaften

Deinet, Ulrich (Hrsg.) (2005): Sozialräumliche Jugendarbeit. Grundlagen, Methoden, Praxiskonzepte. 2., völlig überarbeitete Auflage. Wiesbaden: VS Verlag für Sozialwissenschaften

Deinet, Ulrich (Hrsg.) (2009): Methodenbuch Sozialraum. Wiesbaden: VS Verlag für Sozialwissenschaften

Deinet, Ulrich/Krisch, Richard (2006): Der sozialräumliche Blick der Jugendarbeit. Methoden und Bausteine zur Konzeptentwicklung und Qualifizierung. Opladen (2002): Leske + Budrich Verlag. Nachdruck: Wiesbaden: VS Verlag für Sozialwissenschaften

Deinet, Ulrich/Okroy, Heike/Dodt, Georg/Wüsthof, Angela (Hrsg.) (2009): Betreten erlaubt! Projekte gegen die Verdrängung Jugendlicher aus dem öffentlichen Raum, soziale Arbeit und sozialer Raum. Bd. I. Opladen und Farmington Hills: Verlag Barbara Budrich

Holzkamp, Klaus (1973): Sinnliche Erkenntnis. Frankfurt am Main: Verlag Athenäum Fischer Taschenbuch

Kessl, Fabian/Reutlinger, Christian (2010): Sozialraum. Eine Einführung. Wiesbaden: VS Verlag für Sozialwissenschaften

Krisch, Richard (2009): Sozialräumliche Methodik der Jugendarbeit. Aktivierende Zugänge und praxisleitende Verfahren. Weinheim und München: Juventa Verlag.

Siehe dazu auch URL: http://www.sozialraum.de/sozialraumanalyse-als-methodik-der-jugendarbeit.php. Ausgabe 2/2009. Datum des Zugriffs: 09.10.2009

Leontjew, Alexei Nikolajewitsch (1973): Problem der Entwicklung des Psychischen. Frankfurt am Main: Verlag Volk und Wissen

Löw, Martina (2001): Raumsoziologie. Frankfurt am Main: Suhrkamp

Rauschenbach, Thomas (2009): Zukunftschance Bildung, Familie, Jugendhilfe und Schule in neuer Allianz. Weinheim und München: Juventa Verlag

Reutlinger, Christian (2009): Bildungslandschaften – raumtheoretisch betrachtet. In: Böhme (2009): 119-139

Eric van Santen

# Brennpunkt

Im Städtebauförderungsprogramm „Stadtteile mit besonderem Entwicklungsbedarf – Soziale Stadt" wurden Stadteile mit besonderem Entwicklungsbedarf identifiziert und Maßnahmen mit dem Ziel ergriffen, die „Lebensbedingungen vor Ort" zu verbessern. Beispielsweise wurden im Rahmen dieses Programms in zwei Stadtgebieten mit hohem Migrantenanteil, hohem Anteil von Minderjährigen und einer Arbeitslosen- und Sozialhilfedichte, die „gravierend über dem städtischen Durchschnitt" liegt, folgende Maßnahmen im ergriffen: Neben der Sanierung eines Wohnhochhauses, wurde nach einer Bedarfserhebung, die feststellte, dass es zu wenig Angebote für die Zielgruppe junge Frauen und Mädchen und 12- bis 15-jährige Spätaussiedler in den *Brennpunkten* gibt, die Einrichtung eines Jugendcafés sowie eines Sportstudios beschlossen. Im anderen Stadtteil wurden auf einer Konversionsfläche die vorhandenen Gebäude für eine Jugendwerkstatt, einen Kinderzirkus sowie einzelfall- und familientherapeutische Angebote umgebaut. „Neben der Verbesserung des sozialen und kulturellen Angebotes im Stadtviertel sind hiermit Prävention, aber auch der Abbau physischer und psychischer Defizite, verbunden" (Holz & Manuel 2006: 42).

## Brennpunkte in der sozialen Arbeit

Der Begriff „Brennpunkt" wird in der Sozialen Arbeit insbesondere für die Kennzeichnung einzelner innerstädtischer Gebiete verwendet, in denen *im Vergleich* zu anderen Stadtgebieten überproportional viele Personen wohnen, die benachteiligt sind, weil die Lebensbedingungen „schlecht" und die Entwicklungschancen „gering" sind (Gefahr der Homogenisierung und Verdinglichung » Einleitung). Als Indikator hierfür werden sozialstatistische Merkmale wie staatliche Transferleistungen (z.B. zur Sicherung eines minimalen Lebensstandards, Wohngeld), der Anteil von Menschen mit Migrationsgeschichte oder die Qualität des Wohnraumes (z.B. Spüren von Verwahrlosung und Vandalismus) oder eine schlechte soziale Infrastruktur herangezogen. Hohm (2003) spricht von „lokalen Exklusionsbereichen". Das sozialstaatliche Handeln in Form von gebündelten, aufeinander abgestimmten Maßnahmen wird auf die Gebiete fokussiert, die diese spezifischen Merkmale aufweisen.

Wegen der negativen Konnotation des Begriffs „Brennpunkt" werden solche Stadtbezirke auch als „Quartiere mit besonderem Erneuerungsbedarf", „problembehaftete Quartiere" oder „Quartiere mit besonderem Entwicklungsbedarf" bezeichnet. Die Verwendung alternativer Begriffe verdeutlicht zudem, dass das Phänomen struktureller Art ist und nicht durch eine einfache punktuelle Aktion, wie das Löschen des Brandherdes, behoben werden kann (vgl. Häußermann 2001). All diese Begriffe signalisieren aufgrund der im Vergleich zu anderen Stadtgebieten als zu groß empfundenen sozialen Unterschiede einen Handlungsbedarf in den Stadtgebieten. Erneuerung bzw. positive Entwicklungen müssen nachgeholt werden, um ein weiteres „Brennen" in diesen Gebieten zu beenden. Umfangreiche staatliche Programme wie „Soziale Stadt", „Lokales Kapital für soziale Zwecke" oder „STÄRKEN vor Ort" versuchen auf diese Herausforderungen zu reagieren.

Das Beispiel zu Beginn des Beitrags macht einerseits deutlich, dass Handlungsbedarf auf Basis von als besorgniserregend interpretierten Indikatorwerten (Arbeitslosen- und Sozialhilfedichte liegen „gravierend über den Durchschnitt") diagnostiziert wird und andererseits mit Infrastrukturmaßnahmen innerhalb des Stadtgebietes versucht wird hierauf zu reagieren. Werlen (2003: 33) sieht ein Kernproblem der Lösung sozialer Probleme nach der Idee sozialer Brennpunkte darin, „das Lösungen gesucht werden für etwas, was man als Problem definiert, das aber nicht als das existiert, wofür man es hält: als ein Raumproblem, das mit räumlichen Mitteln behoben werden kann" (Gefahr der Containerisierung » Einleitung). Vielmehr sind Brennpunkte als Kontexte des sozialen Handelns selbst als Elemente sozialer Praxis zu begreifen und nicht als erdräumliche Formen (» Basic: Geographie). Für die Soziale Arbeit stellt dies die Herausforderung dar, den sozialen Problemen auf der sozialen Ebene zu begegnen auf der sie manifest werden. Dafür braucht es ein Verständnis von Problementwicklungsdynamiken und deren Verfestigungsformen.

## Normativität der Verwendung des Konzeptes Brennpunkt in der Sozialen Arbeit

Die Verwendung des Begriffs „Brennpunkt" verweist auf einen dahinterliegenden Prozess, welcher in der bisherigen Diskussion zu wenig beachtet wird. Die Etikettierung von Gebieten als „sozialer Brennpunkt" ist das Ergebnis eines normativen Prozesses, der erstens festlegt *was* als gefährlich oder zu vermeiden einzuschätzen ist (*Was* brennt oder könnte brennen und was brennt nicht) und zweitens auf Basis von Vergleichen zwischen Bezirken oder Gebieten Schwellenwerte festlegt, *welche Quantität* von „Brennstoffen" als bedrohlich einzuschätzen ist. Bevor die Lösung oder die Milderung sozialer Probleme angegangen wird, findet also eine normative Priorisierung statt („dort wo es brennt"). Einzelne Gebiete werden auf Basis von Kriterienkonstellationen mit dem Label „Sozialer Brennpunkt" versehen, wodurch ein Handlungsbedarf begründet werden soll. Probleme werden durch diese Festlegungen und Vergleiche beschrieben und definiert, sie sind aber an sich kein Lösungsansatz (Gefahr der Territorialisierung » Einleitung). Sie legen lediglich fest *wo*, im Sinne einer kartografische Erfassung einer Lage (» Basic: Kartographie), aber nicht *wie* gehandelt werden soll. Dieser Problemdefinitionsprozess zur Bestimmung von Gebieten, in welchen besonderer Handlungsbedarf besteht, unterscheidet sich nicht wesentlich von anderen Gebietsvergleichen, die sich nicht auf Stadtbezirke, sondern auf die Beschreibung der Disparität größerer Gebiete – seien es etwa Staaten nach dem Bruttoinlandsprodukt oder dem Human-Development-Index, Bundesländer nach den Schülerleistungen, Kreisvergleiche nach dem Anteil der Hartz IV-EmpfängerInnen oder der Inanspruchnahme von Jugendhilfeleistungen – beziehen und ebenso darauf abzielen, besonderen Handlungsbedarf zu identifizieren und zu verorten. Im Folgenden wird auf den Begriff Disparität Bezug genommen, weil er auf die hinter der Bezeichnung „Brennpunkt" stehenden Definitionsprozesse der Sozialbehörden aufmerksam macht.

### Disparitäten als Hinweis auf Handlungsbedarf

Der Begriff Disparität beschreibt in der Sozialen Arbeit in der Regel ungleiche Lebensbedingungen zwischen genau definierten Gebieten. Der Begriff Disparität hat keinen eigenen räumlichen Bezug, sondern beschreibt die Relation zwischen Gebieten im Hinblick auf bestimmte Indikatoren für die Lebensverhältnisse innerhalb der verglichenen Gebiete. Anders als etwa der Begriff Vielfalt oder Diversität und ähnlich dem Begriff Brennpunkt ist der Begriff Disparität in der Regel negativ konnotiert, weil er fast immer auf soziale Tatsachen bezogen wird, die ungleich sind, aber möglichst gleich sein sollten. Gebietsvergleiche werden angestellt, um zu zeigen, wie ungleich die Lebensverhältnisse in den Gebieten sind und welcher Veränderungsbedarf noch besteht. Innerhalb Deutschlands wird dabei gerne auf den im Grundgesetz verankerten Begriff der „gleichwertigen Lebensverhältnisse" und die Verpflichtung des Bundes solche herzustellen verwiesen (Art. 72 Grundgesetz). Nach § 2 Abs. 2 Nr. 1 des Raumordnungsgesetzes sind „in den jeweiligen Teilräumen (…) ausgeglichene wirtschaftliche, infrastrukturelle, soziale, ökologische und kulturelle Verhältnisse anzustreben". Nach der Föderalismusreform in Deutschland wird die Zuständigkeit des Bundes für Fragen der sozialen Daseinsfürsorge nur dann eingeräumt, wenn eine regionale Ungleichheit von Lebensverhältnissen droht (Schmid & Wiesner 2006). Ähnlich geartete staatliche Verpflichtungen sind für die Länder- und die kommunale Ebene formuliert. Gleichwertige Lebensbedingungen sind damit als erstrebenswert definiert. Es gilt, Disparitäten zu vermeiden.

Die Beschreibung von Disparitäten setzt genau definierte Gebiete voraus, weil sonst keine Vergleichsoperationen durchgeführt werden können. Der Gegenstand des Vergleichs kann beliebig gewählt werden. Soziale Brennpunkte werden in der Regel nach Vergleichen von innerstädtischen Gebieten festgelegt. In der sozialen Arbeit sind es oft Indikatoren, die sich auf Lebenslagen der Menschen in den jeweiligen Gebieten beziehen. Indirekt wird davon ausgegangen, dass die beobachteten Disparitäten in Zusammenhang mit anderen Faktoren stehen, die in den Gebieten vorhanden sind. Das Gebiet wird im Sinne des *tertium comparationis* auf seine Eigenschaft als Gebiet mit einer bestimmten geografischen Lage verkürzt (Gefahr der Containerisierung » Einleitung). Merkmale des Gebietes, die einen Einfluss auf den Vergleichsgegenstand haben können, werden ausgeblendet. Erklärungen für vorhandene Disparitäten werden häufig in der Kumulation oder Korrelation mit anderen Kontextbedingungen gesehen. So können sich etwa hohe Arbeitslosigkeitsquoten in einzelnen Gebieten durch eine geringe Nachfrage, hohe Anzahl von Arbeitssuchenden, gering diversifizierte Branchenstruktur oder unpassendes Ausbildungsniveau der Arbeitsuchenden erklären. Diese wiederum können allerdings in Beziehung stehen zu Merkmalen des Gebietes, wenn etwa durch schlechte Verkehrsanbindungen eine geringe Attraktivität für Betriebsniederlassungen vorhanden ist.

Sozialstaatliche Leistungen aus dem Bereich der Sozialen Arbeit sind eine Reaktion auf Bedürfnisse der Bevölkerung und dienen der Verfolgung gesellschaftlicher Ziele (sozialer Ausgleich, Sicherstellung von Humanressourcen, funktionierender Arbeitsmarkt etc.). Gebietsbezogene Disparitäten, die sich auf die Nachfrage nach sozialstaatlichen Leistungen beziehen, werden in der Regel mit den disparaten Lebenslagen in den verglichenen Gebieten erklärt. Je geringer die Interpretationsspielräume der unterstützungsgewährenden Institutionen (Jugendamt, Sozialamt, ARGE) in Bezug auf die Feststellung einer Hilfebedürftigkeit sind, desto eher kann davon ausgegangen werden, dass die Inanspruchnahme von sozialstaatlichen Leistungen mit den vorhandenen Lebenslagen korrespondiert. Das Arbeitslosengeld II (ALG II) wird zum Beispiel in Deutschland nur dann gewährt, wenn die finanziellen Verhältnisse der beantragenden Person genau definierten Kriterien entsprechen. Die regionale Inanspruchnahme bildet damit relativ genau[1] die Lebenslage der Personen innerhalb eines Gebietes in

---

1 Der nicht unerhebliche Anteil von Personen, die die Kriterien für einen Leistungsbezug er-

Hinblick auf die Gewährungskriterien für das ALG II ab. Liegen keine klaren eindeutigen Kriterien vor, wie etwa in der Kinder- und Jugendhilfe im Bereich der erzieherischen Hilfen, wo ein Leistungsanspruch besteht wenn ein „erzieherischen Bedarf" (§27 SGB VIII) festgestellt wird, haben die Sozialbehörden deutlich größere Entscheidungsspielräume. In der Kinder- und Jugendhilfe gibt es eine Reihe von Arbeiten, die auf den Einfluss dieser Entscheidungsspielräume hinweisen (vgl. z.B. Pluto/Gragert/van Santen/Seckinger 2007; Nüsken 2008; Eger 2008). Hinsichtlich der Inanspruchnahme von Leistungen und der Angebotsstruktur in der Kinder- und Jugendhilfe haben die Disparitäten nämlich eine Größenordnung, die Fachöffentlichkeit und Kostenträger irritiert. Die Differenzen sind so groß, dass sie durch die unterschiedlichen Lebenslagen und den daraus resultierenden erzieherischen Bedarf in den Gebieten allein nicht hinreichend zu erklären sind. Sie scheinen vielmehr auch Ausdruck von zwischen den Gebieten stark differierenden Bedarfsdefinitionen und Zuweisungsprozessen zu sein. D.h. gleiche Problemkonstellationen führen in dem einen Gebiet zu einem Angebot sozialstaatlicher Hilfe, während sie in einem anderen Gebiet keine sozialstaatliche Reaktion auslösen. Diese Definitionsprozesse der Sozialbehörden sind selbstverständlich keine Merkmale der Personen in einem Gebiet, sondern ein Merkmal der örtlich zuständigen Sozialbehörde eines bestimmten Gebietes. Diese Definitionsprozesse bestimmen, ob eine individuelle Lebenslage einer von den Gebietsverantwortlichen bereitgestellten und finanzierten Leistung bedarf. Vor diesem Hintergrund erscheint es angebracht, statt oder neben dem häufig verwendeten Terminus *regionale Disparitäten* auch den Begriff der institutionellen Disparitäten zu verwenden, weil er auf die Definitionsprozesse der Sozialbehörden verweist, die die regionalen Disparitäten mit beeinflussen.

### Regionale Disparitäten als Steuerungsgrundlage

Insbesondere in den interkommunalen Vergleichsringen für den Bereich der erzieherischen Hilfen hat man versucht, das Steuerungspotential regionaler Disparitäten im Bezug auf die Organisation der Leistungserbringung zu nutzen. Die Erfahrungen zeigen jedoch, dass ohne in Jugendhilfeplänen und Arbeitskonzepten konkretisierte Ziele für die Gestaltung der örtlichen Jugendhilfe keine Steuerung erfolgen kann. D.h. die Feststellung von Disparitäten an sich generiert noch kein Steuerungswissen. Vielmehr besteht die Gefahr, aus dem bloßen Vorhandensein von Disparitäten Handlungsnotwendigkeiten abzuleiten: Unterschiede müssen ausgeglichen werden, weil es Unterschiede sind. Aber

---

füllen, aber dennoch keine Leistungen in Anspruch nehmen (ca. ein Drittel der Berechtigten (Becker 2007) relativiert diese Aussage zum Teil.

nicht jede Differenz von Indikatoren bildet zwangsläufig eine Ungleichheit von Lebensverhältnissen ab. Eine Kontextualisierung von Indikatoren kann Unterschiede oftmals erklären. Das heißt, eine sinnvolle Verwendung von Indikatoren setzt reflexives Kontextwissen (» Basic: Kontext) voraus.

### Definitionskriterien sozialer Brennpunkte und Handlungsstrategien

Die bisherigen Ausführungen haben deutlich gemacht, dass bei der Betrachtung von sozialen Brennpunkten die dahinterliegenden Definitions- und Entscheidungsprozesse nicht ausgeblendet werden können. Der Bestimmung von Brennpunkten geht eine Festlegung von Indikatoren und deren Gewichtung voraus, die einen Brennpunkt definieren. Diesem Prozess liegt nicht nur bereits eine Problemdefinition (*Was* wird als Problem betrachtet) zugrunde, sondern fokussiert auch bereits die möglichen Handlungsalternativen zur Problemlösung, weil Erfolge des staatlichen Handelns an der Veränderung dieser Indikatoren festgemacht werden (können). Werden als soziale Brennpunkte Gebiete definiert, die eine hohe Dichte von Menschen in Armut aufweisen, werden andere Maßnahmen und Unterstützungsformen in Betracht gezogen als bei einer Definition von sozialen Brennpunkten über das Gewaltvorkommen im öffentlichen Raum. Nicht nur die Maßnahmen können bei unterschiedlicher Kriterienfestlegung andere sein, sondern auch die Gebiete, die als soziale Brennpunkte definiert werden.

Die gewählten Indikatoren zur Bestimmung von Brennpunkten können in ihrer Ausprägung selbst bereits Ergebnis von Definitionsprozessen sein. Das Beispiel zu den Inanspruchnahmequoten von sozialstaatlichen Leistungen hat dies veranschaulicht. Darüber hinaus gibt es Beispiele für Indikatoren, die nur stark kontextualisiert eine Aussagekraft für sich beanspruchen können, wie etwa jene die der polizeilichen Kriminalstatistik (PKS) entnommen werden. So kann z. B. das Anzeigeverhalten der Bevölkerung oder die Kontrolldichte der Polizei zwischen Gebieten stark voneinander abweichen, was sich in den Zahlen der PKS niederschlägt. Manche Indikatoren sind also nicht unmittelbar geeignet, ein objektives Bild der Gegebenheiten in Gebieten widerzuspiegeln, sondern sind gebrochen durch Definitions- und Zuweisungsprozesse der Sozialbehörden oder (mit) als Ergebnis von Rahmenbedingungen zu sehen.

### Konsequenzen für die Soziale Arbeit

Die Verwendung der Metapher „sozialer Brennpunkt" oder auch ihrer wohlfeiler klingenden Synonyme zeigt, dass die öffentliche Reaktion auf Problemlagen mit einem Verweis auf die Unterschiedlichkeit begründet wird. Das heißt die Sozialbehörden handeln aufgrund von Relationen und nicht von Maßstäben. Der Handlungsbedarf entwickelt sich aus der Differenz („Zu viel Armut ist schlecht") und nicht aus einer fachlich begründeten Anschauung („Armut ist schlecht") heraus. Auch wenn die Festlegung von Gebieten, auf der sich das sozialstaatliche Handeln (vorerst) konzentrieren soll, auch Ausdruck einer politischen Priorisierung sein kann, wohnt der Konzentration auf soziale Brennpunkte die Gefahr einer Depolitisierung der Bearbeitung von sozialen Problemen inne (Gefahr des Geodeterminismus und der Territorialisierung » Einleitung).

Nicht zuletzt muss daran erinnert werden, dass die Definition von sozialen Brennpunkten eine stigmatisierende Wirkung auf die Bewohner dieser Gebiete haben (Gefahr des Geodeterminismus und der Homogenisierung » Einleitung) und damit eine problemverschärfende Dynamik auslösen kann, indem die Bewohner mit den meisten Ressourcen das Gebiet verlassen und damit die Konzentration von Problemlagen erhöht wird. Das Stigma, in einem Gebiet zu wohnen, das als Brennpunkt betrachtet wird, kann zudem benachteiligend für die Benachteiligten wirken (vgl. z. B. Friedrichs/Galster/Musterd. 2005). Hohm (2003: 59) stellt in diesem Zusammenhang fest:

> „Die Geschichte sozialer Brennpunkte wird primär als Abstiegsgeschichte beobachtet, die zum sukzessiven Abdriften von Wohnquartieren des lokalen Inklusionsbereichs in Obdachlosensiedlungen, Altbauquartiere und Trabantensiedlungen des lokalen Exklusionsbereichs führt. Erfolgsgeschichten im Sinne der umfassenden Transformation eines urbanen sozialen Brennpunktes in ein normales Wohnquartier liegen trotz vielfältiger sozialwissenschaftlichen Beschreibungen der Interventionsversuche lokaler Funktionsbereiche und Organisationen so gut wie nicht vor."

Vor diesem Hintergrund ist zu fragen, ob die auf eine räumliche Konzentration von Problembelastungen reagierende Handlungsstrategie selbst zwangsläufig einen räumlichen Bezug haben muss, oder ob nicht problemorientierte Strategien besser geeignet sind, zu vermeiden, dass aus benachteilig*ten* benachteilige*nde* Gebiete werden. Problemorientierte Strategien legitimieren sich nicht durch einen Raumbezug, sondern aus der Sache selbst heraus, weil sie an sich als zu vermeiden und nicht als *Über*belastung definiert werden. Die Bekämpfung von Benachteiligungen etwa muss sich deshalb nicht zwingend in Infrastrukturmaßnahmen niederschlagen, sondern kann auch durch nicht ortsgebundene Aktivitäten, etwa durch Förderung der Akzeptanz lebensweltlicher Heterogenität, erfolgen.

**Merksatz**

Brennpunkt ist im Kern ein deskriptiver, auf die Lebensbedingungen von Einwohnern bestimmter Gebiete bezogener, wertender Begriff, der in der Sozialen Arbeit benutzt wird, um Handlungsbedarf in bestimmten Gebieten zu legitimieren. Eine sinnvolle Verwendung setzt fachlich begründete Egalitätsvorstellungen voraus und sollte die damit verbundenen normativen Konstruktionsprozesse und Stigmatisierungsfolgen nicht aus den Augen verlieren.

 **Empfohlene Literatur zur Vertiefung**

Friedrichs, Jürgen/Galster, George/Musterd, Sako (Hrsg.) (2005): Life in Poverty Neighbourhoods. European and American Perspectives. New York: Routledge

Hohm, Hans-Jürgen (2003): Urbane soziale Brennpunkte, Exklusion und soziale Hilfe. Opladen: Leske + Budrich

## Weitere verwendete Literatur

Becker, Irene (2007): Armut in Deutschland: Bevölkerungsgruppen unterhalb der Alg II Grenze in Germany. SOEP Papers 4, Berlin

Bruhns, Kirsten/Mack, Wolfgang (Hrsg.) (2001): Aufwachsen und Lernen in der Sozialen Stadt. Kinder und Jugendliche in schwierigen Lebensräumen. Opladen: Leske + Budrich

Eger, Frank (2008): Wie Jugendämter entscheiden Ursachen einer veränderten Inanspruchnahme von Hilfen zur Erziehung. Wiesbaden: VS Verlag für Sozialwissenschaften

Häußermann, Hartmut (2001): Aufwachsen im Ghetto. Folgen sozialräumlicher Differenzierung in den Städten. In: Bruhns et al. (2001): 37-51

Holz, Brigitte/Emanuel, Markus (2006): Projektkoordination und Strategien der Vernetzung kommunaler Institutionen. In: Regiestelle E&C der Stiftung SPI (2006): 38-43

Nüsken, Dirk (2008): Regionale Disparitäten in der Kinder- und Jugendhilfe. Eine empirische Untersuchung zu den Hilfen für junge Volljährige. München/New York/Münster/Berlin: Waxmann

Pluto, Liane/Gragert, Nicola/van Santen, Eric/Seckinger, Mike (2007): Kinder und Jugendhilfe im Wandel. Eine empirische Strukturanalyse. München: DJI-VerlagProjekt „Netzwerke im Stadtteil" (Hrsg.) (2005): Grenzen des Sozialraums. Kritik eines Konzepts – Perspektiven für die Soziale Arbeit. Wiesbaden: VS Verlag für Sozialwissenschaften

Regiestelle E&C der Stiftung SPI (Hrsg.) (2006): Die Soziale Stadt für Kinder und Jugendliche. Kommunale Strukturen, Standards und Bedingungen für die Entwicklung sozialer Brennpunkte. Dokumentation der Veranstaltung am 23. und 24. Mai 2006 in Berlin. Download möglich unter www.eundc.de

Schmid, Heike/Wiesner, Reinhard (2006): Die Kinder- und Jugendhilfe und die Föderalismusreform. Teil I und II. Kindschaftsrecht und Jugendhilfe, Heft 9: 392-396 und Heft 10: 449-454

Werlen, Benno (2005): Raus aus dem Container! Ein sozialgeographischer Blick auf die aktuelle (Sozial-)Raumdiskussion. In: Projekt „Netzwerke im Stadtteil" (2005): 15-35

Thomas Latka

# Feld

Zwei Jahre lang wurde in Berlin von dem Jugendamt Lichtenberg in Kooperation mit freien Trägern das Modellprojekt „Familie im Feld (Fif)" durchgeführt, bei dem die SozialarbeiterInnen insgesamt 14 Familien nach einem neuen methodischen Ansatz betreuen und dabei besonderes Augenmerk auf das engere soziale Umfeld der Familie richteten, um dort Ressourcen für die Stärkung der Familie zu finden – beispielsweise bei Freizeiteinrichtungen, Beratungsstellen, ehrenamtlichen Helfern oder anderen Institutionen im Umfeld (vgl. Steglich o.J.).

## Der Feldbegriff in der Sozialen Arbeit: städtisches Feld, soziales Umfeld, wissendes Feld

Der Begriff des Feldes wird in der Sozialen Arbeit hauptsächlich mit den folgenden drei Bedeutungen verwendet.

### Das städtische Feld

Spricht man in der stadtteilbezogenen Arbeit von einem „Feld" und proklamiert sogar den Wechsel „Vom Fall zum Feld" (vgl. Hinte/Litges/Springer 2000), geht damit eine Tendenz einher, den Fokus nicht mehr auf eine bestimmte soziale Zielgruppe oder Einrichtung zu richten, sondern auf einen bestimmten physisch fixierten Raum wie den Stadtteil (Gefahr der unreflektierten Territorialisierung bzw. Containerisierung » Einleitung). Ziel der Sozialen Arbeit ist es dann, die darin ansässige Wohnbevölkerung als Ganzes anzusprechen und nicht nur einzelne Zielgruppen darin (Gefahr der Homogenisierung » Einleitung). Um das zu erreichen, ist es die Aufgabe von professionellen Stadtteilmanagern, in den jeweiligen Stadtteil so weit einzutauchen, dass selbst hintergründige Handlungsmotive und gelebte Widersprüche am eigenen Leibe nachvollzogen werden können. Erst auf Basis dieser Binnenperspektive können verschiedene Aktivierungsaktionen gestartet werden, welche die Leute vor Ort überhaupt erreichen, um nachhaltige Veränderungen im Stadtteil bewirken zu können.

## Das soziale Umfeld
Spricht man allgemein von einem *sozialen Umfeld* eines konkreten Falles, richtet sich die Aufmerksamkeit auf die Bedingungen, in die der Einzelfall eingebettet ist. Die Ausweitung des Blickes auf das nähere Umfeld bezieht daher viele verschiedene Faktoren ein und versteht sich häufig als „systemisch". In der „Systemischen Sozialarbeit" (vgl. Lüssi 1992) wird Wert darauf gelegt, ein Problem nicht als Wirkung einer bestimmten Ursache zu sehen, sondern als Systemstörung, die nur unter Nutzung der jeweils eigenen Systemlogik aufgelöst werden kann. Damit richtet sie sich vor allem gegen den bis in die 1980er Jahre dominanten linearen Ansatz, der in Anlehnung an die Persönlichkeitstheorie von Freud zur Problemlösung eine Ich-Stärkung des Klienten förderte.

Wenn von einem „sozialem Umfeld" die Rede ist und vom Einzelfall ausgehend ein größerer Kontext in den Blick genommen wird, wird der Feldbegriff häufig synonym mit anderen kontextualisierenden Begriffen verwendet wie z. B. Umwelt, Lebensraum, Milieu (siehe entsprechende Basics in diesem Band). In diesem allgemeinen Sinn von Kontext erschöpft sich die Bedeutung des Feldbegriffs sicher nicht. (Gefahr der Trivialisierung » Einleitung)

## Das wissende Feld
Spricht man von einem „seelischen Feld" oder einem „wissenden Feld" (vgl. Mahr 2003a), bezieht man sich häufig auf die Methode der systemischen Aufstellungen, wie sie ausgehend von Jakob Levy Moreno und Virginia Satir vor allem durch Bert Hellinger bekannt geworden sind und welche heute als eigene Therapie- und Beratungsmethode in den verschiedenen Ausprägungen praktiziert werden. Mit „Feld" bezeichnet man das sich in einer Aufstellung zeigende, spontan eintretende Kräftespiel, das sich durch die spontanen Bewegungen und Regungen der Stellvertreter zeigt, ohne dass diese darauf willentlich Einfluss nehmen. Das Feld wird als „wissend" bezeichnet, denn „Unbewusstes, Vergessenes oder Verleugnetes kommt ans Licht, wird körperlich-sinnfällig erlebt und als wirklich und wirksam erkannt" (Mahr 2003a: 13). Zugleich wird von einer „Seele als Feld" gesprochen, um auszudrücken, dass eine Familie nicht nur eine soziale Gruppe ist, sondern auch eine seelische Instanz mit eigenem Gewissen und Gedächtnis, wie es sich in der Aufstellung zeigen kann. Auch wenn die Wirkungsweise der Aufstellungsarbeit umstritten bleibt und nicht vollends erforscht ist, so gibt es doch erfolgreiche Beispiele für ihren Einsatz in der Sozialen Arbeit (vgl. Knorr 2004).

Solange mit einem „wissenden Feld" nur ein ungeklärtes Phänomen beschrieben wird, handelt es sich lediglich um die Erweiterung des beschreibenden Vokabulars ohne inhaltlichen Mehrwert. Ohne tragfähige Erklärung und phänomenologische Revision untersteht diese Rede vom „wissenden Feld" daher dem Tautologieverdacht, d. h. dem Verdacht, nichts Neues und Überprüfbares zu sagen. (Gefahr des Tautologismus)

## Feldbegriff in Physik, Soziologie und Kulturwissenschaft

### Wortherkunft, Feldbegriff in der Physik

Der Begriff „Feld" stammt aus dem Althochdeutschen und bedeutet ursprünglich „Ausgebreitetes, Ebene" (Kluge 2002: 284).

In den modernen wissenschaftlichen Diskurs wurde der Feldbegriff erstmals innerhalb der Physik von Michael Faraday, der zur Erklärung seiner seit 1831 angestellten Versuche über Induktion ein elektrisches und magnetisches Feld als eine physikalische Realität anerkannte, eingeführt.

Seitdem gehen in der Physik alle Anstrengungen dahin, die Dualität von Materie und Raum durch die Entwicklung einer „vereinheitlichten Feldtheorie (Unified Fieldtheory)" zu überwinden und den Feldbegriff als einzigen und universalen Grundbegriff der gesamten Physik zu etablieren.

Das Revolutionäre am Feldbegriff ist, dass er sich gegen den in der Physik lange Zeit vorherrschenden Mechanismus wendet und dies mit folgenden Implikationen:
- Nicht alle Kräfte gehen von Körpern durch Stoß oder Zug aus, sondern es gibt auch Kräfte, die scheinbar mittellos und räumlich auf den Körper wirken: die sogenannten Feldkräfte.
- Diese Feldkräfte, wie z. B. die von Faraday entdeckten magnetischen Feldkräfte, können, anders als mechanische Kräfte, sowohl die innere als auch äußere Ausrichtung des Körpers zugleich verändern.
- Das Feld ist selbst kein Körper, da es jeden anderen Körper durchdringt. Durch diese Durchdringung stehen mehrere Körper miteinander in Beziehung.

### Das soziale Feld bei Lewin

Angeregt durch die Bedeutung des Feldbegriffes in der Physik und Gestalttheorie (vgl. Ehrenfels 1890) führt der Sozialpsychologe Kurt Lewin den Feldbegriff in die (Sozial-)Psychologie ein und bestimmt das Feld wie folgt: „Eine Gesamtheit gleichzeitig bestehender Tatsachen, die als gegenseitig voneinander abhängig begriffen werden, nennt man *Feld* (Einstein, 1933). Die Psychologie muss den Lebensraum, der die Person und ihre Umwelt einschließt, als ein Feld betrachten" (Lewin 1963: 273).

Indem Lewin zur Definition seines Feldbegriffs auf die Physik zurückgreift, setzt er sich prinzipiell der Gefahr aus, psychosoziale Phänomene auf physikalische Tatbestände zu reduzieren (Gefahr des Physikalismus). Dennoch kann er dieser Gefahr gut entgehen, indem er sich auf Anregungen aus der Physik und Mathematik (insbesondere der Topologie) beschränkt und dem sozialen Kontext eine eigene, nicht reduzierbare phänomenale Qualität zuschreibt.

## Das soziale Feld bei Bourdieu

Auch wenn es im Anschluss an Lewin weitere Ansätze gab, den Begriff des sozialen Feldes inhaltlich zu bestimmen (vgl. z.B. Brown 1936), spielt der Feldbegriff in der heutigen Soziologie nur noch bei Pierre Bourdieu eine wesentliche Rolle, der das soziale Feld als objektives Relationsnetz versteht, das sich bei den Akteuren als dauerhafte Disposition, Gewohnheit und Einstellung, dem „Habitus", verleiblicht. Im Unterschied zur mikrosoziologischen Sichtweise von Lewin nimmt Bourdieu eher eine makrosoziologische Sicht an und versteht soziale Felder als ausdifferenzierte gesellschaftliche Teilbereiche wie Politik, Wirtschaft, Kunst und Recht. Ein soziales Feld bezeichnet für Bourdieu daher etwas ähnliches wie ein soziales System (vgl. Luhmann 1984), obwohl es nicht als funktional, kohärent und selbstregulierend verstanden wird, sondern als Kräftefeld, in dem um die Verteilung von bestimmten Kapitalsorten (ökonomisches, soziales, symbolisches, kulturelles Kapital) gekämpft wird. (Gefahr der Funktionalisierung)

Bourdieu geht mit seiner Feldtheorie jedoch über dieses makrosoziologische Markt- und Systemmodell hinaus, indem er auch die Stellungen der Akteure und ihren „Habitus" im Feld thematisiert. Nur durch die Analyse der durch die Akteure verkörpert wirkenden Feldkräfte kann die Feldtheorie „ein umfassendes und nachsichtiges Bild der verschiedenen Stellungen und Stellungnahmen" (Bourdieu 1998: 40) zeichnen. Damit setzt „der Feld-Begriff einen Bruch mit der realistischen Vorstellung voraus, die den Effekt des *Milieus* auf den der direkten, in einer Interaktion sich vollziehenden Handlung reduziert" (Bourdieu 1985: 71). Der erforderte Perspektivenwechsel ist enorm: „Das Denken in Feld-Begriffen erfordert eine Umkehrung der gesamten Alltagssicht von sozialer Welt, die sich ausschließlich an sichtbaren Dingen festmacht" (Bourdieu 1985: 71).

## Der Feldbegriff in anderen Kulturen am Beispiel Japans

Um den Gefahren eines zu einseitig verstandenen Feldbegriffs zu entgehen, bietet es sich an, im Sinne eines „cultural turns" den Blick auf andere Kulturen – wie z.b. die japanische – zu werfen, in denen auf ganz selbstverständliche Weise mit dem Feldbegriff umgegangen wird.

In den Selbstbeschreibungen der japanischen Kultur in Soziologie, Philosophie und Kulturwissenschaft taucht häufig das Wort „*ba*" (Feld) auf (Latka 2003: 173-186). Zusammen mit dem japanischen Ausdruck „*basho*" (auch mit „Ort" übersetzt) wird er genutzt, um die starke Kontextabhängigkeit im japanischen Sozialleben auszudrücken. So gibt es z.b. nicht nur ein Wort für „Ich" oder „Du", sondern viele verschiedene, abhängig davon, in welchem sozialen oder räumlichen Kontext (*ba, basho*) man sich gerade befindet. Diese starke Kontextabhängigkeit in der sozialen Praxis blieb nicht ohne Folgen für die Theoriebildung und daher haben in ganz verschiedenen Disziplinen feldtheoretische Ansätze einen leichteren Stand gehabt, die nötige Anerkennung zu finden.

So wundert es nicht, wenn Kitarô Nishida als einer der bekanntesten japanischen Philosophen der Moderne sich den Begriff „*basho*" (Ort, Feld) als Grundbegriff für seine Philosophie gewählt hat, um damit die Einseitigkeit westlicher Weltmodelle überwinden zu können (vgl. Nishida 1999). In der Anthropologie und Soziologie wird besonders die starke Kontextualität des sozialen Lebens durch den Feldbegriff („*ba*") hervorgehoben und in Verbindung mit natürlichen Phänomenen wie „Atmosphäre", „Luft" oder „Wind" gebracht. Diese Verwendung bringt die natürliche Unmittelbarkeit und körperliche Realität der dadurch bezeichneten sozialen Phänomene klar zum Ausdruck und macht deutlich, dass es sich gerade nicht um eine rein metaphorische Übertragung dieser Begriffe aus dem naturräumlichen Bereich handelt. So kann mit Bezug auf Japan festgehalten werden, dass in anderen Kulturen der Feldbegriff zur Beschreibung von sozialen Phänomenen gerade deshalb verwendet wird, um die unmittelbare körperliche Erfahrbarkeit von als natürlich erlebten Kräften zum Ausdruck zu bringen.

## Feld in Beziehung zu Atmosphäre, Ort und Raum

Um die bisher verwendeten Begriffe klarer zu bestimmen, soll hier folgender Versuch gemacht werden: Ein soziales Feld ist eine gemeinsame, zuständliche Situation, aus deren ganzheitlich, binnendiffuser Bedeutsamkeit einzelne Dinge und Bedeutungen erst entstehen können (vgl. Schmitz 2009). Ein Feld ist daher die Bedingung für die Vernetzung von Einzelnen und diesen logisch wie auch phänomenal vorrangig. Ein Feld lässt sich daher nicht als etwas Abstraktes wie die „relationale (An-)Ordnung von Lebewesen und sozialen Gütern an Orten" (Löw 2001: 271) verstehen, sondern nur als konkrete leiblich ergreifende gefühlsbeladene Atmosphäre, in der man sich befindet. Eine Atmosphäre ist keine Projektion von Gefühlen in den Raum, sondern ein „Halbding" (Schmitz 2009: 71), das den Raum und auch mich als Betroffenen erfüllt, wenn ich spürbar hineingerate. Der japanische Ausdruck *basho* bezeichnet ebenso dieses Gefühl des Darin-Seins, auch wenn er gewöhnlich mit „Ort" übersetzt wird, was im Deutschen häufig zu Missverständnissen geführt hat. Der Feldbegriff ist hier inhaltlich vorteilhafter, da er auch eine mögliche Durchdringung zum Ausdruck bringen kann.

Wird der Raum ausschließlich relational verstanden, dann bleiben wesentliche soziale Phänomene wie die Atmosphären in ihrer Zweiheit als innenweltliche Konstrukte und außenweltliche Merkmale unverstanden. Ziel kann es nur sein, dieses relationalistische oder konstellationistische Paradigma zu überwinden, wie es vor allem Hermann Schmitz mit seiner Neuen Phänomenologie (vgl. Schmitz 2003) oder Gernot Böhme mit seiner Theorie der Atmosphären (vgl. Böhme 1995) vorbereitet haben.

### Potential des Feldbegriffs

Zusammenfassend lässt sich sagen, dass der Feldbegriff im sozialen Kontext dann sein Potential entfalten kann, wenn Raum-, Kultur- und Körpererfahrung gemeinsam reflektiert werden, sich also die drei großen Neuorientierungen namens *spatial turn*, *cultural turn* und *body turn* (vgl. Gugutzer 2006) gegenseitig ergänzen. Nur wenn unsere eigenen kulturell bedingten Denkmodelle im Dialog mit anderen hinterfragt werden und im Gegenzug unser vorbewusstes körperliches Spüren von Atmosphären als Phänomen hinreichend ernst genommen wird, kann sich ein gehaltvoller Feldbegriff entwickeln, der den genannten Gefahren entgehen kann. Die damit einhergehende Blickfeldöffnung und Integration der verschiedenen „turns" könnte als *feldtheoretische Wende* oder *topologische Wende* (*topological turn*) einen Namen bekommen, dessen inhaltlicher Schwerpunkt auf dem leiblichen Spüren von gefühlsbeladenen Atmosphären und den darin eingebetteten (Feld-)Kräften liegt, die in anderen Kulturen dominanter erlebt und reflektiert werden als in der westlichen.

## Das Potential einer feldhaften Methode für die Soziale Arbeit

Trotz oder gerade wegen der genannten Gefahren bietet es sich daher an, den Begriff des sozialen Feldes für das leibliche Spüren von Atmosphären und den darin erlebten Kräften zu reservieren. Eine feldhafte Methode wäre demnach eine, die das Spüren von sozialen Atmosphären fördert und deren räumliche

Visualisierung unterstützt. Als solche bietet sich sicher auch die Methode der Stadtteilbegehung an, bei der es darum geht „Atmosphären, Orte und Räume auf sich wirken zu lassen, die Interaktion von Menschen zu beobachten und zu entsprechenden Rückschlüssen zu kommen" (Deinet 2009a: 66).

Ebenso ist auch auf ganz anderer Art und Weise die Aufstellungsmethode als räumlich-metaphorische Technik eine hilfreiche Option, diese Atmosphären von sozialen Gruppen zu spüren, sofern damit professionell und verantwortungsbewusst umgegangen wird. Das in einer Aufstellung als real gespürte soziale Kräftefeld mit den damit verbundenen Ausrichtungstendenzen kann durchaus berechtigt als „wissendes Feld" bezeichnet werden, sofern daraus von den Betroffenen tatsächlich hilfreiches Wissen geschöpft werden kann.

Für die soziale Arbeit bedeutet dies, dass es gute Gründe gibt, den Atmosphären und den darin spürbaren Feldkräften eine neue Beachtung zu schenken. Insbesondere die Aufstellungsmethode in ihren vielen verschiedenen Facetten kann auch als Methode zur Beratung oder Klärung von sozialen Anliegen eingesetzt werden. Wo dies situations- oder berufsbedingt nicht möglich ist, kann der Feldbegriff lediglich ein Verständnis herbeiführen, dass sich hinter den offensichtlich sozialen Problemen auch solche verbergen können, die nur als Verstrickungen oder Verwirrungen angemessen zu verstehen und zu lösen sind und als solche auch professioneller therapeutischer Hilfe bedürfen.

###  Merksatz

Soziale Felder sind weder als abstrakte Einheit noch von räumlichen Artefakten oder vom physischen Territorium her zu denken, sondern von den leiblich und räumlich spürbaren (Feld-)Kräften bei atmosphärisch wirkenden Situationen.

### Empfohlene Literatur zur Vertiefung

Knorr, Michael (Hrsg.) (2004): Aufstellungsarbeit in sozialen und pädagogischen Berufen. Die andere Art des Helfens. Heidelberg: Carl-Auer-Systeme
Lück, Helmut E. (1996): Die Feldtheorie und Kurt Lewin: eine Einführung. Weinheim: Beltz-PVU
Schmitz, Hermann (2009): Kurze Einführung in die Neue Phänomenologie. München, Freiburg: Karl Alber Verlag

### Weitere verwendete Literatur

Böhme, Gernot (1995): Atmosphäre. Frankfurt am Main: Suhrkamp
Bourdieu, Pierre (1985): Sozialer Raum und „Klassen". Frankfurt am Main: Suhrkamp

Bourdieu, Pierre (1998): Vom Gebrauch der Wissenschaft. Für eine klinische Soziologie des wissenschaftlichen Feldes. Konstanz: UVK

Brown, Junius F. (1936): Psychology and the social order: an introduction to the dynamic study of social fields. New York/London: McGraw-Hill

Deinet, Ulrich (2009a): Analyse und Beteiligungsmethoden. In: Deinet (2009b): 65-86

Deinet, Ulrich (Hrsg.) (2009b): Methodenbuch Sozialraum. Wiesbaden: VS Verlag für Sozialwissenschaften

Ehrenfels, Christian v. (1890): Über Gestaltqualitäten. In: Vierteljahresschrift für wissenschaftliche Philosophie 14. 249-292

Gugutzer, Robert (Hrsg.) (2006): body turn. Perspektiven der Soziologie und des Sports. Bielefeld: transcript Verlag

Hinte, Wolfgang/Litges, Gerd/Springer, Werner (Hrsg.) (2000): Soziale Dienste: Vom Fall zum Feld. Soziale Räume statt Verwaltungsbezirke. Berlin: Ed. Sigma

Kluge, Friedrich (2002): Etymologisches Wörterbuch der deutschen Sprache. Berlin/New York: de Gruyter

Latka, Thomas (2003): Topisches Sozialsystem. Die Einführung der japanischen Lehre vom Ort in die Systemtheorie und deren Konsequenzen für eine Theorie sozialer Systeme. Heidelberg: Carl-Auer-Systeme

Lewin, Kurt (1963): Feldtheorie in den Sozialwissenschaften, Ausgewählte theoretische Schriften (hrsg. von Dorwin Cartwright), Bern/Stuttgart: Verlag Hans Huber

Löw, Martina (2001): Raumsoziologie. Frankfurt am Main: Suhrkamp

Luhmann, Niklas (1984): Soziale Systeme: Grundriß einer allgemeinen Theorie. Frankfurt am Main: Suhrkamp

Lüssi, Peter (1992): Systemische Sozialarbeit. Praktisches Lehrbuch der Sozialberatung. Bern: Haupt

Mahr, Albrecht (2003a): Konfliktfelder – wissende Felder ... Eine Einführung. In: Mahr (2003b): 13-19

Mahr, Albrecht (Hrsg.) (2003b): Konfliktfelder – wissende Felder. Systemaufstellungen in der Friedens- und Versöhnungsarbeit. Heidelberg: Carl-Auer-Systeme

Nishida, Kitarô (1999): Logik des Ortes [Übersetzt und herausgegeben von Rolf Elberfeld]. Darmstadt: Wissenschaftliche Buchgesellschaft

Schmitz, Hermann (2003): Was ist Neue Phänomenologie? Rostock: Ingo Koch Verlag

Steglich, Ulrike (o.J.): Rechte haben – Recht bekommen. Kinderschutz in Lichtenberg. URL: http://www.berlin.de/imperia/md/content/balichtenberghohenschoenhausen/buergerservice-familie/kinderschutz_libg.pdf (24.2.2010)

Fabian Kessl | Christian Reutlinger

# Format

Die als „Bielefelder Tüte" in Ostwestfalen bekannte Grünfläche am Bielefelder Hauptbahnhof beschreibt ein Areal, das an den Bahnhofsvorplatz, ein Tagungshotel und die Bielefelder Stadthalle anschließt und von zwei Straßen, davon einer Hauptverbindungsstraße, begrenzt wird. Der Platz wird von unterschiedlichen Gruppen und Einzelpersonen genutzt: als Aufenthaltsort, als Treffpunkt, als Marktplatz, als Informationsbörse, als Durchgangsort zur Stadthalle und zum Eingang der unterirdischen Stadtbahnhaltestelle.

Mit Verweis auf Beschwerden von Stadtbahnkunden, die sich von anderen GrünflächennutzerInnen belästigt und gestört fühlten, und als Reaktion auf Einwände der geschäftsführend Verantwortlichen der benachbarten Stadthalle und des angrenzenden Tagungshotels erließ der Bielefelder Stadtrat im Juli 2008 eine Sonderplatzordnung für die gesamte Grünfläche. Diese untersagt dort seither den Alkoholkonsum und das Lagern. Zuwiderhandlungen, die durch Sonderpatrouillen der Polizei und des Bielefelder Ordnungsamtes festgestellt werden, führen zu Geldstrafen oder kurzzeitigen Inhaftierungen (siehe ausführlich Kessl/Dirks 2010).

## Format in der Sozialen Arbeit

Von Formaten ist bisher in der Sozialen Arbeit nicht die Rede. Aber auch in den Geistes-, Sozial- und Kulturwissenschaften insgesamt findet sich die Rede vom „Format" nur an vereinzelten Stellen: Neben den „Unterrichtsformaten" ist in der erziehungswissenschaftlichen Debatte, beispielsweise von Naujok et al. (2004: 762) aus lesesozialisationstheoretischer Perspektive von einem Format der „standardisierte(n) Interaktionsmuster" zwischen einem Erwachsenen und einem Kind die Rede. Für die erwachsenenpädagogische Debatte hat außerdem Schäffter (2009) jüngst Überlegungen angestellt, den medientheoretischen Begriff als „Programmformat" im Kontext der seines Erachtens notwendigen grundlegenden Strukturreformen einzuführen. Eine weitere Verwendung des

Formatbegriffs findet sich in den literaturwissenschaftlichen Diskussionen und denjenigen der Informatik. Formate werden somit wissenschaftlich bisher zumeist als „Interaktionsformate" (z. B. Frontalunterricht), „Informationsformate" (z. B. Zeitungsformate), „literarische Formaten" (z. B. Genres) und „Dateiformate" (z. B. Art und Weise der Codierung von Daten) verhandelt.

Im Folgenden wird argumentiert, dass der Begriff des Formats für eine raumwissenschaftliche Perspektive gerade in der Wissenschaft Sozialer Arbeit fruchtbar gemacht werden kann und sollte.

In Bezug auf das eingangs skizzierte Beispiel lässt sich dies an den empirischen Ergebnissen einer ethnografischen Fallstudie (vgl. Kessl/Dirks 2010) verdeutlichen.

Bevor die Sonderplatzordnung (» Basic: Platz) durch den Bielefelder Stadtrat verabschiedet wurde, waren Versuche, den Konflikt durch eine Privatisierung der Grünfläche und seine Umnutzung zur Stadthallenvorfläche zu lösen, aus juristischen Gründen gescheitert. Auch der Versuch, die Lage durch den Einsatz von Streetworkerinnen im Bereich der Grünfläche zu entspannen, gelang aufgrund eines fehlenden fachlichen Konzeptes und der nur begrenzten Laufzeit des Projektes nach Aussagen einer der Streetworkerinnen nicht. Mit Inkrafttreten der Sonderplatzordnung wurde dieses Projekt ganz eingestellt. Gleichzeitig beschloss der Bielefelder Stadtrat eine deutliche Etaterhöhung für den lokalen Anbieter niederschwelliger Beratungs- und Versorgungsangebote, u.a. für den am Rande eines Industriegebiets (» Basic: Rand) angesiedelten Konsumraum mit angrenzendem Café, Beratungsräumen und ärztlicher Praxis. Ein ehrenamtlich-philanthropisches Versorgungsangebot der örtlichen Heilsarmee sollte außerdem vom Platz weg verlagert werden.

NutzerInnen, denen die „Tüte" als Aufenthaltsort, aber auch als Marktplatz und Informationsbörse dient, beschreiben die „Tüte" als einen Ort in einer ganzen Reihe von Orten im Innenstadtraum, von denen sie seit den 1990er Jahren immer wieder vertrieben wurden, und an denen sie aber auch mit sozialpädagogischen Fachkräften sowie Polizeibeamten und den MitarbeiterInnen des Ordnungsamts zu tun gehabt hätten.

In solchen und ähnlichen Settings ist die Soziale Arbeit mit sozialräumlichen (» Basic: Sozialraum) Zusammenhängen konfrontiert. Wie im vorliegenden Fall werden dabei zumeist bestimmte Platzierungen und Verortungen vorgenommen: Soziale Probleme werden räumlich fixiert und damit scheinbar fass-und bearbeitbar – hier in Form der Grünfläche als besonders zu regulierende Größe. Sozialräumliche Zusammenhänge dienen somit der Verankerung der fachlichen Handlungsvollzüge und werden zugleich aber als *Raumgröße* verdinglicht (Gefahr der Verdinglichung » Einleitung). Derartige Territorialisierungsprozesse verunmöglichen allerdings einen angemessenen Umgang mit den sozialräumlichen

Zusammenhängen, wie gegenwärtige Arbeiten belegen (vgl. Dahme/Wohlfahrt 2010). Darauf verweisen auch zentrale raumtheoretische Überlegungen der letzten Jahre (» Basic: Geographie und Einleitung in diesem Band; Löw 2007).

Eine angemessene und raumwissenschaftlich fundierte Perspektive Sozialer Arbeit hätte daher ihren konzeptionellen Ausgangspunkt nicht in fixierten Raumgrößen, z. B. einem städtischen Quartier oder einem Bahnhofsvorplatz zu suchen, sondern in den konkreten sozialräumlichen Zusammenhängen. Deren widersprüchliche, heterogene – und manches Mal auch konflikthafte – Gestalt ist, professionell wie disziplinär, aufzuschließen. Hierzu bietet sich das analytische Instrumentarium des Formats an.

### Bestimmung: Was sind Formate?

Mit Formaten bzw. *Formaten des Räumlichen* werden die konkreten und spezifischen Gestalten räumlicher Praktiken bezeichnet (mit „konkret und spezifisch" sind die historisch-konkreten und die je spezifischen, also besonderen Gestaltungsformen gemeint). Als Teil menschlichen Tuns werden sozialräumliche Zusammenhänge permanent (re)produziert, also in ihrer bisherigen Form bestätigt bzw. wieder hergestellt, modifiziert oder deutlich verändert. *Formatanalysen* als empirisch-rekonstruktive Betrachtungen konkreter und spezifischer Gestalt(ungs)formen und -weisen fokussieren somit systematisch auf das jeweilige (Re)Produktionsmuster sozialräumlicher Zusammenhänge. Diese Zusammenhänge umfassen zumeist mehrere sozialräumliche Dimensionen, wie auch das empirische Beispiel verdeutlichen kann: Bei der Bielefelder „Tüte" handelt es sich ebenso um einen konkreten Ort wie um damit benannte soziale Zusammenhänge und um deren Repräsentation. Formatanalysen verweisen also auf die konkrete und spezifische Verkopplung verschiedener Raumdimensionen oder formattheoretisch gesprochen: Formate umfassen differente *Formatdimensionen*, wie diejenige des *Maßstabs*, die in gegenwärtigen raumwissenschaftlichen Diskussionen vor allem als Transformation der bisherigen räumlichen Ebenen (*Scale*) diskutiert wird (vgl. Wissen/Röttger/Heeg 2008), des *Prozesses*, wie sie aktuell vor allem als Inblicknahme räumlicher Praxismuster Aufmerksamkeit erfährt (vgl. Bareis 2007) und schließlich des *Konzeptes*, die raumforscherisch zwar bisher zumeist nur immanent verhandelt wird, aber eine entscheidende Dimension darstellt, da sie auf die spezifischen Gestaltungsabsichten und -bedingungen und damit auf die je konkreten bestehenden Macht- und Herrschaftsverhältnisse verweist (vgl. Belina 2005). Am skizzierten Bielefelder Beispiel verweist die Neuvermessung der „Tüte" als ein Raum, mit der dann einer Ausnahmeregelung versehen werden kann (*Sonderplatzordnung*), auf die Formatdimension des Maßstabs. Die in der kommunalen Öffentlichkeit kaum wahrgenommene Vielfältigkeit der Nutzungspraktiken unterschiedlicher direkter und indirekter PlatznutzerInnen (z. B. *Informationsbörse, Durchgangsort, Marktplatz und Aufenthaltsort*) markiert die Formatdimension des Prozesses. Schließlich zeigt sich die konzeptionelle Formatdimension auf den beiden Ebenen der Expertendeutungen (1.), die die Re-Regulierung der „Tüte" durch ihre Repräsentation als Ausnahmefall zu realisieren suchen (z. B. *das Beharren des Vertreters der Kommunaladministration, Sonderplatzordnungen nicht auf weitere kommunale Plätze auszudehnen*), und (2.) der Alltagskonzepte unterschiedlicher NutzerInnen (z. B. *gefährlicher Ort für einzelne StadtbahnnutzerInnen, Ort als Bestandteil eines urbanen Vertreibungsprozesses für BetäubungsmittelkonsumentInnen*).

Mit dieser dreifachen formatanalytischen Differenzierung (*Maßstab, Prozess und Konzept*) wird es möglich, die raumtheoretische Unterscheidung von der *Rede vom Raum* (*Raumrationalisierung*) und der *Ordnung des Räumlichen* (*Raumproduktion*) auf der Ebene der sozialen Praktiken zu konkretisieren (vgl. Kessl/Reutlinger 2009: 91).

Formatanalysen lassen sich methodologisch sinnvoll an die Perspektive einer Raum(re)produktionstheorie anschließen, wie sie beispielsweise in den 1970er Jahren von Henri Lefèbvre (1974/2005) vorgelegt wurden, und in der *Politischen Geografie* gegenwärtig wieder aktualisiert wird (vgl. Brenner 2008; Harvey 1989; Schmid 2005).

Dieser Anschluss verweist auch auf den Sachverhalt, dass Formate als empirische Ausprägungsformen der konkreten und spezifischen Gestalt(ungs)formen und -weisen räumlicher Praktiken nicht nur das Ergebnis, sondern immer auch wieder die Voraussetzung der jeweiligen Raum(re)produktion darstellen. Denn soziale Prozesse können immer nur verortet stattfinden, also in Bezug auf gegebene räumliche Zusammenhänge. Zugleich finden diese Zusammenhänge im Prozess der Gestaltung ihre Bestätigung oder werden verändert. Formate sind somit das Produkt *und* der Ausgangspunkt sozialer Praktiken – die eben immer auch räumliche Praktiken sind. Formate sind folglich auch das Produkt *und* der Ausgangspunkt menschlicher Raum(re)produktion. Sie besitzen einen Objektivitätscharakter für soziale Zusammenhänge: (Vor)herrschende Formate des Räumlichen, beispielsweise die „Tüte" als Territorium prägt die räumlichen Praktiken aller beteiligten Akteure. Zugleich sind die spezifischen Formate das Ergebnis von (Re)Produktionsprozessen, sie sind also erst durch eine konkrete – politische, ökonomische und kulturelle – Raumgestaltung in Kraft gesetzt worden, wie das Beispiel der Verabschiedung der „Sonderplatzordnung" an der Bielefelder „Tüte" symbolisieren kann. Formate stellen keine überhistorisch gegebenen Verortungen räumlichen Praktiken dar.

## Format als Analysekategorie der Sozialraumforschung

Aktuelle raumtheoretische Überlegungen betonen immer wieder die „doppelte Konstituiertheit von Raum", indem „räumliche (An)Ordnungen ohne ein Verständnis der Konstituiertheit räumlicher Phänomene als wirksames Raumelement wie als bewirktes Ergebnis raumbildender Prozesse unbegriffen bleiben" (Löw/Sturm 2005: 43). Für derartige Überlegungen dient in der deutschsprachigen Diskussion häufig das Raummodell als Orientierungspunkt, das der Hamburger Ökonom Dieter Läpple (1991) in seinem *Essay über den Raum* entwickelt hat (vgl. Sturm 2000; Hamedinger 2005). Läpple unterschied in seinem Modell einer Raummatrix vier Dimensionen: die materiale Gestalt, das soziale Handeln, die normative Regulation sowie den kulturellen Ausdruck von Räumen (Läpple 1991: 196f.) und markierte sowohl die soziale Konstruktion als auch die soziale (Re)Produktion als entscheidende Dimensionen: „Als Resultat der materiellen Aneignung der Natur ist ein gesellschaftlicher Raum zunächst ein gesellschaftlich produzierter Raum. Seinen gesellschaftlichen Charakter entfaltet er allerdings erst im Kontext der gesellschaftlichen Praxis der Menschen, die in ihm leben, ihn nutzen und ihn reproduzieren" (Läpple 1991: 197).

An diese Annahme schließen Formatanalysen an, indem sie nicht nur die Einbettung oder Nicht-Einbettung sozialer Prozesse in räumliche Strukturen in den Blick nehmen, sondern die konkreten und spezifischen Gestalt(ungs)formen und -weisen selbst. Insofern greifen sie auch über strukturbezogene Perspektiven hinaus, die räumliche Phänomene als in „unterschiedlichem Ausmaß in mikro-, meso-, makroräumliche Strukturen und Prozesse eingebettet" bestimmen (Löw/ Sturm 2005: 43). Räumliche Formate stellen ein über diese Differenzierung hinausweisendes Muster dar, insofern mit der Perspektive auf räumliche Formate die konkrete und spezifische Gestaltung selbst zum Analysegegenstand wird.

Formatanalysen können dann beispielsweise die veränderten politischen *Formatierungs*prozesse verdeutlichen, die seit Mitte der 1970er Jahre und nochmals verstärkt seit Ende des 20. Jahrhunderts in den OECD-Staaten zu beobachten sind – und die für die Soziale Arbeit von grundlegender Bedeutung sind: „Zu beobachten ist (…) die Verlagerung einer ganzen Reihe der bisher Nationalstaaten zugewiesenen Regulierungskompetenzen auf transnationale Ebenen. Die bisherige Territorialisierung des Sozialen wird neu formatiert. Während ökonomische Produktionsprozesse und Prozesse der Wissens(re)produktion zunehmend deterritorialisiert werden (vgl. Hardt/Negri 2000/2002: 37), wird das Soziale in kleinräumigen Formaten neu territorialisiert" (Kessl/Otto 2007: 9). Genau diese kleinräumige Neu-Formatierung hat in der deutschsprachigen Sozialen Arbeit unter Stichworten wie „Sozialraumorientierung", „Stadtteilorientierung" oder „Quartiersmanagement" zu fundamentalen fachlichen Reformprozessen und institutionellen Umsteuerungen geführt (» Basic: Sozialraum).

**Merksatz**

Formate bezeichnen die Gestalt räumlicher Praktiken – deren Gestalt(ungs)formen und -weisen. Daher sind Formate nur empirisch-rekonstruktiv erfassbar und nicht raumtheoretisch bestimmbar. Formatanalysen als empirisch-rekonstruktive Betrachtungen spezifischer und konkreter Gestalt(ungs)formen und -weisen fokussieren somit systematisch auf das jeweilige (Re)Produktionsmuster räumlicher Zusammenhänge. Die drei zentralen Dimensionen dieser Zusammenhänge bilden der Maßstab, der Prozess sowie das Konzept.

 **Empfohlene Literatur zur Vertiefung**

Bareis, Ellen (2007): Verkaufsschlager. Urbane Shoppingmalls. Orte des Alltags zwischen Nutzung und Kontrolle. Münster: Westfälisches Dampfboot

Belina, Bernd (2005): Räumliche Strategien kommunaler Kriminalpolitik in Ideologie und Praxis. In: Glasze/Pütz/Rolfes(2005): 137-166

Kessl, Fabian/Otto, Hans-Uwe (Hrsg.) (2007): Territorialisierung des Sozialen. Opladen/ Farmington Hills: Barbara Budrich

Kessl, Fabian/Reutlinger, Christian (2009): Formate des Räumlichen und Raumpolitiken. Vernachlässigte Dimensionen in der Raumforschung. In: Drilling/Schnur (2009): 89-100

**Weitere verwendete Literatur**

Brenner, Neil (2008): Tausend Blätter. Bemerkungen zu den Geographien ungleicher räumlicher Entwicklung. In: Wissen/Röttger/Heeg(2008): 57-84

Dahme, Heinz-Jürgen/Wohlfahrt, Norbert (Hrsg.) (2010): Regiert das Lokale das Soziale? Die Kommunalisierung und Dezentralisierung sozialer Dienste als sozialpolitische Reformstrategie. Hohengehren: Schneider

Drilling, Matthias/Schnur, Olaf (Hrsg.) (2009): Governance der Quartiersentwicklung. Theoretische und praktische Zugänge zu neuen Steuerungsformen. Wiesbaden: VS-Verlag für Sozialwissenschaften

Glasze, Georg/Pütz, Robert/Rolfes, Manfred (Hrsg.) (2005): Diskurs – Stadt – Kriminalität. Städtische (Un-) Sicherheiten aus der Perspektive von Stadtforschung und Kritischer Kriminalgeographie. Bielefeld: transcript

Hamedinger, Alexander (2005) Ökonomie. In: Kessl et al.(2005): 67-88

Hardt, Michael/Negri, Antonio (2000): Empire. Cambridge, Mass.: Harvard University Press

Harvey, David (1989): The Condition of Postmodernity. An Enquiry into the Origins of Cultural Change. Oxford: Blackwell

Häußermann, Hartmut/Ipsen, Detlev/Krämer-Badoni, Thomas/Läpple, Dieter/Rodenstein, Marianne/Siebel, Walter (Hrsg.) (1991): Stadt und Raum. Soziologische Analysen. Pfaffenweiler: Centaurus

Helsper, Werner/Böhme, Jeanette (Hrsg.) (2004): Handbuch der Schulforschung. Wiesbaden: VS Verlag für Sozialwissenschaften
Kessl, Fabian/Reutlinger, Christian/Maurer, Susanne/Frey, Oliver (Hrsg.) (2005): Handbuch Sozialraum. Wiesbaden: VS Verlag für Sozialwissenschaften
Kessl, Fabian/Dirks, Sebastian (2010) i.E.: Wem gehört der öffentliche Raum? Der Kampf um die Bielefelder Tüte. In: Widersprüche, 30. Jg., Heft 119
Läpple, Dieter (1991): Essay über den Raum. Für ein gesellschaftliches Raumkonzept. In: Häußermann, Hartmut et al. (1991): 157-207
Lefèbvre, Henri (1974/2005): The Production of Space. Malden/Oxford/Victoria: Blackwell (Original: La production de l'Espace. Paris: Anthropos)
Löw, Martina (2007): Zwischen Handeln und Struktur. Grundlagen einer Soziologie des Raums. In: Kessl/Otto(2007): 81-100
Löw, Martina/Sturm, Gabriele (2005): Raumsoziologie. In: Kessl et al.(2005): 31- 48
Mörchen, Annette/Tolksdorf, Markus (Hrsg.) (2009): Lernort Gemeinde. Ein neues Format der Erwachsenenbildung. Bielefeld: Bertelsmann
Naujok, Natascha/Brandt, Birgit/Krummheuer, Götz (2004): Interaktion im Unterricht. In: Helsper/Böhme (2004): 753-773
Schäffter, Ortfried (2009): Lernort Gemeinde – ein Format Werte entwickelnder Erwachsenenbildung. In: Mörchen/Tolksdorf (2009): 21-40
Schmid, Christian (2005): Stadt, Raum und Gesellschaft. Henri Lefèbvre und die Theorie der Produktion des Raumes. Stuttgart: Franz Steiner Verlag
Sturm, Gabriele (2000): Wege zum Raum: methodologische Annäherungen an ein Basiskonzept raumbezogener Wissenschaften. Opladen : Leske + Budrich
Wissen, Markus/Röttger, Bernd/Heeg, Susanne (Hrsg.) (2008): Politics of Scale. Räume der Globalisierung und Perspektiven emanzipatorischer Politik. Münster: Westfälisches Dampfboot

Benno Werlen

# Geographie

Die räumliche Formierung von Personen nach sozialen und kulturellen Merkmalen äußert sich in der städtischen Geographie der Segregation. „Nationalitätengruppen und Gruppen von Doppelstaatlern weisen im Ausmaß ethnischer Segregation deutliche Unterschiede auf: So konzentrieren sich türkische Staatsbürger und Doppelstaatler am häufigsten in wenigen Wohngebieten und leben so seltener gleichmäßig auf alle Stadtteile verteilt. An zweiter Stelle folgen Personen, die neben der deutschen Staatsangehörigkeit auch eine Staatsangehörigkeit aus der ehemaligen Sowjetunion haben. An dritter Stelle stehen Doppelstaatler und Staatsangehörige aus dem ehemaligen Jugoslawien. Am wenigsten segregiert leben Italiener" (Friedrich 2008: 58).
Die starke Konzentration von Personen mit gleichen sozial-kulturellen Merkmalen oder gleicher Herkunft in einem Stadtquartier ist das Ergebnis des alltäglichen Geographie-Machens unter nicht selbst gewählten Bedingungen. So wie jede Stadt ist auch ihre innere Ordnung Ausdruck menschlichen Handelns unter spezifischen historischen und räumlichen Bedingungen, der selbst wiederum Ausgangsbasis für künftige Alltagspraktiken wird.

## Soziale Arbeit und Geographie

Verwendet jemand den Ausdruck „Geographie", denken wohl die meisten an den Geographieunterricht in der Schule. Dort stand in aller Regel die Frage nach dem „Wo?" von „natürlichen" Phänomenen wie Gletschern, Flüssen, Rohstoffen usw. im Mittelpunkt. „Geographie" heißt dann soviel wie Lage- und Verbreitungslehre bestimmter Gegebenheiten auf der Erdoberfläche im Sinne einer „Geographie der Objekte". Und: Auch Menschen stellen bloß Objekte und keine Subjekte dar, die man – analog den „natürlichen" Phänomenen – erfasst und kartographisch aufbereitet – etwa in einer Geographie der Infrastruktur, der Siedlungsverteilung eines Landes oder der räumlichen Verteilung von Schulen,

Jugendheimen etc. Der soziale und subjektive Sinn dieser Einrichtungen für die Betreiber und Nutzer dieser Einrichtungen – der eigentliche Kern eines sozialwissenschaftlichen Interesses – bleibt in einer solchen Perspektive jedoch außen vor.

Vor dem Hintergrund eines solchen noch heute in Schulen vermittelten und deshalb noch immer gängigen objektivistischen Verständnisses der Geographie mag es fürs Erste ungewöhnlich anmuten, eine alternative, sozialwissenschaftliche Sichtweise von „Geographie" plausibel machen zu wollen. Ein tieferes Verständnis sozialer Wirklichkeiten zu erlangen, ist allerdings erst dann möglich, wenn man mit einer subjekt- bzw. praxiszentrierten *Sozial*geographie einen Aspekt in den Fokus nimmt, den das gängige Schulverständnis von Geographie und letztlich auch die Anthropogeographie notwendig verfehlen muss(ten): dass nämlich die Menschen als handelnde Subjekte ihre eigenen Geographien *machen*. So wie wir täglich Geschichte machen und die Geschichte anderer beeinflussen, so stellen wir – das ist die konstitutive Maxime dieser Alternative – auch alltäglich Geographien her (Werlen 2008; 2010a; 2010b). Mit anderen Worten: Über soziale Tätigkeiten und Aktivitäten konstituieren wir sowohl die gesellschaftliche als auch die geographische und historische Wirklichkeit – alle drei freilich unter zum größten Teil nicht selbst gewählten Bedingungen und Umständen. Der damit vorgenommene und – auch in praktischer Hinsicht – dringend notwendige Perspektivenwechsel kann anhand eines kurzen Blickes auf einen Lebensausschnitt der Alltagswelt von erwerbstätigen und alleinerziehenden Müttern/Vätern veranschaulicht werden:

Selbst wenn Eltern eine Kinderkrippe und eine Teilzeitarbeit gefunden haben, lassen sich deren Ziele aufgrund der Anordnung (Anordnungsmuster) der jeweiligen materiellen Einrichtungen häufig nicht erreichen. Denn: Die Wege zwischen den einzelnen Standorten könnten sich als zu zeitraubend erweisen, als dass sie sich mit den jeweiligen Öffnungs- und Arbeitszeiten auf erfolgreiche Weise koordinieren ließen. Das Beispiel verdeutlicht, wie sich historisch überkommene raum-zeitliche Ordnungsmuster dem sozial-kulturellen Wandel entgegenstellen und die gesellschaftlichen Raum-Zeit-Verhältnisse die Verwirklichung aktueller Zielsetzungen insgesamt zu verunmöglichen drohen. Verallgemeinernd kann zu Beginn also festgehalten werden, dass bestimmte erdräumliche Anordnungsmuster aufgrund der menschlichen Körperlichkeit zahlreiche soziale Probleme verschärfen und manche gar erst entstehen lassen. Dies ist insbesondere in sozialen Konstellationen – von der Primär-Sozialisation (Spielgruppen, Schule usw.) bis hin zu komplexen Kommunikationssituationen (Verhandlungsrunden, Kongresse usw.) – der Fall, in denen nach wie vor (und vielleicht: mehr denn je) gegenseitige Anwesenheit der Handelnden (Kopräsenz) unabdingbar ist.

Damit sei auch angedeutet, dass die räumlichen Bedingungen des Handelns einerseits Ausdruck gesellschaftlicher Verhältnisse sind; andererseits sind die gesellschaftlichen Verhältnisse aber auch als Ausdruck des alltäglichen Geographie-Machens zu sehen. Jedenfalls ist es wenig sinnvoll, Orte sozialen Geschehens – wie etwa „soziale Brennpunkte" oder „Ghettos der Vorstädte" (»Basic: Brennpunkt) – zugleich als primäre (und alleinige) Orte sozialer Intervention zu propagieren (»Basic: Ort).

## Von der Anthropogeographie zur Sozialgeographie

Fachhistorisch betrachtet, ist „Geographie" eine Wissenschaft, die das Verhältnis von Gesellschaft und Raum seit längerer Zeit untersucht. Zwar systematisierte die geographische Wissenschaft in der *ersten Phase* ihrer Geschichte tatsächlich lediglich Erscheinungsformen auf der Erdoberfläche; sodass in dieser beschreibenden und klassifizierenden Ausrichtung einer Geographie der Objekte Menschen meist nur als statische Größen vorkamen. Aber schon in einer *zweiten Phase* wurde – über Beschreibung und Klassifikation hinausgehend – der Anspruch der Erklärung der erdoberflächlichen Anordnungs- und Verbreitungsmuster (Kulturformen, Rohstoffe, Bevölkerung, Siedlungen etc.) erhoben. Dabei wurde auf Denkfiguren zurückgegriffen, welche die Tätigkeiten der Menschen als determinierte Wirkungen der naturräumlichen Verhältnisse auswiesen. Das entsprechende geo-deterministische Programm zielte Ende des 19. Jh. Anfang des 20. Jh. darauf ab, die „Gesetze des Bodens aufzudecken" (Ratzel 1909: 48) und damit auch die Sozialwelt als naturdeterminiert auszuweisen (Gefahr des Geodeterminismus »Einleitung). Die radikalste Konsequenz dieses Ansatzes wuchs sich in den 1920er Jahren als Geopolitik zur nationalsozialistischen Ideologie aus. Der als Organismus verstandene Staat bedurfte demgemäß eines ausreichenden Lebensraums, um der behaupteten Einheit von ethnischer Nation und Natur – im Sinne der Blut-und-Boden-Logik – entsprechen zu können (»Basic: Lebensraum). Neben dieser fatalen Naturalisierung bzw. Biologisierung des Kulturellen und Sozialen, an welche Rassenlehre und Rassismus nahtlos andocken konnten, tappte man damit – wie für zahlreiche (weitere) problematische Versuche, Raum der Natur und Gesellschaft zusammen zu denken, ebenfalls nicht untypisch – auch in die „Raumfalle" (Lossau/Lippuner 2004). In die Raumfalle gerät man dort, wo man Gesellschaftliches nach der (unangemessenen) Verdinglichung für etwas *per se* Räumliches hält und dann mittels räumlicher Strategien gestalten will (Gefahr der Verdinglichung »Einleitung). Diese Denk- und Sichtweise förderte mit Blick auf den Nationalsozialismus einen „naturalistischen Fehlschluss" der Art, dass die behauptete natürliche (bzw. verwurzelte) Einheit von Rasse und Raum für die gute Form –

und damit als den anderen (entwurzelten) Formen überlegen – gehalten wurde. Kurz: Der Geodeterminismus stellt eine Weltsicht dar, welche auf der Negierung subjektiver Handlungs- und Wahlfähigkeit aufbaut und damit der Möglichkeit von demokratisch verfassten Gesellschaften diametral entgegensteht. Die traditionelle Geopolitik ist analog dazu als eine Raumpolitik zu verstehen, die vorgibt, soziale Problemkonstellationen mittels Raummaßnahmen „bereinigen" zu können.

Dieses geographische Welt*bild* versperrt mit der Fokussierung von Menschen als geo-determinierten (biologischen) Wesen den Zugang zu Menschen als Subjekten und sozialen Akteuren und damit zur sozialen Wirklichkeit als einer von aktiven, sozial agierenden Akteuren geschaffenen, hergestellten Wirklichkeit. Demnach gestalten nicht Subjekte mit ihren Handlungen die soziale und bebaute räumliche Mitwelt auf mannigfaltige Weise und eignen sich diese – zumal auf unterschiedliche Arten und Weisen – an, sondern die „Natur" bestimmt die Verfasstheit der sozialen Wirklichkeit und den Lauf ihrer Geschichte. Die Prämisse für eine sozialwissenschaftliche und praxiszentrierte Geographie indes kehrt diese Sichtweise um, indem sie das Entscheidungs- und Handlungsvermögen der Akteure (so ungleich sie im Einzelnen sein mögen) zum Ausgangspunkt der Welt*sicht* macht.

Die Aufgabe der Geographie der *dritten Phase* besteht in der wissenschaftlichen Erforschung der geographischen Praktiken *alltäglichen* „Geographie-Machens". Die damit verbundene geographische Weltsicht geht davon aus, dass wir über die alltäglichen Handlungen auch die aktuellen Geographien allererst und immer wieder re/produzieren. Während sich praxiszentrierte Sozial- und Kulturwissenschaften für die Konstitutionsmodi sozial-kultureller Wirklichkeiten interessieren, besteht die Aufgabe der Geographie als Sozialgeographie in der Aufdeckung der Bedeutung gesellschaftlicher und kultureller Raumverhältnisse für die Konstitution sozial-kultureller Wirklichkeiten. Die Untersuchung des alltäglichen Geographie-Machens bildet somit das zentrale Aufgabenfeld der wissenschaftlichen (Sozial-)Geographie und ist auf diese Weise bestrebt, die problematischen Reduktionismen der Anthropogeographie und verwandter Denkweisen zu vermeiden. Dies verlangt allerdings nach einem neuen Raumverständnis.

## Vom Container-Raum zum Handeln

In der Fachgeschichte ist „Raum" zunächst immer als *Erd*raum gedacht worden. In den ersten Anfängen der wissenschaftlichen Geographie um die Mitte des 19. Jh. steht die Ordnung des metrisierten Erdraumes nach kartographisch definierten Kategorien (Längen-/Breitengrade) im Vordergrund. Bei dieser Form der „Vermessung der Welt" (Kehlmann 2005) und der daraus hervorgehenden „Verräumlichung des Welt-Bildes" (Lenz/Ormeling 2008) geht es darum, die Dinge – kartographisch repräsentiert – an ihren Ort zu bringen (» Basic: Kartographie). Der Schritt von der beschreibend-darstellenden Erdkunde zur wissenschaftlichen Disziplin „Geographie" wird von den Gründervätern Alexander von Humboldt und Carl Ritter auf institutioneller Ebene in der *ersten Phase* mit dem Programm der systematischen Naturbeschreibung sowie der systematischen Darstellung des Mensch-Natur-Verhältnisses auf der Basis der kartographischen Raumkonzeption vollzogen.

Mit der Begründung der Anthropogeographie durch Friedrich Ratzel wird die *zweite Phase* eingeläutet und „Raum" wird dabei im Sinne des kausal wirksamen Container-Raumes als Determinante verstanden – und zwar exakt in dem Sinne, wie er von Isaak Newton für die Mechanik theoretisch erschlossen und von Ernst Haeckel für die Biologie als Lebensraum evolutionstheoretisch fruchtbar gemacht wurde. „Lebensraum" wird für die Anthropogeographie somit als „Behältnis von Lebens-, Kultur-, Gesellschafts- und Wirtschaftsformen" (Werlen 2009) betrachtet; und: Lebensraum wird auch zur Blaupause für den wissenschaftlichen Nachweis der Determiniertheit menschlichen Lebens durch den Container- bzw. Lebensraum (» Basic: Lebensraum).

Die praxiszentrierte Sozialgeographie der *dritten Phase* beruht auf einem neuen Verständnis von Raum – einem der nach wie vor zentralen Aspekte der wissenschaftlichen Geographie. „Raum" wird dabei nicht länger als materieller, objekthafter Container, sondern als ein begriffliches „Werkzeug" des Weltzugangs, der Weltaneignung und Weltkonstitution gesehen. „Raum" wird somit als ein Begriff verstanden, der sich jedoch nicht auf die Erfahrung eines externen Gegenstandes (Container) *bezieht*. Zwar verweist „Raum" – das ist der erste wichtige Punkt – auch auf Erfahrung; aber auf die Erfahrung der eigenen Körperlichkeit – und zwar in deren Verhältnis zu den übrigen ausgedehnten Gegebenheiten (inklusive der Körperlichkeit der anderen Subjekte) und deren Bedeutung für die eigenen Handlungs(un)möglichkeiten. Der zweite entscheidende Punkt besteht darin, dass die Konzeptionierung von „Raum" von der Art des Handelns abhängt. Was „Raum" bedeutet – so lautet eine der Schlüsselthesen der praxiszentrierten Geographie –, lässt sich nur erfassen, wenn wir verstehen, was wir *tun* und: *wie* wir es tun.

So wird beispielsweise für zweckrationales Handeln – wie etwa bei einer rationalen Standortwahl – auf metrische Raumkonzepte zurückgegriffen; bei normorientiertem Handeln – wie etwa bei der Regelung des Handlungszusammenhangs „Vorlesung" – auf territoriale Raumkonzeption. Für kommunikatives bzw. verständigungsorientiertes Handeln – wie beim Image-Marketing einer Stadt – werden symbolische Raumkonzeptionen konstituiert und handlungsimmanent mobilisiert. Dieser Zusammenhang wird insbesondere in emotionalen Bezügen wie „Heimat" offensichtlich, in denen biographisch bzw. individuell geformte „Verzauberungen der Wirklichkeit" handlungsleitenden Gehalt erlangen (»Basic: Heimat). Mit der dezidiert handlungsabhängigen Konzeptualisierung von „Raum" wird eine weitere Basisthese praxiszentrierter Geographie auf den Punkt gebracht: „Raum" ist kein außer-sozialer „Gegenstand", sondern ein *Modus* der Konstitution gesellschaftlicher Wirklichkeiten.

## Von der Geographie zum Geographie-Machen

Der Perspektivenwechsel von der (darstellenden) Beschreibung und (geodeterministischen) Erklärung der Erdoberfläche hin zu der wissenschaftlichen Erforschung alltäglicher Formen des Geographie-Machens impliziert eine Dynamisierung des geographischen Weltbildes in mehrfacher Hinsicht. Zu sagen, dass jemand ebenso seine Geographie mache wie seine Geschichte, wird nicht gleich breite Zustimmung erzielen können. Das hat gewiss mit der Tatsache zu tun, dass wir es gewohnt sind, Geschichte als einen bedeutungsgeladenen bzw. sinnhaften Prozess zu verstehen – nicht jedoch Geographie. Der offensichtlichste Grund besteht wohl darin, dass wir Geschichte als prozesshafte Abfolge im Nacheinander verstehen; Geographie demgegenüber aber spontan eher mit statischen Verhältnissen des gleichzeitigen Nebeneinanders assoziieren. Die entscheidende Kehrtwende von der Statik zur Dynamisierung des Verständnisses von Geographie besteht im Perspektivenwechsel von der Geographie der Dinge und Orte zu den Geographien der Subjekte; mithin: deren Formen des Geographie-Machens. Diese Wende weist mehrere Dimensionen auf.

Die *erste Dimension* verweist auf die biographische Komponente – die Geographie des Lebenslaufes, der Abfolge der körperlich aufgesuchten Orte auf der Erdoberfläche. In der Hinwendung zur Geographie der Biographie kommt es zur einheitlichen Betrachtung von Raum und Zeit als Raum-Zeit des eigenen Lebens; beide Komponenten sind also untrennbar miteinander verbunden. Mit anderen Worten: Der historische Kontext und der geographische Kontext werden – gleichsam als Choreographie des eigenen Lebens – im Konstitutionsprozess der Persönlichkeit gleichermaßen relevant (»Basic: Kontext). Die persönliche Geographie ist für die Weltbild-Formierung also mindestens von ebenso großer Bedeutung, wie die (wenn man so will: vorgefundenen) historischen Verhältnisse, die man erlebt und (*in* denen man) lebt. Denn: Über die gelebte Geographie wird gleichzeitig bestimmt, welche Wirklichkeitsausschnitte unmittelbar in eigener Anschauung er- und gelebt werden und von welchen man bloß auf mittelbare bzw. durch andere, vermittelte Weise Kenntnis hat. Versuch und Anspruch, die vorgefundenen (historischen) und hochgradig prägenden Formen mit lebenschoreographischen Formen zu korrelieren, stellt den Kern einer Geographie des eigenen Lebenslaufes, der eigenen Bio/Choreographie dar und markiert auf diese Weise den aktuell verfügbaren Erfahrungs- und Deutungshorizont der subjektiven Welterschließung.

Die *zweite Dimension* der Dynamisierung des Verständnisses von „Geographie" besteht in der Abkehr von einem mechanistischen und in der Hinwendung zu einem subjekt- bzw. tätigkeitszentrierten Weltbild, mithin: in der Abkehr von dem newtonschen Container-Raum – der als Behältnis alles Kulturellen und Sozialen nicht nur allem Handeln vorausgeht, sondern dieses sogar determiniert – und der Hinwendung zu den Konzepten der Weltaneignung und „Welt-Bindung" (Werlen 2010a) – über welche geographische Wirklichkeiten konstituiert werden. Die Welt auf sich zu beziehen, sich (die) Welt anzueignen, kann zuerst bedeuten, dass die (potenziell oder aktuell) handlungsrelevanten Gegebenheiten benannt, kategorisiert und symbolisch aufgeladen werden. Welt-Bindung kann aber auch Aneignung von Dingen im wahrsten Sinne des Wortes bedeuten, nämlich: Dinge, die Elemente globaler Warenströme sind, über die verfügbare Kaufkraft – für den eigenen Gebrauch und die eigene Nutzung – unter die eigene Verfügungs-Kontrolle zu bringen. Akte der Welt-Bindung sind somit als das Grundprinzip eines dynamischen Weltbildes zu betrachten, das die heutigen gesellschaftlichen Raum- und Zeitverhältnisse konzeptionell zu fassen beansprucht.

Die Dynamisierung des geographischen Weltverständnisses auf der Basis sinnhafter Konstitutionsleistungen verlangt nach einer systematischen Erforschung der „Konstruktion geographischer Wirklichkeiten" (Werlen 2010b: 1). Damit wird jedoch keinesfalls einem radikalen Rationalismus das Wort geredet. Es wird vielmehr davon ausgegangen, dass es sich bei geographischen Wirklichkeiten sowohl um vor-sprachliche als auch sprachlich verfasste Wirklichkeiten handelt. Zahlreiche geographische Bedingungen, welche für die verfügbaren bzw. erreichbaren Handlungspotenziale entscheidend sind, werden möglicherweise von der Mehrzahl der Akteure gar nicht bewusst erkannt und sind konsequenterweise auch gar nicht sprachlich-diskursiv akzentuierbar. Das macht die geographischen Bedingungen häufig zu einer verborgenen Dimension sozialkultureller Wirklichkeiten.

## Konsequenzen dieser Perspektive für die Soziale Arbeit

Eine der wichtigen Konsequenzen besteht für die Soziale Arbeit sicherlich darin, geographische Wirklichkeiten für ihre Arbeitszusammenhänge als konstruierte, aus dem alltäglichen Handeln hervorgehende – und eben nicht als jedem Handeln insgesamt immer schon vorausgehende, naturhafte – Wirklichkeiten zu verstehen: als Wirklichkeiten, die ihrerseits für die Formierung des sozialen Seins einer Person von Grund legender Bedeutung sein können. Den über alltägliches Handeln hervorgebrachten Geographien ist demzufolge ein grundlegend anderer Status zuzuweisen als der Geographie der Natur, die zwar auch in ihrer Bedeutung eine konstruierte ist, nicht aber in ihrer Materialität. So ist es auch wichtig zu verstehen, dass eine Person – über die Herkunftsfamilie – nicht nur in eine soziale Position und in bestimmte historische Verhältnisse hineingeboren wird, sondern eben auch in eine bestimmte geographische, über alltägliche Praktiken hervorgebrachte Konstellation. Beide, konstituierte geographische und soziale Konstellationen, zählen zu den nicht selbst gewählten Bedingungen des alltäglichen Geographie-Machens und als dessen Folgen.

Dementsprechend sind auch „Ghettos der Vorstädte" oder „Stadtteile mit besonderem Entwicklungsbedarf" (oft auch als „soziale Brennpunkte" bezeichnet, » Basic: Brennpunkt) im weiteren Zusammenhang als zentrale Ausdrucksformen der Geographien der Ungleichheit zu verstehen. Sie sind aber mit der hier verfügbar gemachten Perspektive nicht als räumliche Probleme anzusehen, weshalb ihnen mit Raumlogiken als Problemlösungsansätzen nicht angemessen begegnet werden kann. Vielmehr sind – da sich alle Arten von Raumproblemen bei genauerer Betrachtung letztlich als Probleme des Handelns erweisen – derartige Problemkonstellationen mit Handlungslogiken der Problemlösung anzugehen. Soziale Politiken zur Sanierung von „Stadtteilen mit besonderem Entwicklungsbedarf" können in dieser Perspektive auch als Formen einer (staatlichen) Territorialpolitik begriffen werden, welche auf (problematische) Konsequenzen der Entterritorialisierung zu reagieren versucht. Mit einer handlungszentrierten geographischen Perspektive können gerade räumliche Strategien der Sozialpolitik auf den Prüfstand gehoben werden (vgl. Projektgruppe „Netzwerke im Stadtteil" 2005; Reutlinger 2005).

So kann gefragt werden, inwiefern territoriale Maßnahmen tatsächlich „greifen" können und inwiefern Sozialpolitik nicht eher ihre impliziten Territorialisierungsstrategien kritisch reflektieren sollte. Das würde heißen: anstatt gemäß der eigenen Territoriallogik den Ort der Problemäußerung zu fokussieren, sich tiefer greifend mit den tatsächlichen gesellschaftlichen Raumverhältnissen Jugendlicher zu befassen und an dieser Stelle mit den Sozialmaßnahmen anzusetzen. Oder in anderen Worten ausgedrückt: Statt thematisch eindimensional zur Containerisierung von etwas nicht an sich erdräumlich Existierendem auf der Basis räumlicher Vergegenständlichung sozialer Gegebenheiten Zuflucht zu nehmen, sollte vielmehr der Frage nachgegangen werden, welche Aspekte der Revolutionierung der gesellschaftlichen Raumverhältnisse dazu führen, dass die Territoriallogik der wohlfahrtsstaatlichen Sozial- und Fürsorgepolitik zunehmend ins Leere läuft. „Ghettos der Vorstädte" (oder „soziale Brennpunkte") sind in diesem Sinne dann gleichzeitig sowohl als Symptome problematischer Handlungslogiken als auch problematischer Raumlogiken sozialpolitischer Intervention zu verstehen.

Die Konsequenzen dieses Perspektivenwechsels in der Geographie und dessen Implikationen für ein zeitgemäßes Verstehen gesellschaftlicher Verhältnisse, oder treffender: gesellschaftlicher Raumverhältnisse erschöpft sich auch und gerade mit Blick auf die Soziale Arbeit natürlich nicht in der Thematisierung von „Stadtteilen mit besonderem Entwicklungsbedarf". Wichtige Einsichten in die Wirklichkeiten der Geographien der Kinder und Jugendlichen etwa vermitteln die empirischen Arbeiten zur Erschließung der „Sozialgeographie der Kinder" (Monzel 2007; Vielhaber 2008; Behnke 2005) und der Jugendlichen (Reutlinger 2007) der vergangenen Jahre. Wie die weiterführenden Untersuchungen über Straßenkinder zeigen, sind diese „altersspezifischen Geographien" immer auch von „statusspezifischen Geographien" (Werlen 2007a: 317) überlagert. Und wie die Segregationsforschung zeigt, prägen sozialstatus- und einkommensspezifische Geographien des Alltags die städtischen Wirklichkeiten. Sie treten vor allem im Wohnbereich auf.

## ✎ Merksatz

Eine sozialwissenschaftliche Perspektive der Geographie interessiert sich – da diese für die Formierung des sozialen Seins einer Person von grundlegender Bedeutung sind – vor allem für die konstruierten und nicht lediglich für die rein materiellen geographischen Wirklichkeiten; konsequenterweise sollte sich die Soziale Arbeit auch nicht bloß für die (objektivierende) räumliche Darstellung der Einkommens- und Statusdifferenzen anhand von Karten interessieren, sondern darüber hinausgehend für die soziale Konstitution geographischer Wirklichkeiten über das alltägliche Geographie-Machen und die Bedeutung dieser Wirklichkeiten für das gesellschaftliche Zusammenleben.

## 📖 Empfohlene Literatur zur Vertiefung

Lossau, Julia/Lippuner, Roland (2004): Geographie und spatial turn. In: Erdkunde 58. 2004. 201-211

Reutlinger, Christian (2005): Gespaltene Stadt und die Gefahr der Verdinglichung des Sozialraums. Eine sozialgeographische Betrachtung. In: Projekt „Netzwerke im Stadtteil" (2005): 87-106

Werlen, Benno (2008): Sozialgeographie. Eine Einführung. Bern: UTB/Paul Haupt (3. Aufl.)

Werlen, Benno (2010a): Gesellschaftliche Räumlichkeit. Bd. 1: Orte der Geographie. Stuttgart: Franz Steiner

Werlen, Benno (2010b): Gesellschaftliche Räumlichkeit. Bd. 2: Konstruktion geographischer Wirklichkeiten. Stuttgart: Franz Steiner

## Weitere verwendete Literatur

Benke, Karlheinz (2005): Geographie(n) der Kinder. Von Räumen und Grenzen (in) der Postmoderne. München: Martin Meidenbauer

Friedrich, Lena (2008): Wohnen und innerstädtische Segregation von Migranten in Deutschland. Aus der Reihe Integrationsreport Teil 4. Working Paper 21 der Forschungsgruppe des Bundesamtes für Migration und Flüchtlinge, Nürnberg

Günzel, Stephan (2009) (Hrsg.): Raumwissenschaften. Frankfurt am Main: Suhrkamp

Kehlmann, Daniel (2005): Die Vermessung der Welt. Reinbek bei Hamburg: Rowohlt

Lentz, Sebastian/Ormeling, Ferjan (Hrsg.) (2008): Die Verräumlichung des Welt-Bildes. Stuttgart: Steiner

Monzel, Silvia (2007): Kinderfreundliche Wohnumfeldgestaltung!? Sozialgeographische Hinweise für die Praxis. In: Werlen (2007b): 109-134

Projekt „Netzwerke im Stadtteil" (Hrsg.) (2005): Grenzen des Sozialraums. Kritik eines Konzepts – Perspektiven für die Soziale Arbeit. Wiesbaden: VS Verlag für Sozialwissenschaften

Ratzel, Friedrich (1909): Anthropo-Geographie. Erster Teil: Grundzüge der Anwendung der Erdkunde auf die Geschichte. Stuttgart: Bibliothek Geographischer Handbücher (3. Auflage)

Reutlinger, Christian (2007): Territorialisierungen und Sozialraum. Empirische Grundlagen einer Sozialgeographie des Jugendalters. In: Werlen (2007b): 135-164

Vielhaber, Christian (2008): Lebensräume und Erfahrungswelten von Kindern und Jugendlichen. Gedanken zu einem vernachlässigten Kapitel des Unterrichtsgegenstandes Geographie und Wirtschaftskunde. In: GW-Unterricht 109. 2008. 21-26

Werlen, Benno (2007a): Sozialgeographie alltäglicher Regionalisierungen. Band 2: Globalisierung, Region und Regionalisierung. Stuttgart: Franz Steiner (2. Auflage)

Werlen, Benno (Hrsg.) (2007b): Sozialgeographie alltäglicher Regionalisierungen. Band 3. Ausgangspunkte und Befunde empirischer Forschung, Erdkundliches Wissen, Heft 121. Stuttgart: Franz Steiner

Werlen, Benno: (2009) Geographie/Sozialgeographie. In: Günzel (2009): 142-158

Annegret Wigger

# Grenze

„Wir befinden uns mittlerweile in einem Ausnahmezustand, in dem Kinder zu Erziehern ihrer Eltern geworden sind und diese rein lustbetont steuern können, ohne Grenzen aufgezeigt zu bekommen" „Gesellschaftliche Fehlentwicklungen und eigene Probleme von Erwachsenen verhindern, sich abgegrenzt und strukturierend gegenüber dem Kind zu verhalten (…)" (Winterhoff, 2008: 13-14 und Umschlagtext).

## Darstellung der Verwendung des Begriffes in der Sozialen Arbeit

Fragt man nach dem Verwendungszusammenhang des Grenzbegriffs in der Sozialen Arbeit so kann man zwei konträre Anwendungen unterscheiden. Einerseits werden in ganz unterschiedlichen Zusammenhängen Grenzen z. B. Bildungsgrenzen, Einkommensgrenzen etc. als Hindernisse gesellschaftlicher Teilhabe problematisiert, verbunden mit der Forderung diese Grenzen abzubauen. Andererseits werden in verschiedensten Arbeitsfeldern wie z. B. in der Erziehung, im öffentlichen Raum, in der Bildung neue Grenzen eingefordert. Außerdem wird die Kunst der Abgrenzung in der Arbeit mit Klienten, Klientinnen geradezu als zentrales Merkmal professionellen Handelns beschrieben (vgl. z. B. Maus/Nodes/Röh 2008 oder kritisch dazu Wigger 2007). Der Begriff Grenze dient in der Sozialen Arbeit damit sowohl für die Beschreibung von Strukturmerkmalen gesellschaftlicher Verhältnisse als auch als Metapher für ein professionelles Beziehungsmanagement.

Ganz allgemein kann festgestellt werden, dass der Begriff Grenze in den „Sozialwissenschaften und im öffentlichen Diskurs weit häufiger metaphorisch als zur Bezeichnung territorialer Differenzierung" (vgl. Eigmüller/Vobruba 2006: 9) verwendet wird. Man spricht z. B. von physischen Grenzen im Hochleistungssport, von psychischen Belastungsgrenzen, von Sprach- und Geschlechtergrenzen, von Grenzüberschreitungen und Grenzverletzungen, von Grenzenlosigkeit des Finanzkapitals oder von oberen und unteren Lohngrenzen etc.. Die Nutzung des Begriffes gerade in seiner metaphorischen Bedeutung scheint grenzenlos. So liefert Google in 0.34 Sekunden mehr als 1.150000 Einträge zu den Stichworten Grenze und Soziale Arbeit (vgl. www.google.de 6.11.2009).

Versucht man die vielfältigen Diskurse zum Thema Grenze und Soziale Arbeit grob zu ordnen, so lassen sich drei große Themenbereiche unterscheiden. Ein erster thematischer Bereich befasst sich mit den Grenzen der Sozialen Arbeit selbst. Im Zentrum steht hier die Forderung nach einer klaren Grenzziehung zu anderen Professionen, um sowohl Zuständigkeitsfragen der Sozialen Arbeit als auch Handlungsspielräume zu klären. Mit der Suche nach klaren Zuständigkeitsgrenzen wird die Hoffnung verbunden, dass die identitätsstiftenden Merkmale der Profession Sozialer Arbeit sichtbar und damit der Professionalisierungsprozess weiter voran getrieben werden kann (vgl. z. B. Busse/Ehlert 2009).

Ein zweiter Verwendungszusammenhang zeigt sich in den Debatten über die globalen Problemfelder Sozialer Arbeit wie Armut, Arbeit und Migration, deren Bearbeitung aufgrund nationaler Zuständigkeiten an ihre Grenzen stößt. Die vielfältigen Forderungen nach Internationalisierung und Transnationalisierung Sozialer Arbeit (vgl. z. B. Reutlinger 2009 oder » Basic: Transit) zielen in der Regel darauf die bisher durch nationale Grenzen geregelten Problemzuständigkeiten und Problemlösungen neu zu überdenken.

Eine dritte Thematisierungslinie fokussiert gesellschaftliche Dynamiken, die Grenzen bzw. nicht (mehr) existierende Grenzen auflösen. Ausgrenzung und Entgrenzung beschreiben dieses widersprüchliche Spannungsfeld. Einerseits kann man beobachten, dass bestimmte Gruppen z. B. Menschen ohne anerkannte Papiere oder Menschen in bestimmten Stadtteilen (vgl. Wacquant 2009) immer radikaler von gesellschaftlicher Teilhabe ausgeschlossen werden. Dies geschieht unter anderem mittels territorialer Ausgrenzung z. B. durch Ausreise- bzw. Einreisesperren, durch territoriale Wegweisung von Gruppen aus bestimmten städtischen Zonen (» Basic: Platz) oder mittels Ausschluss als Einschluss sei das über die Lebensbedingungen in bestimmten sozial geächteten Stadtteilen oder in Gefängnissen und Anstalten (Gefahr von zusätzlicher Verdinglichung oder Territorialisierung sozialer Ausschlüsse » Einleitung). Andererseits lassen sich in verschiedenen gesellschaftlichen Bereichen wie der Finanzwirtschaft, der Arbeits- und Familienwelt, den Geschlechter- und Generationenverhältnissen die Auflösung von Grenzen beobachten. Typisch scheint zu sein, dass diese Auflösungsprozesse in sich sowohl Freiheits- als auch Ausgrenzungspotentiale bergen, je nachdem von welchem Standpunkt aus diese diskutiert werden.

Die Bearbeitung von Ausgrenzungsprozessen stellt im Selbstverständnis der Sozialen Arbeit seit ihrem Bestehen ein Kernelement ihres gesellschaftlichen Auftrages dar (vgl. z. B. Leitbild des schweizerischen Berufsverbandes Avenir-

Social 2007). Demgegenüber werden die aktuell zu beobachtenden Entgrenzungsprozesse[1] zwar als sich verändernde Kontextbedingungen lebensweltlicher (» Basic: Lebenswelt und Kontext) Arrangements also als Rahmenbedingung thematisiert, (vgl. z. B. Jurcyk/Schier/Szymenderski/Lange/Voss 2009, Schröer/ Stiehler 2009), nicht aber als eigentlicher Gegenstand der Sozialen Arbeit.

Schließlich findet man einen vierten Verwendungszusammenhang. Hier wird der Grenzbegriff – wie bereits zu Anfang erwähnt – in zwei verschiedenen Bedeutungen als Gestaltungsmittel professioneller Beziehungsarbeit thematisiert: 1. als Bestandteil des professionellen Habitus (die Rollendistanz) nämlich die Fähigkeit der Abgrenzung gegenüber Klienten, Klientinnen bzw. ihren Problemen und 2. das *Grenzen setzen* als wieder zu entdeckende pädagogische Herausforderung gegenüber Kindern und Jugendlichen aber auch gegenüber Erwachsenen wie z. B. Sozialhilfeempfängern. *Grenzen setzen*, so könnte man daraus schließen, gehört in den verschiedenen Arbeitsfeldern der Sozialen Arbeit zum professionellen Werkzeug der Beziehungsarbeit.

Ohne den Anspruch zu haben damit das Terrain des Grenzbegriffes in der Sozialen Arbeit umfassend abgesteckt zu haben, lässt sich doch feststellen, dass sich Soziale Arbeit aufgrund ihres Gegenstandes einerseits mit den Folgen gesellschaftlicher Grenzen, Grenzziehungen, Ausgrenzungen und Entgrenzungen beschäftigt und andererseits, dass sie selbst auf unterschiedlichen Ebenen als Akteurin von Ausgrenzungs-, Grenzziehungs- und Entgrenzungsprozessen auftritt.

Welche Denkfiguren werden eigentlich durch die Benutzung des Grenzbegriffes in die Soziale Arbeit eingeführt? Dazu soll in einem ersten Schritt der Begriff Grenze genauer erörtert werden, um im Anschluss daran den Bedeutungsgehalt des Grenzbegriffes im interaktionellen Geflecht sozialpädagogischer Arbeit kritisch auszuloten.

## Auslotung des Begriffes

Eine Grenze dient der Unterscheidung, indem diese Etwas, z. B. ein Element, eine Fläche, einen Körper, von einem anderen Etwas trennt. Die Grenze ist quasi ein Garant dafür, dass aus einem vormals Ganzen zwei oder mehrere Verschiedenheiten entstehen. Im deutschen Sprachgebrauch wurde zunächst das Wort Mark für Grenze bzw. Grenzgebiet benutzt, bevor es in der Neuzeit durch das aus dem slawischen entlehnte Wort Grenze ersetzt wurde. (vgl. Duden 1989:

---

1 Beispiele für gesellschaftliche Entgrenzungsprozesse sind: die Auflösung von altersbedingten Lebensphasen wie Kindheit, Jugend oder Alter, die zu beobachtende Auflösung zwischen privater und öffentlicher Sphäre oder die Vermischung von Freizeit und Arbeitszeit, die neue Anforderungen an die individuelle Alltagsbewältigung stellen.

254). Das Wort Mark macht noch sichtbar, dass eine territoriale Grenze sich real nicht einfach auf eine Linie reduzieren lässt, sondern sich in der Regel über eine Fläche ausdehnt, die auch heute noch als Niemandsland – z. B. das Territorium zwischen zwei Grenzposten – bezeichnet wird. Um eine Grenze zu überschreiten, sei das eine territoriale oder eine nationalstaatliche Grenze, muss man also in der Regel eine Fläche über- oder durchqueren, um auf die andere Seite oder in ein anderes Land zu kommen. Im Unterschied zum Randbegriff, der aus territorialer Perspektive auf das Land nah der Grenze verweist, beinhaltet der Grenzbegriff eine Zweiteilung, eben die Teilung eines Gebietes in zwei eigenständige Territorien (» Basic: Rand).

Erst in der übertragenden Wortbedeutung wird der Begriff der Grenze mit einer klar definierten Linie assoziiert. Als Linie konstituiert die Grenze in gewisser Weise ein Innen und Außen, ein Hier und Dort und erzeugt aufgrund ihrer Existenz Flächen, Körper, Gebiete aber auch soziale Figurationen (vgl. Elias 1970), die voneinander unterscheidbar werden. Jede Grenze organisiert damit ein Innen und Außen, indem sie durch die Grenzziehung das Innere überhaupt erst herstellt und damit alles Andere als Äußeres als Nichtzugehöriges konstituiert. Aus der Innenperspektive ist die Grenze daher identitätsstiftend auch wenn sie im Einzelfall als beengend oder undurchlässig wahrgenommen werden kann. Der Ausspruch „er kann nicht aus seiner Haut raus,, macht diese doppelte Funktion der Grenze deutlich. Einerseits steht der Ausdruck "seine Haut,, als körperlich wahrnehmbare Grenze zum Außen für die Spezifität dieser Person und andererseits für die Begrenzung, die mit diesem So-Sein verbunden ist.

Aus der Außenperspektive stellt die Grenze eine Barriere dar, die den Zugang zum Innen erschwert oder ganz verwehrt. Eine Grenze vermittelt über ihre jeweilige Qualität mehr oder weniger deutlich, dass hier etwas Neues, etwas Anderes beginnt, und inwieweit das Überschreiten dieser Grenze möglich bzw. unmöglich, erwünscht bzw. unerwünscht oder erlaubt bzw. verboten ist. Eine Grenze kann aus verschiedenen Stoffen gebaut, materieller und/oder immaterieller Natur durchlässig oder undurchlässig sein. Sie ist jedoch aus sozialkonstruktivistischer Perspektive immer auch ein sozial konstruiertes Phänomen, da ihre Existenz davon abhängig ist, ob Menschen ein bestimmtes Phänomen, z. B. ein Stadttor, einen Fluss, eine Zulassungsordnung, eine Sprache, eine Kreditlimit als Grenze wahrnehmen oder eben nicht. Denn nach Simmel ist die „Grenze (…) nicht eine räumliche Tatsache mit soziologischen Wirkungen sondern eine soziologische Tatsache, die sich räumlich formt" (Simmel 1995: 141). Je nach sozialem Gefüge – seien das Nationalstaaten, Organisationen oder Gruppen – beinhaltet eine Grenze, die ein soziales Gefüge von einem anderen unterscheidet, verschiedene Ebenen. So basiert das Gebilde Nationalstaat sowohl auf einer territorialen Grenze und einer über die Vergabe der Staatsbürgerschaft definierten Mitgliedschaft als auch über interaktionelle Handlungszusammenhänge, die die ersten beiden Ebenen der Grenzziehung faktisch zum Leben erwecken. Man kann also davon ausgehen, dass Menschen in ihren verschiedenen Interaktionsgeflechten permanent Grenzziehungen erzeugen und darüber soziale Zugehörigkeiten und Nichtzugehörigkeiten herstellen. Sehr anschaulich hat dies Elias (1990) in dem Buch Etablierte und Außenseiter beschrieben. Auf diese Weise werden soziale Grenzziehungen etabliert, die als Merkmale konkreter gesellschaftlicher Strukturen beschrieben werden können und die sich vermittelt über Sozialisationsprozesse in die Individuen (vgl. Habituskonzept Bourdieu 1979) einschreiben. Oft werden die darüber vermittelten Zugehörigkeiten als scheinbar naturalistische Grenzen wahrgenommen, die erst über gesellschaftliche De- bzw. Rekonstruktionsprozesse dem gesellschaftlichen Handeln zugänglich werden, wie das die Geschlechterforschung mit ihrem Konzept des doing gender eindrücklich belegt hat (vgl. Goffman 1994).

Damit rückt für die Soziale Arbeit das Thema der Grenze bzw. der Grenzziehung, die gesellschaftliche Tätigkeit selbst in den Fokus der Aufmerksamkeit. Die Arbeit an Grenzen im Spannungsfeld von Entgrenzung verstanden als Abbau herrschender Grenzen und der Forderung nach neuer Grenzziehung kann damit als eine wichtige Facette der Sozialen Arbeit beschrieben werden. Vor dieser allgemeinen Auslegeordnung soll am Beispiel des *Grenzen setzen* in der Erziehungs- und Beziehungsarbeit der Grenzbegriff für die Soziale Arbeit kritisch ausgelotet werden.

## Kritische Reflexion des Begriffes

Die gesellschaftliche Forderung des *Grenzen setzen* in der Erziehung manifestiert sich nicht nur in der wachsenden Ratgeber-Literatur für Eltern und Lehrkräfte (vgl. z.B. Bueb 2008) oder in den erfolgreichen Supernanny-Formaten der verschiedenen Fernsehkanäle, sondern auch in pädagogischen Fachdebatten z.B. in Kontroversen über die Antipädagogik (vgl. Bochmann/Dreßler/Schaan 1998) oder über Zwangsmaßnahmen in der Heimerziehung (vgl. z.B. Schwabe/ Vust 2008), um nur zwei Pole zu benennen. In medialen und politischen Debatten wird diese Forderung nicht nur im Rahmen zur Bekämpfung der Jugendgewalt erhoben, sondern auch in Diskussionen über Integrationsstrategien oder im Sozialhilfebereich. *Grenzen setzen* wird hier eng an die Devise des Förderns und Forderns gekoppelt und muss daher auch als Ausdruck einer veränderten Ordnungspolitik verstanden werden.

Aber welche Vorstellungen oder Hoffnungen sind mit dieser Forderung verbunden, bzw. auf welche beobachtbaren Phänomene wird mit dieser Forderung eigentlich reagiert?

Zunächst einmal fällt auf, dass mit der Forderung nach Grenzen auf einen realen oder auch vermeintlichen Orientierungsverlust reagiert wird. Man unterstellt, dass oft nicht einmal mehr Erwachsene wissen wie man sich in der Öffentlichkeit zu benehmen hat, geschweige denn Kinder und Jugendliche. Benimm-Kurse für Lehrlinge, das Einüben gesellschaftlich angebrachter Grußrituale in den Primarschulen, eine Anzahl Ge- und Verbotsschilder im öffentlichen Raum, Ordner voller Verhaltensregeln in Erziehungsheimen – all diese Phänomene sind Ausdruck eines erneuten Regelungsversuchs mittels des Grenzen setzen. Mit einer klaren Grenzziehung wird die Hoffnung verbunden, dass die gewünschte Ordnung wieder hergestellt werden kann, dass Kinder wieder genau wissen was erlaubt ist und was nicht. Hierbei wird unkritisch unterstellt, dass trotz weitreichender Pluralisierungsphänomene moderner Gesellschaften weiterhin ein eindeutiger Kanon gesellschaftlicher Werte und Normen existiert, den sich Kinder oder auch Erwachsene mittels geeigneter Trainings erwerben könnten wenn die Gesellschaft bzw. die verantwortlichen Eltern, Lehrkräfte etc. nur wollten.[2] (Gefahr der Vereinfachung)

In der Forderung nach einer klaren Grenzziehung scheint die Rückbesinnung auf Erziehungsmethoden der 1950er Jahre durchzuschimmern. Bildlich für diese Epoche steht der Kinderlaufstall – ein ca. 1 qm großes Holzgestell – innerhalb dessen das Kleinkind in der Wohnung spielen durfte. Der Laufstall symbolisiert eine klare Grenze, die dem Kind physisch-sinnlich vermittelt bis hier und nicht weiter, und damit das Terrain des Kindes, seinen Erfahrungsspielraum und seine Handlungsmöglichkeiten begrenzt. Erziehung vermittelt sich hier in gewisser Weise territorial über Zulassungsschranken, die einen kleinen für Kinder begrenzten Raum eröffnet und von anderen nicht kindgerechten Räumen abgrenzt. Die Erwachsenen sind in diesem Bild lediglich diejenigen, die über diese territoriale Grenze wachen, vor allem dann, wenn Kinder diese Grenze überschreiten wollen, indem sie sich schreiend bemerkbar machen oder probieren den Laufstall zu verlassen.[3] In den so festgelegten Erfahrungsräumen von Kindern vermitteln sich die in diesen Räumen eingeschriebenen Normen und Werte scheinbar naturwüchsig.

Erziehung in den 1950er Jahren war stark geprägt von Grenzziehungen vermittelt über Konventionen, rollenförmiges Handeln und Zugangsregulierungen zu unterschiedlichen Erfahrungsräumen. Dieser Handlungstypus, den Max Weber als traditionales Handeln bezeichnet (vgl. Müller 2007), hat heute in vielen

---

[2] Die Verbreitung von Antiagressionstrainings in der Arbeit mit gewaltauffälligen Jugendlichen kann ebenfalls in diese Richtung gedeutet werden (vgl. Wigger/Sommer/Stiehler 2010).

[3] Im Rahmen ihrer feministischen Kritik an den Verhältnissen der 50er Jahre benutzt Iris von Rothen das Bild des Laufgitters, innerhalb dessen sich Frauen bewegen dürfen (vgl. von Rothen 1958).

Bereichen seine Legitimation verloren. Viele Zugangsschranken für Kinder sind abgebaut. Euphorisch könnte man sagen, dass den Kindern heute die Welt offen steht. Mit der Auflösung struktureller Grenzen verlagert sich jedoch die private wie die professionelle Sozialisationsarbeit sehr viel stärker von der kollektiven auf die individuelle Handlungsebene, auf die tagtägliche Beziehungsarbeit.

In den aktuellen Forderungen nach klaren Grenzen wird dieser gesellschaftlichen Veränderung jedoch kaum Rechnung getragen. Vielleicht ist es die Überforderung in der täglichen Erziehungsarbeit, die dazu führt, dass eine Sehnsucht nach verloren gegangen Grenzen (im Sinn von tradierten Normen und Werten) in den verschiedenen Ordnungsdebatten mitschwingt. In den verschiedenartigen Diskursen wird Grenze als Barriere konzeptioniert, bildlich gesprochen als große Verbotstafel, die Kinder davon abhalten soll, diese zu überschreiten. Das Baumaterial dieser ersehnten Grenze besteht aus exakt definierten Normen, die sich in klaren Regelungen spiegeln. Die so gezogenen Grenzen müssen dann nur noch konsequent überwacht werden. Dieses – zugegeben etwas vereinfacht dargestellte – Modell des *Grenzen setzen* – unterstellt zum einen, dass Normen und Werte scheinbar losgelöst von gelebten Alltagssituationen überall Gültigkeit haben und zum anderen, dass ein friedliches Zusammenleben in erster Linie über antrainierte Verhaltenskodexe gewährleistet wird. Außerdem wird in diesen Diskursen unterschlagen, dass jeweils geltende Normen und Werte Ergebnisse gesellschaftlicher Machtverhältnisse widerspiegeln und ihre jeweilige Durchsetzung im Spannungsfeld von Macht und Gewalt stattfindet – auch im Verhältnis von Erwachsenen und Kindern. Das bedeutet jedoch, dass Grenzüberschreitungen im politischen wie im privaten Kontext ein notwendiges Instrument darstellen zur Veränderung gegebener Grenzziehungen also bisher praktizierter Normen und Werte. Anders ausgedrückt die gesellschaftliche Teilhabe, die ein wichtiges Ziel individueller Sozialisation darstellt, beinhaltet die Fähigkeit zur Mitgestaltung gegebener gesellschaftlicher Verhältnisse und damit auch die Fähigkeit geltende Normen und Werte in Frage stellen zu können.

Stellt sich dann jedoch die Frage, ob vor diesem Hintergrund das *Grenzen setzen* – im Bild einer einseitigen Grenzziehung durch gesellschaftliche Autoritäten – in der Erziehungs- und Beziehungsarbeit noch angemessen ist. Wenn gesellschaftliche Normen und Werte in unterschiedlichen institutionellen Kontexten und in kleinteiligen Beziehungsprozessen angeeignet werden müssen, dann stellt sich die Frage, welche Art von Grenze, Grenzziehung in der Arbeit mit Kindern und Jugendlichen erforderlich ist, damit diese eine faire Chancen haben, sich die Welt ein Stück weit zu ihrer eigenen machen zu können.

## Von der Grenzlinie zum Experimentierfeld: Rückführung in die Soziale Arbeit

Vielleicht eignet sich für die Bewältigung der aktuellen Herausforderungen in der Erziehungsarbeit die Vorstellung vom Grenzgebiet also einer Mark besser als das Bild einer Grenzlinie, um den Anforderungen in der Arbeit mit Kindern und Jugendlichen gerecht zu werden. Die notwendige Orientierung erwerben sich Kinder dadurch, dass sie im wortwörtlichen Sinn Grenzerfahrungen machen, dass sie sich – um im Bild zu bleiben – in dieses Niemandsland begeben dürfen, um herauszufinden welche Grenzen jeweils überhaupt vorhanden sind, welche Qualitäten diese aufweisen und welche Erfahrungen mit der Annäherung an Grenzen und möglichen Grenzüberschreitungen verbunden sind. Da Selbst- und Fremderfahrung aber auch die Aneignung gesellschaftlicher Werte und Normen nur im Kontakt mit bedeutsamen Anderen möglich ist (vgl. Krappmann 2005), ist es von zentraler Bedeutung, dass – um im Bild zu bleiben – sich in diesem Niemandsland tatsächlich auch bedeutsame Andere bewegen, die gemeinsam mit den Kindern bereit sind unterschiedlichste Grenzerfahrungen zu machen. Für wen zu welchem Zeitpunkt welche Grenzsetzung konstruktiv oder destruktiv ist, wann Grenzen sinnvolle Schutzfunktionen übernehmen oder existenzielle Behinderungen darstellen, kann nur in der aktiven Auseinandersetzung erfahren werden. Erwachsene können sich heute daher nicht mehr auf abstrakte Allgemeingültigkeiten verlassen, sondern sie müssen bereit sein in Kontakt mit den Kindern Grenzen immer wieder neu auszuloten, sozusagen situativ den Grenzverlauf immer wieder neu den Lebenssituationen und den konkreten Personen anzupassen. So könnte in dem Niemandsland der virtuellen Welt, (»Basic: Medienwelt) des Internets es für Kinder existenziell wichtig sein, dass Erwachsene gemeinsam mit ihnen diese Welt ein Stück weit erschließen und im Aushandlungsprozess innerhalb dieser virtuellen Welt den Grenzverlauf so justieren, dass Kinder die Aneignungschancen nutzen können ohne für fremde Zwecke instrumentalisiert zu werden. Dies bedingt jedoch, dass die Erwachsenen selbst dieses Niemandsland erkunden, die aktuellen Grenzverläufe bewerten und sich auf dem Hintergrund ihres Wissens und ihrer Erfahrung an die Arbeit des Grenzverlaufes begeben und zwar Tag für Tag. Vermittelt über diese interaktionelle Arbeit der Grenzziehung und des Grenzen abbauen erfahren die Kinder ihre eigene Bedeutsamkeit. Wenn dieses professionelle Engagement glaubhaft ist, dann sind die Chancen groß, dass Kinder befähigt werden, zunehmend mehr die Grenzverläufe in respektvoller Auseinandersetzung mit den Anderen, die ihnen in den verschiedenen Feldern begegnen, selber zu setzen.

In der Er- bzw. Beziehungsarbeit geht es darum, die Tätigkeit als eine zunehmende Selbsttätigkeit des situativ angemessenen *Grenzen setzens* zu begreifen.

Für die Professionellen, die diese Prozesse begleiten, gilt das Postulat von Differenzierung und Individualisierung in dieser Grenzarbeit ebenso – wie dieser Anspruch für Bildungs- und Lernprozesse insgesamt in Anspruch genommen wird. Die Forderung nach einer einfühlsamen Arbeit an situativ angemessenen Grenzziehungen im Niemandsland, die jedoch in Kontakt mit und im Respekt vor den Kindern geleistet werden muss, ist dem aktuell lauten Ruf nach einem veralteten Grenzbild vorzuziehen. Denn wenn Kinder keine Grenzen überschreiten dürfen, da diese als zu respektierende Barrieren verstanden werden, ist die Gefahr groß, dass Kinder weder lernen mit offenen Handlungssituationen umzugehen noch dass sie sich im Kontakt mit Erwachsenen als zunehmend gleichwertige Aushandlungs- und Gestaltungspartner, -partnerinnen wahrnehmen lernen. Fehlen diese für Kinder lebensnotwendigen Auseinandersetzungen mit den Erwachsenen führt dies auch für die Erwachsenen zu einer Verarmung ihrer eigenen Welterfahrung.

In wieweit der hier entfaltete Grenzbegriff – also das Aufweichen vermeintlich eindeutiger Grenzen – auch für die drei anderen Thematisierungslinien also dem Professionalitätsdiskurs, der Transnationalisierung und der Arbeit an gesellschaftlichen Aus- und Entgrenzungsprozessen hilfreich ist, müsste an anderer Stelle ausgelotet werden.

## Merksatz

Statt *Grenzen setzen* sind Professionelle gefordert gemeinsam mit Kindern, Jugendlichen, Erwachsenen die Arbeit an Grenzen aufzunehmen, sozusagen Grenzarbeit (doing boarder) zu leisten, indem Grenzen auf-, ab- oder eben auch umgebaut werden, mit der Perspektive Chancen individueller Autonomie und gesellschaftlicher Teilhabe zu erweitern.

## Empfohlene Literatur zur Vertiefung

Eigmüller, Monika/Vobruba, Georg (2006): Grenzsoziologie. Die politische Strukturierung des Raumes. Wiesbaden: VS Verlag für Sozialwissenschaften

Jurczyk, Karin/Schier, Michaela/Szymenderski, Peggy/Lange, Andreas/Voss, Günter G. (2009): Entgrenzte Arbeit – entgrenzte Familie. Grenzmanagement im Alltag als neue Herausforderung. Berlin: edition sigma

Krappmann, Lothar (2005): Soziologische Dimensionen der Identität. Stuttgart: Klett-Cotta

Schröer, Wolfgang/Stiehler, Steve (2009): Lebensalter und Soziale Arbeit. Baltmannsweiler: Schneider Hohengehren

Wigger, Annegret (2007): Was tun SozialpädagogInnen und was glauben sie, was sie tun? Opladen und Farmington Hills: Verlag Barbara Budrich

## Weitere verwendete Literatur

AvenirSocial (2007): Leitbild. http://www.avenirsocial.ch/de/p42000178.html, gefunden am 2.12.2009

Becker-Lenz, Roland/Busse, Stefan/Ehlert, Gudrun/Müller, Silke (Hrsg.) (2009): Professionalität in der Sozialen Arbeit. Standpunkte, Kontroversen, Perspektiven. Wiesbaden: VS Verlag für Sozialwissenschaften

Bourdieu, Pierre (1979): Entwurf einer Theorie der Praxis auf der Grundlage der kabylischen Gesellschaft. Frankfurt am Main: Suhrkamp

Bochmann, Dana/Dreßler, Sylvia/Schaan, Christine (1998): Das Konzept der Antipädagogik im Überblick. Akademische Schriftenreihe. GRIN Verlag

Bueb, Bernhard (2008): Das Lob der Disziplin. Berlin: List

Busse, Stefan/Ehlert, Gudrun (2009): Studieren neben dem Beruf als langfristige Professionalisierungschance. In: Becker-Lenz et al. (2009): 319-344

Duden, Herkunftswörterbuch 2. Auflage (1989): 254

Elias, Norbert (1970): Was ist Soziologie. München: Juventa

Elias, Norbert/Scotson, John L. (1990): Etablierte und Aussenseiter. Frankfurt am Main: Suhrkamp

Goffman, Erving (1994): Interaktion und Geschlecht. Frankfurt am Main: Campus Verlag

Maus, Friedrich/Nodes, Wilfried/Röh, Dieter (2008): Schlüsselkompetenzen der Sozialen Arbeit. Schwalbach: Wochenschauverlag

Müller, Hans-Peter (2007): Max Weber. Eine Einführung in sein Werk. Köln, Weimar, Wien: Böhlau Verlag

Reutlinger, Christian (2009): Dazwischen und quer durch – Ort und Raum als Herausforderungen für die Soziale Arbeit in Zeiten verstärkter Transnationalisierung. In: Wagner/Lutz (Hrsg.) (2009): 73-95

Schwabe, Mathias/Vust, David (2008): Heimerziehung in Intensivgruppen mit Zwangselementen – ein Trend, den es aufmerksam zu beobachten und kritisch zu begleiten gilt. In: unsere Jugend. Heft 1. 5-25

Simmel, Georg/Kramme, Rüdiger/Rammstedt, Angela/Rammstedt, Otthein (1995) (Hrsg): Aufsätze und Abhandlungen 1901-1908. Band 1. Frankfurt am Main: Suhrkamp (Gesamtausgabe/Georg Simmel, 7)

Von Rothen, Iris (1958): Frauen im Laufgitter. Bern: Verlag Hallwag

Wacquant, Loïc (2009): Bestrafen der Armen. Zur neoliberalen Regierung der sozialen Unsicherheit. Opladen und Farmington Hills: Verlag Barbara Budrich

Wagner, Leonie/Lutz, Ronald (Hrsg.) (2009): Internationale Perspektiven Sozialer Arbeit. Dimensionen – Themen – Organisationen. Wiesbaden: VS Verlag für Sozialwissenschaften

Wigger, Annegret/Sommer, Antje/Stiehler, Steve (2010): Arbeiten mit gewaltauffälligen Kindern und Jugendlichen: eine Herausforderung für Schulen, Vormundschaftsbehörden und Jugendanwaltschaften. Zürich: Rüegger

Winterhoff, Michael (2008): Warum unsere Kinder Tyrannen werden. Oder: Die Abschaffung der Kindheit. Gütersloh: Gütersloher Verlagshaus

Stefan Obkircher

# Heimat

„Wer als Migrant gekommen ist, muss Deutschland als seine »wahre Heimat« annehmen. Er muss aufhören, die Deutschen als Fremde zu sehen, deren Sitten und Gebräuche er verachtet; er muss lernen, sich mit diesem Land auseinander zu setzen (...)" (Artikel in „Die Zeit Online" im März 2006).

## Aspekte des Heimatbegriffes aus dem Blickwinkel der Integration

Heimat wird in politischen Diskussionen immer wieder für Fragen der gesellschaftlichen Integration bestimmter Gruppen (wie bspw. MigrantInnen) instrumentalisiert und dabei entsprechend ausgelegt. Das anfangs zitierte Beispiel ist nur eines von vielen, soll aber verdeutlichen, dass Heimat oft als etwas statisches, schon immer dagewesenes betrachtet wird und eine erfolgreiche Integration gewissermaßen nur über das Erlernen dieser vorgegebenen Heimatdefinitionen möglich ist.

Generell ist in der Politik ein Paradigmenwechsel von einer „Ausländerpolitik" zu einer „Integrationspolitik", die sich als Gesellschaftspolitik in einem Land mit Zuwanderung versteht, festzustellen (vgl. Bertelsmann-Stiftung/ Bundesministerium für Inneres 2005). Zu dieser Gesellschaftspolitik gehören Schwerpunkte wie Weiterbildung, Sprachförderung, Vernetzung oder Beteiligungsmöglichkeiten. Wobei diesbezüglich Akzeptanz, verstärkte Einbindung in kommunale Projekte und Zugehörigkeit – insbesondere auch im Sinne eines Heimatbewusstseins, welches gleichermaßen mit Blick auf die Menschen mit Migrationshintergrund als auch mit Blick auf die Alteingesessenen zu betrachten ist – gefördert werden sollen.

Der Begriff Heimat wird in Folge zuerst in seiner historischen Entwicklung und in Abhängigkeit von dem jeweils vorherrschenden gesellschaftlichen Umfeld skizziert. Im Anschluss bildet der Bezug zur Region den Schwerpunkt der Auseinandersetzung mit Heimat (» Basic: Region). Diesem liegt die Annahme zu Grunde, dass das Alltagsleben nicht mehr an einem einzigen Ort stattfindet (»Basic: Ort), sondern unterschiedlich intensiv vernetzt an mehreren Orten, welche für die folgenden Ausführungen als Region zusammengefasst werden sollen. Aufbauend auf der unter anderem in der Sozial-Geographie intensiv geführten Diskussion zur regionalen Identität, als ein Synonym für Heimat, stellt sich die Frage, ob diese überhaupt verortbar ist. Im Mittelpunkt steht jedenfalls der Mensch und mit ihm ein sich permanent weiterentwickelndes, veränderbares Heimatverständnis.

## Entwicklungsstadien von Heimat

Im 13. Jahrhundert, so zeigen etwa Auszüge des Nibelungenliedes, war Heimat nichts verortbares, sondern mit der Zugehörigkeit zu einem Personenverband definiert. Nur wer Verwandte hatte, hatte eine Heimat. Die ursprünglich immaterielle Heimat wird erst zu einem späteren Zeitpunkt in ein physisch-materielles Raumverständnis gebettet. Die Verräumlichung der Heimat setzt mit der Urbanisierung sowie der Herausbildung institutionalisierter Staaten ein. Heimat wird zu einem Gegenstück zur Stadt, welches im entfernten Dorf und in der umliegenden Natur verortet wird. Sie ist Berg und Tal, Bauernhaus, Tracht, etc., idealisiert und stilisiert. Heimat als Rechtsgarantie für den aus der Fremde zurückkehrenden Städter, welches die ursprüngliche Definition von Heimat war, wird so zu einer rein physisch-materiellen Begrifflichkeit degradiert (vgl. Fischer 2005).

Heimat war dann bekanntlich vor allem Ende des 19. Jahrhunderts und im 20. Jahrhundert ein ideologisch geprägter und polarisierender Begriff (vgl. Hüppauf 2007). Dies zeigte sich besonders deutlich bei nationalistischen Regimes, welche ganze Völkermorde mit dem Verweis auf eine Heimaterweiterung propagierten (vgl. Nohl 2006). Die Assoziation von Heimat und nationaler Identität schließt das Fremde bis in die heutige Zeit aus bzw. setzt Heimat gezielt zur Abgrenzung vom Fremden ein.

Gegen Ende des 20. Jahrhunderts beginnt sich die Wahrnehmung dieses Begriffes wieder zu verändern. Die Verankerung der Gesellschaft und somit der Bezug von Heimat auf *einen* Ort, meistens der Ort des Heranwachsens, relativiert sich. Globalisierung, Migration und Pluralisierung der Lebensformen bedingen ein zweites Heimatverständnis, das der multilokalen Heimat, also der Möglichkeit, sich mehrere Heimaten anzueignen (vgl. Kirsch-Stracke 2005, Paasi 2001) (»Basic: Transit). Dies bedeutet zunächst jedoch nicht, dass eine Rückkoppelung mit einem Ort bzw. einer Region obsolet wird.

## Heimat ist regionale Identität

Inwiefern ist Heimat überhaupt verortbar? Regionalbewusstsein oder regionale Identität als Synonyme für Heimat (vgl. Ipsen 1994) werden in der Sozial-Geographie aus unterschiedlichen Blickwinkeln diskutiert. Unter anderem wird darunter „die Gesamtheit raumbezogener Einstellungen und Identifikationen, fokussiert auf eine mittlere Maßstabsebene" verstanden (Blotevogel/Heinritz/Popp 1989: 68). Heimat hat in diesem Konzept eine affektive Dimension. Kriterien für diese Definition von Heimat sind etwa Intensität der Bindung, Distanzen oder soziale Differenzierung. Dadurch wird regionale Identität allerdings auf eindimensionale, räumliche Gegebenheiten reduziert und kann soziokulturelle Sachverhalte wie Kommunikation und andere soziale Handlungen kaum berücksichtigen. Des Weiteren hat dieser Zugang zur Verräumlichung von regionaler Identität die problematische Konsequenz, dass eine Homogenisierung der sozialen Welt innerhalb eines territorialen Ausschnittes suggeriert wird (Gefahr der Homogenisierung» Einleitung). Auf diese Weise entstehen etwa Kartenwerke, welche die verschiedenen ethnischen Minoritäten im Alpenraum darstellen oder einen „alemannischen Identitätsraum" abzugrenzen versuchen (vgl. Steinicke 2006; Obkircher 2008). Der Geograph Gerhard Hard schlägt in Zusammenhang mit dieser Diskussion deshalb vor, sich der regionalen Identität nicht über Raumabstraktion sondern über inhaltliche Besonderheiten zu nähern (1987), also nicht von der Region auf die regionale Identität zu schließen, sondern von der regionalen Identität auf die Region. „Der Raum, auf den sich Regionalbewusstsein bezieht, ist nur dessen Symbol, aber nicht dessen Inhalt" (Bahrenberg 1987: 150). Damit wird die Region zu einer gelebten Region und regionale Identität bzw. Heimat in diesem Sinne als Teil eines sozialen Prozesses lesbar (vgl. Paasi 2003).

Der Stellenwert der physisch-materiellen Umwelt für die Beschreibung von Heimatbindungen darf nach dieser Erkenntnis also nicht ganz außer Acht gelassen werden (» Basic: Umwelt). Es gilt nach wie vor die Feststellung, dass die Intensität und Qualität der Heimatbindung unter anderem mit der Reichweite des eigenen Handlungsraumes zusammenhängt. Dahinter steckt eine Verortung, welche aber noch nicht per se Heimat ist. Der gegenständlich existierende Ort bzw. die Region wird affektiv mit Bildern belegt: Dialekt, Emotionalität, Geräusche, etc. „Mit jeder Ortsbezeichnung werden nicht nur Lage- und Sachinformationen, sondern in der Regel auch Wertzuschreibungen, Emotionen und Präferenzurteile assoziiert" (Weichhart 1992: 43). Die Bedeutung dieser physisch-materiellen Strukturen liegt folglich darin, dass sie als Träger sozialer Botschaften dienen und demnach ein fundamentales Merkmal für die Konstruktion von Heimat darstellen. Umgekehrt bedeutet das, wenn politisch-administrative oder funktionale Grenzen die Erlebnisse, Handlungen und sozialen Beziehungen in ihrer Reichweite einschränken, die nicht zugänglichen Orte auch nicht als Träger fungieren können. Deutlich wird dies in Grenzregionen, wo sich die Abgrenzungen einer wie auch immer gearteten regionalen Identität mit den Staatsgrenzen decken und zur Nachbarregion kaum ein Bezug besteht (vgl. Obkircher 2008).

## Rückführung in die Soziale Arbeit – Chancen und Möglichkeiten eines erweiterten Heimatbegriffes für die Integration

Welche Rückschlüsse sind daraus für die gesellschaftliche Integration bestimmter Gruppen (wie bspw. MigrantInnen) zu ziehen? Die Soziale Arbeit könnte im Zuge der Heimatdiskussionen die Funktion eines Katalysators einnehmen, indem sie in einer Auseinandersetzung mit erweiterten Heimatverständnissen den Aus- bzw. Abgrenzungskriterien von Heimatbegriffen einer Ausländerpolitik entgegenwirkt und so neue Blickwinkel für die gesellschaftliche Integration ermöglicht.

Mittels mentaler Landkarten von Menschen mit Migrationshintergrund und Alteingesessenen können beispielsweise die jeweils subjektiv bedeutenden Verortungen von Heimat erfasst werden, immer unter Berücksichtigung einer handlungsperspektivischen Lesart, in der die physisch-materielle Umwelt als symbolhafter Träger fungiert. In weiterer Folge werden so vermeintliche Konfliktorte, die sich auf Grund von Überschneidungen der unterschiedlichen und vielschichtigen Heimatbezüge ergeben können, sichtbar und können im Sinne einer erfolgversprechenden Integrationspolitik etwa gemeinsam zu Orten der Begegnung weiterentwickelt werden.

Wichtig erscheint in diesem Zusammenhang ebenso die Erkenntnis, dass man mehrere Heimaten haben kann. Menschen wollen und können sich eine neue Heimat, entfernt vom Ort des Heranwachsens, aneignen. Zudem sollte Migration nicht mehr am Ideal der Sesshaftigkeit gemessen werden, sondern als ein neuer Lebensstil mit den damit verbundenen Bedürfnissen. Der Heimat wurde seit jeher eine emotionale Symbolkraft zugesprochen (vgl. Mai 2009) und sie wurde entsprechend eindimensional missbraucht. Ein mögliches Leitbild für Integration sollte mehr von der Heimat verlangen: „Zwar kann und soll sie Verhaltenssicherheit, Vertrautheit und Wohlbefinden stiften, sie muss aber gleichzeitig auch gegenüber dem Fremden und Andersartigen offen sein" (Daum 2006: 84).

Heimat gibt dem Menschen eine Wahrnehmungs- und Beurteilungssicherheit und hat eine stabilisierende Funktion. Die Handlungsperspektive von *Heimat-Machen* könnte hier anknüpfen, indem es – ähnlich dem alltäglichen

Geographie-Machen (»Basic: Geographie) – die Bedeutungszuweisung zu bestimmten räumlichen Ausschnitten in den Vordergrund der Betrachtung stellt (vgl. Werlen 1997) und mit einem aktiven Verständnis von Heimat verbunden ist. Gemeinsame, alltägliche Erlebnisse und Handlungen sind für das Entstehen von Heimat fördernd. Soziale Beziehungen tendieren dazu, sich eben an diesen Orten der Handlung zu versinnbildlichen und ein Bewusstsein für diesen zu schaffen (vgl. Nohl 2006). Wenn etwa Menschen mit Migrationshintergrund keine Möglichkeit haben eigene Spuren in einer Region hinterlassen zu können, werden sie eher Schwierigkeiten haben sich mit dieser zu identifizieren.

Die dargestellte Auseinandersetzung mit Heimat bzw. Heimaten kann zwei positive Effekte mit sich bringen. Ein aktives Heimatverständnis fördert die Verantwortung für den eigenen Lebensbereich und hilft, globalen Herausforderungen wie bspw. Integration einen konkreten Rahmen zu geben. Zudem wird dadurch ermöglicht, die Mechanismen der Entstehung von Feindbildern und Ausgrenzungen besser zu verstehen und infolgedessen Lösungsansätze für künftige Integrationsleitbilder zu entwickeln. Es geht um die Frage, unter welchen Bedingungen sich Heimat mit dem Fremden verträgt und umgekehrt. Ziel ist es, Bedingungen zu schaffen, die es sowohl Menschen mit Migrationshintergrund als auch Alteingesessenen ermöglichen sich besser in einer kulturell vielfältigen Gesellschaft zugehörig zu fühlen (vgl. Noseda 1996). Zweitens hilft die Erkenntnis, dass Heimat gewissermaßen als regionale Identität verortbar ist, erste Handlungsfelder für die Soziale Arbeit sichtbar zu machen. Dort wo beispielsweise der Zugang zu öffentlichen Plätzen, Freizeitanlagen, etc. erschwert ist und im Sinne der Trägerfunktion solcher Strukturen folglich kaum ein Heimatgefühl entstehen kann, kann mit gezielten Maßnahmen entgegen gewirkt werden.

Diese Rückschlüsse sind jedoch verbunden mit einem langfristigen Lernprozess. Lösungsvorschläge können folglich nur mit breiter gesellschaftlicher Beteiligung und abgekoppelt von den kurzweiligen Legislaturperioden der Politik zielführend diskutiert werden.

### ✎ Merksatz

Heimat im Sinne von regionaler Identität braucht eine Rückkoppelung mit der physisch-materiellen Umwelt. Diese dient als Träger sozialer Bedeutungen und ist entscheidend für die eigene Konstruktion von Heimat. In weiterer Folge führen pluralisierte Lebensformen einer multilokalen Gesellschaft zur Erkenntnis, dass man mehrere Heimaten haben kann.

**Empfohlene Literatur zur Vertiefung**

Hard, Gerhard (1987): „Bewusstseinsräume" – Interpretationen zu geographischen Versuchen, regionales Bewusstsein zu erforschen. In: Geographische Zeitschrift 75. 3. 127-148

Hüppauf, Bernd (2007): Heimat – die Wiederkehr eines verpönten Wortes. Ein Populärmythos im Zeitalter der Globalisierung. In: Gebhard/Geisler/Schröter (Hrsg.) (2007): 109-140

Ipsen, Detlev (1994): Regionale Identität. Überlegungen zum politischen Charakter einer psychosozialen Raumkategorie. In: Lindner (Hrsg.) (1994): 232-254

Mai, Ulrich (2009): Kulturschock und Identitätsverlust. Über soziale und sinnliche Enteignung von Heimat in Ostdeutschland nach der Wende. In: Geographische Rundschau 61. 5. 52-55

Mitzscherlich, Beate (1997): „Heimat ist etwas, was ich mache". Eine psychologische Untersuchung zum individuellen Prozeß von Beheimatung. Pfaffenweiler: Centaurus Verlag

Paasi, Anssi (2003): Region and place: regional identity in question. In: Progress in Human Geography 27. 4. 475-485

## Weitere verwendete Literatur

Bahrenberg, Gerhard (1987): Unsinn und Sinn des Regionalismus in der Geographie. In: Geographische Zeitschrift 75. 3. 149-160

Bertelsmann-Stiftung/Bundesministerium für Inneres (Hrsg.) (2005): Erfolgreiche Integration ist kein Zufall. Strategien kommunaler Integrationspolitik. Gütersloh: Verlag Bertelsmann-Stiftung

Blotevogel, Hans Heinrich/Heinritz, Günter/Popp, Herbert (1989): „Regionalbewusstsein". Zum Stand der Diskussion um einen Stein des Anstoßes. In: Geographische Zeitschrift 77. 2. 65-88

Daum, Egbert (2006): Heimat als Tatort. Über Verbindungen von Ort, Selbst und Gesellschaft. In: Kanwischer/Dickel (Hrsg.) (2006): 71-89

Die Zeit Online (2006): Heimat, ja bitte! Wie Integration gelingen kann: Ein Plädoyer für klare Regeln – und für eine gemeinsame Zukunft von Deutschen und Einwanderern. Nr. 11/9.3.2006 http://www.zeit.de/2006/11/Titel_2fIntegration_11?page=all (gefunden am 2.6.2010)

Fischer, Hubertus (2005): Heimat – was ist das? Reflexionen über einen schwierigen Begriff. In: Institut für Landschaftspflege und Naturschutz. Universität Hannover (Hrsg.) (2005): 103-113

Gebhard, Gunther/Geisler, Oliver/Schröter, Steffen (Hrsg.) (2007): Heimat. Konturen und Konjunkturen eines umstrittenen Konzeptes. Bielefeld: Transcript

Institut für Landschaftspflege und Naturschutz, Universität Hannover (Hrsg.) (2005): Der Heimatbegriff in der nachhaltigen Entwicklung. Inhalte, Chance und Risiken. Filderstadt. Symposium am 5. und 6. November 2004 in Hannover. Weikersheim: Margraf Verlag

Kanwischer, Detlef/Dickel, Mirka (Hrsg.) (2006): TatOrte. Neue Raumkonzepte didaktisch inszeniert. (Praxis Neue Kulturgeographie, Bd. 3). Berlin: LIT Verlag

Kirsch-Stracke, Roswitha (2005): Zum Für und Wider eines Heimatbegriffs in der Nachhaltigen Entwicklung – Zusammenfassung des aktuellen Diskussionsstandes. In: Institut für Landschaftspflege und Naturschutz, Universität Hannover (Hrsg.) (2005): 7-21

Köb, Edelbert (Hrsg.) (1996): Bau – Kultur – Region. Regionale Identität im wachsenden Europa – das Fremde. Symposiumsbericht. Bregenz: Kunsthaus Bregenz

Lindner, Rolf (Hrsg.) (1994): Die Wiederkehr des Regionalen. Über neue Formen kultureller Identität. Frankfurt am Main und New York: Campus Verlag

Nohl, Werner (2006): Heimat als symbolischer Aneignungsprozess. Konzeptionelle Überlegungen und empirische Untersuchungen. In: Naturschutz und Landschaftsplanung 38. 5. 140-145

Noseda, Irma (1996): Abschied vom Regionalismus – Bauen auf dem Weg zu einer neuen Identität. In: Köb (Hrsg.) (1996): 88-116

Obkircher, Stefan (2008): Wahrnehmungsbilder des Alpenrheintals – Räumliche Orientierung als Indikator für regionale Identität. In: Montfort, Vierteljahreszeitschrift für Geschichte und Gegenwart Vorarlbergs 60. 1/2. 98-123

Paasi, Anssi (2001): Region and regional identitet. Teori och empiriska exempel på olika regionala nivåer. In: Historisk Tidskrift för Finland 86. 4. 516-535

Psenner, Roland/Lackner, Reinhard (Hrsg.) (2006): Die Alpen im Jahr 2020. (alpine space – man & environment, Bd. 1). Innsbruck: Innsbruck University Press

Steinicke, Ernst (2006): Sprachen und Kulturen: zur Zukunft von ethnischer Identität und demographischer Entwicklung in den Alpen: In: Psenner/Lackner (Hrsg.) (2006): 93-108

Weichhart, Peter (1992): Heimatbindung und Weltverantwortung. Widersprüchliche oder komplementäre Motivkonstellationen menschlichen Handelns? In: Geographie Heute. 100. 30-44

Werlen, Benno (1997): Sozialgeographie alltäglicher Regionalisierungen. Band 2: Globalisierung, Region und Regionalisierung. Erdkundliches Wissen, Heft 119. Stuttgart: Franz Steiner

Michael Hermann

# Kartographie

Es war im Jahr 1854 – London litt unter einer Cholera-Epidemie, die mehr als 14.000 Menschen das Leben kosten sollte – als der englische Arzt John Snow eine Karte zeichnete, in der er die Orte mit Cholera-Todesfällen markierte. Snows Karte macht sichtbar, dass die Toten nicht gleichmäßig verteilt waren, sondern sich im Umkreis einer Wasserpumpe an der Broad Street in der Londoner Innenstadt konzentrierten. Damit sah sich Snow in seinem Verdacht bestätigt, dass Cholera nicht, wie damals angenommen, durch schlechte Luft verbreitet wird, sondern durch verunreinigtes Wasser. Tatsächlich ebbte die Epidemie ab, nachdem Snow die Pumpe an der Broad Street eigenhändig stillgelegt hatte (Hempel 2003).

## Karten in der Sozialen Arbeit: Identifikation von Problemgebieten

Eine wichtige Funktion von Karten im Kontext der Sozialen Arbeit ist das Aufdecken und das frühzeitige Erkennen von Zonen sozialer Marginalisierung. Typischerweise handelt es sich dabei um Raumzonen, in denen sich prekäre Gruppen wie Erwerbslose oder sprachlich schlecht integrierte Immigranten konzentrieren (vgl. auch Häußermann/Siebel 2004). Die sozialräumliche Betrachtungsweise, die dabei eingenommen wird, ist besonders relevant im Kontext großer Städte, wo der Wohnraum knapp und die Heterogenität der Bevölkerung groß ist, und somit die Prozesse der sozialen und ethnischen Segregation besonders ausgeprägt sind. Die Folge der Segregation ist die Ausbildung von Zonen mit unterschiedlichen sozialen Charakteristika. Diese Zonen unterscheiden sich jedoch nicht nur bezüglich sozialer Struktur, sondern auch in den dort vorherrschenden Normen, Werten und Sitten. Robert Ezra Park (1925), der Begründer der Chicago School of Sociology, sprach dabei von „Moral Regions". Laut Park gehören „Moral Regions", in denen die Normvorstellungen von denen der Mehrheitsgesellschaft abweichen, zur Eigenheit von Großstädten. Kumulieren sich in einer Raumzone verschiedene Merkmale der Ausgrenzung wie Arbeitslosigkeit, Kriminalität, Sozialhilfeabhängigkeit usw. so kann dies eine negative Spirale in Gang setzen: Eine weitere Abwanderung gesellschaftlich integrierter Personen und im Gegenzug eine Zuwanderung marginalisierter Personen führt zu einer Verstärkung des sozialen Profils der Raumzone (Schelling 1978). Sozialisationseffekte führen dazu, dass sich in Nachbarschaften normabweichende Verhaltensmuster verstärken. Im Volksmund wird dabei von „Verslumung" oder „Ghettoisierung" gesprochen.

Die kartographischen Darstellungen der sozialräumlichen Konstellationen einer urbanen Raumzone helfen dabei, die Entwicklungsmuster, die zu diesen problematischen Konstellationen führen, frühzeitig zu identifizieren. Durch die Identifikation möglicher „Problemräume" (» Basic: Brennpunkt) wird es möglich, geeignete Maßnahmen – unter anderem im Bereich der Sozialen Arbeit – gezielt und konzentriert einzusetzen. Voraussetzung dafür ist jedoch, dass mit der Kartographie des Sozialen tatsächlich die problematischen Raumzonen und vor allem die richtigen Problemfelder identifiziert werden können.

## Kartographie des Sozialen

Snows Cholera-Karte (siehe Eingangsbeispiel) gehörte zu den frühesten und eindrücklichsten Beispielen der thematischen Kartographie. Dank der kartographischen Umsetzung können räumliche Zusammenhänge, die bei einer rein tabellarischen oder gar textlichen Darstellung verborgen bleiben, sichtbar gemacht werden. Wie die verbale Sprache bedient sich die Kartographie einer eigenen Grammatik, die von jenen, die Karten produzieren, und jenen, die Karten lesen, gemeinsam geteilt und verstanden werden muss. Erstmals systematisch erfasst und formalisiert wurde die Grammatik der Kartographie von Jacques Bertin in seinem bis heute beachteten Standardwerk „Sémiologie graphique" (1967). Bertin hat gezeigt, dass Karten durch Form, Struktur und Farbgebung eine hohe Dichte an Information vermitteln können. Im Gegensatz zur verbalen Sprache, die sich aufgrund ihrer strikt linearen Struktur schlecht für die Repräsentation komplexer mehrdimensionaler Strukturen eignet, können mit kartographischen Darstellungen räumliche Sachverhalte in ihrem Kontext dargestellt werden (Kraak 2006).

### Grundlage: Quantitative Sozialraumanalyse
Neben dem konkreten sich Informieren über die sozialräumlichen Bedingungen liegt der Einsatzbereich kartographischer Darstellungen in der Analyse sozialräumlicher Zusammenhänge und Entwicklungsdynamiken. Grundlegend hierfür ist die quantitative Sozialraumanalyse („social area analysis"), die Mitte des 20.

Jahrhunderts von Eshref Shevky und Wendell Bell (1955) am Beispiel Los Angeles entwickelt wurde. Auf Basis von Zensusdaten haben Shevky und Bell drei theoretisch abgestützte Dimensionen der sozialen Differenzierung entwickelt, die für die Struktur und Entwicklung von städtischen Gebieten ausschlaggebend sind. Es handelt sich dabei um die Dimensionen sozialer Rang, Urbanisierung und ethnische Segregation. Jede dieser drei Dimensionen zeichnet sich durch ein eigenes Raummuster aus. So ist der Urbanisierungsgrad, der auch als Grad der Individualisierung verstanden werden kann, vor allem durch die Nähe zum Zentrum bestimmt, wogegen die soziale Rangordnung sich vor allem entlang verschiedener Sektoren vom Zentrum an den Stadtrand erstreckt. In einer quantitativen Sozialraumanalyse werden für jede Raumeinheit die Werte der drei Dimensionen berechnet, so dass diese typisiert werden können.

Quantitative Sozialraumanalysen bilden bis heute eine wichtige Grundlage für die Kartographie des Sozialen. Je nach Datenlage kann die Karte die sozialräumliche Struktur dabei bis hinunter zu kleinsten statistischen Zonen abbilden. Die resultierende sozialräumliche Typisierung von Raumzonen bildet die Grundlage für weiterführende Analysen. So können beispielsweise die Kriminalitätsrate, die Arbeitslosenquote oder die Sozialkontakte mit der sozialräumlichen Typisierung in Verbindung gebracht werden.

## Problembewusstsein bei der Arbeit mit Karten

Durch ihre quantitative Basis suggerieren thematische Karten Objektivität und Neutralität. Aufgrund ihrer visuellen Sinnlichkeit sind sie einprägsam. In den folgenden Abschnitten sollen die wichtigsten Gefahren, die bei der Kartographie des Sozialen lauern, aufgezeigt werden.

### Datengetriebene Analysen

Die quantitative Sozialraumanalyse und ihre kartographische Umsetzung wurden schnell zu beliebten Methoden der stadtgeographischen und -soziologischen Analyse. Von verschiedenen Seiten wurde jedoch Kritik an der Auswahl der Indikatoren und generell am Umgang mit sekundärstatistischen Daten laut (z. B. Friedrichs 1983 oder Hartmann/Hitz/Schmid/Wolff 1986). Um eine flächendeckende Karte von Gemeinden und Stadtvierteln zeichnen zu können, ist man in der Regel auf Daten von statistischen Ämtern angewiesen. Eigene Datenerhebungen, die maßgeschneiderte Antworten auf eine theoretisch begründete Fragestellung ermöglichen, können aus Gründen des Aufwands kaum für größere Vergleichsräume produziert werden. Die Abhängigkeit von amtlichen Datenquellen hat verschiedene nicht unproblematische Konsequenzen: Was und in welcher räumlichen Auflösung in den amtlichen Statistiken erfasst wird, ist

Ausdruck von politischen Entscheiden. Bestimmte Daten sind vorhanden, andere nicht. Daraus entsteht die Gefahr des datengetriebenen Arbeitens: Statt theoretisch abzuwägen, welche Variablen und Kategorien für die Erschließung des sozialen Raums von Bedeutung sind, wird mit dem gearbeitet, was vorhanden ist. So wird beispielsweise ein hoher Ausländeranteil häufig unkritisch als Indiz für eine sozial problematische Konstellation gesehen.

Insbesondere bei Zensusdaten besteht außerdem die Problematik der veralteten Datenlage. Zensusdaten, die ein umfassenderes Bild der Sozialstruktur ergeben als Daten von Personenregistern, werden in der Regel nur alle zehn Jahre erhoben und meist erst mehrere Jahre nach ihrer Erhebung vollumfänglich publiziert. Die große Dynamik, welche die sozialräumliche Entwicklung gerade in urbanen Regionen charakterisiert, kann unter diesen Voraussetzungen nur ungenügend abgebildet werden.

### i. Der ökologische Fehlschluss

Das Prinzip des ökologischen Fehlschlusses wurde 1950 durch den amerikanischen Statistiker William S. Robinson erstmals beschrieben. Robinson zeigte, dass die Alphabetisierungsrate und der Anteil der immigrierten Bevölkerung in den US-Bundesstaaten positiv korrelieren. Das heißt, je höher der Anteil der immigrierten Bevölkerung in einem der Bundesstaaten, desto höher ist dort im Schnitt die Alphabetisierungsrate. Ein ökologischer Fehlschluss wäre, wenn aus diesem Zusammenhang auf Aggregatebene (bzw. auf der ökologischen Ebene) auf einen Zusammenhang auf der Individualebene geschlossen würde. Tatsächlich zeigten Individualdatenanalysen, dass in Tat und Wahrheit ein leicht negativer Zusammenhang zwischen Alphabetisierung und Migrationshintergrund besteht. Die positive Korrelation auf Aggregatebene kommt deshalb zustande, weil in urbanen Regionen (» Basic: Region) sowohl eine hohe Alphabetisierungsrate als auch ein großer Anteil Immigrierter charakteristisch ist.

Die Kartographie des Sozialen arbeitet aus Gründen des Datenschutzes und der Datenverfügbarkeit fast immer mit räumlichen Aggregatdaten. Das heißt, die Zusammenhänge, die in entsprechenden Karten sichtbar werden, dürfen nicht als individuelle Zusammenhänge gelesen, sondern sie müssen als Charakteristika der dargestellten sozialen Milieus verstanden werden (» Basic: Milieu). Wie bereits Robinson festgestellt hatte, sind es häufig Indikatoren, die mit dem Grad der Urbanität zusammenhängen, die zusammen auftreten, jedoch nur indirekt zusammenhängen.

### ii. Das Modifiable Areal Unit Problem (MAUP)

Der Begriff „Modifiable Areal Unit Problem" (MAUP) geht auf Stan Openshaw (1984) zurück. Er besagt, dass das Korrelationsmuster sozialräumlicher Analysen wesentlich von der Größe und dem Zuschnitt der in der Untersuchung verwendeten Raumeinheiten abhängt. Generell zeigen sich tendenziell stärkere statistische Zusammenhänge, wenn große Raumeinheiten wie beispielsweise Bundesländer als Untersuchungseinheiten verwendet werden, als wenn kleinere Raumeinheiten wie Kommunen untersucht werden.

Die typischen sozialräumlichen Kartographien, die auf Stadtvierteln oder auf kleinräumigen statistischen Zonen beruhen, sind für den Untersuchungsgegenstand deshalb wesentlich angemessener als grobkörnigere Untersuchungen. Gerade im städtischen Umfeld sind sozialräumliche Konstellationen jedoch teilweise derart kleinräumig, dass sie selbst auf der Ebene von statistischen Zonen nicht abgebildet werden. Ein häufiges Phänomen ist beispielsweise, dass sich die Bevölkerungsstruktur an einer stark befahrenen Straße zwischen der ersten und der zweiten Häuserzeile aufgrund der unterschiedlichen Lärmbelastung wesentlich unterscheidet. Je nachdem ob die in einer Untersuchung verwendeten Raumeinheiten die bestehenden sozialräumlichen Muster wiedergeben oder quer dazu verlaufen, können die Ergebnisse ganz unterschiedlich ausfallen.

### iii. Reduktion auf den Wohnraum

Wie der Jenaer Sozialgeograf Benno Werlen in seiner „Sozialgeographie alltäglicher Regionalisierungen" (1997) gezeigt hat, deckt sich der Handlungsraum der Menschen nicht mit einem bestimmten umgrenzten Raumausschnitt, sondern erstreckt sich in einer Vielzahl von räumlichen und nichträumlichen Bezugsfeldern [» Basic: Geographie]. Die Bewohner einer statistischen Zone verbringen in der Regel nicht den ganzen Tag in dieser Zone, sondern verlassen sie für Ausbildung, Beruf und Freizeitaktivitäten. Umgekehrt bewegen sich in der entsprechenden Zone Personen, die nicht dort wohnen oder dort nicht offiziell registriert sind. Mobilität und Telekommunikation haben zur Folge, dass Sozialisation und soziale Kontakte sich nicht auf die enge räumliche Nachbarschaft beschränken, sondern weitgehend von einer räumlichen Gebundenheit entkoppelt sind [» Basic: Nahraum].

Die soziale Wirklichkeit an einem Ort [» Basic: Ort] ist nicht deckungsgleich mit ihrer Repräsentation in einer Karte. Besteht beispielsweise an einem Ort eine hohe Kriminalitätsrate, so kann dies nicht zwangsläufig auf die dortige Wohnbevölkerung zurückgeführt werden, da kriminelle Handlungen häufig nicht am Wohnort begangen werden.

### iv. Reproduktion negativer Images

Durch die Kartierung werden soziale Merkmale von Menschen auf den Raum, den sie bewohnen, übertragen; sie werden gewissermaßen zur Eigenschaft des Raums (vgl. Kessl/Reutlinger 2007). Das kartographische Sichtbarmachen und das Benennen von Problemzonen in städtischen Räumen tragen zum Problembewusstsein von Behörden und der Öffentlichkeit bei, können jedoch zugleich zu einer Fixierung negativer Vorurteile beitragen. Die identifizierten sozialen Problemzonen werden gerade deshalb gemieden, weil sie als solche bekannt sind. Dabei können Orte, die als soziale Problemzone beschrieben werden, je nach Tageszeit, je nach Tätigkeit, die dort ausgeführt wird, oder je nach sozialem Kapital, über das jemand verfügt, ganz unterschiedlich gelebt und bewertet werden. Typischerweise werden so genannte Problemquartiere von den Bewohnern weit weniger negativ bewertet als von jenen, die diese Orte nur vom Hörensagen kennen (Häußermann/Holm/Zunzer 2002).

Anstelle der komplexen sozialen Wirklichkeit werden die als soziale Brennpunkte identifizierten Orte als Synonym für die dort gehäuft vorkommenden sozialen Problemlagen angeschaut (» Basic: Brennpunkt). Das so geschaffene Raum-Image kann dazu beitragen, dass sich „überforderte Nachbarschaften"(Krings/ Pfeiffer 1998) nicht mehr aus einer negativen Schlaufe befreien können.

## Karten des sozialen Raums

Sorgsam und reflektiert eingesetzt, bilden Karten ein starkes Instrument zum Aufdecken sozialräumlicher Zusammenhänge und Entwicklungen. Karten können dabei nicht nur vom geographischen Raum, sondern auch von abstrakten Merkmalsräumen gezeichnet werden. Bei diesen Karten sind die Himmelsrichtungen nicht Norden, Westen, Süden und Osten sondern sozioökonomische, kulturelle oder politische Spannungsfelder.

*Beispiel 1:*
Solche Spannungsfelder lassen sich durch die Methode des „Spatialization", welche Informationsverdichtung und Strukturierung in metaphorischen Räumen mit Visualisierung (Info-Maps) verbindet, darstellen. Als illustratives Beispiel hierfür dient die in Abbildung 1 dargestellte Regionalisierung des Raumes der Weltanschauungen aufgrund der sprachregionalen Dreiteilung der Schweiz. Die längliche Form aller drei Sprachregionen lässt den strengen positiven Zusammenhang zwischen linker und ökologischer Weltanschauung innerhalb einer Kulturregion erkennen (siehe ausführlich Hermann/Leuthold 2002).

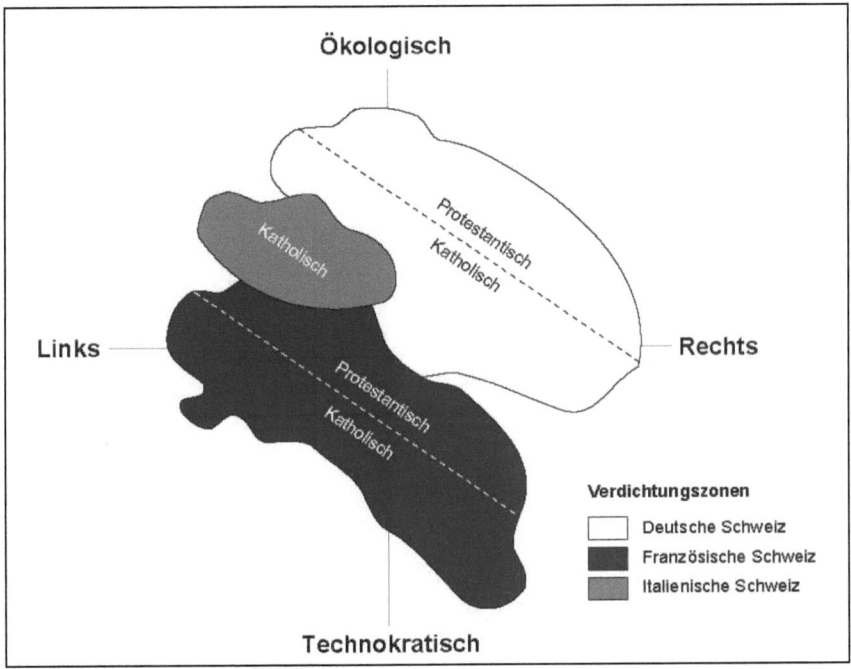

Abb. 1: Sprachkulturelle und konfessionelle Regionalisierung im Raum der Weltanschauungen; Quelle: Hermann/Leuthold 2002: 9

Wie oben dargelegt, bilden die Dimensionen der quantitativen Sozialraumanalyse nach Shevky und Bell eine wichtige Grundlage für das Kartieren sozialer Unterschiede im Raum. Für den europäischen Kontext stehen dabei die beiden Dimensionen „sozialer Status" und „Individualisierung" im Vordergrund. Werden diese beiden Dimensionen in einer Grafik gegenübergestellt, entsteht ein Merkmalsraum. Ein Merkmalsraum, der die wichtigsten sozialen Differenzierungsachsen darstellt und deshalb als Repräsentation des sozialen Raums im Sinne Bourdieus (1997) verstanden werden kann.

*Beispiel 2: Sozialhilfequote im sozialen Raum*
Die Abbildung 2 zeigt die Kommunen der Metropolregion Zürich im sozialen Raum. Je weiter oben im Raum desto höher ist der soziale Status der Wohnbevölkerung einer Kommune. Je weiter rechts im Raum desto größer ist deren Individualisierungsgrad. Ein hoher Individualisierungsgrad bedeutet, dass an einem Ort viele Menschen leben, deren

Lebensmodell vom traditionell-bürgerlichen Familienmodell abweicht (Singlehaushalte, egalitäre Familienmodelle, WGs und andere alternative Wohn- Arbeits- und Lebensformen). Die Größe der dargestellten Kreisscheiben entspricht der Einwohnerzahl und die Farbe der Sozialhilfequote.

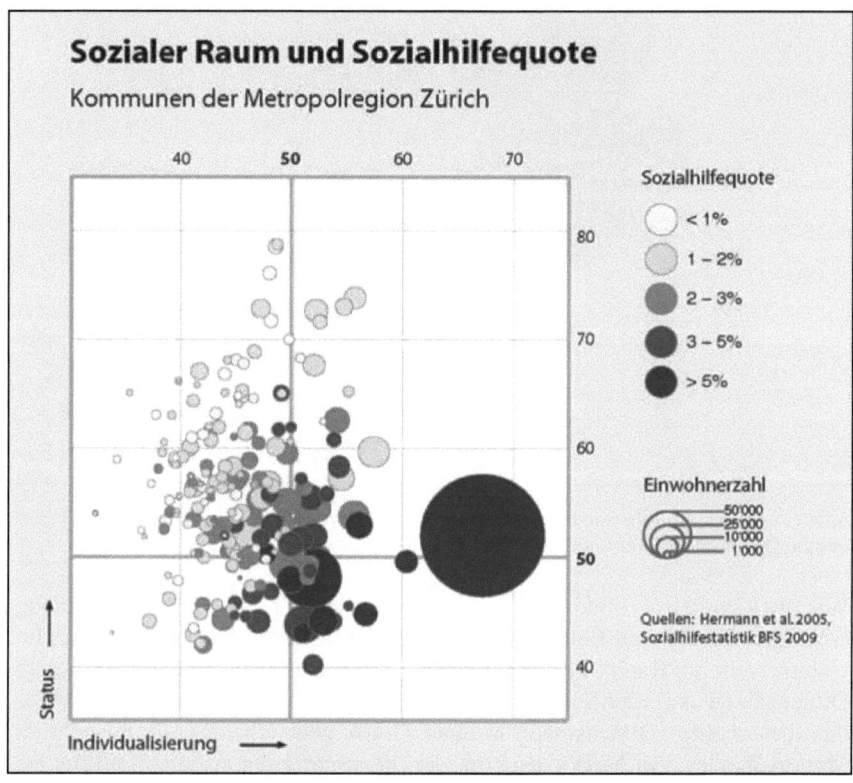

Abb. 2: Sozialer Raum und Sozialhilfequote; Quelle: Hermann/Heye/Leuthold 2005

Aus der Karte des sozialen Raums kann abgelesen werden, dass die Sozialhilfequote sowohl vom sozialen Status als auch vom Individualisierungsgrad einer Gemeinde abhängt: Je tiefer der soziale Status und je höher der Individualisierungsgrad einer Gemeinde sind, desto höher ist die Sozialhilfequote. Bemerkenswert ist dabei, dass die Sozialhilfequote stärker durch den Individualisierungsgrad als durch den sozialen Status geprägt ist.

Der starke Zusammenhang zwischen Individualisierungsgrad und Sozialhilfequote zeigt, dass neben harten soziökonomischen auch weiche soziokulturelle Rahmenbedingungen eine Rolle für Unterschiede in den Sozialhilfequoten spielen. Individualisierung bedeutet, dass sich die gemeinschaftliche Bindung auflöst und traditionelle Ordnungswerte an Bedeutung verlieren. Beides führt direkt oder indirekt zur Bedeutungszunahme staatlicher Fürsorge. Mit Auflösung traditioneller Gemeinschaften verlieren nicht-staatlich soziale Netze an Bedeutung und die soziale Kontrolle nimmt ab (vgl. Hermann/Heye 2009).

Die in einer Karte des sozialen Raums vermittelte Information kann grundsätzlich auch mit klassischen thematischen Karten dargestellt werden. Die große Stärke dieser Art der Darstellung ist jedoch, dass sie die einzelnen Faktoren nicht nebeneinander zeigt, sondern deren Zusammenwirken unmittelbar sichtbar macht.

### Merksatz

Karten eignen sich hervorragend zum Sichtbarmachen sozialräumlicher Zusammenhänge. In ihrer Einprägsamkeit lauert aber zugleich die Gefahr eines unkritischen Umgangs mit ihnen.

### Empfohlene Literatur zur Vertiefung

Bourdieu, Pierre (1997): Die feinen Unterschiede: Kritik an der gesellschaftlichen Urteilskraft. Frankfurt am Main: Suhrkamp

Hermann, Michael (2009): Kartographie sozialräumlicher Zusammenhänge. In: Informationen zur Raumentwicklung. Heft 10/11. 705-713

Hermann, Michael/Heye, Corinna/Leuthold, Heiri (2005): Soziokulturelle Unterschiede in der Schweiz. Vier Indizes zu räumlichen Disparitäten, 1990 – 2000. Neuchâtel: Bundesamt für Statistik

Hermann, Michael/Heye, Corinna (2009): Im Sog der Städte. In: ZESO, Zeitschrift für Sozialhilfe. 4/2009. 14-15.

Kessl, Fabian/Reutlinger, Christian (2007): Sozialraum. Eine Einführung. Wiesbaden: VS Verlag für Sozialwissenschaften

Shevky, Eshref/Bell, Wendell (1955): Social Area Analysis: Theory, Illustrative Application and Computational Procedures. Stanford: Stanford University Press

### Weitere verwendete Literatur

Bertin, Jacques (1967): Sémiologie graphique. Les Diagrammes, les Réseaux, les Cartes. Paris: Mouton

Bundesamt für Statistik (Hrsg.) (2002): Statistikkultur und Statistikmarkt in der Schweiz. Neuchâtel

Bundesverband deutscher Wohnungsunternehmen e.V. (1998): Überforderte Nachbarschaften: Zwei sozialwissenschaftliche Studien über Wohnquartiere in den alten und den neuen Bundesländern. GdW Schriften 48. Köln/Berlin

Friedrichs, Jürgen (1983): Stadtanalyse. Soziale und räumliche Organisation der Gesellschaft. Opladen: Westdeutscher Verlag

Hartmann, Roger/Hitz, Hansruedi/Schmid, Christian/Wolff, Richard (1986): Theorien zur Stadtentwicklung. Oldenburg: Gesellschaft zur Förderung regionalwissenschaftlicher Erkenntnisse

Häußermann, Hartmut/Holm, Andrej/Zunzer, Daniela (2002): Stadterneuerung in der Berliner Republik. Modernisierung in Berlin-Prenzlauer Berg. Opladen: Leske + Budrich

Häußermann, Hartmut/Siebel, Walter (2004): Stadtsoziologie. Eine Einführung. Frankfurt am Main: Campus

Hermann, Michael/Leuthold, Heiri (2002): Spatialization in den Sozialwissenschaften. Raummetaphern und kartographische Methoden zur Analyse, Interpretation und Visualisierung von statistischer Information. In: Bundesamt für Statistik (Hrsg.) (2002): 93-107

Hempel, Sandra (2003): The medical detective: John Snow and the mystery of cholera. London: Granta

Kraak, Menno-Jan (2006): Why Maps Matter in GIScience. In: The Cartographic Journal. 43/1. 2006. 82-89

Krings-Heckenmeier, Marie-Therese/Pfeifer, Ulrich (1998): Überforderte Nachbarschaften: Soziale und ökonomische Erosion in Großsiedlungen. In: Bundesverband deutscher Wohnungsunternehmen e.V. (Hrsg.) (1998): 19-162

Openshaw, Stan (1984): The Modifiable Areal Unit Problem. Norwich: Geo Books

Park, Robert E./Burgess, Ernest W./McKenzie, Roderick D. (1925): The City. Chicago: The University of Chicago Press

Robinson, William S. (1950): Ecological Correlations and the Behavior of Individuals. In: American Sociological Review 15. 1950. 351-357

Schelling, Thomas C. (1978): Micromotives and Macrobehavior. New York: Norton

Werlen, Benno (1997): Sozialgeographie alltäglicher Regionalisierungen, Band 2: Globalisierung, Region und Regionalisierung. Stuttgart: Franz Steiner Verlag

Nadine Günnewig

# Kontext

„Die Erfahrung hat gezeigt, daß es unter bestimmten Bedingungen durchaus möglich ist, mit Familien auch ‚im Zwangskontext' eine Arbeitsbasis herzustellen [...]. ‚Unfreiwilligkeit' kann in systemischer Sicht als Lösungsstrategie fungieren [...]. Wenn z.B. die Motivation der Eltern sehr groß ist, mit den Kindern auch weiterhin zusammenzuleben, gibt es damit eine Grundlage für sie, die ersten Monate der SPFH [Sozialpädagogische Familienhilfe; Anm. N.G.] erstmal ‚durchzuhalten', bis sich dann doch eine Vertrauensbasis entwickelt hat. Die Bedingung ist hier eine große Transparenz und genaue Klärung der Aufträge der verschiedenen Seiten. Die Frage an die Familie könnte lauten: ‚Wie können wir Ihnen helfen, uns wieder loszuwerden?' [...]." (Bundesministerium für Familie, Senioren, Frauen und Jugend)

## Der Kontext-Begriff in der Sozialen Arbeit: Zwangskontexte

„Sozialarbeit in Zwangskontexten nimmt weiter an Bedeutung zu", so lautet die These, mit der für ein zweitägiges Seminar an der Evangelischen FH Darmstadt, welches sich an Sozialarbeiter_innen, die in Zwangskontexten Sozialer Arbeit tätig sind, richtet, geworben wird (Evangelische Fachhochschule Darmstadt). Sowohl diese These als auch das obige Zitat betonen die offensichtliche Relevanz und Bedeutung von Zwangskontexten innerhalb der Praxis Sozialer Arbeit. Eine adäquate Weiterbildung sowie ein effektiver, lösungsorientierter Ansatz werden für einen als „Kernbereich sozialarbeiterischer Identität" bezeichneten Arbeitskontext proklamiert (vgl. Gumpinger 2001). Ob Weiterbildungen, Fachzeitschriften oder Fachtagungen das Thema ‚Zwangskontexte' gewinnt in unterschiedlichen Handlungsfeldern Sozialer Arbeit (Beratung, Bewährungshilfe, Hilfen zur Erziehung, klinische Sozialarbeit etc.) an Aufmerksamkeit. Wie das obige Beispiel zeigt, steht auch auf sozialpolitischer Ebene der Umgang mit un(frei)willigen Klienten im Zentrum der Sozialpädagogischen Familienhilfe. Zwangskontexte werden hierbei vom Bundesministerium positiv gewendet, indem eine mögliche Effektivität unter der Parole „Durchhalten!" deklariert wird. Unter dem expertokratischen Deckmantel der systemisch-lösungsorientierten Arbeit werden ungleiche Macht- und Herrschaftsverhältnisse in Zwangskontexten ignoriert und darüber hinaus re-produziert. Insbesondere das Bild nichtmotivierter und unwilliger Eltern, welches hervorragend in den Duktus der sozialpolitischen Diskussion um die sogenannte ‚neue Unterschicht' (vgl. kritisch dazu Kessl/Reutlinger/Ziegler 2007) sowie die Debatten um die Legitimation und Transformation wohlfahrtsstaatlicher Arrangements passt (vgl. Kessl/Otto 2008), die zu ihrem Glück ‚gezwungen' werden müssen, wird an dieser Stelle aufrechterhalten und re-produziert. Die hegemoniale Position der Professionellen wird gefestigt, da sich die Klienten erstmal unterwerfen müssen, um sich anschließend aus dem Machtverhältnis ‚befreien' zu können. Mit der (Re-)Produktion normativer, alltagsorientierter, (sozial)politischer, konzeptioneller etc. Vor-Urteile und -annahmen einhergehend, besteht die Gefahr der Produktion allgemein gültiger Aussagen und einer damit verbundenen Konstruktion ‚einer Realität' (Pauschalisierung und Generalisierung), was zu einer Standardisierung und somit Vereinfachung von Kontexten, die die Komplexität und Differenziertheit der Konstitutionsbedingungen von Phänomenen ausblendet, führt.

Die insbesondere in der Fachliteratur als ‚Zwangskontext' bezeichneten sozialpädagogischen Settings definieren sich überwiegend als solche, die nicht freiwillig von Nutzer_innen gewählt werden, und in denen somit keine „an einem gemeinsamen Ziel ausgerichtete Kooperation zwischen Expertinnen/Experten und Klientinnen/Klienten zustande kommt" (Wigger 2009: 143) oder durch „fremdinitiierte Kontaktaufnahmen", die eine autonome („selbstinitiierte") Kontaktherstellung vermissen lässt (ebd.). Darüber hinaus lassen sich Arbeiten finden, die ‚Zwangskontexte' nicht genauer definieren, sondern als gemeinsam geteiltes Wissen voraussetzen. Es wird auf ein sehr allgemeines Alltagsverständnis von Zwangskontext zurückgegriffen, welches durch eine „Verordnung" der jeweiligen Hilfe geprägt ist und daher von der seitens der Klient_innen „erbetenen" Hilfe zu differenzieren ist (vgl. Gerber-Eggimann 2008). Diese Beispiele zeigen, dass die Definitionen dieser Kontexte eher allgemein, Herrschaftsverhältnisse zwar wahrnehmend, aber nicht kritisch hinterfragend oder näher beschreibend, sind. Verbunden mit einer Thematisierung von Kontexten des Zwangs innerhalb der Praxis Sozialer Arbeit ist die Suche nach einem angemessenen Umgang mit dieser Art von Arbeitsbedingungen (z.B. Entwicklung von Handlungs- und systemischen Beratungskonzepten, vgl. dazu Conen/Cecchin 2007). Auch das obige Beispiel verdeutlicht, dass eine unreflektierte Verwendung des Kontext-Begriffs bzw. eine undifferenzierte und somit verkürzte, d.h. vereinfachte Sichtweise auf (sozial)pädagogische Phänomene, mit einer Standardisierung professionellen Handelns verbunden ist. Statt einer reflexiven

Auseinandersetzung mit den kontextuellen Rahmenbedingungen professionellen Handelns, werden beispielsweise ‚Qualitätsstandards' aufgrund eines bestimmten Verständnisses von ‚Qualität' entwickelt, die anschließend allgemein anerkannt und umgesetzt werden sollen. Dementsprechend finden Publikationen „wie unerwünschte Hilfe erfolgreich sein kann" (vgl. Kähler 2005), aufgrund ihrer Handlungsempfehlungen und Orientierungshilfen enorme Aufmerksamkeit im Umgang mit Nutzer_innen in Zwangskontexten. Doch dadurch besteht die Gefahr der Reduktion von Komplexität, die eine kontextbezogene, differenzierte Sichtweise auf den Gegenstand verhindert.

## Kontextualisierung, Differenzierung, Positionierung: der Kontext-Begriff als reflexive Kategorie

Kontexte repräsentieren die ein bestimmtes Phänomen konstituierenden und umgebenden Bedingungen und Zusammenhänge (Ordnungen). Das Wort „Kontext" wird aus dem lateinischen von den Worten contexto (zusammenweben, zusammensetzen) sowie contextus (verflochten, fortlaufend) als „Zusammenhang" übersetzt. In der Alltagssprache wird der Kontextbegriff häufig in diesem Sinne verwendet und durch eine Attribuierung ergänzt (z. B. etwas aus dem Kontext reißen, im familiären/europäischen/gesundheitlichen Kontext u. Ä.)[1]. Gleichsam vermittelt der Begriff in seiner Semantik eine gewisse ‚Objektivität', die überwiegend im expertokratischen Sprachgebrauch des Terminus begründet liegt. Denn schaut man sich die Verwendungszusammenhänge an, findet der Kontext-Begriff überwiegend Anwendung in der ‚Expertensprache'. Eine sich darin widerspiegelnde gängige Nutzungsform(el) des Kontext-Begriffs ist „X im Kontext von Y" (für die Soziale Arbeit vgl. exempl. Kluschatzka/Wieland 2009, Elsen 2007, Hasenjürgen/Rohleder 2005, Oelerich 2002). Primär markiert diese Art der Formulierung die Betrachtung eines Gegenstands X im Zusammenhang von Y. Zwei bestimmte Variablen werden aufeinander bezogen, wodurch betont wird, dass andere Betrachtungsweisen möglich sind, aber an dieser Stelle keine Berücksichtigung finden *(Relativierung statt Generalisierung)*. Durch diese Akzentuierung eröffnet sich die Möglichkeit einer systematischen und differenzierten Auseinandersetzung und Darstellung des zu betrachtenden Gegenstands X *(Differenzierung statt Standardisierung)*. Dies bringt wiederum eine Transparenz mit sich, die den Nachvollzug der eigenen dargestellten Posi-

---

1　An dieser Stelle sei angemerkt, dass die Nutzungsweisen des Kontextbegriffs vielfältig sind und hier nicht auf alle durch die Art der Nutzung entstehenden Bedeutungen des Kontext-Begriffs eingegangen werden kann. Die folgenden Ausführungen konzentrieren sich daher primär auf gängige Verwendungsweisen und die damit verbundene Semantik.

tion erleichtert und so die Qualität geführter Diskurse und des eigenen professionellen Handelns steigert.

Setzt man sich mit den jeweiligen kontextuellen Bedingungen eines Gegenstandes auseinander, so erhält man ein differenziertes Bild der Entwicklung und Konstitution des Gegenstands. Der zentrale Gedanke dabei ist, dass Kontexte die Dinge prägen, somit ihre Bedeutung nur in Beziehung zu dem jeweiligen Konstitutionszusammenhang bekommen und dadurch nachvollziehbar sind *(Kontextabhängigkeit von Bedeutungen)*. Ebenso werden Kontexte durch die Ordnung der Dinge konstituiert und geprägt, sodass Kontexte sich verändern, sobald sich die Ordnung bzw. Bedeutung der Dinge ändert.

Begreift man den Kontext-Begriff in einem weiten Sinne, umfasst dieser räumliche, zeitliche, materielle, soziale, diskursive usw. Konstitutionsbedingungen. Die (Re-)Konstruktion der Konstitutionsbedingungen und der damit verbundenen Einordnung eines Phänomens in einen übergeordneten Kontext kann als Kontextualisierung bezeichnet werden (vgl. Kessl/Reutlinger 2007). Die systematische Kontextualisierung spezifischer (sozialräumlicher) Phänomene (z. B. sozialräumliche Debatten, Methoden, Ansätze etc.) und eine damit verbundene Auseinandersetzung und Entwicklung einer eigenen Positionierung innerhalb der Thematik befördert eine reflexive und damit professionelle Haltung, die unhinterfragte und eingeschriebene Vor-Urteile, Annahmen und Machtverhältnisse aufstöbert und zu überwinden versucht *(Kontextualisierung als Positionierung)*. Dabei geht es darum das entsprechende (sozialräumliche) Phänomen in seinen (sozial)politischen, gesellschaftlichen, pädagogischen, professionsorientierten etc. Konstitutionsbedingungen zu rekonstruieren und zu analysieren, da die entsprechenden Voraussetzungen und Entwicklungen Ambivalenzen, Dilemmata und Widersprüche hervorbringen, die in ihrer Subtilität erkannt und explizit gemacht werden können. Ein reflexiver Umgang mit Kontexten einzelner Phänomene versucht demnach bestehende „Vor-Urteile der allgemeinen Erkenntnis" aufzustöbern (vgl. Bourdieu 1993: 367) und somit bestehende Erkenntnisse zu modifizieren bzw. ‚neue' Erkenntnisse zu produzieren. An dieser Stelle sei die Relevanz qualitativer Forschung erwähnt, die zu einer empirisch basierten, reflexiven Auseinandersetzung von Kontexten beiträgt. Über unterschiedliche Ansätze und Methoden (ethnographisch, objektiv-hermeneutisch, diskursanalytisch etc.) zielen qualitativ-empirische Forschungsarbeiten auf eine Rekonstruktion sozialer Wirklichkeit und somit auf eine empirische Annäherung bzw. Rekonstruktion sozialer Kontexte und ihrer Bedingungen (Sozialkonstruktivismus). Insofern finden sich sowohl in den Methodologien als auch in den einzelnen methodischen Ansätzen Bezüge zur Relevanz von Kontexten für die zu untersuchenden Phänomene. Demzufolge ist der Kontext-Begriff für alle bekannten Methodologien und Methoden innerhalb der qualitativen Sozialforschung von zentraler Bedeutung (vgl. Bohnsack/Marotzki/Meuser 2006). Beispielsweise fokussiert die Methode der objektiven Hermeneutik bei der Interpretation von sogenannten „Protokollen" (z.B. Interview- und Gesprächstranskripte etc.; vgl. dazu Oevermann 1986) auf den „inneren Kontext" und „äußere Kontextbedingungen"[2] einer Äußerung (Bohnsack 2008: 73). Ferner geht die hermeneutische Wissenssoziologie von der Einbettung sprachlicher Äußerungen in einen „Gesamtzusammenhang menschlicher Orientierungs- und Deutungspraxis" aus und bezieht ebenso Kontextbedingungen in die Analyse ein (Soeffner 2004: 135). Die (De-)Kontextualisierung von Äußerungen bzw. empirischen Phänomenen kann als ein zentrales Instrument verschiedener Methoden innerhalb der qualitativen Forschung bezeichnet werden. Innerhalb der Forschung der Cultural Studies (CS) finden sich Debatten zum Thema Kontext bzw. Kontextualismus. In erster Linie, so Lawrence Grossberg (1999), befassten sich die CS mit kulturellen Praktiken. Gleichsam betont Grossberg, dass der Kontext nicht von kulturellen Praktiken und den darin innewohnenden Machtverhältnissen getrennt werden kann, „weil sie die Einheit und die Besonderheit des Kontextes als gelebtes Milieu artikulieren" (ebd.: 45). Hörning (1999) weist in seiner Kritik an einer radikal kontextualistischen Perspektive darauf hin, dass zwar „die Dinge ihre Bedeutung nur in Beziehung zum jeweiligen Gebrauchszusammenhang, in ‚partikularen Kontexten'" gewinnen, ein radikaler Kontextualismus jedoch „allzu leicht die Stabilität kultureller und sozialer Formen vergessen lässt" (ebd.: 89). Mit dieser Kritik sei darauf hingewiesen, dass ein radikales Kontext-Verständnis zur Auflösung der Bestimmung stabiler Gestaltungszusammenhänge und Formen führt und somit unbrauchbar ist.

## Rückführung in die Soziale Arbeit

Kessl und Reutlinger (2007) haben mit ihren Ausführungen zu einer „reflexiv räumlichen Haltung" (ebd.: 121) deutlich gemacht, dass die Kontextualisierung des jeweiligen Interventionsfeldes und -auftrags ein unabdingbares Merkmal einer professionellen Sozialraumarbeit ist. Eine *reflexiv räumliche Haltung* kennzeichne sich „durch den bewussten und geplanten Umgang mit auftretenden Dilemmata", die raumbezogene Verfahrensweisen mit sich bringen (ebd.:

---

2 Bei den „inneren Kontexten" steht die Frage, was die fallspezifischen Bedingungen sind, in der eine Äußerung fiel und diese Äußerung plausibilisieren im Zentrum der Interpretation. Hierbei wird der Kontext der Äußerung sukzessiv einbezogen. Bei den „äußeren Kontextbedingungen" hingegen geht es um die Frage, unter welchen Bedingungen eine bestimmt Äußerung sinnvoll erscheint. Dabei wird der ‚tatsächliche' Kontext der Aussage ausgeblendet („Kontextfreiheit"; vgl. Wernet 2009) und verschiedene Kontexte, in denen die Aussage Sinn machen könnte, konstruiert.

122). Eine gezielte Analyse, der den kontextuellen Rahmenbedingungen impliziten Konflikte, Schwierigkeiten und Zwänge ermöglicht eine bewusste Auseinandersetzung mit den sich darin widerspiegelnden ungleichen Macht- und Herrschaftsverhältnissen, in denen die Akteure agieren (müssen). Dadurch eröffnet sich die Möglichkeit auf eingeschriebene alltägliche, professionelle Handlungs- und Denkmuster (Haltungen) sozialräumlicher Arbeit zu reagieren, sie zu überwinden bzw. zu modifizieren. Auch der Gefahr der Standardisierung professionellen Handelns wird durch eine „Kontextualisierung des jeweiligen Interaktionsfeldes und -auftrages" (ebd.: 123) sowie des Falles entgegengewirkt. Denn so wird „je nach Fall, je nach Kontext und je nach Interessenkonstellation" (ebd.) entschieden, welche Vorgehensweise im Folgenden angemessen ist.

Doch eine analytische Auseinandersetzung mit den Kontextbedingungen interessierender sozialpädagogischer bzw. -räumlicher Phänomene ist eine Seite einer professionellen Haltung innerhalb der Praxis Sozialer Arbeit. So ist neben der Kontextualisierungsleistung der sozialraumorientierten Sujets ebenso die Kontextualisierung der eigenen Verstrickungen eine weitere Form *professioneller Reflexivität*, denn die Profession und ihre Akteure sind ebenso Teil einer gesellschaftlichen Ordnung, die zur Erhaltung dieser beitragen sollen (Stichwort: Normalisierungsarbeit). Soziale Arbeit ist somit in einem übergeordneten gesellschaftlichen Kontext zu verorten. Sie folgt, ebenso wie die einzelnen Phänomene innerhalb der Praxis Sozialer Arbeit, bestimmten Prinzipien (Praktiken, Logiken, Mechanismen, Regeln etc). Diese Konstitutions- bzw. Kontextbedingungen, die die eigene Perspektive und somit die Betrachtung eines Gegenstandes prägen, gilt es ebenso in den Blick zu nehmen wie den Kontext der Phänomene selbst. Pierre Bourdieu (1993) spricht in seinem Aufsatz über die Entwicklung einer reflexiven Haltung in der Wissenschaft von der „wissenschaftlichen Reflexivität", bei der es um die „Objektivierung der Stellung des Forschers im universitären Bereich und der ‚Verzerrungen' *[bias]*, die der Organisationsstruktur der Disziplin innewohnen" (ebd.: 366; Hervh. i.O.), und unbewusste Vor-Urteile reproduzieren, geht. Diese Sichtweise lässt sich ebenso auf die Profession anwenden, die eine Analyse der Kontexte professionellen Handelns und Denkens einfordert, wie es ebenfalls das Konzept einer reflexiv räumlichen Haltung vorsieht. Professionelle Reflexivität geht somit über eine reflexive Auseinandersetzung in Form einer systematischen Kontextualisierung sozialpädagogischer bzw. -räumlicher Phänomene hinaus und macht den eigenen Kontext, in dem agiert wird, zum Gegenstand einer reflexiven Analyse, um so eingeschriebene Kategorien, Fragestellungen, Definitionen etc. aufzustöbern und zu thematisieren (die Auseinandersetzung mit den eigenen professionellen Handlungskontexten). Das Potential eines solchen reflexiven Umgangs mit der eigenen kontextuellen Eingebundenheit zeigt sich in der Auseinandersetzung mit dem obigen Zitat. So wird schnell deutlich, dass die Effektivität erzieherischer Hilfen unter der Ignoranz bestehender Macht- und Herrschaftsverhältnisse im Vordergrund steht. Darüber hinaus wird die wissenschaftliche Expertise zur Bestärkung der Sinnhaftigkeit einer machtunsensiblen Arbeitsweise ausgenutzt. Vor diesem Hintergrund stellt sich für die professionell Handelnden die Frage, inwiefern sie sich diesem (sozial)politischen Duktus unterwerfen oder durch eine reflexive Haltung eine machtsensible Arbeitsweise etablieren und somit bestehende Machtverhältnisse überwinden.

Zusammenfassend lässt sich sagen, dass wenn der Kontext-Begriff in seiner reflexiven Bedeutung ungenutzt bleibt, indem ein unreflektierter Umgang mit kontextuellen Rahmenbedingungen sozialräumlicher Ansätze und Methoden vorgenommen wird, die Gefahr der (Re-)Produktion gängiger (normativer) konzeptioneller, alltagsorientierter und theoretischer Vorannahmen und -urteile besteht. Dies wiederum ist die Basis der (Re)Produktion hegemonialer Konstitutionsbedingungen. Damit verbunden ist die Aufrechterhaltung dominanter Sichtweisen und Perspektiven, die die Grundlage menschlichen Handelns darstellen. Eine systematische Rekonstruktion, Betrachtung und Analyse sozialräumlicher Kontexte ermöglicht das Aufdecken und ‚Durchbrechen' dominanter Macht- bzw. Herrschaftsverhältnisse und Sichtweisen. Neben der Aufrechterhaltung bestehender Hegemonien und gängiger Vorannahmen bzw. -urteile, führt eine mangelnde Auseinandersetzung mit kontextuellen Rahmenbedingungen zu einer undifferenzierten und unkritischen Positionierung innerhalb der Sozialraumarbeit. Die Transparenz und Nachvollziehbarkeit der *eigenen* Positionierung ist jedoch ein Stützpfeiler professionellen Handelns und Denkens.

## ✎ Merksatz

Der Kontext-Begriff ist kein primär sozialräumlich verwendeter Begriff. Dennoch lässt er sich für eine reflexive Sozialraumarbeit fruchtbar machen. Kontexte repräsentieren unterschiedliche Macht- und Herrschaftsverhältnisse, die Ambivalenzen, Dilemmata, Widersprüche, Ungleichheiten etc. (re-)produzieren. Die mit einer systematischen Kontextualisierung verbundene differenzierte Auseinandersetzung mit diesen Kontextbedingungen innerhalb einer Sozialraumarbeit (Interaktionsfeld und -auftrag, Interessen etc.), ermöglicht eine begründete und transparente Positionierung innerhalb sozialräumlicher Debatten, Programme und Methoden und befördert dadurch eine reflexiv räumliche Haltung.

**Empfohlene Literatur zur Vertiefung**

Bohnsack, Ralf/Marotzki, Winfried/Meuser, Michael (Hrsg.) (2006): Hauptbegriffe Qualitativer Sozialforschung, Opladen: Barbara Budrich, 2. Auflage
Bohnsack, Ralf (2008): Rekonstruktive Sozialforschung. Einführung in qualitative Methoden. Opladen: Barbara Budrich, 7. Auflage
Bourdieu, Pierre (1993): Narzißtische Reflexivität und wissenschaftliche Reflexivität. In: Berg/Fuchs (1993): 365-374
Grossberg, Lawrence (1999): Was sind Cultural Studies? In: Hörning/Winter (1999): 43-83
Hörning, Karl H. (1999): Kulturelle Kollisionen. Die Soziologie vor neuen Aufgaben. In: Hörning/Winter (1999): 84-115
Kessl, Fabian/Reutlinger, Christian (2007): Sozialraum. Eine Einführung. Wiesbaden: VS Verlag für Sozialwissenschaften

## Weitere verwendete Literatur

Aufenanger, Stefan/Lenssen, Margit (Hrsg.) (1986): Handlung und Sinnstruktur. München: Kindt
Becker-Lenz, Roland/Busse, Stefan/Ehlert, Gudrun/Müller, Silke (Hrsg.) (2009): Professionalität in der Sozialen Arbeit. Standpunkte, Kontroversen, Perspektiven. Wiesbaden: VS Verlag für Sozialwissenschaften, 2. Auflage
Berg, Eberhard/Fuchs, Martin (Hrsg.) (1993): Kultur, soziale Praxis, Text. Die Krise der ethnographischen Repräsentation. Frankfurt am Main: Suhrkamp
Bundesministerium für Familie, Senioren, Frauen und Jugend: http://www.bmfsfj.de/Publikationen/spfh/2-Sozialpaedagogische-familienhilfe-im-system-der-hilfen-zur-erziehung/2-3-spfh-im-kontext-von-fremdplazierung-und-freiwilligkeit-.html. Letzter Zugriff: 10.04.2010
Conen, Marie-Luise/Cecchin, Gianfranco (2007): Wie kann ich Ihnen helfen, mich wieder loszuwerden? Therapie und Beratung in Zwangskontexten. Heidelberg: Carl Auer Verlag, 2. Auflage.
Elsen, Susanne (2007): Die Ökonomie des Gemeinwesens. Sozialpolitik und Soziale Arbeit im Kontext von gesellschaftlicher Wertschöpfung und -verteilung. Weinheim und München: Juventa
Evangelische Fachhochschule Darmstadt: http://www.efh-darmstadt.de/fuw/download/2010/FW_beratung_110003.pdf. Letzter Zugriff: 12.03.2010
Gumpinger, Marianne (Hrsg.) (2001): Soziale Arbeit mit unfreiwilligen KlientInnen. Linz: Pro Mente Verlag
Gerber-Eggimann, Katharina (2008): Müssen – Können – Wollen: Lösungsorientierte Beratung in Zwangskontexten. In: SozialAktuell. 2008. Heft 2. 1-8
Hasenjürgen, Brigitte/Rohleder, Christiane (Hrsg.) (2005): Geschlecht im sozialen Kontext. Perspektiven für die soziale Arbeit. Opladen: Barbara Budrich
Hörning, Karl H./Winter, Rainer (Hrsg.) (1999): Widerspenstige Kulturen. Cultural Studies als Herausforderung. Frankfurt am Main: Suhrkamp

Kähler, Harro Dietrich (2005): Soziale Arbeit in Zwangskontexten: wie unerwünschte Hilfe erfolgreich sein kann. München: Reinhard Verlag

Kessl, Fabian/Reutlinger, Christian/Ziegler, Holger (Hrsg.) (2007): Erziehung zur Armut? Soziale Arbeit und die ‚neue Unterschicht'. Wiesbaden: VS Verlag für Sozialwissenschaften

Kessl, Fabian/Otto, Hans Uwe (Hrsg.) (2008): Soziale Arbeit ohne Wohlfahrtsstaat? Zeitdiagnosen, Problematisierungen und Perspektiven. Weinheim und München: Juventa Verlag

Kluschatzka, Ralf Erich/Wieland, Sigrid (Hrsg.) (2009): Sozialraumorientierung im ländlichen Kontext. Wiesbaden: VS Verlag für Sozialwissenschaften

Oelerich, Gertrud (2002): Kinder- und Jugendhilfe im Kontext der Schule. In: Schroer/Struck/Wolff (2002): 773-788

Oevermann, Ulrich (1986): Kontroversen über sinnverstehende Soziologie – Einige wiederkehrende Probleme und Missverständnisse in der Rezeption der „objektiven Hermeneutik". In: Aufenanger/Lenssen (1986): 19-83

Schroer, Wolfgang/Struck, Norbert/Wolff, Mechthild (Hrsg.) (2002): Handbuch Kinder- und Jugendhilfe. Weinheim und München: Juventa

Soeffner, Hans-Georg (2004): Auslegung des Alltags – Der Alltag der Auslegung. Konstanz: UVK

Wernet, Andreas (2009): Einführung in die Interpretationstechnik der Objektiven Hermeneutik. Wiesbaden: VS Verlag für Sozialwissenschaften, 3. Auflage

Wigger, Annegret (2009): Der Aufbau eines Arbeitsbündnisses in Zwangskontexten – professionstheoretische Überlegungen im Licht verschiedener Fallstudien. In: Becker-Lenz/Busse/Ehlert/Müller (2009): 143-158

Eva Lingg | Christian Reutlinger | Caroline Fritsche

# Landschaft

„Kommunale Bildungslandschaften sind ein Referenzrahmen für ein kommunal verantwortetes Gesamtkonzept von Bildung, Erziehung und Betreuung und wollen für alle Bürgerinnen und Bürger die auf örtlicher Ebene vorhandenen Bildungsressourcen systematisch zusammenführen, neue Bildungsressourcen gemeinsam erschliessen und sie grösstmöglich und effektiv nutzbar machen" (Faltenmeier/Mund 2008: 39).

### Der Landschaftsbegriff in der Sozialen Arbeit: Bildungs- und Erziehungslandschaften, Jugendhilfelandschaft

Von *Landschaft* ist in den (sozial-)pädagogischen Diskussionen unterschiedlich die Rede: Während vorher tendenziell einzelne Maßnahmen betrachtet wurden, führten seit den 1990er Jahren gesellschaftliche Wandlungsprozesse und damit verbundene Paradigmenwechsel, wie bspw. die Dienstleistungsorientierung (vgl. Bauer 2001; Schaarschuch 1999) in der *Kinder- und Jugendhilfe* dazu, den Fokus verstärkt auf ein *Bündel von Maßnahmen*, so genannte *Jugendhilfelandschaft* oder einfach nur *Hilfelandschaft* zu richten. Mit Landschaft wird die Gesamtheit aller Angebote im Bereich der Kinder- und Jugendhilfe (nach Kinder- und Jugendhilfegesetz) in einem bestimmten Gebiet oder an einem konkreten Ort (» Basic: Ort) gefasst. Diese scheinen dabei gleichsam zu einem Ganzen zu verschmelzen, indem das Gebiet mit den Institutionen (und ihren Angeboten) gleichgesetzt wird (Gefahr der Verdinglichung » Einleitung). Deshalb wird auch von der *Angebots- oder Maßnahmenlandschaft* gesprochen, ohne dass aber dieser Begriff genau definiert würde. Neben der bloßen Summe von Maßnahmen in einem Gebiet betonen wenige Autoren die Möglichkeit, mit dem Landschaftsbegriff das Verhältnis der Angebote zueinander bzw. die Bedeutung in der Gesamtanordnung beschreiben zu können (vgl. Baier/Schnurr 2008). Landschaft wird in der Kinder- und Jugendhilfe-Diskussion als eine homogene Einheit aufgefasst. Nicht berücksichtigt wird der hohe Differenzierungs-, Pluralisierungs-,

Spezialisierungs- und/oder Institutionalisierungsgrad der unterschiedlichen Einrichtungen und Angebote in einem bestimmten Gebiet. Aus der Perspektive von Kindern und Jugendlichen ist es gerade die damit verbundene Vielfalt, durch die eine Unübersichtlichkeit entstehen und beim Einzelnen zur Orientierungslosigkeit führen kann. Empirische Untersuchungen verdeutlichen, dass die Heterogenität und Vielfalt dazu führt, dass relevante, stützende Beziehungen abgebrochen werden. Um beim Bild zu bleiben, drohen Individuen aus dem Betreuungsnetz, d. h. *aus der Landschaft* zu fallen, was beispielsweise Mitte der 1990er Jahre im Diskurs um so genannte Straßenkinderkarrieren hervorgehoben wurde (vgl. Permien/Zink 1998: 351). In diesem Diskurs wurde als Ausweg einerseits ein verstärkter Lebensweltbezug gefordert (» Basic: Lebenswelt), andererseits eine bessere Koordination und Vernetzung aller Anbieter in einem Territorium. Kritische Stimmen machen jedoch darauf aufmerksam, dass genau durch die Zusammenarbeit und Koordination aller Anbieter in einem Gebiet, die Diversität bzw. Vielfalt unterschiedlicher Angebote und damit die Wahlmöglichkeit eingeschränkt wird (vgl. Diskussion um „Qualität in der Sozialen Arbeit" Beckmann/Otto/Richter/Schrödter 2004).

„Bildung ist längst nicht mehr Sache der Schule allein. Die Zusammenarbeit verschiedenster Akteure in lokalen Bildungslandschaften gewinnt zunehmend an Bedeutung. Bildungslandschaften entstehen nur durch das Zusammenwirken unterschiedlicher Partner, Institutionen und Fachressorts. Sie alle verbindet das gemeinsame Ziel, erfolgreiche Bildungsbedingungen für Kinder und Jugendliche in einer Region, Kommune oder einem Stadtteil zu schaffen und zu verankern" (DKJS 2009).

Die *Bildungspolitik* verschiedener Länder propagiert seit der PISA-Krise wiederum den Aufbau von und das Denken in so genannten *Bildungslandschaften* (vgl. Bleckmann/Durdel 2009). In dieser affirmativ-programmatischen Diskussion meint Landschaft erst einmal eine Gesamtschau bzw. eine Draufsicht auf eine Vielzahl von *Orten der Bildung* in einem bestimmten territorial abgegrenzten Gebiet. Schulische und außerschulische Akteure und Akteurinnen sollen sich dadurch zukünftig als Teil so genannter Landschaften in einem Stadtteil, einer Kommune oder einer Region (» Basic: Region) denken und verstärkt zusammenarbeiten (Gefahr der Containerisierung » Einleitung). Ziel ist es dabei, das bisherige Gärtchendenken und Nebeneinander zugunsten einer übergreifenderen bzw. ganzheitlicheren Sichtweise zu überwinden. Eine lokale, kommunale oder regionale Bildungslandschaft nimmt demnach die Kooperation verschiedener Bildungsorte unter Wahrung ihrer Eigenständigkeit in den Blick und will die Synergieeffekte der neuen Durchlässigkeit hinsichtlich Steuerung oder Finanzierung nutzen (vgl. Tibussek 2009). War noch bis vor wenigen Jahren nur die Rede von der deutschen, österreichischen oder der schweizerischen Bildungslandschaft und damit alle nationalstaatlichen Bildungswege und -möglichkeiten gemeint, scheint nun die Krise der formalen Bildung viel kleinere territoriale Einheiten wie die Region, die Kommune oder den Stadtteil „als Handlungsraum und Problemkontext" (Lohre 2005: 34) in den Blick zu rücken. Die dadurch hervorgerufene Überschaubarkeit scheint zu erneuter Handlungsfähigkeit zu führen und steht als Gegenpol zu groß, global und damit nicht-steuerbar, was ein Gefühl von Geborgenheit hervorruft. In welchem Verhältnis dieser kleinräumige Handlungsrahmen zu den immer komplexer werdenden Prozessen steht und wie hinreichend das Gefühl von Geborgenheit ist, bleibt unhinterfragt (Gefahr der Territorialisierung des Sozialen » Einleitung).

In allen drei Fällen – lokal, kommunal, regional – bezieht sich die Diskussion auf den Steuerungsaspekt. Angesprochen ist „eine staatlich-kommunale, d. h. regionale Verantwortungsgemeinschaft" als Verwaltungseinheit (ebd.). Ziel ist dabei, andere Kompetenzen einzuholen und miteinander auf einer neuen Ebene zu verbinden (Synergieeffekte) und sich als kleinere Verwaltungseinheit (Kommune) gegenüber den Ländern und dem Staat neu zu positionieren.

Aus der *Schulperspektive* wird der Weg zur Bildungslandschaft von der Einzelschule über die Entwicklung einer „regionalen Schullandschaft" gesehen (Meffert 2004). Deshalb müssen bei der Entwicklung einer *regionalen Schullandschaft* alle in einer Region ansässigen Schulen in ein Kooperationsnetz eingebunden werden. Neben formaler Bildung sind bei der Bildung des Subjekts immer mehr auch informelle Lernorte (» Basics: Ort) entscheidend. Dies wird insbesondere von Exponenten der Bildungslandschaftsdiskussion aus der Kinder- und Jugendhilfe betont: Gefordert wird das harmonische Zusammen- bzw. Wechselspiel, die Verzahnung und Vernetzung formaler, non-formaler und informeller Lernorte und Bildungsangebote. Als Konsequenz daraus wird die Stadt/der Stadtteil insgesamt als *Bildungsraum* gesehen (vgl. Mack 2009).

In der Alltagssprache wird Landschaft mit Harmonie, Ganzheit oder Schönheit verbunden. Dass der Begriff *Bildungslandschaft* beispielsweise durchwegs positiv konnotiert ist, hat sicherlich auch mit dem Zusatz „Bildung" zu tun, welcher in jüngster Zeit nur positiv und in Abgrenzung zu Erziehung diskutiert wird. Die bisherige pädagogische Diskussion zu Bildungslandschaft zeichnet sich durch ihre affirmativ-programmatische Art aus, eine kritische und damit differenzierte Diskussion zu Bildungslandschaften scheint es bisher nicht zu geben (vgl. Reutlinger 2010). Die positive Konnotation kann andererseits ebenso auf die ästhetische Bedeutung des Begriffs *Landschaft* zurückgeführt werden, was im folgenden Abschnitt näher ausgeführt wird.

## „Landschaft Eins" als politisch definierter Raumausschnitt

Der Begriff Landschaft ist in seiner Herkunft bis ins Mittelalter zurückzuverfolgen, erfuhr jedoch in seiner Bedeutung bis heute eine deutliche Wandlung. Er ist nicht wie gerne assoziiert vom *Land-Schaffen* abzuleiten, sondern entwickelte sich aus dem allgemeinen Raumordnungswort *Land* – welches schon im 9. Jahrhundert politische Bedeutung hatte – sowie dem Wortbildungsmorphem *-schaft* (vgl. Ritter 2007), wie beispielsweise in Mann*schaft*. Im Sinne von *regio* bezeichnete Landschaft einen von Menschen besiedelten Raum, welcher gewisse einheitliche Normen rechtlicher und sozialer Herkunft aufwies (vgl. Prominski 2004). Der US-amerikanische Landschaftsforscher John Brinckerhoff Jackson bezeichnete diesen Begriffsstrang als „Landschaft Eins" (Prominski 2004: 58). Einen naturräumlichen Bezug – so wie wir ihn heute auch in der Alltagssprache verwenden – wies der Begriff in dieser Zeit noch nicht auf. Er bezog sich vielmehr „auf eine Grundbedeutung von den in einem Gebiet üblichen Verhaltensweisen und sozialen Normen der Bewohner" (Kühne 2008: 19).

## „Landschaft Zwei" als ästhetischer Betrachtungsraum

Landschaft als *landscape*, als *ästhetischer Betrachtungsraum*, soll erst durch Francesco Petrarca (1304-1374, italienischer Dichter und Geschichtsschreiber) an Bedeutung gewonnen haben. Er bestieg 1336 mit seinem Bruder den Mont Ventoux in der Provence, rein um die Aussicht zu genießen. Sein Brief über die *zweckfreie* Besteigung des Mont Ventoux soll die *Entdeckung* der Landschaft als ästhetisch betrachteter Natur belegen (vgl. Ritter 2007). Die Wortbedeutung von Landschaft im Sinne von *Szenerie* (Prominski 2004: 53) etablierte sich mit den Künstlern der Romantik. Gleichzeitig prägte die Herausbildung der Perspektive die Sicht auf die Landschaft, die Fläche wurde zum Raum und der Standpunkt der Betrachtung wurde entscheidend. Während sich neoklassizistische Künstler noch um einen Stil der unpersönlichen Klarheit bemüht hatten, ging es den Künstlern der Romantik um den subjektiven Ausdruck ihrer Seelenregungen, Überzeugungen, Hoffnungen und Ängste (vgl. Honour/Fleming 2007). In ihren Darstellungen von Landschaft dient die Natur gewissermaßen als Projektionsfläche für Empfindungen des Betrachters. Landschaft als sinnlicher Gesamteindruck, welcher im Menschen entdeckt wird, deckt sich weitestgehend mit dem geografischen Landschaftsverständnis. Alexander von Humboldt definierte Landschaft als *Totalität einer Erdgegend* (vgl. z.B. Wöbse 2003), wonach Landschaft als ein durch den Menschen beeinflusster Teil der Erdoberfläche, geprägt durch eine einheitliche Struktur begriffen wird. Sie ist sowohl physisch-materielle Einheit, deren Wesen geprägt ist durch die naturräumlichen Gegebenheiten, aber auch soziales Konstrukt, welches durch den Menschen bzw. die Gesellschaft gestaltet und erst durch deren Wahrnehmung existent wird.

## „Landschaft Drei" als dynamisches Gefüge menschgemachter Räume

Der in der Alltagssprache noch heute wirksame ästhetische Landschaftsbegriff wird seit den 1980ern in der Fachdiskussion (v.a. der Landschaftstheorie) kritisiert, da er zu restriktiv sei und diese exklusive, statische Vorstellung von Landschaft wenig zu tun hat mit den immer schneller werdenden Veränderungszyklen (vgl. Jackson 1984). Die einstigen Gegensätze von Stadt und Landschaft als freier Natur fließen immer mehr zu einer Einheit zusammen, womit die „Statik des ästhetischen Landschaftsbegriffs" (Prominski 2004: 57) zusammenbricht. Die ästhetische Landschaft (oder auch „Landschaft Zwei", ebd.) bedingt eine exklusive, statische Vorstellung von Landschaft. Ein zeitgemäßes Landschaftsverständnis, eine „Landschaft Drei", weist eine pragmatische und prozessuale Auffassung von Landschaft auf und hängt nicht mehr an idealtypischen Zuständen von Landschaft. „Landschaft Drei" ist „(...) nicht Szenerie, sie ist nicht eine politische Einheit; sie ist nicht mehr als eine Sammlung, ein System menschgemachter Räume auf der Erdoberfläche (...) sie ist niemals nur ein natürlicher Raum, ein Bestandteil der natürlichen Umwelt; sie ist immer künstlich, immer synthetisch, immer unvorhergesehenen Veränderungen unterworfen" (Jackson 1984: 156, zitiert und übersetzt in Prominski 2006: 248). Dieses Verständnis von Landschaft, die ihren Gegenpol nicht mehr vorfindet und keinen Idealzustand mehr verkörpert, sieht sich als „dynamisches Gefüge menschgemachter Räume" (Jackson in Prominski 2004: 59). Landschaft jedoch als „sich vom modernen Stadtraum abhebender, ästhetischer Erholungsraum" taucht heute nur mehr als solche auf, „wenn sie dementsprechend inszeniert, gestaltet und geplant wird" (Ahrens 2006: 238).

## Soziale Landschaft als Zusammentreffen von Soziosphären

Diese Auffassung von Landschaft als *dynamisches Gefüge menschgemachter Räume* findet aufgrund ihrer „synthetischen" Qualitäten Einzug in die unterschiedlichsten Wissensbereiche (Prominski 2004: 67). Als Metapher für dynamische Zusammenhänge im Raum wird sie beispielsweise in Architektur und Städtebau als Überbegriff für Raumzusammenhänge verwendet (beispielsweise als Agglomerationslandschaft, Stadtlandschaft etc).

Der Anthropologe Arjun Appadurai führte im Rahmen seiner Forschungen zur Globalisierung die Landschaftsmetapher ein, um darauf aufmerksam zu machen, dass „Globalisierung nicht als Zentrum-Peripherie-Modell, sondern als komplexes, sich überlappendes, aber weitgehend unverbundenes Gefüge verstanden werden muss" (Drilling 2008: 58). Mit dem Begriff Landschaft, so Arjun Appadurai, könne besser wiedergegeben werden, wie unbeständig die gesellschaftlichen Bindungen unter den Bedingungen globalen Kulturaustausches seien und die Sicht der Beteiligten angedeutet werden (vgl. Albrow 1997: 289). Martin Albrow hat diesen Landschaftsbegriff zur *Sozialen Landschaft* (socioscape) weiterentwickelt, welcher zwei zentrale Thesen zu Grunde liegen: Erstens führe Globalisierung nicht zu einer Vereinheitlichung der soziokulturellen Welt, sondern zur Herausbildung pluralisierter Lebensformen und verschiedener Lebensstile. Zweitens sei durch sie das soziale Leben nicht mehr an einen Ort gebunden und die lokale Kultur nicht mehr nur durch die jeweils an einem Ort lebenden Menschen geprägt (vgl. Drilling 2008: 59). Soziale Landschaften resultieren nach Albrow aus dem Zusammentreffen von *Soziosphären*, die soziale Aktivitäten und Netzwerke beinhalten und sehr unterschiedliche Ausdehnungen in Zeit und Raum haben können (Albrow 1997). Im Gegensatz zur Sozialen Landschaft ist die Soziosphäre nicht per se an einen bestimmten geographischen Ort gebunden. Eine Soziale Landschaft bietet jedoch die Möglichkeit, die strukturelle Eingebundenheit und Verortung mitzudenken.

## Grundlagen einer Sozialen Bildungslandschaft

Ein mit der „Landschaft Drei" geforderter Perspektivenwechsel und eine mehrdimensionale Auffassung von Landschaft ist anschlussfähig an die sozialarbeiterischen Diskurse zu Bildungs- oder Jugendhilfelandschaft: Die zunehmend globalen Zusammenhänge und Transformationen wie Digitalisierung, Entgrenzung oder Segmentierung haben eine Loslösung der Vorstellung von geschlossenen Räumen und als solche verstandene Landschaft zur Folge. Das Zusammenspiel unterschiedlicher Anbieter von Bildungs- oder Hilfeleistungen ist nicht neutral, sondern durch Machtverhältnisse und Interessen geprägt, manchmal auch konflikthaft und turbulent, im seltensten Fall aus einem Guss und homogen zu verstehen. Die Betrachtung der Landschaft als Scheibe oder Territorium *von oben* schreibt Dinge fest und zementiert die professionellen wie sozialen Verhältnisse. Zudem bleiben durch die Vogelperspektive die unterschiedlichen gesellschaftlichen Positionen und Rollen, Möglichkeiten und Ressourcen, Grenzen und Zugänge der Akteure und Akteurinnen unsichtbar. Erst durch einen Perspektivenwechsel von der *Draufsicht zur Einsicht* werden diese sichtbar und Soziale Landschaft damit (professionell) bearbeit- und gestaltbar. Dieser Perspektivenwechsel erfordert ein Verständnis der jeweiligen *Sprache* der Landschaft: „Der Naive kann die Landschaft nicht sehen, denn er hat ihre Sprache nicht gelernt" (Burckhardt 1977: 9). Erst durch den entsprechenden Spracherwerb kann man die Nuancen der Landschaft sehen und ihre Potentiale für sozialarbeiterisches Handeln ausloten.

Ein geographischer Ort oder ein bestimmtes Gebiet bildet in der Regel den Rahmen, *in* welchem das Interaktionsverhältnis unterschiedlicher Institutionen betrachtet bzw. die Kooperations- und Steuerungsfragen hierfür diskutiert werden (siehe die Rede von der lokalen, kommunalen, regionalen Bildungslandschaft). Erst durch den skizzierten Perspektivenwechsel lassen sich die unterschiedlichen Bedeutungen dieses Rahmens selbst herausarbeiten, seine Chancen und Grenzen für die jeweiligen Fachpositionen bestimmen und gegebenenfalls verändern. Aus einer sozialarbeiterischen Perspektive der Sozialen Landschaft stehen deshalb neben den Konstitutionsprozessen von Landschaft die aktuellen pädagogischen Ordnungen des Räumlichen selbst zur Disposition.

 **Merksatz**

Landschaft von den sozialen Zusammenhängen aller Akteure und Akteurinnen und nicht nur von den räumlichen Artefakten her zu denken, macht den Begriff anschlussfähig an den Diskurs zur Sozialen Arbeit. Machtverhältnisse, unterschiedliche Rollen, Positionierungen und Grenzen können durch einen Perspektivenwechsel von der *Draufsicht zur Einsicht* und eine mehrdimensionale Landschaftsauffassung sichtbar und professionell gestaltbar gemacht werden.

**Empfohlene Literatur zu Vertiefung**

Ahrens, Daniela (2006): Zwischen Konstruiertheit und Gegenständlichkeit. Anmerkungen zum Landschaftsbegriff aus soziologischer Perspektive. In: Giseke (2006): 229-239

Albrow, Martin (1997): Reisen jenseits der Heimat. Soziale Landschaften einer globalen Stadt. In: Beck (1997): 288-314

Drilling, Matthias (2008): Die Metapher vom Raum als Soziale Landschaft. Perspektiven zur Überwindung der Dichotomie von Quartierkonzeptionen. In: Schnur (2008): 55-68

Prominski, Martin (2004): Landschaft entwerfen: Zur Theorie aktueller Landschaftsarchitektur. Berlin: Dietrich Reimer Verlag

Reutlinger, Christian (2009): Bildungslandschaften. Eine raumtheoretische Betrachtung. In: Böhme (2009): 119-139

## Weitere verwendete Literatur

Achleitner, Friedrich (1977) (Hrsg.): Die WARE Landschaft. Eine kritische Analyse des Landschaftsbegriffes. Salzburg: Residenz

Appadurai, Arjun (1996): Modernity at Large. Cultural Dimensions of Globalization. Minneapolis: University of Minnesota Press

Baier, Florian/Schnurr, Stefan (2008): Schulische und schulnahe Dienste. Angebote, Praxis und fachliche Perspektiven. Bern: Haupt

Bauer, Rudolph (2001): Personenbezogene Soziale Dienstleistungen. Begriff, Qualität und Zukunft. Wiesbaden: Westdeutscher Verlag

Beck, Ulrich (1997) (Hrsg.): Kinder der Freiheit. Frankfurt am Main: Suhrkamp

Beckmann, Christof/Otto, Hans-Uwe/Richter, Martina/Schrödter, Mark (2004): Qualität in der sozialen Arbeit. Zwischen Nutzerinteresse und Kostenkontrolle. Wiesbaden: VS Verlag für Sozialwissenschaften

Bleckmann, Peter/Durdel, Anja (2009) (Hrsg.): Lokale Bildungslandschaften. Perspektiven für Ganztagsschulen und Kommunen. Wiesbaden: VS Verlag für Sozialwissenschaften

Böhme, Jeanette (2009) (Hrsg.): Schularchitektur im interdisziplinären Diskurs. Territorialisierungskrise und Gestaltungsperspektiven des schulischen Bildungsraums. Wiesbaden: VS Verlag für Sozialwissenschaften

Burckhardt, Lucius (1977): Landschaftsentwicklung und Gesellschaftsstruktur. In: Achleitner (1977): 0-9

DKJS – Deutsche Kinder- und Jugendstiftung (2009): Über den Schulhof hinaus. Beteiligung in Bildungslandschaften. Ankündigung Fachtagung. http://www.dkjs.de. [16.Juli 2009]

Faltenmeier, Josef/Mund, Petra (2008): Kommunale Bildungslandschaften – gestalten. In: Archiv für Wissenschaft und Praxis sozialer Arbeit. 39. Jahrgang. 3/2008. 36-45

Giseke, Undine (2006) (Hrsg.): Perspektive Landschaft. Berlin: WVB, Wissenschaftlicher Verlag

Honour, Hugh/Fleming, John (2007): Weltgeschichte der Kunst. Neuaufl. München: Prestel

Jackson, John Brinckerhoff (1984): Discovering the vernacular landscape. New Haven: Yale University Press

Kühne, Olaf (2008): Distinktion, Macht, Landschaft: zur sozialen Definition von Landschaft. Wiesbaden: VS Verlag für Sozialwissenschaften

Lohre, Wilfried (2005): Entwicklung regionaler Bildungslandschaften. Ein Auftrag des Projektes „Selbstständige Schulen" in Nordrhein-Westfalen. E + C - Werkstattgespräch. http://www.eundc.de/pdf/42006.pdf (letzter Zugriff: 7.4.2010)

Mack, Wolfgang (2009): Bildung in sozialräumlicher Perspektive. Das Konzept Bildungslandschaften. In: Bleckmann/Durdel (2009): 57ff.

Meffert, Heribert (2004): Optimale Bildungschancen brauchen neues Denken. In: Projektleitung "Selbstständige Schule" (2004): 18-21

Otto, Hans-Uwe/Bollweg, Petra (Hrsg.) (2010, i. E.): Räume flexibler Bildung. Bildungslandschaft in der Diskussion. Wiesbaden: VS Verlag für Sozialwissenschaften

Permien, Hanna/Zink, Gabriela (1998): Endstation Straße? Straßenkarrieren aus der Sicht von Jugendlichen. München: DJI

Prominski, Martin (2006): Landschaft Drei. In: Giseke (2006): 242-252

Projektleitung „Selbstständige Schule" (Hrsg.) (2004): Regionale Bildungslandschaften. Grundlagen einer staatlich-kommunalen Verantwortungsgemeinschaft. Bildungsverlag EINS, Troisdorf

Reutlinger, Christian (2010 i.E.): Bildungsorte, Bildungsräume und Bildungslandschaften im Spiegel von Ungleichheit. Kritischer Blick auf das „Räumeln" im Bildungsdiskurs. In: Otto/Bollweg (2010, i. E.)

Ritter, Joachim (2007): Historisches Wörterbuch der Philosophie. Völlig neubearb. Ausg. d. „Wörterbuchs der philosophischen Begriffe" von Rudolf Eisler. Basel: Schwabe

Schaarschuch, Andreas (1999): Theoretische Grundelemente Sozialer Arbeit als Dienstleistung. Ein analytischer Zugang zur Neuorientierung Sozialer Arbeit. In: neue praxis 6. 1999. 543-560

Schnurr, Olaf (2008) (Hrsg.): Quartiersforschung. Zwischen Theorie und Praxis. Wiesbaden: VS Verlag für Sozialwissenschaften

Tibussek, Mario (2009): Netzwerkmanagement. Steuerung in Bildungslandschaften. In: Bleckmann/Durdel (2009): 203-220

Wöbse, Hans Hermann (2003): Landschaftsästhetik. Über das Wesen, die Bedeutung und den Umgang mit landschaftlicher Schönheit. Stuttgart: Ulmer

Joachim Schöffel | Raimund Kemper

# Lebensraum

„Der Lebensraum des Großstadtkindes (als Raum, in dem das Kind lebt) [umfaßt] keineswegs die ganze Großstadt" (Muchow/Muchow 1998: 87). In ihrer im Hamburg der 1930er Jahre durchgeführten Studie „Lebensraum des Großstadtkindes" beschrieb die Kinderpsychologin Martha Muchow den Lebensraum als „personale Welt" von Kindern, welche diese im Prozess des „Umlebens" und der Aneignung der physisch-materiellen Welt schaffen. Sie folgert, „dass es sich bei der vom Großstadtkind ‚gelebten' wie überhaupt bei jeglicher ‚gelebten Welt' um ein eigentümliches, zwischen Person und Welt sich realisierendes Leben handelt" (ebd.: 69).

Der Lebensraum des Großstadtkindes baut sich also nicht neben dem der Großstadterwachsenen auf, sondern überlagert oder „durchwächst" sie, wie Marta Muchow dies ausdrückt (vgl. Muchow/Muchow 1998). Die Lebensräume der Kinder unterscheiden sich nach „Lebensalter, Geschlecht, Begabung und Bildungsgrad sowie nach dem Grade ihrer ‚Seßhaftigkeit' oder ‚Bewegung' usw." (Muchow/Muchow 1998: 147).

## Verwendung des Lebensraumbegriffs in der Sozialen Arbeit

Der Lebensraumbegriff ist für die Soziale Arbeit von zentraler Bedeutung, denn die Lebensbedingungen der Menschen, denen sie sich widmet, sind nicht nur sozial, sondern auch räumlich strukturiert. Mensch und Umwelt sind im Lebensraum miteinander verwoben.

In der Praxis der Sozialen Arbeit stellt die Orientierung am Lebensraum bei genauer Betrachtung keinen neuen Ansatz dar. Verstanden als administrativ-organisatorische Definition von geographischen Interventionsräumen erfolgte sie bereits mit Beginn der Implementierung der Sozialen Arbeit im zweiten Drittel des 19. Jahrhunderts als Reaktion auf die prekären städtischen Wohn- und Lebensverhältnisse im Zuge der Industrialisierung (vgl. Engels 1892). In kurzer Zeit waren viele Menschen in die Städte gewandert, in die in der Nähe der

Fabriken neu entstandenen so genannten Mietskasernen. Dort lebten sie unter gesundheitsschädigenden und unhygienischen Bedingungen. Es bildeten sich regelrechte Slums. Dortige Lebensbedingungen wurden untersucht als Grundlage für die Lebensbedingungen verbessernden Interventionen (vgl. Kessl 2006).

Das objektivierte Verständnis des Lebensraums als geographischer Bezugsrahmen der Sozialen Arbeit im Sinne der gesamthaften Betrachtung von Mensch und Raum steht zudem in der Tradition der Gemeinwesenarbeit (» Basic: Quartier). Es erlebt heute unter der begrifflichen Klammer der Sozialraumorientierung eine Renaissance (» Basic: Sozialraum).

Mit Blick auf den Begriff Lebensraum stellt sich die Frage, ob die Bedeutung der unmittelbaren räumlichen Umgebung für einen Teil der Adressaten der Sozialen Arbeit an Bedeutung verliert. Die Räumlichkeit des Alltags weitet sich durch die wachsende individuelle Mobilität aus und wird zunehmend auch durch die virtuelle Welt des Internets definiert (vgl. Schlögel 2003; Floeting 2004).

Allerdings stellt der alltägliche Lebensraum eines Quartiers gerade für Bevölkerungsgruppen mit einer lokal orientierten Lebensweise eine entscheidende Ressource für die Lebensbewältigung dar: Er hat dabei die Funktion, die ökonomischen, sozialen und psychischen Benachteiligungen auszugleichen und bietet informelle Netzwerke (bonding capital) sowie institutionelle und infrastrukturelle Ressourcen. Die sozialkartographische Gebietsorientierung der Sozialen Arbeit birgt jedoch auch die Gefahr, mit der Betrachtung eines zu eng definierten Sozialraumes Menschen dort einzuschließen (vgl. Putnam/Feldstein/Cohen 2003; Häußermann/Kronauer 2005) (Gefahr der Containerisierung des Sozialen » Einleitung).

In analytischer Abgrenzung zum objektivierten Lebensraumbegriff kann der Lebensraum überdies aus einem subjektivierten Blickwinkel betrachtet werden, ausgehend von der bereits genannten Studie Muchows. Diese betrachtet Mensch und Umwelt als eine unauflösliche dialektische Einheit und weist auf die Bedeutung von Räumen als ökologische Nischen für die spezifischen Aneignungsprozesse durch Kinder und Jugendliche hin (» Basic: Aneignungsraum). Muchow macht auf die Wichtigkeit der Nutzung von für Kinder verbotene oder nicht eigens für sie angelegte Räume aufmerksam. Denn Kinder bauen ihre Lebensräume nicht entlang von ‚erwachsenen' Gesichtspunkten wie Verkehrsbedeutung, Arbeitsgelegenheit, Wohnbedürfnis usw. auf, sondern weitgehend unabhängig davon, bezogen auf Spielplatznähe, Bebauungsart, Geeignetheit als Spielgelände, Naturgrenzen und Zugehörigkeit zur Heimat (vgl. Muchow/Muchow 1998). Dieser Ansatz der individuellen Lebensumwelt des Kindes wird bspw. von Helga und Hartmut Zeiher aufgenommen (vgl. Zeiher 1983, Zeiher/Zeiher 1994), indem sie den großstädtischen Lebensraum von Kindern als eine Art Archipel definieren, bestehend „aus einzelnen separaten Stücken, die wie Inseln verteilt in einem größer gewordenen Gesamtraum liegen, der als ganzer unbekannt oder zumindest bedeutungslos ist" (Zeiher 1983: 187).

Neuere Studien, welche die räumliche Dimension auch als Projektionsfläche der Aneignung betrachten, bauen seit den 1990er Jahren im Zuge des ‚spatial turns' der Sozialwissenschaften (siehe Einleitung in diesem Band) verstärkt auf diesen Erkenntnissen auf (vgl. Deinet 2006, Reutlinger 2006, Riege/Schubert 2005). Beispielsweise analysiert Reutlinger (2006) den Lebensraum jenseits sozialkartographischer und institutioneller Logiken sozialpädagogischer Instanzen als einen Raum, der sich den Raumnutzern als Möglichkeitsraum zur individuellen und kollektiven Aneignung in Form alltäglicher Lebensbewältigungsstrategien erschließt.

Nicht ausreichend Beachtung geschenkt wird im Arbeitsfeld der Sozialen Arbeit der Eigenschaft des Lebensraums als Projektionsfläche und Träger gesellschaftlicher Inhalte, wodurch die räumliche Umwelt nicht nur gesellschaftlich strukturiert, sondern auch Gesellschaft strukturierend ist und somit Aneignungsprozesse wiederum beeinflusst.

Der Lebensraum ist kein herrschaftsfreier Raum. Seine Aneignung erfolgt in der Regel nicht konfliktfrei. Raum ist im Sinne Bourdieus (1983, 1991) als symbolisches Kapital eine Ressource zur Abgrenzung sozialer Gruppen. Seine aktive Verwendung trägt zur gesellschaftlichen Ausdifferenzierung (Segregation) bei. Auch die Bewohner eines Quartiers sind so gesehen keine homogene Gruppe. Sie differenzieren sich nach Generationen, Schichten, Lebensstilen, Nationen etc. So werden die öffentlichen Räume (Straßen, Plätze) und privaten Räume (Schulhöfe, Parkplätze von Supermärkten) beispielsweise von Jugendlichen oft anders interpretiert und angeeignet als von Erwachsenen erwartet. Denn die Jugendlichen verbinden mit diesen Räumen Qualitäten (Gruppeninteraktion, sportliche Betätigung, symbolische Besetzung durch Graffiti etc.), die mit den Vorstellungen der Erwachsenen (ästhetische Qualitäten, Ruhepol, Durchgangsort etc.) häufig nicht übereinstimmen. Es entstehen Interessen- und Nutzungskonflikte (vgl. Herlyn/von Seggern/Heinzelmann/Karow 2003).

## Bedeutung des Begriffs Lebensraum

Aus humanwissenschaftlichem Blickwinkel entspricht der Lebensraum dem des Habitats oder Biotops (gr. βίος bíos ‚Leben' und τόπος tópos ‚Ort') in der Biologie und Ökologie und bezieht sich in einem territorialen Verständnis auf den durch soziale Gruppen oder Individuen beanspruchten Raum (vgl. Greverus 1972; Ardrey 1968; Moewes 1980).

Wenn nun im Übertrag auf die Sozialwissenschaften im Lebensraumbegriff Mensch und Umwelt als Einheit begriffen werden, erleichtert die Strukturierung nach einerseits objektiviertem (geographisch abgrenzbarem) und andererseits subjektiviertem Raum (bezogen auf das erlebende und handelnde Subjekt) den erkenntnisorientierten Zugang entlang verschiedener Wissenschaftsdisziplinen.

Im objektivierten Sinne umfasst der Lebensraum die (objektivierte) materielle Umwelt als abgrenzbarer, durch Menschen besiedelter, bewohnter Raum (Habitat) im Gegensatz zur unbewohnten Natur (vgl. Werlen 2008; » Basic: Geographie). Seine Bestandteile sind damit die privaten (Wohnung, Garten) und öffentlichen (Straßen, Spielplätze, Schulen etc.) Räume, in denen die Daseinsgrundfunktionen (Lebensbereiche) angelegt sind.

Als Begriff im geographischen Sinne bezeichnet Lebensraum bei Friedrich Ratzel, (Politische Geographie, 1897/Der Lebensraum, 1901) – kolonialistisch geprägt – jenen Teil der Erdoberfläche, der einer bestimmten Art als Nahrungs- und Lebensgrundlage dient. Ratzel übertrug Darwins Theorien vom Überlebenskampf auf die Geographie und verstand Staaten als Lebewesen, die in einem permanenten Kampf um Lebensraum begriffen wären und deren Existenz von dessen Bestehen abhinge. Der damit verbundene Gebietsanspruch diente als Argument für territoriale Expansionen, die sich in der Forderung nach „Lebensraum im Osten" im wilhelminischen Kaiserreich und im deutschen Nationalsozialismus manifestierte. Gemeint ist die germanische (arische) Besiedlung von Gebieten jenseits der Grenzen des Deutschen Reiches, insbesondere im nördlichen Osteuropa (» Basic: Geographie).

Ebenfalls durch die Übertragung von Darwins Evolutionstheorie auf den Bereich des menschlichen Handelns untersuchten die frühen Forscher der Chicagoer Schule der Sozialökologie wie Park, Burgess und Hoyt in ihren stadtsoziologischen Analysen Gesetzmäßigkeiten, wie sich unterschiedliche soziale Schichten in Relation zu den unterschiedlichen Einkommens- und Vermögensverhältnissen und entsprechend der unterschiedlichen Bewertung der Standortqualitäten separieren. Sie beschrieben, wie die Lebensräume (natural areas, auch social areas) der sozialen Gruppen mit den jeweiligen Lebensbedingungen ihren Niederschlag im Stadtraum finden (vgl. Park 1925/1967; Atteslander/Hamm 1974b; » Basic: Viertel). Dieser Begriffsverwendung folgend wird der Lebensraum in der sozialökologischen Tradition häufig auf das Wohnquartier bezogen, als Alltagswelt der Bewohner.

Aus dem zweiten Blickwinkel definiert sich der Lebensraum subjektiviert durch das erlebende und handelnde Subjekt.

In der Psychologie hat der Begriff seine Bedeutung im Rahmen der Feldtheorie (» Basic: Feld) von Kurt Lewin (1963) erlangt und bezeichnet ausgehend von der phänomenalen Welt des Menschen (» Basic: Lebenswelt) nicht eine objektivierte materielle, sondern eine psychologisch beschreibbare Umwelt, wie sie das Individuum in einer bestimmten Situation wahrnimmt. Das Erleben und

Verhalten einer Person ergibt sich nach Lewin als Funktion des gesamten Lebensraumes, wobei Person und Umwelt voneinander abhängig sind.

Dem Lebensraum als vom Menschen erlebter Raum „wie er sich dem konkreten menschlichen Leben erschließt" (Bollnow 1963: 18) steht der gelebte Raum (vgl. Durkheim: 1897/1898) gegenüber, in dem die gesellschaftlichen Kräfte einbezogen sind, die den Raum prägen. In der Sozialgeographie wird in handlungstheoretischen Ansätzen die Aneignung von Lebensräumen (ökologische Nischen) über Prozesse der Wahrnehmung, Interpretation, Nutzung und Gestaltung untersucht.[1] Über Aneignungsprozesse übertragen die Menschen individuelle oder kollektive Sinngehalte auf die räumliche Umwelt (Ausdruck des Selbst). Dadurch wird der Lebensraum symbolisch eingenommen und strukturiert. Er wird vertraute Umgebung und emotionaler Bezugspunkt (Teil des Selbst) (vgl. Weichhart 1990; Werlen 1988, 2005). Die Umwelt wird, phänomenologisch gesprochen, zur Lebenswelt (» Basic: Lebenswelt und Umwelt].

## Der Lebensraumbegriff in der räumlichen Planung

Der Lebensraumbegriff als Gegenstand der räumlichen Planung (Raumplanung, Architektur, Städtebau, Landschaftsplanung) entzieht sich einer planungsdisziplinübergreifenden definitorischen Bestimmung. Während er in der Landschaftsplanung dem des Biotops gleichgesetzt wird, existiert er in der Raumplanung – als übergeordnete und koordinierende Gesamtplanung – als Fachterminus nicht. Wird er verwendet, bleibt er stets unscharf. Das liegt vor allem am Wirkungsbereich der Raumplanung auf unterschiedlichsten räumlichen Ebenen (Quartierplanung, Ortsplanung, kantonale und Agglomerationsplanung bis hin zu räumlichen Gesamtstrategien auf Bundesebene). Auf Quartiersebene wird der Begriff ähnlich wie in der Stadtsoziologie für den Wohnbereich gebraucht. Auf Agglomerationsebene findet er vereinzelt in den sogenannten Agglomerationsprogrammen (Kanton Luzern 2007) Verwendung und bezeichnet dort den funktional zusammenhängenden Raum (Wohnen, Arbeiten, Erholen), der das Leben der Menschen mehr als die politisch bestimmten Gemeindegrenzen strukturiert. Dementsprechend widmet sich das Forschungsprojekt des ETHZ-Wohnforums „Stand der Dinge – Leben in der S5-Stadt" zwischen 2007 und 2010 dem „Lebensraum" im Einzugsbereich der S5-Schnellbahnlinie von Zürich-Stadelhofen nach Pfäffikon SZ und zeigt für diesen funktionalen Raum beispielsweise die konturbildenden (identifizierbaren und Identifikation stiftenden) Merkmale auf (vgl. www.s5-stadt.ch, zugegriffen am 11.03.2010). Auf kantonaler Ebene wird

---

1 Siehe auch umweltpsychologische Studien (vgl. Proshansky/Fabian/Kaminoff 1983; Ittelson, 1978).

der Begriff des Lebensraums nicht nur auf den Menschen bezogen, sondern noch umfassender gebraucht. Im kantonalen Richtplan Graubünden (2003) wird er beispielsweise mit dem Begriff Landschaft als Siedlung und Freiraum übergreifend beschreibender Terminus gleichgesetzt. Es heißt im Kapitel Landschaft: „Landschaft ist Lebensraum für Mensch, Tier und Pflanzen sowie Grundlage für sämtliche Nutzungen wie Land- und Forstwirtschaft, Tourismus, Erholung und Sport, Jagd und Fischerei. Sie bietet Raum für Siedlung, Verkehr, Materialabbau und -ablagerung, Energienutzung und weitere Versorgungsanlagen." Zudem wird auf die Bedeutung des Lebensraums (für den Menschen) als Raum für die Sinne sowie als Kultur- und Heimatraum hingewiesen.

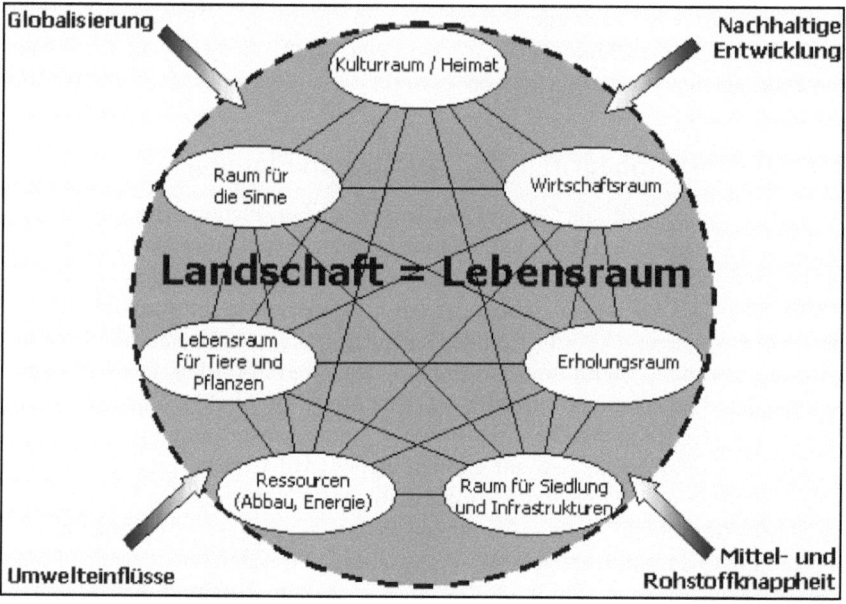

Quelle: Kanton Graubünden, 2003

Der Lebensraumbegriff in der Raumplanung muss daher stets im jeweiligen fachlichen und räumlichen Kontext gesehen werden. Er ist – den objektivierten und subjektivierten Raum zusammenfassend – folglich gleichermaßen geographisch abgrenzbarer Raum und angeeigneter Raum. Gleichzeitig ist die räumliche Umwelt auch von anderen Menschen besetzt und entsprechend gesellschaftlich vordefiniert. Sie ist Projektionsfläche und Ausdruck sozialer Differenzierungen. Das heißt, der Lebensraum ist zudem verortet im Spannungsfeld zwischen Individuum und Gesellschaft (vgl. Böhnisch 2004).

Raum und Leben stehen somit im ursprünglichen Begriffssinne in einem dialektischen Verhältnis zueinander, in dem Menschen den Lebensraum prägen und umgekehrt auch von ihm geprägt werden. Anders ausgedrückt: Er ist gesellschaftlich strukturiert und wirkt gesellschaftlich strukturierend.

## Konsequenzen für die Soziale Arbeit: Lebensraumorientierung losgelöst von Fall und Territorium

Lebensraumorientierung in der Sozialen Arbeit muss nach heutigen Erkenntnissen eine Orientierung an der aufgezeigten Dialektik der Mensch-Umwelt-Beziehung bedeuten. Sie darf sich in diesem Sinne weder rein in pädagogischer Absicht gestalten, um den Menschen als Betroffenen und Kunden eines fürsorgenden Verwaltungshandelns zu verändern (Fallorientierung) noch auf einen sozialkartographisch definierten Handlungsraum beschränken (sozialökologischer Ansatz der Gebietsorientierung). Den Lebensraum (sozial, räumlich, institutionell) als Ort alltäglicher Aneignung und damit als emotionaler Bezugspunkt für die Bewohner zu verstehen und zu gestalten, heißt vielmehr, die Menschen als Experten ihres auch über Quartiergrenzen hinausreichenden Lebensraums (vgl. Dienel 1972) zu betrachten und ihre im alltäglichen Umgang mit ihrem Lebensraum gründende Ortskompetenz zu nutzen, indem diese in Planungsprozesse oder Handlungskonzepte eingebunden wird (vgl. Reutlinger/Schöffel 2010).

Folglich besteht eine zentrale Aufgabe einer am Lebensraum orientierten Sozialen Arbeit darin, die Aneignungsprozesse und Rauminterpretationen der Menschen zu erschließen (vgl. Reutlinger 2008), ihnen Möglichkeitsräume zu schaffen (vgl. Kessl/Reutlinger 2007) und sie sowohl in die Analyse (bspw. Stadtteilbegehungen, Interviews) als auch in die Entscheidungsfindung (bspw. runde Tische, Zukunftswerkstätten, Bürgerjurys) und Realisierung konkreter Maßnahmen einzubinden (vgl. Holtkamp/Bogumil/Kissler 2006; Selle 2007). Dieser Ansatz verhindert, Menschen auf eine sich am eigenen Schopfe selbst aus dem Sumpf ziehen müssende Betroffenen-Ressource zu reduzieren. Er führt vielmehr zu einer Haltung, sie als aktive Akteure zu begreifen, die ihre durch die Fachkräfte der Sozialen Arbeit reflektierten Interessen und geförderten Kompetenzen wie auch andere Ressourcen in ihren Lebensräumen zur Verbesserung der Lebensbedingungen (räumlich, sozial, institutionell) einbringen können. Unter diesem praxisbezogenen Blickwinkel verschwimmen die Grenzen zwischen subjektivem und sozialökologischem Ansatz der Sozialen Arbeit.

Zusammengefasst sollte die Soziale Arbeit mit dem Blick ‚durch' den Lebensraum der Bewohner die überlokalen strukturellen Rahmenbedingungen (sozial, ökonomisch) für die Lebensbedingungen der Menschen nicht aus dem

Blick verlieren. Der Lebensraum jenseits eines (Miss-)Verständnisses als Behälter, resultierend aus einer vergleichsweise unreflektierten Anwendung der naturwissenschaftlichen Konzeption des Behälterraums als eine den Objekten (bspw. Menschen) übergeordnete, von ihnen unabhängige, sie lediglich umgebende Hülle (absolutes Raumverständnis nach Aristoteles, Descartes oder Newton, siehe Einleitung in diesem Band), macht nicht an Quartiergrenzen oder lokalen sozialen Netzwerken Halt. Soziale Arbeit muss demgemäß stets die vielfältige „Raumbezogenheit des sozialen Handelns" (Konau 1977: 5) und die ebenso vielfältigen Vernetzungen und Wechselwirkungen verschiedener Lebensräume einbeziehen (vgl. Kessl 2006).

 **Merksatz**

Der Lebensraum in seiner Dialektik von Mensch und Raum, das heißt durch den erlebenden und handelnden Menschen strukturiert und somit aufgrund der ihm übertragenen sozialen Sinngehalte gesellschaftlich strukturierend, sollte – frei von ideologischen Scheuklappen – als wichtige Wirkgröße der Sozialen Arbeit in seinem subjekt- und objektorientierten Begriffsverständnis ganzheitlich betrachtet werden.

 **Empfohlene Literatur zur Vertiefung**

Budde, Wolfgang/Früchtel, Frank/Hinte, Wolfgang (Hrsg.) (2006): Sozialraumorientierung. Wege zu einer veränderten Praxis. Wiesbaden: VS Verlag für Sozialwissenschaften

Günzel, Stephan (Hrsg.) (2009): Raumwissenschaften. Frankfurt am Main: Suhrkamp

Schroer, Markus (2006): Räume, Orte, Grenzen. Auf dem Weg zu einer Soziologie des Raums. Frankfurt am Main: Suhrkamp

**Weitere verwendete Literatur**

Ardrey, Robert (1968): Adam und sein Revier, der Mensch im Zwang des Territoriums. München: Molden

Atteslander, Peter M./Hamm, Bernd (Hrsg.) (1974a): Materialien zur Siedlungssoziologie. Köln: Kiepenheuer & Witsch

Atteslander, Peter M./Hamm, Bernd (1974b): Einleitung. In: Atteslander/Hamm (Hrsg.) (1974a): 11-33

Blume, Torsten/Langenbrinck, Gregor (Hrsg.) (2004): Dot.City, Relationaler Urbanismus und neue Medien. Berlin: Jovis

Böhnisch, Lothar (2004): Pädagogische Soziologie. Eine Einführung. Weinheim und München: Juventa, 2. überarbeitete und erweiterte Auflage
Bollnow, Otto Friedrich (1963): Mensch und Raum. Stuttgart: Kohlhammer
Bourdieu, Pierre (1983): Ökonomisches Kapital, kulturelles Kapital, soziales Kapital. In: Kreckel (Hrsg.) (1983): 183-198
Bourdieu, Pierre (1991): Physischer, sozialer und angeeigneter physischer Raum. In: Wentz (1991): 25-34
Deinet, Ulrich (2006): Aneignung und Raum – sozialräumliche Orientierung von Kindern und Jugendlichen. In: Deinet et al. (2006): 44-63
Deinet, Ulrich (Hrsg.) (2008): Methodenbuch Sozialraum. Wiesbaden: VS Verlag für Sozialwissenschaften
Deinet, Ulrich/Gilles, Christoph/Knopp, Reinhold (Hrsg) (2006): Neue Perspektiven der Sozialraumorientierung. Dimensionen – Planung – Gestaltung. Berlin: Frank & Timme
Dienel, Peter C. (1972): Partizipation an Planungsprozessen. Mögliche bildungsplanerische Konsequenzen. In: Lauritzen (Hrsg.) (1972): 103-124
Durkheim, Emile (1897/1898): Morphologie sociale. In: Année sociologique 2. 520-521
Engels, Friedrich (1892): Die Lage der arbeitenden Klasse in England. Leipzig: Otto Wiegand
Floeting, Holger (2004): Stadtentwicklung im Internetzeitalter. In: Blume/Langenbrinck (Hrsg.) (2004): 95-116
Galuske, Michael/Thole, Werner (Hrsg.) (2006): Vom Fall zum Management. Neue Methoden der Sozialen Arbeit. Wiesbaden: VS Verlag für Sozialwissenschaften
Greverus, Ina-Maria (1972): Der territoriale Mensch. Ein literaturanthropologischer Vergleich zum Heimatphänomen. Frankfurt am Main: Koch
Häußermann, Hartmut/Kronauer, Martin (2005): Inklusion – Exklusion. In: Kessl et al. (Hrsg.) (2005): 597-610
Herlyn, Ulfert/von Seggern, Hille/Heinzelmann, Claudia/Karow, Daniela, herausgegeben von der Wüstenrot Stiftung (2003): Jugendliche in öffentlichen Räumen der Stadt. Chancen und Restriktionen der Raumaneignung. Opladen: Leske + Budrich
Holtkamp, Lars/Bogumil, Jörg/Kissler, Leo (2006): Kooperative Demokratie. Das demokratische Potential von Bürgerengagement. Frankfurt am Main, New York: Campus
http://www.s5-tadt.ch, zugegriffen am 11.03.2010
Ittelson, William H. (1978): Environmental Perception and Urban Experience. In: Environment and Behavior. Vol. 10. 193-213
Kanton Graubünden (2003): Kantonaler Richtplan Graubünden. Chur
Kanton Luzern (2007): Agglomerationsprogramm Luzern. http://www.rawi.lu.ch/26-071218_are1.pdf, zugegriffen am 11.03.2010
Kessl, Fabian (2006): Sozialer Raum als Fall? In: Thole/Galuske (Hrsg.) (2006): 37-54
Kessl, Fabian/Reutlinger, Christian (2007): Sozialraum – Eine Einführung. Wiesbaden: VS Verlag für Sozialwissenschaften
Kessl, Fabian/Reutlinger, Christian/Maurer, Susanne/Frey, Oliver (Hrsg.) (2005): Handbuch Sozialraum. Wiesbaden: VS Verlag für Sozialwissenschaften

Konau, Elisabeth (1977): Raum und soziales Handeln; Studien zu einer vernachlässigten Dimension soziologischer Theoriebildung. Stuttgart: Enke

Kreckel, Reinhard (Hrsg.) (1983): Soziale Ungleichheiten. (Soziale Welt Sonderband 2) Göttingen: Schwartz

Lauritzen, Laurit (Hrsg.) (1972): Mehr Demokratie im Städtebau. Hannover: Fackelträger Verlag

Lewin, Kurt (1963): Feldtheorie der Sozialwissenschaften. Bern, Stuttgart: Huber

Moewes, Winfried (1980): Grundfragen der Lebensraumgestaltung. Berlin: de Gruyter

Muchow, Martha/Muchow, Hans H. (1998/1935): Der Lebensraum des Großstadtkindes. Weinheim: Juventa (Reprise)

Park, Robert E. (1967): The city: Suggestions for the investigation of human behavior in the urban environment. In: Park et al. (1967): 1-46

Park, Robert E./Burgess, Ernest W./McKenzie, Roderick D. (1967): The city. Chicago: University of Chicago Press (1. Auflage: 1925)

Preuss-Lausitz, Ulf (Hrsg.) (1983): Kriegskinder, Konsumkinder, Krisenkinder. Zur Sozialisationsgeschichte seit dem Zweiten Weltkrieg. Weinheim: Beltz Verlag

Projekt „Netzwerke im Stadtteil" (Hrsg.) (2005): Grenzen des Sozialraums – Kritik eines Konzepts – Perspektiven für soziale Arbeit. Wiesbaden: VS Verlag für Sozialwissenschaften

Proshansky, Harold M./Fabian, Abbe K./Kaminoff, Robert (1983): ‚Place-identity: Physical world socialization of the self'. In: Journal of Environmental Psychology. Vol. 3. issue 1. 57-83

Putnam, Robert D./Feldstein, Lewos M./Cohen, Don (2003): Better Together: Restoring the American Community. New York: Simon & Schuster

Ratzel, Friedrich (1901): Der Lebensraum. Eine biogeographische Studie. Darmstadt: Wiss. Buchgesell. (Unveränderter reprografischer Nachdruck 1966, Originaldruck Tübingen 1901)

Ratzel, Friedrich (1897): Politische Geographie oder die Geographie der Staaten, des Verkehrs und des Krieges. München. Berlin: Oldenburg

Reutlinger, Christian (2006): Sozialpädagogische Räume – sozialräumliche Pädagogik. Chancen und Grenzen der Sozialraumorientierung. In: Deinet et al. (2006): 23-43

Reutlinger, Christian (2008): Raumdeutungen. In: Deinet (Hrsg.) (2008): 17-32

Reutlinger, Christian/Schöffel, Joachim (2010): Bewegungsfreundliche Siedlungsräume. Von den Herausforderungen Bewegung vom Ort zu lösen und den Menschen in ihrem Handeln zurück zu geben. Einblicke in einen interdisziplinären Forschungszusammenhang. In: Reutlinger/Wigger (Hrsg.) (2010): 115-147

Reutlinger, Christian/Wigger, Annegret (Hrsg.) (2010): Transdisziplinäre Sozialraumarbeit. Grundlegungen und Perspektiven des St. Galler Modells zur Gestaltung des Sozialraums (Transposition – Ostschweizer Beiträge zu Lehre, Forschung und Entwicklung in der Sozialen Arbeit, Band 1) Berlin: Frank & Timme

Riege, Marlo/Schubert, Herbert (2005): Konzeptionelle Perspektiven. In: Kessl, Fabian et al. (2005): 247-262

Schlögel, Karl (2003): Im Raume lesen wir die Zeit. München: Carl Hanser

Selle, Klaus (2007): Stadtentwicklung und Bürgerbeteiligung – Auf dem Weg zu einer kommunikativen Planungskultur? Alltägliche Probleme, neue Herausforderungen. In: Informationen zur Raumentwicklung. Heft 1. 63-71

Weichhart, Peter (1990): Raumbezogene Identität, Bausteine zu einer Theorie räumlich-sozialer Kognition und Identifikation. Erdkundliches Wissen, Schriftenreihe für Forschung und Praxis. Band 102. Stuttgart: Franz Steiner

Wentz, Martin (Hrsg.) (1991): Stadt-Räume. Die Zukunft des Städtischen. Frankfurter Beiträge. Band 2. Frankfurt am Main: Campus Verlag

Werlen, Benno (1988): Gesellschaft, Handlung und Raum. Grundlagen handlungstheoretischer Sozialgeographie. Stuttgart: Franz Steiner, 2. Auflage

Werlen, Benno (2005): Raus aus dem Container! Ein sozialgeographischer Blick auf die aktuelle (Sozial-)Raumdiskussion. In: Projekt „Netzwerke im Stadtteil" (Hrsg.) (2005): 15-36

Werlen, Benno (2008): Sozialgeographie: Eine Einführung. Stuttgart: UTB

Zeiher, Helga (1983): Die vielen Räume der Kinder. Zum Wandel der räumlichen Lebensbedingungen seit 1945. In: Preuss-Lausitz (1983): 176-193

Zeiher, Hartmut J./Zeiher, Helga (1994): Orte und Zeiten der Kinder – Soziales Leben im Alltag von Großstadtkindern. Weinheim und München: Juventa

Peter Rahn

# Lebenswelt

„Das Team... nutzt die Ressourcen des sozialen Raumes bei der Umsetzung der Hilfeplanung in den einzelnen Fällen. Die Fachkräfte orientieren sich an den vorgefundenen Lebenswelten der Adressaten der Hilfe. Sie versuchen, deren Biografie zu verstehen und bestehende Probleme vor dem Hintergrund der lebensweltlichen Erfahrungen und in ihrem gewachsenen Lebensumfeld zu lösen" (aus dem Konzept *Hilfen unter einem Dach* des Rauhen Hauses).

Lebenswelt findet als Begriff und zentrale Bezugsperspektive Eingang in das von Hans Thiersch entwickelte theoretische Konzept der lebensweltorientierten Sozialen Arbeit. Mit Blick auf seine praktische Umsetzung wurden Struktur- und Handlungsmaximen entworfen (vgl. Füssenhäuser 2006: 130) – wobei die Maximen der Prävention, der Alltagsnähe und der Regionalisierung auf die Arbeit in den gegebenen Lebensverhältnissen und damit auf die Deutungs- und Handlungsmuster der AdressatInnen gerichtet sind und die Maximen der Integration und Partizipation den Anspruch des gelingenderen Alltags fokussieren (Thiersch 2003: 120f.).

Die Herstellung sozialer Gerechtigkeit ist der Leitgedanke lebensweltorientierter Sozialer Arbeit. *Eine* zentrale Aufgabe – die auf eine Dimension von Lebenswelt verweist, den erfahrenen und erlebten Raum – stellt dabei die Gestaltung sozialräumlicher Verhältnisse dar (Füssenhäuser 2006: 133). Thiersch diskutiert die darin liegende Herausforderung unter dem Stichwort „Flexibilisierung und Sozialräumlichkeit" (2002: 43ff.). Sozialräumlichkeit verweist dabei auf lokale Koordination und Vernetzung, aber auch darauf, welche Bedürfnisse der AdressatInnen in den Blick genommen bzw. welche Bedürfnisse verdrängt oder unterdrückt werden. Sich daraus ergebende neue Aufgaben bedürfen neuer Kooperationen, die durchgesetzt werden müssen „gegen die Traditionen und Vorurteile gewachsener Zuständigkeiten, Träger-Selbstverständnisse, Reviere und Borniertheiten" (ebd. 45) (Gefahr der Territorialisierung » Einleitung). Flexibilisierung ergänzt die vorhandenen differenzierten Hilfsangebote, indem sie auf „die neue Passung zwischen individualisierten Bedürfnissen und Möglichkeiten der Hilfen" (ebd. 44) zielt, die gegebenenfalls unkonventioneller Formen von Hilfe bedürfen, die quer zu bestehenden Zuständigkeiten liegen.

Auch manche Konzepte Sozialer Arbeit, die Raum zur zentralen Bezugsperspektive machen, beziehen sich auf den Begriff Lebenswelt und betonen darüber den hohen Stellenwert der Subjekte. So wird in sozialräumlichen Konzepten zum Teil Sozialraum „als Bündelung subjektiver Lebenswelten" (Hopmann 2006: 124) betrachtet. Lebenswelten werden dabei als etwas hoch Individuelles und Sozialraum als planerische Größe verstanden. In den Überlegungen von Werner Schönig (2008: 19) zur Sozialraumorientierung „bietet sich der Wohnort und seine Bewohner als Verbindungsglied an, um die Verwaltungsperspektive und die Lebensweltperspektive zusammenzuführen." Der Wohnort wird als gemeinsamer Anker der Lebenswelt der BewohnerInnen angesehen. Sollen hier zwei Perspektiven zusammengeführt werden, hat Dieter Oelschlägel (2007) bereits in den späten 1980er Jahren für die Weiterentwicklung der Gemeinwesenarbeit eine lebensweltliche Perspektive gefordert und sie als Möglichkeitsraum zur Auseinandersetzung und Entwicklung von Handlungsalternativen verstanden, mit der Konsequenz, dass alle „statischen, normativ abgeleiteten Zielvorstellungen fragwürdig" (ebd. 46) werden und stattdessen eine Orientierung an den Erfahrungen und Kompetenzen der Menschen – an ihren subjektiven Befindlichkeiten – notwendig wird. Den Zugang über den Stadtteil stellt er jedoch nicht in Frage. Lebenswelt steht für die Orientierung an den Bedürfnissen der AdressatInnen und dafür, das individuelle Erleben zum Ausgangspunkt von Hilfe zu machen. In der Tat bedarf die Orientierung am Subjekt und seiner Lebenswelt dem Ansetzen an den Deutungsmustern der AdressatInnen, durchaus an konkreten Orten aber immer auch in bestimmten Situationen (» Basic: Situation), die je unterschiedliche Aspekte subjektiver Lebenswelt ins Spiel bringen bzw. auf die Reichweite von Lebenswelt verweisen. Problematisch ist es dann jedoch, den Wohnort per se als Zugang zu den AdressatInnen zu wählen oder als ihren gemeinsamen Anker zu behaupten. Denn der Wohnort ist in seinen institutionellen Arrangements (Familie, Nachbarschaft, Schule etc.) lediglich ein Teil von Lebenswelt (vgl. Füssenhäuser 2006: 131). Sollen die Subjekte also für die Aktivitäten Sozialer Arbeit konstitutiv sein, muss vielmehr ihr Selbstverstehen den gemeinsamen Anker als Ausgangspunkt für Veränderung bestimmen.

## Lebenswelt als soziale Sphäre

Von Edmund Husserl wurde der Begriff der Lebenswelt als Ursprungssphäre aller Objektivität bezeichnet, als Boden und Letzthorizont aller höherstufigen Sonderwelten. Der Lebenswelt gehören alle Menschen in vorwissenschaftlicher Einstellung an, ihren Sinn erhält sie durch die konstitutiven Leistungen der Menschen. In der Philosophie Husserls wird der Begriff in bewusster Abgrenzung zu einseitig objektivierenden, rational-quantifizierenden Denkweisen entwickelt (Hartfiel/Hillmann 1982: 426f.). In der weiteren Bearbeitung insbesondere in der phänomenologischen Soziologie und ab den 1970er Jahren in der Sozialen Arbeit wird der Begriff stark an den Begriff des Alltags gekoppelt (alltägliche Lebenswelt, Alltagswelt, Lebenswelt des Alltags) und bezeichnet ein Interesse an der Konkretheit menschlichen Lebens, dem praktischen Handeln der Individuen und ihrer Lebensführung. Vor allem Alfred Schütz hat den Lebensweltbegriff weiterentwickelt. Er konkretisiert ihn dahingehend, dass die alltägliche Lebenswelt die Welt der natürlichen Einstellung ist, die vorgefunden und in Interaktion mit anderen konstituiert wird. Sie ist der zunächst fraglos gegebene und unproblematische Wirklichkeitsbereich jeder und jedes Erwachsenen (Schütz/Luckmann 2003: 29). Der Schütz'sche Lebensweltbegriff ist nicht auf Alltag zu reduzieren – er bezeichnet Sinnstrukturen oder Deutungsmuster, die sich zwischen „dem subjektiven und dem intersubjektiven Pol der Lebensweltkonstitution" (Nassehi 2008: 24) ausdifferenzieren.

### Die Konstitution der Lebenswelt

Lebenswelt ist als die Welt zu verstehen, in der sich die Dinge einer gewohnten Ordnung fügen. Sie ist kein Ort, sondern eine soziale Sphäre, in der die Dinge so behandelt werden, als seien sie allen in der gleichen Weise gegeben (ebd. 52). Zu ihr gehört das Vertraute, das selbstverständliche Funktionieren in Routinen und das weitgehend Reflexionsfreie. Der zunächst aus fraglosem und unproblematischem Erleben gespeiste Aufbau der Welt kann als Konstitution von Welt verstanden werden, als Aneignung der Wissensbestände, die bereits von anderen gesammelt wurden. Die Lebenswelt existiert – sie muss aber auch ausgelegt werden. Die Auslegung basiert auf Wissensvorräten, Erfahrungen und Typisierungen. Erst durch die Deutung vergangener Erlebnisse entsteht und erfahren die Menschen Sinn. Und auf der Grundlage dieses Bewusstseins entwirft der Mensch zukünftige Handlungen. Mit dem reflexiv entstandenen „Wissensvorrat schafft er sich eine subjektive Welt und erfährt sich gleichzeitig als Teil einer Welt geteilt in Gemeinschaft mit anderen" (Abels 2004: 67). Die Lebenswelt ist nämlich keine Privatwelt, sondern intersubjektiv: Sozialwelt. Menschen treten in Wechselbeziehung und -wirkung zueinander, fraglos hinnehmend, dass andere Menschen mit einem ähnlichen Bewusstsein ausgestattet sind und sie den Dingen grundsätzlich gleiche Bedeutung geben (Schütz/Luckmann 2003: 31). Lebenswelt ist Schauplatz und Zielgebiet menschlichen Handelns zugleich, sie modifiziert unsere Handlungen, kann aber auch durch unsere Handlungen modifiziert werden. In der alltäglichen Lebenswelt denken und handeln Menschen pragmatisch motiviert, gestützt auf den Vorrat eigener und übermittelter Erfahrungen (ebd. 32ff.). Erst wenn Handeln problematisch wird, wenn das bis dahin geltende Bezugsschema keine adäquaten Handlungen generieren lässt, bedarf es einer Weiterauslegung, bis eine ausreichende Problemlösung gefunden scheint (ebd. 40f.). Die Prozesse der Auslegung verweisen auf konstruktive Leistungen, durch welche die subjektive Lebenswelt des Menschen entsteht; in ihren Deutungs- und Handlungsmustern vermischt sich Soziales und Individuelles (Abels 2004: 63ff.). Sinn als Deutung von Wirklichkeit ist aber immer subjektive Wirklichkeitsauslegung.

**Reichweite und Wirkzone räumlichen Handelns und Erfahrens**
Der Handlungsbereich des Menschen, die Möglichkeit, Erfahrungen zu machen und Wirklichkeit auszulegen, lässt sich analytisch unterteilen in eine soziale, eine zeitliche und eine räumliche Dimension. Schütz interessieren bezogen auf den Raum vor allem zwei Begriffe – Reichweite und Wirkzone (Schütz/Luckmann 2003: 71ff.): Die Welt in *aktueller* Reichweite ist der Sektor, in dem unmittelbare Erfahrungen gemacht werden können. Er umfasst die wahrgenommenen und wahrnehmbaren Gegenstände, die relativ zum Leib des Menschen gruppiert sind (oben – unten, nah – fern etc.) und gliedert sich nach den Sinneswahrnehmungen (Sehweite, Hörweite etc.). Der Inhalt dieses Sektors ist durch die Bewegung des Menschen stetigem Wandel ausgesetzt; der Leib des Menschen wird immer zum Mittelpunkt räumlicher Erfahrung, zum Nullpunkt des Koordinatensystems der Orientierung. Nicht unmittelbar erfahren wird die Welt in *potentieller* Reichweite. Der darin auf die Zukunft gerichtete Aspekt, die *erlangbare* Reichweite ist gespeist von der Erwartung, beliebige Sektoren der Welt in die eigene Reichweite bringen zu können und bezieht sich auf zukünftige Bewusstseinszustände. Diese sind mit vergangenen Erlebnissen des Menschen nicht direkt verknüpft, hängen aber mit dem Wissensvorrat des Menschen zusammen. Die Realisierbarkeit – einen hohen Berg zu besteigen, ein Studium zu absolvieren, einen Arbeitsplatz zu finden – ist aber abhängig von unterschiedlichen Vermögensgraden (physisch, technisch etc.) und von subjektiven Wahrscheinlichkeitsstufen (biografische Situation, Lebenslage etc.). „So erstreckt sich ein System räumlicher Gliederung über die verschiedenen Schichten der Sozialwelt" (ebd. 76). Den Kern der Wirklichkeit jedoch stellt die *Wirkzone* dar. Sie beschreibt die Zone, auf die durch direktes Handeln eingewirkt werden kann, die physischen Ob-

jekte, die nicht im Seh- sondern im Tastfeld liegen. Das zwingt zur Bewegung – um jemanden mit Handschlag zu begrüßen, das Sicherungsseil greifen zu können, die Klausur zu schreiben – und weist einerseits darauf hin, dass es typisch ist, dass die Verlagerung der Welt in Reichweite gleitend verläuft. Andererseits macht es deutlich, dass die „Grenzen der eigentlichen Wirkzone im subjektiven Erleben sozusagen greifbarer, schärfer umrissen, ‚wichtiger'" (ebd. 79) sind. Auf diese *primäre* baut noch eine *sekundäre* Wirkzone auf, die vom Stand der Technologie abhängt. Durch die Erfindung des Telefons, des Fernsehgerätes und des Internets treten qualitative Sprünge in der Reichweite der Erfahrungen auf. Allerdings muss hier nach Unmittelbarkeit und Mittelbarkeit von Handeln und Erfahrung differenziert werden.

Das Raumverständnis des Lebensweltbegriffs ist also ein subjektives, insofern es darum geht, den Konstitutionsprozess von Lebenswelt zu thematisieren, hier analytisch begrenzt auf das Entstehen von Sinn über räumliche Erfahrung und räumliches Handeln sowie in Bezug zu einem konkreten Menschen, der mit seinem Leib immer den Mittelpunkt seiner räumlichen Erfahrung darstellt.

## Lebensweltorientierte Soziale Arbeit

Lebenswelt verweist immer auf den hohen Stellenwert der Subjektperspektive und damit auf das Individuelle. Lebenswelt verweist aber auch auf die überindividuellen Aspekte menschlichen Alltagslebens, auf die intersubjektive Wirklichkeit und damit auf die „auferlegte soziale Wirklichkeit" (Srubar 2007: 199), also auf die Interaktion in sozialen Beziehungen ebenso wie auf gesellschaftliche Anforderungen sowie auf die Aufgabe, diese zu gestalten.

Die lebensweltorientierte Soziale Arbeit wurde ursprünglich als alltagsorientierte Sozialpädagogik mit dem Interesse „an Alltag, an Erfahrungen, wie sie alle machen, also am Alltag der Jedermannsprobleme und vor allem auch am Alltag als Moment eines autarken und protestativ eigensinnigen Lebens" (Thiersch 2003: 118) entworfen. Am kritischen Alltagskonzept anknüpfend wird betont, dass Alltag zwar einerseits in seinen Routinen entlastende Funktion für das Handeln der Subjekte ermöglicht, dass er aber auch Aspekte von Enge und Begrenztheit aufweist, welche das Potenzial jeweiliger Lebenspraxis verdeckt. Soziale Arbeit, die das Ziel verfolgt, den AdressatInnen einen gelingenderen Alltag zu ermöglichen, agiert im Spannungsfeld zwischen Respekt vor dem gelebten Alltag und der Notwendigkeit seiner Destruktion. Letzteres im Sinn der kritischen Auseinandersetzung mit den Routinen, dem scheinbar Selbstverständlichen, um neue Möglichkeiten im Alltagsleben der AdressatInnen zu ergründen (Thiersch 2002: 132f.). Dies ist anspruchsvoll, da sich Alltag als Welt der Pseudokonkretheit offenbart, in der insbesondere der Unterschied zwischen

Wesen und Erscheinung einer Sache verschwindet, sodass die Erscheinung für das Wesen gehalten wird (Kosik 1986: 10).

Unter dem Eindruck der Diskussion über Individualisierung der Lebensführung und Pluralisierung von Lebenslagen wurde das Konzept zur lebensweltorientierten Sozialen Arbeit weiterentwickelt. Angesichts brüchig gewordener tradierter Lebensformen und offeneren Möglichkeiten der Lebensführung muss die Aufgabe der individuellen Passungs- und Identitätsarbeit als „die Fähigkeit zur Selbstorganisation, zum Selbsttätigwerden und zur Selbsteinbettung" (Keupp 2000: 10) als „Zumutung zur Selbstbehauptung" (Thiersch 1992: 21) bezeichnet werden, in der zugleich Chancen und Überforderungen liegen. Liegt die Chance darin, ein Leben jenseits der Zugeschriebenheit tradierter sozialer Lebenschancen zu entfalten, wird die Pflicht zur Lebensgestaltung zur Überforderung, wenn das Gefühl entsteht, Entscheidungen nicht mehr kontrollieren zu können und die Risiken des Misslingens zunehmen. Chancen und Risiken sind zudem ungleich auf die Individuen verschiedener sozialer Gruppen verteilt; die Möglichkeiten brechen sich nämlich an alten wie neuen Dimensionen sozialer Ungleichheit. In der damit verbundenen „Erweiterung der Problemlagen verschiebt sich innerhalb der weithin üblichen Doppelbezeichnung von Alltag und Lebenswelt die Rede hin zur Lebenswelt" (Thiersch 2003: 120), zu den Deutungs- und Handlungsmustern der AdressatInnen, ihrem Verstehen von Alltag, ihrem Zurechtkommen mit seinen Herausforderungen insbesondere in den Dimensionen erlebter Zeit, erlebten Raumes und erlebter sozialer Bezüge (Thiersch 2002: 131f.).

Grundsätzlich aber wird Soziale Arbeit als Moment moderner Sozialpolitik begriffen, als Zugang zur sozial gerechten Gestaltung von Lebensverhältnissen von den AdressatInnen aus. Das doppelte Mandat unter dem Soziale Arbeit agiert, wird entsprechend parteilich für die Subjekte ausgelegt. Soziale Arbeit „vermittelt zwischen Gesellschaft und Subjekt im Primat des Subjekts" (Thiersch 2002: 34). Um dies einlösen zu können, muss sie Zugang zur Lebenswelt ihrer AdressatInnen finden.

## Verstehen als Zugang zur Lebenswelt

Dieser Zugang gelingt durch Verstehen – wissenschaftlich bzw. professionell als regelgeleitete, intersubjektiv überprüfbare Interpretation. Entsprechend wird Verstehen in der lebensweltorientierten Sozialen Arbeit zum zentralen Begriff der Situationsanalyse und bildet den Ausgangspunkt für einen Aushandlungsprozess von Hilfe bzw. für ein Arbeitsbündnis als Grundlage eines hilfreichen Prozesses der Veränderung. Aushandlung setzt die Beteiligung der Betroffenen voraus. Dazu gehört das Erschließen der individuellen Ressourcen ebenso wie es gilt, organisationelle Vorkehrungen zu treffen, die Verhandlungen möglich machen. (Thiersch et al. 2005: 174) Durch das dialogische Aushandeln der Hilfe soll das Handeln der Sozialarbeiterin oder des Sozialpädagogen für die AdressatInnen nachvollziehbar werden, da Entscheidungen an Gründe rückgebunden werden, die sich immer auch auf die Selbstdeutungen beziehen. Das Interesse an Selbstdeutung verweist auf die von den AdressatInnen selbst hervorgebrachten Sinnkonstruktionen, mit denen sie als Ko-KonstrukteurInnen das Fallverständnis und die Art und Weise der Hilfe beeinflussen. Nichtsdestotrotz bleibt aber die Perspektive der Fremddeutung, die Wissensbasis der Sozialen Arbeit, die unabhängig von den Selbstdeutungen besteht, das zweite konstitutive Element des Arbeitsbündnisses. (Treptow 2006: 175ff.) Genau hier liegt, ausgehend von den Überlegungen von Schütz (2004: 270), der entscheidende Punkt: Fremddeutung verweist auf objektiven Sinn und damit auf das Bewusstsein des Deutenden. Handlungsrelevant ist aber der subjektive Sinn, der auf den Sinnzusammenhang für das Bewusstsein der AdressatInnen verweist. Beim Fallverstehen muss es also darum gehen, sich fremdem, subjektivem Sinn zu nähern, um auf der Handlungsebene anschlussfähig sein zu können. Mit dem Verweis auf mäeutisches Vorgehen verweisen Thiersch et al. (2005: 168) ausdrücklich auf den Stellenwert des Subjekts und seiner Selbstdeutung. Mäeutik bezeichnet die auf Sokrates zurückgehende Kunst des Fragens als Hebammenkunst, als einer Gesprächsführung, die die Selbsttätigkeit der Betroffenen ermutigend unterstützt und davon ausgeht, dass die Antworten und Einsichten in den Betroffenen selbst liegen (Weber 2005: 81f.). Hilfe durch Soziale Arbeit wird dabei als Brücke zur Welt verstanden, die entdeckt, Initiative aufgreift, verstärkt, „bis die Initiativität wieder leichter Fortführung in der Welt findet" (ebd. 87).

## Merksatz

Der Begriff Lebenswelt zielt sowohl auf die subjektzentrierte als auch auf die intersubjektive Wirklichkeit und die zwischen diesen Polen erzeugte Sinnstruktur. Die Lebenswelt umfasst die Deutungs- und Handlungsmuster der Menschen, mit denen sie in den Dimensionen Raum und Zeit agieren und die auferlegte soziale Wirklichkeit in Interaktion mit den Mitmenschen modifizieren.

## Empfohlene Literatur zur Vertiefung

Schütz, Alfred/Luckmann, Thomas (2003): Strukturen der Lebenswelt. Konstanz: UVK
Thiersch, Hans (2003): 25 Jahre alltagsorientierte Soziale Arbeit – Erinnerung und Aufgabe. In: Zeitschrift für Sozialpädagogik 1. 2003. Heft 2. 114-130
Thiersch, Hans/Grunwald, Klaus/Köngeter, Stefan (2005): Lebensweltorientierte Soziale Arbeit. In: Thole (2005): 161-178

## Weitere verwendete Literatur

Abels, Heinz (2004): Interaktion, Identität, Präsentation. Wiesbaden: VS Verlag für Sozialwissenschaften, 3. Aufl.

Bitzan, Maria/Bolay, Eberhard/Thiersch, Hans (Hrsg.) (2006): Die Stimme der Adressaten. Empirische Forschung über Erfahrungen von Mädchen und Jungen in der Jugendhilfe. Weinheim und München: Juventa Verlag

Deinet, Ulrich/Gilles, Christoph/Knopp, Reinhold (Hrsg.) (2006): Neue Perspektiven in der Sozialraumorientierung. Berlin: Frank & Timme

Dollinger, Bernd/Raithel, Jürgen (Hrsg.) (2006): Aktivierende Sozialpädagogik. Ein kritisches Glossar. Wiesbaden: VS Verlag für Sozialwissenschaften

Füssenhäuser, Cornelia (2006): Lebensweltorientierung in der Sozialen Arbeit. In: Dollinger/Raithel (2006): 127-144

Hartfiel, Günter/Hillmann, Karl-Heinz (1982): Wörterbuch der Soziologie. Stuttgart: Kröner, 3. Aufl.

Hinte, Wolfgang/Lüttringhaus, Maria/Oelschlägel, Dieter (Hrsg.) (2007): Grundlagen und Standards der Gemeinwesenarbeit. Weinheim und München: Juventa Verlag

Hopmann, Andreas (2006): Sozialraumorientierung in der Jugendhilfeplanung. In: Deinet/Gilles/Knopp (2006): 122-138

Keupp, Heiner (2000): Ermutigung zum aufrechten Gang. In: Blätter der Wohlfahrtspflege 1+2. 2000. 9-12

Kosik, Karel (1986): Die Dialektik des Konkreten. Frankfurt am Main: Suhrkamp

Nassehi, Armin (2008): Soziologie. Zehn einführende Vorlesungen. Wiesbaden: VS Verlag für Sozialwissenschaften

Oelschlägel, Dieter (2007): Lebenswelt oder Gemeinwesen? Anstöße zur Weiterentwicklung der Theorie-Diskussion in der Gemeinwesenarbeit. In: Hinte/Lüttringhaus/Oelschlägel (2007): 41-47

Schönig, Werner (2008): Sozialraumorientierung. Grundlagen und Handlungsansätze. Schwalbach: Wochenschau Verlag

Schütz, Alfred (2004): Der sinnhafte Aufbau der sozialen Welt. Konstanz: UVK

Srubar, Ilja (2007): Phänomenologie und soziologische Theorie. Aufsätze zur pragmatischen Lebensweltheorie. Wiesbaden: VS Verlag für Sozialwissenschaften

Thiersch, Hans (1992): Lebensweltorientierte Soziale Arbeit. Aufgaben der Praxis im sozialen Wandel. Weinheim, München: Juventa Verlag

Thiersch, Hans (2002): Positionsbestimmungen der Sozialen Arbeit. Weinheim, München: Juventa Verlag

Thole, Werner (Hrsg.) (2005): Grundriss Sozialer Arbeit. Ein einführendes Handbuch. Wiesbaden: VS Verlag für Sozialwissenschaften, 2. Aufl.

Treptow, Rainer (2006): Betroffene verstehen. Fallbeschreibung zwischen Selbst- und Fremddeutung. In: Bitzan et al. (2006): 175-183

Weber, Joachim (2005): Maieutisch statt klinisch. Plädoyer für eine nicht-klinische Sozialarbeit. In: Widersprüche. 2005. 98. 75-91

Angela Tillmann

# Medienwelt

„LizzyNet ist eine Community für Mädchen, wo man Wissenswertes über das Internet findet, die Möglichkeit hat, sich in verschiedenen Foren auszutauschen, in Chatrooms quatschen kann und super eine eigene Homepage machen kann, Speicherplatz kriegt, und eine eigene E-mail-Adresse hat" (Mädchen, 12 Jahre, Mitglied der Online-Community „LizzyNet")

## Aufwachsen in Medienwelten: Gefährdungen und/oder Bildungschancen

LizzyNet ist ein virtuelles Internet-Angebot. Das Besondere an diesem und anderen virtuellen Angeboten ist, dass der Körper nicht involviert, sondern im Cyberspace allenfalls repräsentiert ist und es sich um immaterielle, haptisch nicht zugängliche und territorial nicht gebundene Räume handelt, die sich erst über kommunikative Handlungsakte konstituieren. Die Zeichensysteme bzw. kommunizierten Zeichen, Inhalte, Botschaften und Wissensformen sind nur mental zugänglich, dafür aber relativ zeit- und raumunabhängig nutzbar. Sie repräsentieren reale Kommunikationssettings, die für Menschen ihre je subjektive Bedeutung haben. Es handelt sich um Erfahrungsräume, um Vorstellungswelten – um virtuelle Räume. Damit steht der Begriff der Virtualität im Gegensatz zum Begriff der stofflichen Materialität, jedoch nicht zum Begriff der Realität, denn es gilt weiterhin, dass wir das, was wir über unsere Gesellschaft, ja über die Welt, in der wir leben, wissen, aus den Medien haben (vgl. Luhmann 1996). Alle Handlungsfelder und Sozialwelten, gesellschaftliche Praktiken, individuelle und kulturelle Sinngebungen sind heute untrennbar mit Medien verschränkt. Das Leben und die Erfahrungen der Menschen finden somit in und in Bezug zu mediatisierten Welten statt (vgl. Krotz 2001).

Wenn die Medien bzw. virtuellen Räume in der Sozialen Arbeit thematisiert werden, bestimmen häufig potentielle Gefährdungen (z.B. „Computerspielsucht", „Eskapismus") oder aber Bildungspotentiale den Diskurs. Der Blick wird dann gern auf die heranwachsende Generation gelenkt – auf die sich auch der Artikel im Folgenden konzentrieren wird. Es wird davon ausgegangen, dass die reale, in diesem Bedeutungszusammenhang dann materiell-physische Welt, der Virtualität hierarchisch übergeordnet ist. Das grenzenlose „digitale Moratorium" steht einer verbindlichen sozialen Welt gegenüber – und muss bewältigt werden, z. B. in sozial gebundenen Experimentier- und Schutzräumen (vgl. Böhnisch 2009). Über den Realbezug soll „Normalität" wieder hergestellt werden. Auf der anderen Seite werden aber auch neue Lernchancen im informellen Bildungsbereich (vgl. Otto/Kutscher 2004) und neue Formen des In-der-Welt-Seins gesehen (vgl. Tully 2009). Aufrechterhalten wird dabei häufig die binäre Trennung. Differenziert wird zwischen zwei offenbar klar abgrenzbaren Sphären, zwischen denen wir hin und her switchen oder in denen wir uns separat bewegen. Die Indienstnahme des spatial turn eröffnet die Möglichkeit, diese binäre Trennung reflexiv zu überwinden und die vielfältigen und komplexen Raumbezüge zwischen der materiellen und virtuellen Welt zu erkennen und damit das „Sowohl-als-Auch" zum Ausgangspunkt von Analysen und für Empfehlungen für die soziale Praxis zu machen.

## Das Beispiel „LizzyNet"

Das Online-Angebot LizzyNet wurde Anfang 2000 von der deutschen Bundesinitiative „Schulen ans Netz e.V." als Gendermainstreaming-Angebot und unterstützende Maßnahme zur Überwindung des Digital Divide ins Leben gerufen. Das Angebot richtet sich ausschließlich an Mädchen und möchte diese dazu ermuntern, sich engagierter in die virtuelle Sphäre einzubringen, sich in informellen Lernsettings Medienkompetenz anzueignen und darüber ihren Handlungsradius zu erweitern. Damit die Mädchen unter sich sein können, ist das Angebot in einen öffentlichen und einen nur per Anmeldung zugänglichen Bereich unterteilt worden; es wird zudem kontinuierlich (medien-)pädagogisch betreut. Im nur per Anmeldung zugänglichen, geschützten Bereich artikulieren die Mädchen ihre Interessen, probieren sich vielfältig aus (z. B. als Online-Redakteurin, Club-Moderatorin) und absolvieren Kurse (z. B. HTML, Podcast).

Im Rahmen empirischer Studien wurde allerdings auf ein Dilemma aufmerksam gemacht: Nicht alle Mädchen, sondern vornehmlich Mädchen mit höherem Bildungshintergrund werden erreicht (Gefahr der Homogenisierung und Verdinglichung » Einleitung) (vgl. Tillmann 2006a, 2008). In Reaktion darauf wurden andere Themen gesetzt und niedrigschwellige Partizipationsmöglichkeiten eröffnet. LizzyNet setzt als virtuelles Angebot jedoch auch auf die Selbstlernmotivation der Mädchen. Diese ist nicht bei allen Mädchen gleichermaßen vorhanden, insbesondere Mädchen mit formal niedrigerer Bildung benötigen eine Förderung lokal vor Ort. An diesem Punkt zeigt sich bereits die Komplexität der Bezüge zwischen verschiedenen Räumen in mediatisierten Welten.

## Bezüge zwischen dem Subjekt-, Sozial- und Medienraum bis in die 1980er Jahre

In der Kommunikationswissenschaft finden wir erste Ansätze für eine relativistische und in Ansätzen auch relationale Raumvorstellung in den 1980er Jahren. Zuvor wurde der Mensch häufig noch als ein Körper bzw. „leerer Behälter" betrachtet, den man beliebig mit Inhalten „füllen" kann und der unabhängig von seinen biografischen Erfahrungen und seiner sozialräumlichen Einbettung fremdbestimmt auf die dargebotenen Medienreize reagiert. In dem favorisierten Wirkungs- bzw. Stimulus-Response-Modell wirken Medien unmittelbar und nachweislich auf das Wissen, die Kognitionen, die Emotionen, das Handeln von Einzelnen und Gruppen. In den 1940er Jahren wurde dann in der soziologisch orientierten Kommunikationsforschung erstmals berücksichtigt, dass auch das Netz von Sozialbeziehungen, in das der Mensch eingebettet ist, Einfluss darauf nimmt, wie Medien(-inhalte) wirken. In der so genannten dritten Phase der Medien- und Kommunikationsforschung, Mitte der 1970er Jahre, wurde schließlich mit dem „Uses-and-Gratifications-Approach" ein Perspektivwechsel von der medienzentrierten zur publikums- bzw. rezipientenzentrierten Perspektive vollzogen und der Forschungsfokus grundlegend verändert. Die forschungsleitende Frage lautete hier nicht mehr, was machen die Medien mit den Menschen, sondern was machen die Menschen mit den Medien (Katz/Foulkes 1962: 378). Damit wurde – bezugnehmend auf den aktuellen Raumdiskurs – von einer absolutistischen Raumvorstellung Abstand genommen und die Menschen nicht mehr als „Behälter" betrachtet. Vielmehr geht die Massenkommunikationsforschung nun von aktiven NutzerInnen aus und stellt die Interessen, Absichten, Bedeutungszuweisungen und habituellen Routinen der Individuen bzw. Subjekte in den Mittelpunkt des Forschungsinteresses. Im Zuge dessen wurde in den 1980er Jahren die „Sozialisationsperspektive" eingefordert (Bonfadelli 1981: 376) und die alltags- und lebensweltlichen Bezüge hielten Einzug in die Kommunikationsforschung, so z. B. im Rahmen des sozialökologischen Ansatzes (Baacke 1980, 1989), der sich an Bronfenbrenners (1976) „Ökologie der menschlichen Entwicklung" anlehnt. Im Rahmen aktueller Reflexionen zur Bedeutung des spatial turn für die Kommunikationswissenschaft wird das Raumverständnis des sozialökologischen Ansatzes allerdings kritisch betrachtet. Kritisiert wird, dass der Ansatz an einer Vorstellung festhält, in der Kinder und insbesondere Jungen die Umwelt als einen kontinuierlich expandierenden Handlungsraum wahrnehmen. Damit reproduziere der Ansatz die Vorstellung eines anzustrebenden expandierenden räumlichen Handelns, das bislang eher von Jungen als von Mädchen praktiziert wird (vgl. Löw 2001: 89ff.). Weiterhin unberücksichtigt bleibe in diesem Ansatz die Vergesellschaftung von Kindererziehung, die mit einer zunehmenden *Verinselung* und Verplanung einhergehe (vgl. Zeiher 1983: 187). Fraglich ist auch, ob MigrantInnen mit ihrer spezifischen Lebenssituation, die sich durch die Bezogenheit zu verschiedenen Orten, Ländern und Kulturen auszeichnet, in dem Modell angemessen berücksichtigt werden können. Unabhängig davon ist der Ansatz aber weiterhin aktuell, da er die Bedeutung der Sozialökologie für das Medienhandeln bzw. Erleben und Verhalten eines Menschen aufzeigt. Dem Ansatz immanent ist jedoch, dass bei der Erforschung der Bedeutung des Medienhandelns immer ein Bezug auf die materiell-räumliche Umwelt gegeben sein muss. Unberücksichtigt bleiben in diesem Ansatz die soziale Beschaffenheit der virtuellen Erfahrungsräume und die möglichen Interaktionen *im* Medium selbst (vgl. Tillmann 2006b).

## Die vielfältigen und komplexen Raumbezüge in den neuen Kommunikationswelten

Aus der Perspektive der Kommunikationswissenschaft kommt es im Zuge der Globalisierung und fortschreitenden Mediatisierung zu einer gesteigerten kommunikativen Konnektivität (vgl. Hepp 2002: 869). Dies hat u. a. zur Folge, dass die „natürliche" Beziehung von Kultur zum territorialen Flächenraum und sozialen gesellschaftlichen Sozialraum verloren geht (Hybridisierung) (vgl. García Canclini 1995: 229) und die Konturen der Gesellschaft nicht mehr zwangsläufig identisch mit dem Nationalstaat gedacht werden. Am Beispiel der Nutzung des Satellitenfernsehens durch MigrantInnen (vgl. Gillespie 1995) und von MigrantInnenportalen im Internet (vgl. Hugger 2006) wird gezeigt, dass neue transkulturelle[1] virtuelle Räume entstehen. Wenngleich sich die AutorInnen nicht explizit mit dem Raum-Begriff auseinandersetzen, liegt den Überlegungen bereits eine relativistische Raumvorstellung zugrunde, die von einem territorialen Zugang (Nationalgesellschaft/Nation) Abstand nimmt und Raum als Ergebnis der Medienkommunikation bzw. des Medienhandelns von Menschen begreift.

In anderen Ansätzen wird der Fokus dann explizit auf das Verhältnis von Raum und Kommunikation und auf die Techniken kommunikativer Raumerschließung gelegt (z. B. Telegraphie, Zeitung) (vgl. Geppert/Jensen/Einhold 2005). Im Rahmen einer Mediengeographie wird z. B. diskutiert, wie die Geomedien sich auf unsere Weltanschauung auswirken (vgl. Döring/Thielmann 2009). Phänomene

---

1 Der Begriff der Transkulturalität verweist darauf, dass Menschen sich heute „jenseits der klassischen Kulturverfassung befinden; und dass die neuen Kultur- bzw. Lebensformen durch diese alten Formationen wie selbstverständlich hindurchgehen" (Welsch 1992: 5).

wie Google Maps oder Map Mashups[2] zeigen z. B., dass die Bereitschaft, immer mehr eigene Daten über den persönlichen Standort zu produzieren und sich selbst virtuell zu lokalisieren, zunimmt (vgl. Gordon 2009). Auf das Bedürfnis nach einer lokalen Verortung verweist auch die Handy-Kommunikation. Insbesondere die mobile und tele-mediale Kommunikation ist für einige AutorInnen ein Zeichen dafür, dass sich eine Räumlichkeit uneinheitlicher, sich überlagernder Beziehungen etabliert, die nicht auf einen einheitlich gegebenen Raum zurückführbar ist (vgl. Buschauer 2010). Plädiert wird u. a. dafür, zukünftig die körperbezogenen Relativierungen zu thematisieren und somit die Subjekte bzw. sozialen AkteurInnen mit ihren vielfältigen räumlichen Bezügen in den Mittelpunkt zu stellen (vgl. Werlen 2008). In einem weiteren Ansatz werden Medien als „Medienräume" konzeptualisiert. Diese Medien- bzw. „Identitätsräume" werden durch komplexe soziale Interaktionen und Praktiken hergestellt und von Menschen genutzt, um sich zu identifizieren, zu orientieren, zugehörig zu fühlen und abzugrenzen (vgl. Hipfl 2004). Aufgabe eines räumlich-reflexiven medienwissenschaftlichen Zugangs wäre es dann, die medialen Räume auf ihre jeweilige Verfasstheit, auf die dort artikulierten Subjektpositionen, Zugehörigkeiten, Körper und Sexualitäten zu untersuchen und sie danach zu befragen, welche Identifikationsspielräume sie eröffnen oder Handlungsoptionen sie uns nahe legen (ebd.). In einer weiteren Arbeit wird dieser Ansatz mit dem sozialökologischen Ansatz verknüpft. Durch die Kombination der beiden Ansätze werden die neuen „Medienräume" und neuen „Medienökologien" bzw. neuen Netzwerke an sozialen Beziehungen und Praktiken, symbolischen Strukturen und Interaktionsformen, die die Mediennutzenden tragen aber auch ausschließen können, auf einer konzeptuell-empirischen Ebene gefasst (vgl. Tillmann 2008).

Gemeinsam haben die bisher genannten Ansätze, dass sie mehrere Räume an einem Ort denken. Sie sind daran interessiert, *wie* Medienräume heute hergestellt, angeeignet und verändert werden und wie sich gesellschaftliche Machtverhältnisse in die Medienwelten einschreiben und strukturierend auf die sozialen Prozesse zurückwirken. Medienräume sind hier Resultat und Bedingung sozialer Prozesse.

---

2 Map Mashups bezeichnen die Mischung aus Satellitenbildern, Luftfotos, Karten, Portraitaufnahmen, Ikons, 2D/3D-Animationen oder geotagged videos (vgl. Hardey 2007).

## Neue Ressourcen, Aneignungsformen und Ausschlüsse über Medienkommunikation

Eine sozialräumliche Orientierung, die die über Medienkommunikation geschaffenen Sozial- und Symbolwelten stärker in ihrer Arbeit berücksichtigt, öffnet den Blick für neue, bislang zu eng gedachte Bezüge und könnte damit auch für die Gefahr der unreflektierten Territorialisierung des Sozialen sensibilisieren. Menschen leben nicht nur in stofflich-materiellen Räumen, sondern parallel dazu auch in virtuellen, kommunikativ hergestellten Räumen, über die physische Distanzen überbrückt und neue Sozialitäten herausgebildet werden. Für eine sozialräumliche Orientierung stellen diese Medienräume eine fruchtbare Herausforderung dar, auch weil über die unterschiedlichen Aneignungsweisen vielfältige Zugänge zu Handlungsthemen und aktuellen Problemlagen sowie Bewältigungsstrategien eröffnet werden. Über die neuen Kommunikationswege lassen sich zudem neue soziale Bezüge und alternative Ressourcen aktivieren. Im Hinblick auf das Internet stehen in Anlehnung an Mark Granovetter (1973) aktuell vor allem die schwachen, lockeren Bindungen (weak ties) im Fokus, die im Zuge verdichteter, da zeitlich und räumlich relativ ungebundener Kommunikationsflüsse, leichter zu knüpfen und zu pflegen sind und bei kritischen Lebensereignissen oder in Übergangsphasen neue Informationen, Orientierungen und Rollenangebote liefern. Neben den lokalen und regionalen Bedingungen gilt es also zukünftig auch die virtuellen Bedingungen aufzudecken bzw. Handlungsspielräume auszuloten, unter denen die Entwicklung eines gesellschaftlich handlungsfähigen Subjekts gefördert oder behindert wird. Im Kontext eines solchen Raumverständnisses reicht es nicht mehr, in der realen Sphäre nach vermeintlichen Medienwirkungen zu schauen (z. B. „Sucht", „Eskapismus") (Gefahr der Containerisierung des Sozialen » Einleitung) oder Schutzräume einzufordern. Stattdessen sensibilisiert eine stärkere Berücksichtigung der Medienkommunikation für neue räumliche Aneignungsprozesse und -formen auf Seiten des Subjekts, unter Berücksichtigung der die Kommunikationssettings mit konstituierenden regulativen Normen und Praktiken. Für die soziale Praxis bedeutet dies, zukünftig mehr darauf zu achten,

1. dass die Medien bzw. die informellen Lernprozesse in/mit und über Medien Eingang in die Praxis finden. Statt vornehmlich auf den Jugendschutz und normierende Begrenzungen zu setzen oder für eine stärkere Kontrolle der Zugänge zu plädieren, ist die Soziale Arbeit aufgefordert, präventiv zu arbeiten und Angebote bzw. Gestaltungsspielräume zur Förderung von Medienkompetenz zu schaffen. Nicht zuletzt das Web 2.0 bzw. Social Web macht deutlich, dass die für den Jugendschutz bisher relevante Trennung von

Angebot und Nutzung obsolet ist, denn die NutzerInnen generieren heute stärker denn je ihre eigenen Inhalte (vgl. Tillmann 2009).
2. dass der Zugang zu den Kommunikations- und Medienwelten ebenfalls über Angebotsstrukturen eröffnet wird. Die Soziale Arbeit ist hier aufgefordert, Kenntnisse über Medienangebote zu erwerben (z. B. Film, Internet-Angebote), sowohl über solche, die Jugendliche faszinieren, als auch über pädagogisch empfohlene und diese in die alltägliche Arbeit einzubinden. Darüber hinaus gilt es eigene Produkte und Angebote unter Einbeziehung ihrer Klientel zu schaffen, z. B. im Rahmen aktivierender Medienarbeit.

## Merksatz

Die über Medienkommunikation geschaffenen Räume zeichnen sich dadurch aus, dass sie immateriell, haptisch nicht zugänglich und territorial nicht gebunden sind und sich erst über kommunikative Handlungsakte im Aneignungsprozess konstituieren. Eine stärkere Berücksichtigung der vielfältigen und komplexen Bezüge zwischen der materiellen und virtuellen Welt, der lebensweltlichen Umstände vor Ort und damit ungleichen Verteilung von und Zugang zu materiellen, sozialen und kulturellen Ressourcen und der sozialen Beschaffenheit der Medienräume selbst, öffnet den Blick für neue Aneignungsformen und auch Ausschlüsse.

## Empfohlene Literatur zur Vertiefung

Baacke, Dieter (1989): Sozialökologie und Kommunikationsforschung. In: Baacke/Kübler (Hrsg.) (1989): 87-134

Hipfl, Brigitte (2004): Mediale Identitätsräume. Skizzen zu einem ›spartial turn‹ in der Medien- und Kommunikationswissenschaft. In: Hipfl/Klaus/Scheer (Hrsg.) (2004): 16-50

Krotz, Friedrich (2001): Die Mediatisierung kommunikativen Handelns. Der Wandel von Alltag und sozialen Beziehungen, Kultur und Gesellschaft durch die Medien. Opladen: Westdeutscher Verlag

Tillmann, Angela (2008): Identitätsspielraum Internet. Selbstbildungspraktiken von Mädchen und jungen Frauen in der virtuellen Welt. Weinheim und München: Juventa Verlag

Tully, Claus (Hrsg.) (2009): Multilokalität und Vernetzung. Beiträge zur technikbasierten Gestaltung jugendlicher Sozialräume. Weinheim und München: Juventa Verlag

## Weitere verwendete Literatur

Baacke, Dieter (1980): Der sozialökologische Ansatz. In: deutsche jugend 11. 1980. 493-505

Baacke, Dieter/Kübler, Hans-Dieter (Hrsg.) (1989): Qualitative Medienforschung. Konzepte und Erprobungen. Tübingen: Niemeyer Verlag

Böhnisch, Lothar (2009): Jugend heute – Ein Essay. In: Theunert (Hrsg.) (2009): 27-34

Bonfadelli, Heinz (1981): Die Sozialisationsperspektive in der Massenkommunikationsforschung. Berlin: Verlag Volker Spiess

Bronfenbrenner, Urie (1976): Ökologische Sozialisationsforschung. Stuttgart: Klett Verlag

Buschauer, Regine (2010): Mobile Räume. Medien- und kulturwissenschaftliche Studien zur Tele-Kommunikation. Bielefeld: Transcript Verlag

Döring, Jörg/Thielmann, Tristan (Hrsg.) (2009): Mediengeographie. Theorie – Analyse – Diskussion. Bielefeld: Transcript Verlag

García Canclini, Nestor (1995): Hybrid Cultures. Strategies for Entering and Leaving Modernity. Minneapolis/London: University of Minnesota Press

Geppert, Alexander C.T./Jensen, Uffa/Weinhold, Jörn (Hrsg.) (2005): Ortsgespräche. Raum und Kommunikation im 19. und 20. Jahrhundert. Bielefeld: Transcript Verlag

Gillespie, Marie (1995): Television, Ethnicity and Cultural Change. London/New York: Routledge

Gordon, Eric (2009): The Metageography of the Internet: Mapping from Web 1.0 to 2.0. In: Döring/Thielmann (Hrsg.) (2009): 397-412

Granovetter, Mark S. (1973): The strength of weak ties. American Journal of Sociology 78, 1360-1380

Hardey, Michael (2007): The City in the Age of Web 2.0. A New Synergistic Relationship Between Place and People. In: Information, Communication and Society 10 (6). 2007. 867-884

Hepp, Andreas (2002): Translokale Medienkulturen. In: Hepp/Löffelholz (Hrsg.) (2002): 861-885

Hepp, Andreas/Löffelholz, Martin (Hrsg.) (2002): Grundlagentexte zur transkulturellen Kommunikation. Konstanz: UVK

Hipfl, Brigitte/Klaus, Elisabeth/Scheer, Uta (Hrsg.) (2004): Identitätsräume. Nation, Körper und Geschlecht in den Medien. Eine Topografie. Bielefeld: Transcript Verlag

Hipfl, Brigitte/Hug, Theo (Hrsg.) (2006): Media Communities. Münster u.a.: Waxmann Verlag

Hugger, Kai-Uwe (2006): Kommunikative Zwischenwelten. Über deutsch-türkische Jugendliche im Internet, Identität und transnationale soziale Räume. In: Tillmann/Vollbrecht (Hrsg.) (2006): 183-199

Katz, Elihu/Foulkes, David (1962): On the use of the mass media as ‚escape' – Clarification of a concept. In: Public Opinion Quarterly 3. 1962. 377-388

Löw, Martina (2001): Raumsoziologie. Frankfurt am Main: Suhrkamp

Luhmann, Niklas (1996): Die Realität der Massenmedien. 2. Ausgabe. Opladen: Westdeutscher Verlag

Otto, Hans-Uwe/Kutscher, Nadia (Hrsg.) (2004): Informelle Bildung Online. Perspektiven für Bildung, Jugendarbeit und Medienpädagogik. Weinheim und München: Juventa Verlag

Preuss-Lausitz, Ulf/Zeiher, Helga/Geulen, Dieter (Hrsg.) (1983): Kriegskinder, Konsumkinder, Krisenkinder. Zur Sozialisationsgeschichte seit dem Zweiten Weltkrieg. Weinheim, Basel: Beltz

Theunert, Helga (Hrsg.) (2009): Jugend – Medien – Identität. Identitätsarbeit Jugendlicher mit und in Medien. München: kopaed Verlag

Tillmann, Angela (2006a): Girls in Cyberspace: An Evaluation of an Online Community Supervised by Media-Educationalists. In: Hipfl/Hug (Hrsg.) (2006): 211-230

Tillmann, Angela (2006b): Doing Identity: Selbsterzählung und Selbstinszenierung in virtuellen Räumen. In: Tillmann/Vollbrecht (Hrsg.) (2006): 33-50

Tillmann, Angela (2009): „Ich bin draußen". Potenziale und Herausforderungen sozialer Netze für Jugendliche. In: Computer + Unterricht. Nr. 76. 2009. 44-46

Tillmann, Angela/Vollbrecht, Ralf (Hrsg.) (2006): Abenteuer Cyberspace – Jugendliche in virtuellen Welten. Frankfurt am Main: Peter Lang Verlag

Welsch, Wolfgang (1992): Transkulturalität. Lebensformen nach der Auflösung der Kulturen. In: Information Philosophie 2. 1992. 5-20

Werlen, Benno (2008): Körper, Raum und mediale Repräsentation. In: Döring/Thielmann (Hrsg.) (2008): 365-392

Zeiher, Helga (1983): Die vielen Räume der Kinder. Zum Wandel der räumlichen Lebensbedingungen seit 1945. In: Preuss-Lausitz/Zeiher/Geulen (Hrsg.) (1983): 176-193

Katharina Manderscheid

# Milieu

„Die Region zwischen Ruhr und Emscher ist die einzige in Deutschland, in der sich das Milieu der alten Arbeiterquartiere erhalten hat. Freizeit wird gemeinsam mit sozial Gleichgestellten organisiert: in der Schreberjugend, der Solidaritätsjugend und in Eppes [Heinrich Eppes, Historiker, Ergänzung K.M.] eigenem Verband, den Falken. Doch auch die Sozialistische Jugend Deutschlands – Die Falken erlebt das Siechtum ihrer Milieus, das Soziologen schon vor Jahrzehnten vorhersagten. [...] Erst ist die arbeitende Klasse, dann ihr Milieu und zum Schluss das politische Bewusstsein ihres Subjekts ins Wanken geraten. Denn, so stellte der 1994 gestorbene Falken-Bundessekretär Wolfram Dutton fest: Identität ist heute nicht mehr widerspruchsfrei zu konstruieren. Sie reicht nicht mehr „von der Wiege bis zur Bahre, vom Wahlverhalten bis zum Gesellenverein, vom Landfunk bis zum Schmorbraten" – und eben auch nicht mehr von Papas Blaumann und Mamas SPD-Parteibuch bis zum sozialistischen Zeltlager" (Winkelmann 1997).

## Der Milieubegriff in der Sozialen Arbeit: Rotlichtmilieu, Herkunftsmilieu, Milieuschutz

Der Begriff des Milieus taucht in den Handlungsfeldern der Sozialen Arbeit in verschiedenen Zusammenhängen auf: Häufig wird von Milieu im Zusammenhang mit Kriminalität geredet, zum Beispiel vom Rotlichtmilieu oder Drogenmilieu. Aber auch in Bezug auf die Herkunft zum Beispiel von Kindern wird häufig vom Herkunftsmilieu gesprochen. Eine weitere Verwendung findet sich im städtischen Bereich, wenn von Nachbarschaftsmilieus gesprochen wird und in diesem Zusammenhang vor allem von Milieuschutz, wenn die soziale Zusammensetzung eines Stadtteils durch ökonomische und kulturelle Entwicklungen von der Verdrängung bedroht wird.

Im Unterschied zu anderen sozialwissenschaftlichen Begriffen für soziale Einheiten wie Gruppen, Schichten, Lebensstile, Peer-Groups oder Ähnlichem enthält der Milieubegriff eine räumliche Komponente, die jedoch bei dessen Verwendung im sozialarbeiterischen Zusammenhang meist implizit bleibt bzw. ungeprüft mit dem unmittelbaren Nahraum (»Basic: Nahraum) oder Quartier (»Basic: Quartier) gleichgesetzt wird. Die theoretischen Überlegungen im Zusammenhang des *spatial turns* ebenso wie abnehmende alltagspraktische Relevanz dieser Nahräume bei gleichzeitiger räumlicher Ausdehnung von sozialen Zusammenhängen machen eine Explizierung und Rekonzeptionalisierung dieser räumlichen Dimension von Milieu interessant.

Für den Milieubegriff, wie er in den Sozialwissenschaften und im Feld der Sozialen Arbeit verwendet wird, können entsprechend zwei Seiten unterschieden werden: Erstens eine – wie auch immer definierte – spezifische soziokulturelle Einheit, die zweitens in einer spezifischen Weise gesellschaftlich und/oder räumlich verortet ist.

## Milieu als sozialkulturelle und -strukturelle Formation

In der Sozialstrukturanalyse der deutschsprachigen Nachkriegszeit ersetzen Milieu-, Lebensstil- und Schichtkonzepte zunehmend die Klassen- und Ständekonzepte, wie sie vor allem von Marx (1987) und Weber (1980) entwickelt wurden (vgl. Hradil 2002). Der Milieubegriff im Sinne einer sozialen Formation wird in den 1960er-Jahren durch Mario Rainer Lepsius in die politische Kulturforschung eingeführt. Für eine historisch orientierte Erforschung des kulturell eingebetteten Wahlverhaltens definiert Lepsius den Milieubegriff als:

> „Bezeichnung für soziale Einheiten, die durch eine Koinzidenz mehrerer Strukturdimensionen wie Religion, regionale Tradition, wirtschaftliche Lage, kulturelle Orientierung, schichtspezifische Zusammensetzung der intermediären Gruppen, gebildet werden" (Lepsius 1993: 38).

Die von Lepsius für verschiedene historische Phasen in Deutschland identifizierten sozialmoralischen Milieus weisen mehr oder weniger starke und stabile Parteipräferenzen auf. Die darin zum Ausdruck kommende Verbindung von sozial*strukturellen* Merkmalen mit kollektiven Handlungspräferenzen und Orientierungsmustern – d. h. einer sozio*kulturellen* Dimension – gibt dem Milieukonzept gegenüber anderen sozialstrukturellen Klassifizierungen seine spezifische Erklärungskraft.

In dieser Tradition entstanden verschiedene weitere makrostrukturelle Milieumodelle, die den Prozessen von Individualisierung und Pluralisierung – d. h. vor allem der durch zunehmenden Wohlstand, soziale Sicherung und Bildung ermöglichten Herauslösung der Individuen aus ihren Klassenkontexten und

Schichtzugehörigkeiten (Beck 1986: 121ff.; Hradil 2002: 222f.) – Rechnung zu tragen versuchen. Gemeinsamer Tenor dieser Ansätze ist, dass trotz der zugenommenen Differenzierungen und Wahlmöglichkeiten nicht von einer Entkoppelung von sozialer Lage – d.h. Dimensionen wie Beruf, Einkommen, Bildung – einerseits und Werthaltungen, Orientierungen und Verhaltensmustern andererseits ausgegangen werden kann. Der Effekt der „objektiv" ungleichen Lebensbedingungen auf die Interpretation der eigenen Lage und den sich daraus ergebenden Handlungschancen hängt, so Stefan Hradil (1987), zudem von intervenierenden Faktoren wie Familienstand, Geschlecht aber auch Wohnregion etc. ab. Das heißt, so Vester (vgl. 1997: 43) die Klassengesellschaft habe zwar einen erheblichen Formenwandel durchgemacht, auf der Ebene der Milieus bestehen jedoch weiterhin unterschiedliche Distinktionsschemata und Kulturen, die die Handlungsmuster der Individuen prägen. Diese Milieus sind außerdem durch eine erhöhte Binnenkommunikation gekennzeichnet – Freundes- und Liebesbeziehungen werden häufiger innerhalb des eigenen Milieus eingegangen (u.a. Schulze 1992: 174; Rössel 2005: 259ff.).

Eines der bekanntesten makrostrukturellen Milieumodelle stellen die sogenannten Sinus-Milieus (Sinus Sociovision 2009) dar, die fortwährend aktualisiert werden und inzwischen für verschiedene Länder existieren. Auch dieses Modell unterscheidet zwischen einer vertikalen Differenzierung und einer horizontalen Achse der unterschiedlichen Werthaltungen und Lebenspräferenzen.

Die Plausibilität des Modells und seine Erklärungskraft für das sozialarbeiterische Feld zeigt sich u.a. in der Untersuchung zu Gewalt bei Jugendlichen von Heitmeyer/Collmann/Conrads (1995), die milieuspezifische Ursachenmuster sowohl bei Gewaltbefürwortung als auch für Gewalttätigkeit bei Jugendlichen feststellt. Dabei stellen die AutorInnen insbesondere fest, dass nicht mangelnde soziale Integration oder Werteverlust zu Jugendgewalt führen, sondern vielmehr diejenigen Angehörigen von Milieus zu gewalttätigem Handeln neigen, die sich in irgendeiner Weise im Konflikt mit milieutypischen Handlungs- und Einstellungsvorgaben befinden (Heitmeyer et al. 1995: 165). Es ist also die kulturelle Dimension des Milieubegriffs, d.h. die Wertorientierung und Handlungspräferenzen, die den Erklärungsmehrwert im Vergleich zu einem einseitig sozialstrukturellen oder materiellen Ungleichheitsverständnis produziert. So kann erklärt werden, „warum Jungendliche, die (…) ähnlichen Chancenstrukturen, Desintegrationsgefahren etc. ausgesetzt sind, diese ganz unterschiedlich verarbeiten und dementsprechend eine unterschiedliche ‚Weichenstellung' in Richtung gewaltförmiger oder sozial verträglicher Verhaltensweisen entsteht" (Heitmeyer 1998: 297).

## Der räumliche Bezug von Milieu

In der Biologie und der Geologie bezeichnet Milieu das charakteristische Vorkommen einer Art in einer bestimmten geographischen und klimatischen Region und in Nachbarschaft anderer Organismen oder natürlicher Faktoren. Hier wird häufig auch der Begriff des Habitats synonym verwendet. In dieser Definition wird die räumliche oder Lokalisierungs-Dimension deutlicher als in der traditionellen soziologischen Verwendung. Doch auch hier finden sich schon einige Ansätze für die explizite Berücksichtigung von Raum. Wie erwähnt, bezeichnet der Milieubegriff nicht nur makrosoziale gesellschaftliche Gruppen sondern immer auch, wie von Hradil formuliert, Umweltkomponenten, „die auf eine konkrete Gruppe von Menschen einwirkt und deren Denken und Handeln prägt" (Hradil 1992: 21). Diese Umweltkomponenten verweisen auf eine räumliche oder Lokalisierungsdimension des Milieubegriffs und damit auf einen geteilten Ort, an dem die erhöhte Binnenkommunikation stattfindet. Unter Ort verstehe ich, mit Doreen Massey (2005: 141) „a coming together of trajectories", d.h. eine prozesshafte Aushandlung, die im territorialen, virtuellen oder sozialen Raum stattfinden kann. Zum Tragen kommt diese räumliche Dimension von Milieu vor allem bei der Untersuchung konkreter Gruppen, die sich als solche auf der Basis sozialstruktureller, sozialisationsspezifischer oder kultureller Gemeinsamkeiten und damit an einem Ort formieren.

Die frühen soziologischen Arbeiten zu Stadt der Chicagoer Schule sehen Stadtteile im Sinne von integrierten Wohnquartieren als „Heimat natürlicher Gruppen" (Park 1974: 95; vgl. Wirth 1938), d.h. als Orte der Milieus. Die Gemeinsamkeit besteht hier also im geteilten, baulich-räumlich definierten Wohnquartier. Soziale Distanz, so die Argumentation, führe zu räumlicher Distanz und soziale Nähe zu räumlicher Nähe. Dahinter steht eine Vorstellung von Raum als Behälter und die damit verbundene unreflektierte Territorialisierung des Sozialen (» Einleitung). Diese Vorstellung von Milieu als Kongruenz von Wohnquartier und sozialer Gruppe findet sich auch in der deutschen Stadtplanung und Kommunalpolitik sowie der daran anknüpfenden Sozialarbeit vor allem in den 1970er-Jahren im Zusammenhang mit dem Milieu- bzw. Bestandsschutz in älteren Stadtteilen (vgl. Keim 1979). Je ähnlicher sich die BewohnerInnen im sozialstrukturellen Sinne sind, so argumentiert Keim, umso wirksamer werde der Raum als Basis von Vergemeinschaftungen (vgl. ebd.: 27; 48). Doch obwohl gerade im Bereich von sozialarbeiterischer Quartiersentwicklungen, z.B. im Programm Soziale Stadt, immer noch von dieser Kongruenz von Wohnquartier und sozialer Gruppe ausgegangen wird, erscheint deren alltagspraktische Relevanz zunehmend fragwürdig. Im Zusammenhang mit Prozessen der Individualisierung und der zugenommenen räumlichen Mobilität – seien es tägliche Pendelwege zum Arbeitsplatz oder Umzüge – verliert das Wohnquartier zunehmend seine Bedeutung als Basis für Vergemeinschaftung und Integration (vgl. Manderscheid 2004). Soziale Kontakte und alltagsrelevante Orte sind nicht mehr nur innerhalb, sondern auch außerhalb des eigenen Stadtteils oder der Stadt lokalisiert. Für die Sozialisation von Kindern wird daher seit den 1990er-Jahren von einer „Verinselung" (Zeiher 1990; Heitmeyer 1996) von Raum gesprochen, die Wegstrecken zwischen diesen Inseln werden dabei häufig durch Autofahrten mit den Eltern zurückgelegt. Angesichts dieser Entwicklungen ermöglichen die relationalen Raumverständnisse (vgl. Löw 2001) im Anschluss an den *spatial turn* die differenzierten und spezifischen Arten und Formen der räumlichen Verortungen der Milieus zu erfassen. Das heißt, stadträumlich definierte Quartiere sind nicht mehr der Behälter eines Milieus, wie es ein Quartiersbegriff als Gemeinwesen nahelegt, vielmehr können hier ebenso wie an anderen Orten die Räume verschiedener Milieus ko-existieren oder miteinander konkurrieren. Diese Räume können territorial oder virtuell sein, dauerhaft, vorübergehend oder flüchtig und für viele oder nur für wenige wahrnehmbar sein (vgl. Manderscheid 2006).

Für verschiedene Jugendmilieus hat beispielsweise Bohnsack (1998) die Bedeutung einer geteilten Erfahrung und gemeinsamer Aktivitäten – Musik machen, familienbezogene Lebensstile oder gemeinsame Gewalterfahrungen – herausgearbeitet. Diese Milieukonstitutionen sind dabei zwar nicht stadtteilgebunden aber gerade nicht raumlos, vielmehr schaffen sich die Jugendlichen durch gemeinsame Aktivitäten ihre milieuspezifischen, wenn auch zu einem gewissen Maß transitorischen und flüchtigen Räume. In ähnlicher Weise können auch für andere Milieuformationen Orte identifiziert werden wie Berking und Neckel (1990) und Lange (2007) dies für verschiedene Milieus in Berlin untersucht haben.

## Rückführung in die Soziale Arbeit – Formationen verschiedener Milieu-Räume

Das Verständnis der Raumdimension sozialer Milieus als relationale, die durch strukturell-räumliche Aspekte einerseits und durch habituelle Handlungsmuster andererseits geformt werden, macht einen verbreiteten Kurzschluss in der politischen, sozialarbeiterischen und wissenschaftlichen Stadtdiskussion deutlich: Das Problem so genannter städtischer Brennpunkte (» Basic: Brennpunkt) besteht nicht in der Konzentration sozioökonomisch benachteiligter sozialer Gruppen, sondern vielmehr in der Ausgrenzung derselben aus der übrigen Stadt. Erst wenn die Verbindungen zwischen den verschiedenen Gruppen dieser Stadtteile und der übrigen Stadtbevölkerung abbrechen, entstehen einschließende sozialräumliche Milieus:

> „Milieus bieten hier denjenigen Schutzraum, die sich mit der Diskriminierung abgefunden haben. Insofern können diejenigen Problemviertel-Bewohner, die verarmt und verunsichert sind, Marginalisierung – das endgültige gesellschaftliche ‚Draußen' – vermeiden um den Preis der Einschließung in ein diskriminiertes Milieu" (Keim/Neef 2000: 270).

Ähnliches stellt Detlef Baum (1998) für Jugendliche in einem so genannten sozialen Brennpunkt in Koblenz fest, denen aus baulichen und sozialen Gründen der Zugang zur übrigen Stadt und deren Kulturen versperrt ist. Dadurch verpassen sie die Möglichkeit, die so genannten urbanen Kompetenzen wie Umgang mit widersprüchlichen Umwelten und Erwartungen, die typisch für städtisch geprägte Gesellschaften überhaupt sind, zu erlernen und ziehen sich sozial und räumlich auf ihr Wohnquartier zurück.

Für das Feld der sozialarbeiterischen Interventionen ist die Einsicht in die soziokulturelle Spezifik und die Verschiedenartigkeit räumlicher Bezüge verschiedener Milieus von Bedeutung. Gegenwärtige Gesellschaften sind nicht mehr durch territorial gebundene, kulturell und strukturell homogene Gruppen gekennzeichnet sondern durch ausdifferenzierte und sich fortwährend wandelnde Formationen strukturell und kulturell ähnlicher Gruppen, die eine erhöhte Binnenkommunikation und spezifische, teils flüchtige, teils beständige Raumbezüge aufweisen. Diese Räume können sich überlagern, miteinander in Konkurrenz treten oder auch verdrängen. Durch das Verständnis dieser Räume in Beziehung zu den sozialstrukturellen und -kulturellen Milieueigenschaften sowie deren Verhältnis zu anderen Milieuräumen lassen sich spezifische Probleme identifizieren und mögliche Ressourcen mobilisieren. Ausgangspunkt sozialarbeiterischen Handelns sollte daher nicht ein vordefinierter territorial abgegrenzter Raum sein, innerhalb dessen ein integriertes Milieu vermutet wird, sondern die sich über geteilte soziale Lagen und Orientierungsmuster konstituierenden konkreten sozialen Gruppen sowie deren durch Handlungsmuster und materielle Strukturen geschaffene relationale Räume.

## ✎ Merksatz

Milieus sind durch spezifische kulturelle und strukturelle Merkmale gekennzeichnete soziale Gruppen mit erhöhter Binnenkommunikation und spezifischen Raumbezügen. Diese Raumbezüge können flüchtig oder dauerhaft, dominant oder versteckt, territorial, punktuell, netzwerkartig oder virtuell sein. Damit formen, erweitern oder begrenzen Milieus die Handlungs- und Wahrnehmungsmuster der Individuen. In seiner sozialkulturellen und räumlichen Dimension stellt das Milieu also einen wichtigen Ansatzpunkt für sozialarbeiterische Interventionen dar.

##  Empfohlene Literatur zur Vertiefung

Baum, Detlef (1998): Armut durch die Stadt oder Urbanisierung der Armut. Städtische Jugend im sozialen Brennpunkt – Bedingungen und Folgen räumlicher und sozialer Integration in einem städtischen Kontext. In: Mansel/Brinkhoff (1998): 60-75
Bohnsack, Ralf (1998): Milieu als konjunktiver Erfahrungsraum. Eine dynamische Konzeption von Milieu in empirischer Analyse. In: Matthiesen (1998): 119-131
Heitmeyer, Wilhelm/Conrads, Jutta/Kraul, Dietmar et al. (1995): Gewalt in sozialen Milieus. Darstellung eines differenzierten Untersuchungskonzepts. In: Zeitschrift für Sozialisationsforschung und Erziehungssoziologie. 1995. 2. 145-167
Heitmeyer, Wilhelm/Collmann, Birgit/Conrads, Jutta (1998): Gewalt. Schattenseiten der Individualisierung bei Jugendlichen aus unterschiedlichen Milieus. Weinheim: Juventa
Keim, Rolf/Neef, Rainer (2000): Ausgrenzung und Milieu. Über die Lebensbewältigung von Bewohnerinnen und Bewohnern städtischer Problemgebiete. In: Harth/Scheller/Tessin (2000): 248-273
Manderscheid, Katharina (2004): Milieu, Urbanität und Raum. Soziale Prägung und Wirkung städtebaulicher Leitbilder und gebauter Räume. Wiesbaden: VS Verlag für Sozialwissenschaften
Rössel, Jörg (2005): Plurale Sozialstrukturanalyse. Eine handlungstheoretische Rekonstruktion der Grundbegriffe der Sozialstrukturanalyse. Wiesbaden: VS Verlag für Sozialwissenschaften
Vester, Michael (2006): Die geteilte Bildungsexpansion – die sozialen Milieus und das segregierende Bildungssystem der Bundesrepublik Deutschland. In: Rehberg (2006): 73-89

## Weitere verwendete Literatur

Atteslander, Peter/Hamm, Bernd (Hrsg.) (1974): Materialien zur Siedlungssoziologie. Köln: Kiepenheuer & Witsch
Beck, Ulrich (1986): Risikogesellschaft. Auf dem Weg in eine andere Moderne. Frankfurt am Main: Edition Suhrkamp
Berger, Peter A./Hradil, Stefan (Hrsg.) (1990): Lebenslagen, Lebensläufe, Lebensstile. Göttingen: Verlag Otto Schwartz
Berking, Helmuth/Neckel, Sighard (1990): Die Politik der Lebensstile in einem Berliner Bezirk. Zu einigen Formen nachtraditioneller Vergemeinschaftungen. In: Berger/Hradil (1990): 481-500

Bertels, Lothar/Herlyn, Ulfert (Hrsg.) (1990): Lebenslauf und Raumerfahrung. Opladen: Leske + Budrich

Harth, Annette/Scheller, Gitta/Tessin, Wulf (Hrsg.) (2000): Stadt und soziale Ungleichheit. Opladen: Leske + Budrich

Heitmeyer, Wilhelm (1996): Die gefährliche Zerstückelung von Raum und Zeit. Zu den Folgen wachsender sozialer Desintegration. In: Frankfurter Rundschau 225. 18

Hradil, Stefan (1987): Sozialstrukturanalyse in einer fortgeschrittenen Gesellschaft. Von Klassen und Schichten zu Lagen und Milieus. Opladen: Leske + Budrich

Hradil, Stefan (Hrsg.) (1992): Zwischen Bewusstsein und Sein. Die Vermittlung ‚objektiver' Lebensbedingungen und ‚subjektiver' Lebensweisen. Opladen: Leske + Budrich

Hradil, Stefan (2002): Soziale Ungleichheit, soziale Schichtung und Mobilität. In: Korte/ Schäfers (2002): 205-227

Keim, Karl-Dieter (1979): Milieu in der Stadt. Ein Konzept zur Analyse älterer Wohnquartiere. Stuttgart, Berlin, Köln, Mainz: Kohlhammer

Korte, Hermann/Schäfers, Bernhard (Hrsg.) (2002): Einführung in Hauptbegriffe der Soziologie. Opladen: Leske + Budrich

Kreckel, Reinhard (Hrsg.) (1983): Soziale Ungleichheiten. Göttingen: Verlag Otto Schwartz

Lange, Bastian (2007): Die Räume der Kreativszenen: Culturepreneurs und ihre Orte in Berlin. Bielefeld: transcript

Lepsius, Mario Rainer (1993): Demokratie in Deutschland. Göttingen: Vandenhoeck & Ruprecht

Löw, Martina (2001): Raumsoziologie. Frankfurt am Main: Suhrkamp

Manderscheid, Katharina (2006): Sozial-räumliche Grenzgebiete: unsichtbare Zäune und gegenkulturelle Räume. Eine empirische Exploration der räumlichen Dimension sozialer Ungleichheit. In: Sozialer Sinn 7. 2. 273-299

Mansel, Jürgen/Brinkhoff, Klaus-Peter (Hrsg.) (1998): Armut im Jugendalter. Soziale Ungleichheit, Gettoisierung und die psychosozialen Folgen. Weinheim; München: Juventa

Marx, Karl (1987 [1867]): Das Kapital: Kritik der politischen Ökonomie: Band 1: Der Produktionsprozess des Kapitals. Berlin: Dietz

Massey, Doreen (2005): For Space. London, Thousand Oaks, New Delhi: Sage

Matthiesen, Ulf (Hrsg.) (1998): Die Räume der Milieus. Neue Tendenzen in der sozial- und raumwissenschaftlichen Milieuforschung, in der Stadt- und Raumplanung. Berlin: Edition Sigma

Noller, Peter/Ronneberger, Klaus/Prigge, Walter (Hrsg.) (1994): Stadt-Welt. Über die Globalisierung städtischer Milieus. Frankfurt am Main, New York: Campus

Park, Robert E. (1974): Die Stadt als räumliche Struktur und als sittliche Ordnung. In: Atteslander/Hamm (1974): 90-100

Rehberg, Karl-Siegbert (Hrsg.) (2006): Soziale Ungleichheit, kulturelle Unterschiede. Verhandlungen des 32. Kongresses der Deutschen Gesellschaft für Soziologie in München. Teil 1. Frankfurt am Main: Campus

Reutlinger, Christian (2002): Vom Aneignungshandeln zum Schreiben von unsichtbaren Bewältigungskarten – aktueller sozialräumlicher Fokus in der Kinder- und Jugendarbeit. In: unsere jugend 9. 2002. 363 – 374

Rössel, Jörg (2009): Sozialstrukturanalyse. Wiesbaden: VS Verlag für Sozialwissenschaften

Schulze, Gerhard (1992): Die Erlebnisgesellschaft. Kultursoziologie der Gegenwart. Frankfurt am Main, New York: Campus

Schulze, Gerhard (1994): Milieu und Raum. In: Noller/Ronneberger/Prigge (1994): 41-53

Sinus Sociovision (2009): Sinus-Milieus: http://www.sociovision.de/loesungen/sinus-milieus.html (letzter Zugriff: 6.10.2009)

Vester, Michael (1997): Klassengesellschaft ohne Klassen: Auflösung oder Transformation der industriegesellschaftlichen Sozialstruktur. In: Widersprüche 4. 25-50

Weber, Max (1980 [1922]): Wirtschaft und Gesellschaft: Grundriss der verstehenden Soziologie. Tübingen: Mohr

Winkelmann, Ulrike (1997): Pfadis, Lajus und Sozial-HipHopper. Die organisierten Jugendlichen haben keine Lust auf die organisierte Politik und üben sich dennoch in den Spielregeln der Demokratie. In: ZEIT Online Dossier 22.8.1997

Wirth, Louis (1938): Urbanism as a Way of Life. In: American Journal of Sociology 44. 1-24

Zeiher, Helga (1990): Organisation des Lebensraums bei Großstadtkindern – Einheitlichkeit oder Verinselung? In: Bertels/Herlyn (1990): 35-57

Eva Lingg | Steve Stiehler

# Nahraum

Ziel eines kommunalen Programms in Deutschland ist es, „(…) positive Zukunftsperspektiven von Wohngebieten zu unterstützen. Die Wohn- und Lebenssituation soll sich positiv durch eine Stärkung des sozialen Zusammenhalts und durch die Verbesserung des baulichen Zustandes des Wohnumfeldes verändern (…) Es geht um die Förderung sozialer Interaktionen möglichst aller Bewohnerinnen und Bewohner des Quartiers. (…) Neue Nachbarschaften sollten sich finden oder vorhandene gestärkt werden. Hierzu waren die Menschen in den Quartieren mit Projekten und Angeboten zusammenzuführen bzw. anzusprechen (…)" (sozialestadt.de)

## Nahraum-Perspektiven und Soziale Arbeit

Das einleitende Beispiel zeigt einen Auszug aus dem Städtebauförderungsprogramm „Stadtteile mit besonderem Entwicklungsbedarf – Soziale Stadt", welches vom deutschen Bundesministerium für Verkehr, Bau und Stadtentwicklung (BMVBS) und der Länderregierungen 1999 gestartet wurde (» Basics: Aneignungsraum und Brennpunkt). Die Wohn- und Lebenssituation sollte in „benachteiligten Quartieren" umfassend verbessert werden, indem eine „Stärkung des sozialen Zusammenhalts" aller Bevölkerungsgruppen sowie die Sanierung des baulichen Zustandes der Häuser forciert wird (vgl. sozialestadt.de). Der Fokussierung auf den Nahraum (und den mit ihm assoziierten kleinräumigen Einheiten wie das „Wohnumfeld" oder die „Nachbarschaft") wird das Potenzial zugeschrieben, die Entwicklung zurück oder hin zu einer „Sozialen Stadt" voranzutreiben.

Auf der Suche nach neuen (klein-)räumlichen Einheiten in einer Zeit, in welcher der nationale Raum immer brüchiger zu werden scheint und bisher den Nationalstaaten zugewiesene Kompetenzen auf transnationale Ebenen verschoben werden (» Basic: Transit), dient der *Lokale* Nahraum als Ausgangspunkt für ein Wiederherstellen von sozialen Zusammenhängen (vgl. Kessl/Reutlinger 2007,

Kessl/Otto 2007). Dem Nahraum wird das Potenzial zugeschrieben, in Zeiten gesellschaftlicher Heterogenität und einer Pluralisierung der Lebensentwürfe eine adäquate Handlungsgröße zu sein und zur Rückbettung sozialer Handlungsbezüge beitragen zu können (» Basic: Quartier). Damit wird aber auch die Frage nach individuellen Beziehungsfähigkeiten (wie Aushandlungskompetenz, Aufrechterhaltungskompetenz) und individuellem Zugang zu sozialen Netzwerken relevant. So gelten persönliche Beziehungsnetzwerke als die „Basis" des Sozialkapitals (Keupp 1998) und das soziale Vertrauen sowie die Reziprozität als „Quelle" von Sozialkapital (vgl. Coleman 1991). Hierbei wird zwischen allgemein verfügbaren und lokal verankerten Ressourcen unterschieden und versucht letztere, im Sinne einer Inklusionsstrategie, innerhalb von Quartieren zu stärken bzw. zu entwickeln (vgl. Schnur 2003). Gebietsmanagement oder Gemeinwesenarbeit als Tätigkeitsfelder der Sozialen Arbeit werden aktiv in über statistische Daten gebildeten Gebietszuschnitten, die dadurch jedoch quer zur gewachsenen Logik sozialarbeiterischen Handelns liegen (vgl. Einleitung in diesem Band) (Gefahr der Containerisierung » Einleitung). Verschiedene Nachbarschafts- oder Quartiervereine versuchen das „Soziale zu gestalten", indem beispielsweise die als homogene Gruppe gedachten Bewohnerinnen und Bewohner zu nachbarschaftlichem Engagement animieren werden (Gefahr der Homogenisierung » Einleitung).

Der Begriff des *Lokalen* Nahraums verweist eher auf die physisch-bauliche Ebene, der des *Sozialen* Nahraums hingegen auf die Beziehungsebene. Letzterem wird (beispielsweise von der Kinder – und Jugendarbeit) eine hohe Relevanz für die nachwachsende Generation unterstellt, wobei die Familie als wichtigstes Element des *Sozialen* Nahraums gesehen wird. Im Sinne einer relativistischen Raumvorstellung favorisiert die Vorstellung des *Sozialen* Nahraums die Handlungsebene: Nahraum wird als im Handeln hergestellt begriffen, also über die (sozialen) Beziehungen zwischen Menschen (vgl. Einleitung in diesem Band).[1]

Diese zwei Perspektiven werden in der Regel deckungsgleich gedacht bzw. vermischt. Nahraum wird in der Praxis (siehe Anfangsbeispiel) sowohl aus der Perspektive des sozialen Lebens als auch für ein an den (Wohn-)Ort gebundenes, territorial abgestecktes Gebiet verwendet. Im folgenden Beitrag sollen diese beiden Perspektiven auf den Nahraum am Beispiel der Nachbarschaft (als Konstruktion von Nahraum) und der Nachbarschaftsbeziehung (im Sinne von persönlichen Beziehungen im Nahraum) näher erläutert werden.

---

1   Im vorliegenden Beitrag wird der Begriff Nahraum im Sinne einer Dualität der beiden Perspektiven ohne Adjektiv (lokal/sozial) verwendet. Bereits voraussetzungsvolle Begriffe wie Quartier (u.a. hinsichtlich Grenzen, Identifikation) werden vermieden. Wird der Begriff Quartier trotzdem verwendet, bezieht er sich unmittelbar auf eine Literaturquelle bzw. ein Programm.

## Konstruktion von Nahraum – Nachbarschaft als „menschlicher Maßstab"

Funktionierende Nachbarschaften waren eines *der* Themen des Städtebaus des 20. Jahrhunderts (vgl. Häußermann/Siebel 2004). In der Charta von Athen[2] ist die räumlich-funktionale Entflechtung der städtischen Funktionsbereiche des Wohnens, der Arbeit, der Erholung und des Verkehrs ein zentraler Punkt. Man erhoffte sich, durch die Neu-Gliederung der Wohnbereiche in sogenannte „Neighborhood-Units" (ein 1923 vom Stadtplaner C.A. Perry entwickeltes Konzept, vgl. C.A. Perry 1929 und Hamm 1973) die durch die Folgen der Industrialisierung verschlechterten Wohnbedingungen verbessern zu können[3]. Dabei orientierten sich die Städteplaner und Architekten an den Nachbarschaftsvorstellungen aus den USA der 1920er Jahre, v.a. den Untersuchungen der *Chicago School of Urban Sociology*, die die Stadt als ein Mosaik unterschiedlicher „natural areas" verstand, welche sich als homogene Gemeinschaften auf natürliche Weise auf bestimmte Gebiete in der Stadt verteilten (zur *Chicago School* siehe ausführlich » Basic: Viertel). Die Idee war es, die Stadt (wieder) in übersichtliche Einheiten zu gliedern, das „Menschliche" zum Maßstab und die Großstadt für die Planung wieder bewältigbar zu machen (vgl. Kaltenbrunner 2005).

Diese Idee war nicht neu: bereits Ende des 19. Jahrhunderts formulierte der britische Stadtplaner Ebenezer Howard seine Gartenstadt-Idee, deren Ziel es war, die besten Qualitäten von Stadt und Land zu vereinen (vgl. Eisinger 2006: 46) und das rasante Wachstum der britischen Großstädte in geordnete Bahnen zu lenken, etwa indem Wohngebiete in kleine, überschaubare Einheiten neu strukturiert wurden. Seine Ideen beeinflussten viele städtebauliche Denkbewegungen des 20. Jahrhunderts und wurden in verschiedenen Gartenstädten Europas realisiert.

---

2  Die Charta von Athen wurde 1933 nach dem Kongress zur „funktionalen Stadt" der CIAM verabschiedet. Die CIAM (Congrés Internationaux d'Architecture Moderne) war eine Art Denkfabrik zu den verschiedensten Themen der Architektur und des Städtebaus, initiiert u.a. vom Schweizer Architekten Le Corbusier (vgl. Domhardt 2007)

3  Darüber hinaus sollten sozial homogene Nachbarschaften vermieden werden und im Sinne eines „melting-pots" diesen jeweils auf etwa 5000 Einwohner begrenzten Nachbarschaftseinheiten verschiedenste ethnische Gruppen angehören und dort annähern können (vgl. Häußermann/Siebel 2004).

Abb. 1: Schema zur Erläuterung des Nachbarschaftsprinzips;
Quelle: C.A. Perry 1929: 124

Eine der ersten Kritikerinnen der damals vorherrschende Stadtplanung war Jane Jacobs, die in ihrem 1961 erschienenen Werk „Tod und Leben großer amerikanischer Städte" die Orientierung an der klassischen Moderne und deren Negation von gewachsenen städtischen Strukturen kritisierte. Für die Entstehung „lebendiger Nachbarschaften" benötige es zuallererst ein neues Verständnis städtischer Entwicklung und Planung. Der modernen Stadtplanung aber sprach sie die Fähigkeit ab, die städtische Alltagswelt zu verstehen (Gefahr des sozialen Determinismus!). Jacobs hingegen sah Städte als „Organismen, die voll unerforschter, aber deutlich miteinander verbundener und gewiss begreifbarer Beziehungen sind" (Jacobs 1963: 11).

Heute wird der Begriff der Nachbarschaft seitens der Planung v.a. im Zusammenhang mit Wohnungs(bau)genossenschaften, welche eine Verbindung von persönlicher Eigenverantwortung mit Solidarität innerhalb einer überschaubaren Gemeinschaft (Schwäbisch Hall-Stiftung 2006) versprechen, oder aber auch von sogenannten „Gated Communities" gebraucht. Letztere folgen mitunter der Tradition des „New Urbanism" (oder auch „Traditional Neighborhood Developments"), welcher sich der historischen Kleinstadt als idealisiertes städtisches Model bedient, v.a. um der Entwicklung der vom Individualverkehr abhängigen und zunehmend anonymeren Vorstädte entgegenzuwirken. In diesen durch Zugangsbeschränkung bestimmten Bevölkerungsgruppen vorbehaltenen Wohnsiedlungen herrschen strenge Sicherheitsvorrichtungen und Regeln, was die Pflege und Gestaltung des Hauses oder des Gartens anbelangt. Den Bewohnern und Bewohnerinnen wird mit Einzug nicht nur ein Hausschlüssel übergeben, sondern auch ein vorfabrizierter Lebensstil inkl. dem Versprechen auf Sicherheit und intensive Nachbarschaftsbeziehungen.

**Relativierung einer sozial-determinierten Konstruktion von Nahraum**
Eine bestimmte Architektur kann zwar Kontakt und Kommunikation fördern, die Kontaktbereitschaft der Menschen ist jedoch begrenzt, und allzu viel Nähe kann auch soziale Kontrolle bedeuten und damit zu Konflikten führen. Verschiedene Studien zur Intensität von Nachbarschaftskontakten in neuen Wohngebieten (Häußermann/Siebel 2004: 111f) dämpfen den Optimismus der Planer und Planerinnen, durch Gestaltung einer gebauten Nachbarschaft die sozialen Beziehungen der Bewohnerinnen und Bewohner beeinflussen zu können. Geographische Nähe allein führt nicht gleichsam zu intensiven Sozialbeziehungen. Auch zeigte sich, dass in sozial homogenen Quartieren die Wahrscheinlichkeit intensiver Nachbarschaftsbeziehungen höher ist als dort, wo Heterogenität vorherrscht. Wurde die soziale Leistungsfähigkeit von Nachbarschaften tendenziell überschätzt? In den Überlegungen der Planer und Planerinnen fehlte der *link* zu gewissen Strukturbedingungen moderner Gesellschaften (Hamm 1973) wie beispielsweise die gesteigerten Mobilitäts- und Vernetzungsmöglichkeiten, welche die Bedeutung der unmittelbaren Umgebung verändern und zu einer „Bedeutungsabnahme und zu einer Verarmung der Nahumwelt" (Sieverts 1997: 92) beitragen. Heute ist vor allem die mobile, jüngere Generation nicht mehr an die sozialen Interaktionen vor Ort gebunden. Deren Beziehungsnetzwerk ist weit verteilt und löst sich zunehmend von der direkten baulichen Umgebung (vgl. Lingg/Reutlinger/Stiehler 2009).

## Persönliche Beziehungen im Nahraum – Nachbarschaftsbeziehungen als „alltägliche Unterstützungsform"

Persönliche Beziehungen, wie die der Nachbarschaftsbeziehungen, sind immer in ein Beziehungsgefüge (soziales Netzwerk) eingebettet. Persönliche Beziehungen bleiben jedoch in ihrer Qualität nicht stabil, sie verändern sich im Lebenslauf u.a. hinsichtlich Inhalt, Struktur und Funktion (vgl. Lenz/Nestmann 2009). Entsprechend ist der Mensch als „Baumeister seines Netzwerks" (Fischer 1982) vermehrt darauf angewiesen, seine sozialen Netze selber zu konstituieren und dabei werden neben traditionellen Beziehungen (wie Verwandte) verstärkt auch Beziehungen aus sekundären Kontexten (wie Arbeit) gewählt (vgl. Petermann 2002).

Der klassische Begriff vom Nachbarn und der Nachbarin verweist auf eine persönlich-interaktive Ausgestaltungsform mit Personen, welche in einer wie auch immer gearteten regelmäßigen geographischen Nähe stehen. Nachbarn und Nachbarinnen zeichnen sich primär als zeitnahe und unbürokratische Unterstützungsquelle in alltäglichen Problemsituationen aus (vgl. Günther 2005) und werden vor allem als zentrale Anlaufstelle wahrgenommen, wenn es um die Erfüllung kleinerer Gefälligkeiten, wenig anspruchsvoller praktischer Hilfen und (nicht finanzieller) materieller Unterstützung geht, wahrgenommen (vgl. Günther 2008).

Eine Nachbarschaftsbeziehung wird durch die Beteiligten selbst definiert und ist das Produkt ihrer Eigenleistung. Sie beruht auf Gegenseitigkeit und Freiwilligkeit und setzt entsprechend voraus, „dass man sich wenigstens als Nachbar erkennt und grüßt." (Heidbrink/Lück/Schmidtmann 2009: 100). Dabei unterscheiden sich die „nachhaltigen" Nachbarschaftsbeziehungen u.a. von Freundschaftsbeziehungen derart, dass in letzteren die ganze Person als unabdingbare Beziehungsvoraussetzung gilt, wohingegen sich Nachbarschaftsbeziehungen vor allem auf sehr partielle Persönlichkeitsaspekte beschränken. Enge nachbarschaftliche Beziehungen sind entsprechend selten (vgl. Heidbrink et al. 2009), vielmehr gelten Nachbarschaftsbeziehungen als weniger zeitintensive und verpflichtende „Schönwetter-Beziehungen" (Rohr-Zänker/Müller 1998: 16).

Oftmals verführt der stark handlungsorientiert geprägte Begriff der Nachbarschaftsbeziehung Professionelle der Sozialen Arbeit (u.a. in den Tätigkeitsfeldern Quartiersmanagement und Gemeinwesenarbeit) zu einer Homogenisierung mit der unterstellt wird, dass sozusagen ein existientielles wie durchgängiges Interesse aller Bewohnerinnen und Bewohner aneinander besteht und es lediglich eines Impulses (von Aussen) bedarf, dass Menschen diese Beziehungsform wirklich ausleben und (nachhaltig) pflegen wollen. Das eingangs zitierte kommunale Programm welches darauf abzielt, alle Bevölkerungskreise eines Quartiers gleichermaßen über Projekte und Angebote anzusprechen und zusammenzuführen, offenbart diese beschriebene Tendenz eindrücklich. Mit dem Begriff Nachbarschaftsbeziehung im Sinne dieser nahezu ausschließlichen Fokussierung des sozialen Miteinander *im Nahraum* von Menschen wird also zugleich unterstellt, dass jeder Mensch auch diese Beziehungsform pflegen sollte und entsprechend für diese auch aktivierbar ist (Gefahr eines aktivierbaren Beziehungszwangs).

### Relativierung eines homogenisiert-aktivierbaren Beziehungsgefüges im Nahraum

Anhand von (empirisch zu beobachtenden) Entwicklungen wie: a) der Auflösung der Ortsgebundenheit, b) der Entkopplung alltäglicher Unterstützung und Wohnort sowie c) der alters- und schichtabhängigen Beziehungsrelevanz wird deutlich, dass es den vielfach homogenisiert-aktivierbaren Blick auf die Nachbarschaftsbeziehung unbedingt zu relativieren gilt.

a) Menschen welche hoch mobil sind und theoretisch überall auf der Welt ihre Beziehungsknoten aufbauen und erhalten können, sind nicht auf Nachbarschaftsbeziehungen bzw. ein Engagement im Nahraum angewiesen. Jedoch Menschen, die nicht über die Möglichkeiten eines global playing verfügen, werden verstärkt angehalten ‚sich die sozialen Ressourcen bzw. Kapitalien nutzbar zu machen – d. h. sie werden angehalten sich für Nachbarschaftsbeziehungen zu interessieren bzw. im „Quartier" zu engagieren (vgl. Straus 2002).

b) Durch veränderte Mobilität und gesteigerte Möglichkeiten der Vernetzung (neue Medien) differenzieren sich in modernen Gesellschaften die örtlichen Bezüge sozialer Kontakte immer mehr aus und persönliche Beziehungen erfahren eine neue räumliche Ausgestaltung. So sind aktuell bedeutsame persönliche Beziehungen immer weniger nur im Nahraum verortet, sondern das Netz persönlicher Beziehungen ist zumeist räumlich weit aufspannt.

c) Somit scheint der Nahraum „nur" noch von bestimmten Personen- bzw. Altersgruppen (insbesondere Kinder, alte Menschen sowie Menschen mit Behinderungen) genutzt und belebt, die dort auch vorwiegend in einer erhöhten Kontakt- und Kommunikationsdichte ihre persönlichen Beziehungen leben. Dabei bestehen allerdings in den Gruppen nochmals z.T. erhebliche Unterschiede im Aktionsradius aufgrund sozio-ökonomischem Hintergrund und entsprechend variiert auch die Bedeutung des Nahraums stark (vgl. Reutlinger/Stiehler/Sommer/Lingg 2010).

## Soziale (Nahraum) Arbeit im Verständnis der „relationalen (An)Ordnung"

Wie die oben ausgeführten Relativierungen verdeutlichen, reicht die Fokussierung auf die Konstruktion von Nahraum oder auf die persönlichen Beziehungen im Nahraum nicht (mehr) aus. Vielmehr müssen diese Perspektiven in ein tragfähiges Verhältnis zueinander gesetzt werden, wodurch eine erweiterte dritte Perspektive entsteht, die der Komplexität des Nahraums auch gerecht wird. Dafür ist es zunächst notwendig, Struktur und Handeln im Sinne Giddens (1988) als eine „Dualität" zu fassen. Dies mündet in dem dual zu fassenden Begriff der „Nachbarschaften" (Plural!), mit dem die gegenseitige Bedingtheit von (territorial-gebundener) Nachbarschaft und (persönlich-gestalteter) Nachbarschaftsbeziehungen zum Ausdruck gebracht werden soll. Aus diesen Überlegungen heraus bietet Martina Löws Konzept vom Raum als „relationale (An)Ordnung" (2001) die Möglichkeit, eine Brücke zur Sozialen (Nahraum)Arbeit zu schlagen.

### Dualität der Nachbarschaften

Der Begriff der „Dualität" mit dem Giddens die gegenseitige Bedingtheit von Handeln und Struktur zum Ausdruck bringt, verweist auf einen grundständigen Doppelcharakter. So sind Strukturen (verstanden im Sinne von Raum und Zeit überdauernde Regeln und Ressourcen) einerseits Bedingung als auch Resultat des Handelns. Entsprechend ermöglicht Handeln Strukturen, welche wiederum auf das Handeln rückwirken und dieses auch einschränken können (Giddens 1988). Die Dualität von Handeln und Struktur wird im Sinne Löws durch eine Dualität von Raum erweitert. „Das bedeutet, dass räumliche Strukturen eine Form von Handeln hervorbringen, welche in der Konstitution von Räumen eben jene räumlichen Strukturen reproduziert" (Löw/Steetz/Stoetzer 2007: 95f).

Mit dem Begriff Nachbarschaften soll diese wechselseitige Verwobenheit von sozialem Handeln innerhalb persönlicher Beziehungen (hier gefasst unter dem Begriff Nachbarschaftsbeziehung) und territorial-architektonischen Gegebenheiten (Nachbarschaft) aufgegriffen werden. Entsprechend müssen Nachbarschaften dual verstanden werden, wo geographische Nähe eine notwendige, aber nicht hinreichende Voraussetzung für die Entstehung von Nachbarschaftsbeziehungen darstellt (vgl. Rohr-Zänker/Müller 1998) und territorial-bauliche Einflussfaktoren (vgl. Harloff/Christiaanse/Wendorf/Zillich 1999) erst über das Handeln der/des Einzelnen „zum Leben erweckt" werden, was wiederum u.a. stark von Interessen und Problemen sowie sozialem Status und aktueller Lebensphase der Handelnden abhängig ist (vgl. Heidbrink et al. 2009). Der oftmals konfliktbehaftete Wechsel im Zyklus der Bewohner und Bewohnerinnen sowie übersehene Einflussfaktor Lebensphase auf den subjektiven Maßstab (vgl. Reutlinger et al. 2010) unterstreichen dies.

### Nahraum als relationale (An)Ordnung – Ansatz für eine Soziale (Nahraum)Arbeit

Mit dem Verständnis von Raum als „relationale (An)Ordnung" sozialer Güter und Menschen (vgl. Löw 2001; Löw et al. 2007) gerät einerseits die systematische Unterscheidung vom Angeordneten und dem Anordnenden in den Blick und andererseits die analytisch zu unterscheidenden (sich jedoch im Alltag gleichzeitig bedingenden) Prozesse von „Spacing" und „Synthese" in der Raumkonstitution. Besonders wertvoll erscheint diese „Relationsbildung" für die theoretische Annäherung wie praktische Umsetzung Sozialer (Nahraum)Arbeit, da mit der konstitutiven Prozesshaftigkeit einerseits der Nahraum immer als im sozialen Handeln hergestellt begriffen wird (notwendige Voraussetzung für Soziale (Nahraum)Arbeit) und andererseits die stets komplexe Lokalisierung von Nähräumen analysier- und handhabbar wird (notwendiger Ansatzpunkt für Soziale (Nahraum)Arbeit).

Im relationalen Doppelcharakter liegen also wesentliche Potentiale für eine Soziale (Nahraum)Arbeit, indem sie die Syntheseleistungen der Menschen in den Fokus ihrer Analysen, Interventionen und Evaluationen stellt, ohne den Prozess des Platzierens bzw. des Platziert-Werdens (Spacing) zu überhöhen oder zu vernachlässigen. So ist seitens der Sozialen Arbeit ein Verständnis der Konstitution der sozialen Güter und Menschen als Elemente der Räume und als Resultat der Räume vonnöten (vgl. Löw et al. 2007: 98), um räumliche (An)Ordnungen auch für den Nahraum tatsächlich begreifbar und damit (ganzheitlich) bearbeitbar zu machen. Wenn also der Komplexität des Nahraumes genüge getan werden soll, führt wohl kein Weg an einer sozusagen relational (an)ordnenden Sozialen (Nahraum)Arbeit vorbei.

 **Merksatz**

Eine auf die Konstruktion von Nahraum (physisch) oder den persönlichen Beziehungen im Nahraum eingeschränkte Fokussierung reicht nicht (mehr) aus, um der Komplexität des Nahraums gerecht zu werden. Vielmehr müssen diese Perspektiven auf Nahraum in ein tragfähiges und damit „duales" Verhältnis zueinander gesetzt werden. Für eine Soziale (Nahraum)Arbeit erscheint dabei der Ansatz der relationalen (An)Ordnung von Löw (2001; Löw et al. 2007) gewinnbringend, da mit der konstitutiven Prozesshaftigkeit einerseits der Nahraum immer als im sozialen Handeln hergestellt begriffen wird und andererseits Nähräume in ihren territorial-strukturellen Gegebenheiten analysier- und handhabbar werden.

**Empfohlene vertiefende Literatur**

Häußermann, Hartmut/Siebel, Walter (2004): Stadtsoziologie: Eine Einführung. Frankfurt am Main: Campus Verlag

Kessl, Fabian/Otto, Hans-Uwe (Hrsg.) (2007): Territorialisierung des Sozialen. Regieren über soziale Nahräume. Opladen und Farmington Hills: Verlag Barbara Budrich

Lenz, Karl/Nestmann, Frank (Hrsg.) (2009): Handbuch Persönliche Beziehungen. Weinheim: Juventa

Günther, Julia (2005): Das soziale Netz der Nachbarschaft als System informeller Hilfe. Gruppendynamik und Organisationsberatung 36. 2005. 427-442

Löw, Martina (2001): Raumsoziologie. Frankfurt am Main: Suhrkamp

## Weitere verwendete Literatur

Coleman, James (1991): Grundlagen der Sozialtheorie, Band 1: Handlungen und Handlungssysteme. München: Oldenbourg Verlag

Domhardt, Konstanze Sylva (2008): Die CIAM-Debatten zum Stadtzentrum und die amerikanische Nachbarschaftstheorie: ein transatlantischer Ideenaustausch, 1937-1951/ Dissertation ETH Zürich

Eisinger, Angelus (2006): Die Stadt der Architekten: Anatomie einer Selbstdemontage. Gütersloh: Bauverlag, 2006. (Bauwelt Fundamente; 131. Städtebautheorie und -politik)

Fischer, Claude S. (1982): To dwell among Friends. Personal Networks in Town and City. Chicago: University of Chicago Press

Giddens, Anthony (1988): Die Konstitution der Gesellschaft. Grundzüge einer Theorie der Strukturierung. Frankfurt am Main: Campus

Günther, Julia (2009): Nachbarschaft und nachbarschaftliche Beziehungen. In Lenz/Nestmann (2009): 445-464

Harloff, Hans Joachim/Christiaanse, Kees W./Wendorf, Gabriele/Zillich, Klaus (1999): Die Bedeutung von Wohngruppen für die Bildung nachhaltiger Konsummuster. Forschungsbericht aus der Abteilung Psychologie im Institut für Sozialwissenschaften der Technischen Universität Berlin, Nr. 1-99

Hamm, Bernd (1973): Betrifft: Nachbarschaft. Verständigung über Inhalt und Gebrauch eines vieldeutigen Begriffs. Düsseldorf: Bertelsmann

Heidbrink, Horst/Lück, Helmut E./Schmidtmann, Heide (2009): Psychologie sozialer Beziehungen. Stuttgart: Kohlhammer Verlag

Howard, Ebenezer (1902): Garden Cities of Tomorrow. London: Sonnenschein & Co. (republished 2008 by Forgotten Books)

Jacobs, Jane (1961): The Death and Life of Great American Cities, New York: Random House; dt. Übers.: Tod und Leben großer amerikanischer Städte, Berlin: Ullstein 1963 (Zitate folgen der deutschen Ausgabe)

Kaltenbrunner, Robert (2005): Kommt gute Nachbarschaft für alle über den Städtebau ins Quartier? Vortrag auf der Veranstaltung „Neue Nachbarschaftsmodelle" der Landesvereinigung für Gesundheit Niedersachsen e.V 08.09.2005. download: http://www.gesundheit-nds.de/downloads [10.06.2010]

Kessl, Fabian/Reutlinger, Christian (2007): Sozialraum. Eine Einführung. Wiesbaden: VS Verlag für Sozialwissenschaften

Keupp, Heiner (1998): Chancen des Umbruchs – das soziale Kapital Deutschlands. In: Röhrle, Bernd/Sommer, Gert/Nestmann, Frank (1998): 279-296

Lingg, Eva/Reutlinger, Christian/Stiehler, Steve (2009): Nachbarschaft. Ein Mörtel ohne Kalk. In Modulør – Architektur, Immobilien, Recht, Urdorf: Boll Verlag AG: 32-38. download: http://issuu.com/boll_verlag/docs/modulor_1_09 [22.04.2010]

Löw, Martina/Steets, Silke/Stoetzer, Sergej (2007): Einführung in die Stadt- und Raumsoziologie. Opladen: Budrich

Perry, Clarence Arthur (1929): Planning A Neighborhood Unit: Principles Which Would Give Added Character, Convenience and Safety to Outlying Sections of Cities. In : American City. 1929. Bd. 41/Nr.3: 124-127

Petermann, Sören (2002): Persönliche Netzwerke in Stadt und Land. Siedlungsstruktur und soziale Unterstützungsnetzwerke im Raum Halle/Saale. Wiesbaden: Westdeutscher Verlag

Reutlinger, Christian/Stiehler, Steve/Sommer, Antje/Lingg, Eva (2010) i. E.: Neue Nachbarschaften in der S5-Stadt. Von der Metamorphose der nachbarschaftlichen Beziehungen im Quartier. download: http://www.s5-stadt.ch

Röhrle, Bernd/Sommer, Gert/Nestmann, Frank (1998) (Hrsg.): Netzwerkintervention. Tübingen: DGVT-Verlag

Rohr-Zänker, Ruth/Müller, Wolfgang (1998): Die Rolle von Nachbarschaften für die zujkünftige Entwicklung von Stadtquartieren. Expertise im Auftrag der Bundesforschungsanstaltu für Landeskunde und Raumordnung. download: http://www.stadtregion.net/fileadmin/downloads/Rolle_von_Nachbarschaften.pdf

Schnur, Olaf (2003): Lokales Sozialkapital für die soziale Stadt. Politische Geographien sozialer Quartiersentwicklung am Beispiel Berlin-Moabit. Wiesbaden: VS Verlag für Sozialwissenschaften

Sieverts, Thomas (1997): Zwischenstadt. Zwischen Ort und Welt, Raum und Zeit, Stadt und Land. Braunschweig: Vieweg (Bauwelt Fundamente; 118)

Straus, Florian (2002): Netzwerkanalysen. Gemeindepsychologische Perspektiven für Forschung und Praxis. 2001. Wiesbaden: Deutscher Universitäts-Verlag

http://www.sozialestadt.de; [04.11.2009]

Markus Schroer | Jessica Wilde

# Ort

„Das Quartier, der Stadtteil ist in doppeltem Sinne ein Bildungsort: als Lebensraum für Kinder und Jugendliche ist er der Ort, an dem sie erste und vielfältige kognitive und soziale Erfahrungen machen können, gleichzeitig ist er ein Ort, an dem Bildungs- und Entwicklungschancen von Kindern und Jugendlichen räumlich unterschiedlich verteilt sind. (…) Es geht darum, den Stadtteil als Ort der Bildung und Erziehung zu stärken (…)" (Stiftung SPI 2005: 22).[1]

### Der Ort in der sozialen Arbeit: Lern- und Bildungsorte

Im Zuge des *spatial turn* in der Sozialen Arbeit hat sich auch die Kinder- und Jugendhilfe für eine Sozialraumorientierung (» Basic: Sozialraum) geöffnet. Im Schnittfeld von Sozialer Arbeit und Stadtentwicklung wirft sie mit der Formel „Orte der Bildung im Stadtteil" die Frage nach der „Stadt als Bildungsraum", als „Ort der Bildung und Erziehung" (Stiftung SPI 2005: 22) auf und macht diesen zum Bezugspunkt sozialpädagogischer Praxis. Der Stadtteil als Lebensraum (» Basic: Lebensraum) von Jugendlichen ist dabei von zweierlei Interesse: zum einen als Wohnort, mit dem spezifische Bedingungen der Persönlichkeitsentwicklung von Jugendlichen einhergehen, zum anderen als Ort, an dem die Bildungs- und Entwicklungschancen von Jugendlichen räumlich unterschiedlich verteilt sind (» Basic: Brennpunkt). Als „Gemeinschaftsstrategie" (Stiftung SPI 2005: 4), die auf die Vernetzung und Kooperation lokaler Angebotsformen, mithin auf

---

1 Dieses Zitat wurde einem Werkstattgespräch im Rahmen des Programms „Entwicklung und Chancen junger Menschen in sozialen Brennpunkten" (E&C) mit dem Titel „Orte der Bildung im Stadtteil" entnommen und soll hier als Beispiel für die Verwendung des Ortsbegriffs in der sozialraumorientierten Kinder- und Jugendhilfe dienen. Bezugspunkte des E&C-Programms sind spezifische territoriale Einheiten: Stadtteile oder Straßenzüge, die infrastrukturell unterversorgt und mit Blick auf die Sozialstruktur „in der Regel alle Kriterien sozialer Benachteiligung erfüllen" (Projekt Netzwerke im Stadtteil 2005: 8).

die Verantwortung der Kommune setzt, hat das Programm die Verbesserung der Teilhabechancen und sozialen Lagen von Jugendlichen zum Ziel.

Mit der Rede von der Stadt als Bildungsort schließt diese raumorientierte Strategie somit an einen aktuellen Diskurs innerhalb der Sozial- und Bildungspolitik an, der es vor allem um die Etablierung von so genannten Bildungslandschaften (» Basic: Landschaft) geht. Angebotsstrukturen sollen ihre Grenzen von speziellen Bildungsinstitutionen hin zu einer Vielfalt an Bildungsorten- und Angeboten erweitern (vgl. Mack 2008). Betont wird die Bedeutung des *informellen* Lernens für die Bildung des Subjekts (vgl. Rauschenbach/Düx/Sass 2006). Nach dem Motto „Flucht aus der Anstalt" (Faulstich 2009) wird Bildung als ein umfassender Prozess der Persönlichkeitsentwicklung gefasst, wobei eine neue Vielfalt an Lernorten Bildungsbenachteiligungen, wie sie unter anderem durch die „konservative Schule" (Bourdieu 2001: 25) perpetuiert werden, abbauen soll. So fordert z. B. auch der 12. Kinder- und Jugendbericht, dass die Bedeutung formaler Bildungsinstitutionen relativiert, der Blick „für neue und andere Lernorte und Bildungsangelegenheiten" und somit für eine „Entgrenzung von Bildungsorten" geöffnet wird (Deutscher Bundestag 2005: 333).

Am Beispiel der Diskussion um informelle Bildungsprozesse wird deutlich, in welch vielfältiger Weise vom Ort als räumlicher Bezugseinheit bereits Gebrauch gemacht wird. So rückt der Ort als konkrete territoriale Einheit (der Stadtteil als Ort) in den Blick, ferner als Ort der Subjektkonstitution (Ort der Bildung des Subjekts); schließlich wird in der Diskussion um informelle Bildung die Frage nach dem gesellschaftlichen Ort Sozialer Arbeit aufgeworfen, getreu der klassischen Definition Gertrud Bäumers, Sozialpädagogik sei „alles, was Erziehung, aber nicht Familie und nicht Schule ist" (Bäumer zitiert nach Rauschenbacher/Züchner 2005: 150).

## Historische Verwendungsweisen des Begriffs: Soziale Arbeit und ihre Ortsbezüge

Diese auf den ersten Blick breite Präsenz der Rede vom Ort in den programmatischen Konzeptionen sozialraumorientierter Sozialer Arbeit steht in Kontrast zum historischen Stellenwert des Begriffs im theorie-konzeptionellen Diskurs. So konstatiert Michael Winkler in seiner Theorie der Sozialpädagogik, dass es sich bei dem Begriff Ort weder um einen explizit eingeführten Terminus innerhalb der theoretischen Debatten der Sozialpädagogik handelt, noch um ein „herausragende[s] Element in der alltagssprachlichen Kommunikation von Angehörigen des sozialen Sektors" (Winkler 1988: 265). Entsprechend sucht man in diversen Fachlexika vergeblich nach einem Eintrag zum Konzept Ort. Gleichwohl begleitet der Ort die sozialarbeiterische Praxis schon seit ihren Anfängen: Historisch betrachtet ist die konkrete „Lokalisation sozialer Arbeit" (Kessl/ Maurer 2005: 113f) – ihr „Ortsbezug" – ein zentrales Charakteristikum des sich im 19. Jahrhundert ausdifferenzierenden sozialen Sektors (ebd.). Prozesse der Institutionalisierung öffentlicher Versorgungs- und Unterstützungsinstanzen waren stets auch Prozesse ihrer territorialen Verortung. Somit ist der Ort insofern konstitutiv für Soziale Arbeit, als sie ihr Interventionshandeln an spezifischen Ortseinheiten ausrichtet (vgl. Kessl/Krasman 2005: 236).

Mit der Neuordnung des räumlichen Modells nationalstaatlicher Integration im Zuge der Globalisierung ist diese Strategie der „Territorialisierung" (Kessl/ Otto 2007) an die zentrale Stelle einer sozialraumorientierten Sozialen Arbeit gerückt. Das „Regieren über soziale Nahräume" (ebd.) bestimmt sozialpolitische Programmierungen (vgl. Kessl/Krasmann 2005), so dass kleinräumige Einheiten – lokale Gemeinschaften, Stadtteile, Nachbarschaften – zum primären Bezugspunkt sozialarbeiterischer Praxis werden (Gefahr der Territorialisierung des Sozialen »Einleitung]. Im Anschluss an die gemeinwesenarbeits- und lebensweltorientierten (»Basic: Lebenswelt) Zugangsweisen (vgl. Thiersch 1992), die sich in Folge der Kritik an der Institutionalisierung und Bürokratisierung sozialpädagogischer Handlungsvollzüge seit den 1970er und -80er Jahren etabliert haben, geht es einer sozialraumorientierten Sozialen Arbeit meist um das lokale Umfeld der Betroffenen, um die Lebensbedingungen „vor Ort", die zum zentralen Bezugspunkt sozialpolitischer Strategien avancieren. Und in der Tat tritt der Begriff Ort in sozialpolitischen Programmen zunächst in Gestalt der Formel „vor Ort" in Erscheinung: Es gilt, soziale Probleme „vor Ort" zu behandeln, Interventionsmaßnahmen müssen „vor Ort" ansetzen und in Zusammenarbeit mit den Akteuren „vor Ort" umgesetzt werden.

## Der Ort als Grundbegriff einer Theorie der Sozialpädagogik

Obgleich bisher nicht explizit als Zentralbegriff des theorie-konzeptionellen Diskurses ausgewiesen, konkretisiert sich nach Winkler im Begriff des Ortes eine „Kernidee" (Winkler 1995: 113) sozialpädagogischer Theoriebildung und Praxis, die ein bestimmtes Sinnverständnis sozialpädagogischen Handelns beinhaltet, das als Wahrnehmungsfolie ein Kernelement der „Grammatik des Diskurses" (ebd.: 108) über Sozialpädagogik seit ihren Anfängen ausmacht. Winkler ernennt somit zusammen mit der Kategorie des Subjekts den Ort zum Grundbegriff, zum paradigmatischen Kern der Disziplin (vgl. Winkler 1988: 263ff). Im Zusammenspiel ermöglichen die Begriffe Subjekt und Ort erst die Bestimmung der „Problem- und Handlungsstruktur der Sozialpädagogik" (Winkler 1995: 113), mit anderen Worten: die Zielsetzung und Gegenstandsbestimmung der Disziplin. Demnach ist es die Aufgabe sozialpädagogischer Praxis, Lebensbedingungen zu schaffen, welche dem Individuum Lern- und Entwicklungsmöglichkeiten eröffnen, die es ihm ermöglichen, Ausgrenzungsprozesse zu durchbrechen. Der Rahmen dafür ist der „sozialpädagogisch geschaffene Ort" (Winkler 1988: 278). Sozialpädagogische Reflexion beginnt erst mit der Überlegung, „wie ein Ort beschaffen sein muß, damit ein Subjekt als Subjekt an ihm leben und sich entwickeln kann, damit er auch als Lebensbedingung vom Subjekt kontrolliert wird" (ebd.).

Bereits die Theorieentwürfe des 19. und frühen 20. Jahrhunderts machten den Ort zum Bezugspunkt einer gestaltenden und eingreifenden Sozialpädagogik. Vor allem in den gemeinschaftsorientierten Konzeptionen idealistischer Theorieprojekte nimmt der pädagogische Ort „als *künstlicher* Ort der Erziehung" (Kessl/Maurer 2005: 114) besondere Bedeutung an: Sei es die „Anstaltsfamilie" eines Johann Heinrich von Wichern, die „häusliche Wohnstube" eines Johann Heinrich Pestalozzi oder das im Rahmen der „settlements"-Bewegung gegründete „Hull House" einer Jane Addams (vgl. Engelke 2002, May 2008: 61ff) – stets ging es um den Ort als einen geschützten Entwicklungs- und Erziehungsraum, der gleichsam als Fluchtort im Angesicht sozialer Verwerfungen der industrie-kapitalistischen Gesellschaft diente. In dieser Verwendungstradition paart sich der Ortsbegriff mit dem Gemeinschaftsbegriff, da erst der Ort den Raum zur Verfügung stellt, in dem „Gesellschaft als Gemeinschaft" organisiert werden kann (Kessl/Reutlinger 2007: 77ff).

Löst man sich von den kulturkritischen Untertönen der konzeptionellen Entwürfe des ausgehenden 19. Jahrhunderts und fragt nach Verbindungslinien zwischen Winklers sozialpädagogisch verankerten Einforderung des „Primat[s] des ortsbezogenen Handelns" (Winkler 1988: 266) und (sozial)raumbezogenen Vorgehensweisen in den Feldern Sozialer Arbeit, so scheint sich der Kreis verschiedener Verwendungsweisen des Ortsbegriffs zu schließen: Analog der von Winkler anvisierten Aufgabe der „Etablierung von Lebensorten" (ebd.) fragt eine auf räumliche Zusammenhänge bezogenen Soziale Arbeit mithin nach Möglichkeiten der *Ortsgestaltung*. Räume sind „nicht bloß hinzunehmende Faktoren" (ebd.: 267), sondern bedürfen der Gestaltung als (z.B. städtische) Entwicklungsräume für Kinder und Jugendliche. Der Ort wird also zu einem der zentralen Zugänge, über die Einfluss auf sozialräumliche Zusammenhänge geübt werden soll, wobei Ortsgestaltung bis hin zur konkreten Neugestaltung der physischen Beschaffenheit von Orten (z.B. Neugestaltung von Spielplätzen, Beleuchtung von Unterführungen) reichen kann (vgl. dazu die Einleitung in diesem Band).

## Ort und Sozialraum – eine kritische Bestandsaufnahme aus raumsoziologischer Perspektive

Es ist festzuhalten, dass bei der aktuellen Rede vom Ortsbezug Sozialer Arbeit weiterhin in erster Linie die konkrete Verortung sozialraumorientierter Maßnahmen gemeint ist. Der Raumbezug von Programmen verkürzt sich auf den Ort und die an ihm lebende Bevölkerung, die auf Grund der nahräumlichen Fixierung der Perspektive Gefahr läuft, als Gemeinschaft missverstanden zu werden (Gefahr der Homogenisierung » Einleitung). Auch in der soziologischen Theoriebildung findet sich dieses Leitmotiv der Verteidigung des Ortes als Sitz sozialintegrativer Nahverhältnisse wieder, die gegen die mit der Globalisierung verbundenen Entgrenzungsprozesse in Stellung gebracht werden (vgl. Schroer 2006). Diese „Privilegierung der Nähe und des Ortes" (ebd.: 11) findet sich paradigmatisch bereits bei Ferdinand Tönnies, bei dem die „Gemeinschaft des Ortes" (ebd.: 74) zur Keimform der durch die Gesellschaft bedrohten Gemeinschaft stilisiert wird.

Doch bereits ein flüchtiger Blick in die raumtheoretischen Überlegungen soziologischer Klassiker zeigt, dass eine Reduzierung des Raums auf den Ort, die das Soziale an den Nahraum bindet (» Basic: Nahraum), in die Falle tappt, am Wesentlichen vorbeizugehen. So sprach bereits Emile Durkheim davon, dass die sozialstrukturelle „Art der Gruppierung von Menschen", die mit der modernen, individualisierten Gesellschaft einhergeht, von der „räumlichen Verteilung der Bevölkerung sehr verschieden" sein kann (Durkheim 1984: 245). Mit der Moderne wird die alternativlose Bindung an den Ort aufgegeben. Auch Georg Simmel macht für die moderne Gesellschaft die Bedeutungslosigkeit räumlicher Verortung geltend: Für ihn ist es die „Gleichgültigkeit gegen das räumlich Nächste" und die „enge Beziehung zu räumlich sehr Entferntem" (Simmel 1992: 718), die das Leben in der modernen Großstadt charakterisieren. Die Unfähigkeit, die „Nichtzugehörigkeit des räumlich Nahen" zu denken, wird bei ihm gar zu einem Kennzeichen eines „primitiven Bewusstseins" (ebd.).

Darüber hinaus findet sich bereits bei Simmel eine erste Grundlegung für einen konstruktivistischen Raumbegriff, der Raum als eine vorsoziologische Kategorie verabschiedet. Räumliche und soziale Formationen werden in ihrer wechselseitigen Konstitution analysiert, wobei Simmel bewusst Argumentationen widerspricht, die den physisch-materiellen Raum an sich zur Ursache von sozialen Phänomenen machen (vgl. Schroer 2006: 61ff). Eine Sozialraumorientierung in der Sozialen Arbeit, die sich derart auf den Ort als gleichsam materiellen Hintergrund von Handlungsvollzügen bezieht, läuft somit Gefahr, den Ort zu substantialisieren (Gefahr des Geodeterminismus und der Verdinglichung » Einleitung). So wird der Ort entweder als dem Handeln vorgängig konzeptionalisiert, oder der Ort wird – in Anknüpfung an eine Behälter-Auffassung vom Raum – als sozialpädagogisch zu gestaltender Rahmen für menschliche Interaktionen und Erziehungsprogramme gedacht. Der Ort ist in dieser Perspektive ein Container, indem sich soziale Problemlagen verdichten oder in dem sich sozialpädagogische Arbeit an den Individuen vollziehen kann. Der Sozialraum wird zudem implizit mit den territorialen Einheiten, auf die sich die Maßnahmen beziehen, gleichgesetzt. Diese Fallen lassen sich jedoch leicht umgehen, wirft man einen genaueren Blick auf die raumsoziologischen Überlegungen desjenigen Theoretikers, auf den die theoretische Ausarbeitung des Sozialraumkonzepts maßgeblich zurückgeht.

## Ausflug in die Raumsoziologie Pierre Bourdieus: Der physische und der soziale Ort

Die Schwierigkeit eines adäquaten Gebrauchs des Sozialraum-Konzepts in der Sozialen Arbeit scheint unter anderem darin zu liegen, dass der physische und der soziale Raum nur unzureichend konzeptionell voneinander unterschieden werden. So hält auch Bourdieu in seinen Überlegungen zum Verhältnis von sozialem und physischem Raum fest: „[N]ichts ist schwieriger, als aus dem reifizierten sozialen Raum herauszutreten, um ihn nicht zuletzt in seiner Differenz zum sozialen Raum zu denken" (Bourdieu 1991: 27). Grundlegende These Bourdieus ist, dass sich die Sozialstruktur in Form räumlicher Gegensätze manifestiert: Der soziale Raum hat „die Tendenz (…) sich mehr oder weniger strikt im physischen Raum (…) niederzuschlagen" (ebd.: 25). Von eigentlichem Interesse ist somit der „angeeignete physische Raum", der „als eine Art spontaner Metapher des sozialen Raums" (ebd.) die objektiven strukturellen Gegebenheiten zum Ausdruck bringt. Entsprechend kommt der Ort im angeeigneten Raum zweimal vor: zum einen als „„Stelle" oder „Platz" (»Basic: Platz), an dem Menschen „als biologisch individuierte Körper (…) örtlich gebunden" sind (ebd.), zum anderen als soziale Position, „als Stelle innerhalb einer Rangordnung" (ebd.). Unterschieden wird also zwischen dem physischen Ort und einem sozialen Ort, wobei sich die Positionen innerhalb des sozialen Raums wechselseitig durch ihre sozialen Abstände zueinander definieren.

Da sich die Struktur des sozialen Raums in räumlichen Gegensätzen manifestiert, wird der „von einem Akteur eingenommene Ort und sein Platz im angeeigneten physischen Raum" zum „hervorragenden Indikator für seine Stellung im sozialen Raum" (ebd.), die wiederum abhängig ist von der Ausstattung eines jeden Akteurs mit ökonomischen, sozialem und kulturellen Kapital. Dass der soziale Raum stets ein hierarchisierter Raum ist, spiegelt sich in der räumlichen

Ungleichverteilung von Gütern und Dienstleistungen sowie in der unterschiedlichen, vom Kapital eines jeden Akteurs abhängigen, Chance, sich diese Güter und Dienstleistungen anzueignen (ebd.: 28).

## Konsequenzen für die Soziale Arbeit: Sozialraum und Ort getrennt denken

Will man dem Anspruch Sozialer Arbeit gerecht werden, das Soziale wieder gestalt- und handhabbar zu machen, wie er in der Einleitung zu diesem Band formuliert wurde, so darf nicht vergessen werden, dass es – folgt man Bourdieus Konzeptionalisierung des sozialen Raums – mit einer Betrachtung der Verhältnisse „vor Ort" und einer einfachen Veränderung von Orten, Wohnvierteln und Straßenzügen nicht getan ist. Vielmehr müsste eine an Bourdieu angelehnte Sozialraumanalyse folgende Aspekte beachten:

1. Denkt man den „angeeigneten physischen Raum" in seiner Differenz zum sozialen Raum (differenziert man also zwischen physischer Verortung und sozialer Positionierung) und analysiert man diesen tatsächlich in relationaler Sicht anstatt ihn in absoluten Begriffen zu fassen, so müsste eine sozialraumorientierte Soziale Arbeit die Ausrichtung ihrer Programme an konkreten Ortseinheiten aufgeben. Sozialer Raum und Ort als territoriale Einheit sind von ihren Grenzen her eben nicht deckungsgleich: Die lokalen Gemeinschaften, die zur Bezugseinheit von Interventionsmaßnahmen werden, müssen den Milieus des sozialen Raums nicht entsprechen. Vielmehr muss berücksichtigt werden, dass z.B. die BewohnerInnen eines Stadtteils sich zwar physisch nah, im sozialen Raum jedoch weit voneinander entfernt sein können.

2. Bourdieu warnt ausdrücklich vor einer „substantialistischen Verkennung von *Orten*" (Bourdieu 1997: 159). Der Analysierende läuft Gefahr zu übersehen, dass „das Wesentliche des vor Ort zu Erlebenden und zu Sehenden" (ebd.: 159) seinen Kern ganz woanders hat. Eine Sozialraumanalyse sollte sich demnach nicht darin erschöpfen, „sich die ganze Sache einfach einmal ‚aus der Nähe' anzusehen", sondern erfordert eine „stringente Analyse der Wechselbeziehungen zwischen den Strukturen des Sozialraums und jenen des Physischen Raums" (ebd.). Für eine sozialraumorientierte Sozialarbeit, die sich der Ungleichverteilung von Bildungs- und Lebenschancen im städtischen Raum widmet, stellt sich dadurch die Aufgabe, soziale Problemlagen nicht geographisch, sondern über Kapital-Unterschiede aufzuschlüsseln. Exklusion ist im Sinne „ungleicher Nutzungs- und Aneignungsmöglichkeiten von Orten" (Kessl/Reutlinger 2007: 104) zu begreifen.

Gemäß der Bourdieuschen Formel, nach der man „jeweils das Paris (oder die Stadt, in der man wohnt) entsprechend seinem eigenen ökonomischen, aber auch kulturellen und sozialen Kapital" habe (Bourdieu 1991: 31), müsste eine sozialraumorientierte Kinder- und Jugendhilfe, wie sie eingangs angeführt wurde, demnach die Positionen, die die Jugendlichen anhand ihrer Ausstattung mit Kapital im sozialen Raum einnehmen, in den Blick nehmen. Bei der Einrichtung von Bildungs- und Lernorten gälte es die Einsicht Bourdieus zu berücksichtigen, dass es der Mangel an Kapital ist, der die „Erfahrung der Begrenztheit" verstärkt und dadurch „an einen Ort [kettet]" (Bourdieu 1997: 164). Das auf den Ort bezogene Handeln hätte in diesem Fall das Ziel, an der „Erfahrung der Begrenztheit" anzusetzen und somit die Logik der – von Bourdieu *Amor Fati* genannten – Anpassung von objektiven Chancen und subjektiver Erwartung der Akteure zu durchbrechen.

Dies würde den Fokus umlenken von der Ausrichtung der bisherigen Sozialraumorientierung an den territorialen Zuschnitten ihrer Maßnahmen auf die „Naturalisierungseffekte" (Bourdieu 1991: 26), die durch Einschreibung des Sozialen in den physischen Raum sowie in die Habitus der Betroffenen zustande kommen. Eine sozialpädagogisch ausgerichtete Soziale Arbeit hätte dann in der Tat den von Winkler formulierten Auftrag erfüllt, dem Betroffenen einen „pädagogischen Ort" zur Verfügung zu stellen, an dem das Subjekt die Möglichkeit bekommt, sich Ressourcen, Eigenschaften und Fähigkeiten (Kapital) anzueignen, die es ihm erlauben, „sich einen Weg in die Gesellschaft zu bahnen" (Winkler 1988: 283) – in den Worten Bourdieus: an den sozialen Spielen wieder teilzunehmen und von einem Ort im sozialen Raum aus eine „soziale Laufbahn" einzuschlagen (Bourdieu 1991: 29).

## ✎ Merksatz

Die soziale Hierarchie von Orten im sozialen Raum schreibt sich in die Strukturen des angeeigneten physischen Raums ein, indem Akteure örtlich gebunden werden. Soziale Hierarchien machen sich hier bemerkbar durch eine räumliche Ungleichverteilung von Gütern, Dienstleistungen und den ungleichen Aneignungsvermögen sozialer Akteure. Bei der Konzeptualisierung sozialarbeiterischer Programme ist demnach zu beachten, dass Phänomene, welche scheinbar mit dem physischen Raum verknüpft sind, in Wirklichkeit auf ökonomische und soziale Differenzen zurückzuführen sind, die nur bedingt durch einfache Ortsgestaltungen behoben werden können. Maßnahmen, wie z. B. die Einrichtung von Bildungs- und Lernorten, müssen vielmehr an der Kapitalausstattung und -struktur der Betroffenen ansetzen, da diese für die Verortung und Ortswechsel im sozialen Raum ausschlaggebend sind.

**Empfohlene Literatur zur Vertiefung**

Bourdieu, Pierre (1991): Physischer, sozialer und angeeigneter physischer Raum. In: Wentz (Hrsg.) (1991): 25-33
Kessl, Fabian/Reutlinger, Christian (2007): Sozialraum. Eine Einführung. Wiesbaden: VS Verlag für Sozialwissenschaften
Schroer, Markus (2006): Räume, Orte, Grenzen. Auf dem Weg zu einer Soziologie des Raums. Frankfurt am Main: Suhrkamp

## Weitere verwendete Literatur

Alisch, Monika/May, Michael (Hrsg.) (2008): Kompetenzen im Sozialraum. Sozialraumentwicklung und -organisation als transdisziplinäres Projekt. Opladen: Budrich
Bourdieu, Pierre (1997): Ortseffekte. In: Bourdieu et al. (1997): 159-167
Bourdieu, Pierre et al. (1997): Das Elend der Welt. Zeugnisse und Diagnosen alltäglichen Leidens an der Gesellschaft. Konstanz: UVK
Bourdieu, Pierre (2001): Wie die Kultur zum Bauern kommt. Über Bildung, Schule und Politik. Schriften zu Politik & Kultur 4. Hamburg: VSA-Verlag
Coelen, Thomas/Otto, Hans-Uwe (Hrsg.) (2008): Grundbegriffe Ganztagsbildung: das Handbuch. Wiesbaden: VS Verlag für Sozialwissenschaften
Deutscher Bundestag (Hrsg.) (2005): Bericht über die Lebenssituation junger Menschen und die Leistungen der Kinder- und Jugendhilfe in Deutschland. Zwölfter Kinder- und Jugendbericht – und Stellungnahme der Bundesregierung. Drucksache 15/6014. Berlin
Engelke, Ernst (2002): Theorien der Sozialen Arbeit. Eine Einführung. Freiburg im Breisgau: Lambertus-Verlag
Faulstich, Peter (2009): Lernort – Flucht aus der Anstalt. In: Faulstich/Bayer (Hrsg.) (2009): 7-29
Faulstich, Peter/Bayer, Mechthild (Hrsg.) (2009): Lernorte: Vielfalt von Weiterbildungs- und Lernmöglichkeiten. Hamburg: VSA-Verlag
Kessl, Fabian/Krasmann, Susanne (2005): Sozialpolitisch Programmierungen. In: Kessl/Reutlinger/Maurer/Frey (Hrsg.) (2005): 227-246
Kessl, Fabian/Maurer, Susanne (2005): Soziale Arbeit. In: Kessl/Reutlinger/Maurer/Frey (Hrsg.) (2005): 129-110
Kessl, Fabian/Reutlinger, Christian/Maurer, Susanne/Frey, Oliver (Hrsg.) (2005): Handbuch Sozialraum. Wiesbaden: VS Verlag für Sozialwissenschaften
Kessl, Fabian/Otto, Hans-Uwe (Hrsg.) (2007): Territorialisierung des Sozialen. Regieren über soziale Nahräume. Opladen: Budrich
Mack, Wolfgang (2008): Bildungslandschaften. In: Coelen/Otto (Hrsg.) (2008): 741-749
May, Michael (2008): Sozialraumbezüge Sozialer Arbeit. In: Alisch/May (Hrsg.) (2008): 61-84
Projekt „Netzwerke im Stadtteil" (Hrsg.) (2005): Grenzen des Sozialraums. Kritik eines Konzepts-Perspektiven für Soziale Arbeit. Wiesbaden: VS Verlag für Sozialwissenschaften

Rauschenbach, Thomas/Düx, Wiebken/Sass, Erich (Hrsg.) (2006): Informelles Lernen im Jugendalter. Vernachlässigte Dimensionen der Bildungsdebatte. Weinheim und München: Juventa Verlag

Rauschenbacher, Christian/Züchner, Ivo (2005): Theorien der Sozialen Arbeit. In: Thole (Hrsg.) (2005): 139-160

Stiftung Sozialpädagogisches Institut Berlin (2005): Orte der Bildung im Stadtteil. Dokumentation des Werkstattgesprächs am 2. Februar http://www.eundc.de/pdf/42000.pdf; Stand: 15.11.2009

Sünker, Heinz (Hrsg.) (1995): Theorie, Politik und Praxis sozialer Arbeit. Einführung in Diskurse und Handlungsfelder der Sozialarbeit, Sozialpädagogik. Bielefeld: Kleine

Thiersch, Hans (1992): Lebensweltorientierte Soziale Arbeit. Aufgaben der Praxis im sozialen Wandel. Weinheim und München: Juventa Verlag

Thole, Werner (Hrsg.) (2005): Grundriss soziale Arbeit: ein einführendes Handbuch. Wiesbaden: VS Verlag für Sozialwissenschaften

Wentz, Martin (Hrsg.) (1991): Stadt-Räume. Frankfurt am Main: Campus

Winkler, Michael (1988): Eine Theorie der Sozialpädagogik: über Erziehung als Rekonstruktion der Subjektivität. Stuttgart: Klett-Cotta

Winkler, Michael (1995): Bemerkungen zur Theorie der Sozialpädagogik. In: Sünker (Hrsg.) (1995): 102-119

Caroline Fritsche

# Platz

Anlässlich der Entfernung von Sitzbänken aus dem öffentlichen Raum einer grösseren Schweizer Stadt im Jahr 2009 betonen verschiedene städtische Abteilungen auf Nachfrage von Journalisten, dass dies keine Strategie gegen den Aufenthalt bestimmter Gruppen an diesen Orten sei.
In der Presse äußerte sich ein Vertreter der Stadtverwaltung dahingehend, dass die Nutzung eines Platzes durch verschiedene Gruppen die „wirksamste Strategie gegen eine Verwahrlosung öffentlicher Anlagen" sei. Eine alleinige Nutzung durch eine Gruppe sei problematisch, „unabhängig davon, ob es sich hierbei nun um Randständige handle oder um andere platzgreifende Gruppen, wie etwa Fussballspieler." (Artikelausschnitt aus einer Schweizer Tageszeitung vom 03.08.2009).

## Platz (nicht nur) in der Sozialen Arbeit

Sowohl im allgemeinen Sprachgebrauch wie auch in der Sozialen Arbeit zählen z. B. Kindergartenplatz, Schulplatz, Heimplatz, Ausbildungsplatz oder Arbeitsplatz zu gebräuchlichen Begriffspaaren. An dieser Stelle sollen jedoch zunächst drei andere Verwendungsweisen angesprochen werden, die ebenfalls eine Relevanz für die Soziale Arbeit besitzen – die Fremdplatzierung, der Platzverweis bei häuslicher Gewalt und der Platzverweis im öffentlichen Raum.

### Fremdplatzierung

Der Begriff der Fremdplatzierung bzw. Fremdunterbringung zählt zu den Fachtermini in der Sozialen Arbeit. „Gemeint ist mit dem Begriff die „Platzierung" eines Kindes oder Jugendlichen außerhalb der Herkunftsfamilie zum Zweck der Pflege, Versorgung und Erziehung an einem hierfür eingerichteten „besonderen Ort" (...)" (Blandow 2007: 355, Anführungszeichen im Original). Mit einer Fremdplatzierung wird demnach dem Kind oder dem/der Jugendlichen ein besonderer und damit auch implizit *besserer oder geeigneterer* Ort zugewiesen, wenn sich der bisherige Ort aus „objektiv notwendigen Gründen" (ebd.: 355) als ungeeignet herausgestellt hat (» Basic: Ort). Ein solcher besserer Ort kann entweder bei betreuten Wohngruppen, Heimen oder Pflegefamilien für eine unterschiedlich lange Dauer (wenige Wochen bis zu mehreren Jahren bis zur Volljährigkeit) gefunden werden.

### Platzverweis bei häuslicher Gewalt

Immer öfter ist aber auch in der Sozialen Arbeit vom Begriff bzw. vom Rechtsvollzug des Platzverweises sowohl bei häuslicher Gewalt als auch im Zusammenhang mit Aufenthaltsverboten im öffentlichen Raum die Rede.

Ein Platzverweis bei häuslicher Gewalt (auch Hausverbot, Wohnungsverweis oder Rückkehrverbot genannt) erfolgt in der Regel durch die Einsatzkräfte der Polizei, wenn diese vor Ort eine „positive Gefahrenprognose" (Nöthen-Schürmann 2006: 267) feststellen, d.h. wenn mit einer erneuten Gewaltanwendung gerechnet werden muss. Die Gewalt ausübende Person muss die Wohnung umgehend verlassen und darf diese je nach Bundesland/Kanton für die Dauer von zehn bis vierzehn Tagen nicht mehr betreten (vgl. Linke/Plathe 2006; Nöthen-Schürmann 2006).

### Platzverweis im öffentlichen Raum

Unter Platzverweis im öffentlichen Raum wird das ebenfalls durch die Polizei ausgesprochene Verbot des Aufenthalts in einem bestimmten Territorium für eine bestimmte Zeit verstanden. Im deutschsprachigen Raum wird zwischen Platzverweis/Wegweisung, Aufenthaltsverbot und Fernhaltung unterschieden, wobei sich diese Formen in der Art der Mitteilung (mündlich oder schriftlich), Gültigkeitsdauer (max. 24 Stunden bis zu mehreren Monaten) und Größe bzw. Ausdehnung des *verbotenen* Territoriums unterscheiden (vgl. z.B. Simon 2005). Platzverweise oder Wegweisungen sind z.B. „zur Abwehr einer Gefahr"[1] möglich oder wenn bestimmte Personen „die öffentliche Sicherheit und Ordnung gefährden oder stören."[2] Die Kompetenz ein solches Verbot auszusprechen liegt (bislang) bei der Polizei.[3]

---

1 Berliner Rechtsvorschriften §29
2 Kantonsrat Kanton St.Gallen (2008), §29
3 In einigen Schweizer Städten werden mittlerweile auch Teams (Z.B. SIP (Sicherheit, Intervention, Prävention) in Zürich; PINTO (Prävention, Intervention, Toleranz) in Bern) mit im weitesten Sinne sozialarbeiterischer Ausbildung eingesetzt, durch die „störendes Verhalten auf ein tolerierbares Mass reduziert" (Stadt Bern) werden soll. Diese Teams kombinieren „aufsuchende Sozialarbeit mit ordnungsdienstlichen Aufgaben" (ebd.), wodurch sich die Problematik des doppelten Mandats noch verschärft.

Aber auch die Soziale Arbeit agiert im öffentlichen Raum. Seit den 1920er Jahren hat sich in den USA der Ansatz des Streetwork entwickelt, bei dem zu jener Zeit vor allem jugendliche Gruppierungen (*street gangs*) im Fokus standen. Im deutschsprachigen Raum haben sich aufsuchende Ansätze der Sozialen Arbeit seit Beginn der 1960er Jahre etabliert (vgl. Schreiber 2000: 55f.). Zudem wurde vor allem ab den 1970er Jahren über Straßensozialisation und seit den 1990er Jahren über *Straßenkinder* diskutiert (ausführlich Zinnecker 2001). Mittlerweile stehen jedoch häufig territoriale Einheiten wie Stadtteile, Straßenzüge oder einzelne Wohnkomplexe im Mittelpunkt aufsuchender Ansätze der Sozialen Arbeit wie z. B. der Quartiersarbeit, Gemeinwesenarbeit oder dem Quartiersmanagement (die Bezeichnungen werden z.T. synonym verwendet) (Gefahr der Territorialisierung des Sozialen » Einleitung). Aber auch sogenannte *neuralgische Orte*[4] im öffentlichen Raum gehören heute zum Arbeitsgebiet der Sozialen Arbeit. An solchen umkämpften Orten im öffentlichen Raum wird um Formen der Nutzung, Aneignung oder auch nur Präsenz gerungen (» Basic: Aneignungsraum).

„Das [sich die Stadt aneignen; Anm. C.F.] tun auch die gesellschaftlichen Outsider, die schlichtweg oft schon einfach kraft ihres Daseins ihren Anspruch auf die Plätze und Nischen im öffentlichen Raum geltend machen, ihm mitunter auch den Stempel ihrer Milieukultur aufprägen und ihn so dem gemeinhin üblichen Gebrauch entfremden" (Geiger 1996: 27). Wer den „gemeinhin üblichen Gebrauch" bestimmt, wird zunächst nicht hinterfragt. Die „Outsider" geraten jedoch aufgrund ihres Aufenthaltsortes ins Blickfeld professioneller Zuständigkeiten (siehe Eingangsbeispiel im Beitrag Rand), womit nicht nur die Soziale Arbeit gemeint ist, sondern auch Professionelle mit ordnungsrechtlicher Ausrichtung (vgl. z. B. Simon 2005).

Der Begriff Platz kann sowohl auf verschiedene (Zu)Ordnungen (z. B. Heimplatz, Fremdplatzierung) als auch auf einen konkreten Ort im öffentlichen Raum verweisen. Beide Verweise werden im Verlauf dieses Beitrags weiter verfolgt.[5]

## Platz als Kategorie verschiedener Raumordnungen

Im Folgenden geht es zunächst um eine städtebauliche und stadtsoziologische Blickrichtung bevor anschließend auf gesellschaftliche Raumordnungen und schließlich auf aktuelle Tendenzen im öffentlichen Raum eingegangen wird.

---

4  Im hier verwendeten Sinne bezieht sich neuralgisch auf Orte im öffentlichen Raum, an denen regelmäßig Nutzungskonflikte auftreten (z. B. Bahnhofsplätze). In der Medizin verweist der Begriff Neuralgie auf Schmerzen im Umfeld geschädigter Nerven.

5  Zum Platz im sozialen Raum bei Pierre Bourdieu siehe » Basic Ort

### Unbebaute Fläche

Aus städtebaulicher Perspektive kann ein Platz im öffentlichen Raum zunächst als unbebaute Fläche verstanden werden, die z. B. von Gebäuden eingerahmt wird (vgl. Kostof 1993: 123ff.). Ein solcher Platz wird z. B. für Feste, politische Versammlungen oder Handel genutzt, kann aber auch zentrale verkehrstechnische Funktionen übernehmen (vgl. Alexander/Ishikawa/Silverstein, 1977: 310ff.). Jedoch erfüllen Plätze meist mehrere Zwecke und auch ihre Nutzung ändert sich fortlaufend – „Zweckbestimmung und Raumprogramm" sind also veränderbar (Kostof 1993: 144).

Zu den frühesten Ausformungen öffentlicher Plätze zählen u. a. die griechische Agora und das römische Forum. Beide Ausformungen dienten dem öffentlichen Leben, wozu zu jener Zeit vor allem politische Teilhabe, wirtschaftlicher Handel und auch religiöse Riten zählten (vgl. ausführlich Sennett 1997).

Im Mittelalter war es der Marktplatz, der meist im Zentrum einer Siedlung angelegt und von wichtigen städtischen Verwaltungs- und Wirtschaftsgebäuden umgeben war.

Der Markt war es schließlich auch, den einer der Gründerväter der Soziologie – Max Weber – als ausschlaggebendes Kriterium bestimmte, das die Stadt vom Land unterscheidet (vgl. Weber 1980). „Die damit verbundene Raumausbildung, ein zentraler Platz zentriert im Stadtgefüge, gilt bis heute als Urtypus des traditionellen urbanen Raums." (Noack/Oevermann 2010: 266).

### Jedem sein Kästchen

In den 1960er Jahren beschrieb Michel Foucault die Raumordnung der damaligen Gegenwart als Lagerung. „Die Lagerung oder Plazierung wird durch die Nachbarschaftsbeziehungen zwischen Punkten oder Elementen definiert (...)" (Foucault 1991: 66). Dabei geht es um das Verhältnis der Raumpositionen zueinander – um ihre „Lagerungsbeziehungen" (ebd.: 67). Diese Beziehungen lassen sich mit der Bindung bestimmter Tätigkeiten an die dafür vorgesehenen Orte verdeutlichen. So weist z. B. der Soziologe Markus Schroer auf die zivilisationsgeschichtliche Verortung körperlicher Verrichtungen hin: „Nicht die Verrichtungen selbst werden nach und nach als unzivilisiert gesehen, sondern ihre Ausübung an dafür nicht vorgesehenen Plätzen. Für jede nennenswerte körperliche Tätigkeit gibt es nach und nach einen speziellen Raum. Man isst in der Küche, schläft im Schlafzimmer, wäscht sich im Bad usw. Eine Zuwiderhandlung wird als »abweichendes Verhalten« klassifiziert und als Widerstand gegen die bürgerliche Ordnung verstanden" (Schroer 2006: 288f.). Diese Prozesse finden nicht nur für körperliche Tätigkeiten statt, sondern es wird insgesamt von einer Verhäuslichung (vgl. Zinnecker 2001) bzw. Einhausung (vgl. Gleichmann 2000) gesprochen. Damit ist die Verlagerung bestimmter Tätigkeiten in dafür vorgesehene Innenräume (z. B. Klassenzimmer, Turnhalle) gemeint. Einen Schritt weiter gehen ganze Einschließungsmilieus (Foucault 1994) [» Basic: Milieu], die nicht auf einen solchen Ort für bestimmte Tätigkeiten beschränkt bleiben, sondern sich über ganze Lebensabschnitte erstrecken und die (Wieder)Eingliederung bzw. Einpassung der Individuen in den „sozialen Vertrag" (Krasmann/de Marinis 1997: 173) verfolgen – oder anders ausgedrückt: die Individuen auf ihren Platz führen. Michel Foucault hat solche Einschließungsmilieus wie Kasernen, Fabriken oder Gefängnisse beschrieben und sie in der Disziplinargesellschaft verortet (vgl. Foucault 1994). „Die räumlich-graphische Repräsentation dieser urbanen Machtmatrix des Disziplinarzeitalters wäre vorstellbar im Modell des Rasters: jedem Individuum seinen Ort, seinen Platz, an dem er lokalisiert ist, jedem (Mit-)Spieler sein Kästchen" (Krasmann/de Marinis 1997: 180).

Gilles Deleuze weist darauf hin, dass diese Einschließungsmilieus ihren Höhepunkt zu Beginn des 20. Jahrhunderts erreichten und seither in einer Krise stecken, die Hinweis auf eine neue Gesellschaftsform ist: „Die Kontrollgesellschaften sind dabei, die Disziplinargesellschaften abzulösen (Deleuze 1993b: 255). In der Kontrollgesellschaft durchläuft das Individuum nicht mehr verschiedene Disziplinierungsmilieus von Anfang bis Ende, sondern die Logik der neuen Gesellschaftsform hat sich von spezifischen Institutionen (und Orten) losgelöst, wird verinnerlicht und ist somit omnipräsent. Deleuze verdeutlicht dies mit dem Aufkommen des Unternehmens und der Weiterbildung: „Denn wie das Unternehmen die Fabrik ablöst, löst die permanente *Weiterbildung* tendenziell die *Schule* ab, und die kontinuierliche Kontrolle das Examen." (Deleuze 1993b: 257)

Was zunächst als Öffnung disziplinierender räumlicher Arrangements erscheint, entpuppt sich als Träger für die Logik der Kontrollgesellschaften.

### Öffnung und Ordnung

Eine weitere Praxis scheinbarer Öffnung zeigt sich in der Verlagerung von Zuständigkeiten von der national-staatlichen Ebene hin zu kommunalen Organen oder auch zivilgesellschaftlichen Organisationen (vgl. Häußermann/Läpple/Siebel 2008: 293ff.). So ruft u.a. das Thema Sicherheit Zusammenschlüsse von Privatpersonen oder Kooperationen zwischen Privatpersonen und staatlichen Akteuren auf den Plan. Unter dem Stichwort *community policing* werden verschiedene „präventive und sozialarbeiterische Strategien" (Beste 2000: 311) versammelt, bei denen es darum geht, die Beziehung zwischen Polizei und Bevölkerung zu verbessern und dadurch *Probleme* in der Nachbarschaft [» Basic: Nahraum] möglichst frühzeitig zu erkennen und bearbeiten zu können.

Zu solchen kriminalpräventiven Strategien zählen auch Programme von Nachbarschaftshilfen wie *Vorsicht! Wachsamer Nachbar*, die durch Warnschilder an den Häusern nach außen hin kenntlich gemacht werden. Eine Empfehlung für die teilnehmenden Nachbarn lautet z.B.: „Achten Sie auf Fremde im Haus, auf dem Nachbargrundstück oder im Wohngebiet: Sprechen Sie diese Personen direkt an" (Programm Polizeiliche Kriminalprävention der Länder und des Bundes). Der Fremde – dessen Platz woanders ist – gerät schnell in Verdacht eine kriminelle Tat zu planen. Sein Aufenthalt an diesem Ort macht ihn verdächtig.

Doch nicht nur in Wohngebieten, sondern auch in urbanen Zentren können Begegnungen mit Fremden verunsichern und zu Problemen führen. Mitunter werden diese Probleme als Nutzungskonflikte bezeichnet, die entweder durch Polizei, aufsuchende Sozialarbeit oder baulich-gestalterische Eingriffe *gelöst* bzw. *geordnet* werden sollen.

Werden diese Probleme durch die Polizei bearbeitet, kommen unter Umständen die eingangs beschriebenen Platzverweise zum Zug. Soziale Arbeit nimmt bei Nutzungskonflikten im öffentlichen Raum hingegen eine Position „zwischen Hilfe und Kontrolle" (Knopp/Münch 2007) ein. Werden schliesslich baulich-gestalterische Lösungsversuche lanciert, kann es z.B. darum gehen mittels Platzgestaltung – über die Anordnung von Materialität – Einfluss auf soziales Leben im öffentlichen Raum nehmen zu wollen (so wie z.B. im Eingangsbeispiel dargestellt). Auf diese Art beteiligen sich auch Architektur, Städtebau und Raumplanung an der (Re)Produktion bestimmter Ordnungen öffentlicher Räume.

## Konsequenzen für die Soziale Arbeit

Sowohl bei der Fremdplatzierung als auch bei Nutzungskonflikten im öffentlichen Raum geht es in erster Linie um einen Definitionsprozess von Ordnungen, d.h. es geht darum zu definieren welches Verhalten, welche Nutzung, welche Bedingungen und Kontakte an einem bestimmten Ort angemessen erscheinen und wann von wem wie interveniert wird. Das Ergebnis dieses Definitionsprozesses ist somit kein feststehendes *Naturgesetz*, sondern wird von verschiedenen Akteuren ausgehandelt und immer wieder verändert.

Die Rolle der Sozialen Arbeit bei diesen Definitions- und Ordnungsprozessen ist nicht immer einfach zu bestimmen. Bei Konflikten im öffentlichen Raum befindet sich die Soziale Arbeit wie so oft in der Zwickmühle des doppelten Mandats; zwischen Hilfe und Kontrolle muss sie ihre Rolle finden und ihren Spielraum ausloten. Im Zuge vielfältiger Interventionen im öffentlichen Raum wird auch die Soziale Arbeit stärker in dieses Spannungsfeld eingebunden (vgl. Fritsche 2010). Als aufsuchende Sozialarbeit ist sie im öffentlichen Raum präsent und findet in sogenannten *Problem- oder Randgruppen* ihre Klientel (vgl. Simon 2007). Sie vernetzt sich mit anderen städtischen Akteuren und tritt mitunter auch quasi-uniformiert auf (siehe z.B. SIP). Kritiker sehen sogar eine drohende „ordnungspolitische Kolonialisierung und Instrumentalisierung" der Sozialen Arbeit aufkommen (Simon 2007: 166).

Zwischen Arbeitgeber Staat und den Interessen ihrer Klienten bleibt Soziale Arbeit zum einen in ein Dilemma verstrickt, zum anderen erhält sie den Auftrag zur Lösung sozialer Probleme (z. B. bei Konflikten im öffentlichen Raum), welchem sie nur schwerlich gerecht werden kann. „Denn der dominante Problemdiskurs orientiert sich nicht an der für die Soziale Arbeit zentralen Frage, was im Interesse angemessener Hilfe für die Adressaten erforderlich ist" (Scherr 2002: 36). Diese Adressaten oder auch „die neuen gefährlichen Klassen stellen, im Gegensatz zu den alten, keine politische Gefahr und keine gewichtige Herausforderung mehr für die bestehende ökonomische und moralische Ordnung dar. Sie sind die Abfallprodukte einer sozialen Entwicklung, die für sie keinen Platz vorsieht" (Krasmann/de Marinis 1997: 177). Wenn Soziale Arbeit diese politische Ungefährlichkeit akzeptiert und lediglich die Verwaltung dieser *neuen gefährlichen Klassen* übernimmt, könnte die von Titus Simon angesprochene Instrumentalisierung der Sozialen Arbeit Gestalt annehmen.

Definitionsprozesse, die zur (Re)Produktion von Ordnungen führen, sind jedoch keine bloßen Rahmenbedingungen Sozialer Arbeit, sondern gehören zu ihrer Grundthematik und erfordern somit ihre aktive – auch politische – Einmischung.

## Merksatz

Platz(ierungs)begriffe verweisen auf Ordnungen. Diese Ordnungen sind keine Naturgegebenheiten, sondern resultieren aus Definitionsprozessen, die einerseits kritisch hinterfragt werden müssen und auf die andererseits Einfluss genommen werden kann.

## Empfohlene Literatur zur Vertiefung

Deleuze, Gilles (1993b): Postskriptum über die Kontrollgesellschaften. In: Deleuze (1993a): 254-262

Foucault, Michel (1994, orig. 1976): Überwachen und Strafen. Die Geburt des Gefängnisses. Frankfurt am Main: Suhrkamp

Knopp, Reinhold/Münch, Thomas (Hrsg.) (2007): Zurück zur Armutspolizey? Soziale Arbeit zwischen Hilfe und Kontrolle. Berlin: Frank & Timme

Krasmann, Susanne/de Marinis, Pablo (1997): Machtintervention im urbanen Raum. In: Kriminologisches Journal 29. Heft 3. 162-185

Simon, Titus (2007): Öffentlichkeit und öffentliche Räume – wem gehört die Stadt? In: Baum (Hrsg.) (2007): 156-172

## Weitere verwendete Literatur

Alexander, Christopher/Ishikawa, Sara/Silverstein, Murray (1977): A Pattern Language: Towns, Buildings, Construction. New York: Oxford University Press

Baum, Detlef (Hrsg.) (2007): Die Stadt in der Sozialen Arbeit. Ein Handbuch für soziale und planende Berufe. Wiesbaden: VS Verlag für Sozialwissenschaften

Berliner Rechtsvorschiften. Allgemeines Sicherheits- und Ordnungsgesetz vom 14. April 1992, §29: http://www.berlin.de/imperia/md/content/seninn/abteilungiii/vorschriften/081103_asog.pdf?start&ts=1277117355&file=081103_asog.pdf, Stand 03.04.2010

Beste, Hubert (2000): Morphologie der Macht. Urbane „Sicherheit" und die Profitorientierung sozialer Kontrolle. Opladen: Leske+Budrich

Blandow, Jürgen (2007): Fremdunterbringung. In: Deutscher Verein für öffentliche und private Fürsorge (2007): 355-356

Deleuze, Gilles (1993a): Unterhandlungen 1972-1990. Frankfurt am Main: Suhrkamp

Deutscher Verein für öffentliche und private Fürsorge (2007): Fachlexikon der sozialen Arbeit. Baden-Baden: Nomos

Foucault, Michel (1991): Andere Räume. In: Wentz (1991): 65-72

Fritsche, Caroline (2010): Maßnahmen gegen Unordnungen im öffentlichen Raum – ein Systematisierungsversuch unterschiedlicher Strömungen. In: Reutlinger/Wigger (2010): 55-67

Geiger, Manfred (1996): Bürger, Bettler, Punker, Polizisten. Die Stadt, die Armut und das Elend auf der Straße. In: Sozialmagazin 21. Heft 5. 26-31

Gleichmann, Peter (2000): Wohnen. In: Häußermann (2000): 272-281

Günzel, Stephan (Hrsg.) (2010): Raum: Ein interdisziplinäres Handbuch. Stuttgart: Metzler J B

Häußermann, Hartmut (2000): Großstadt. Opladen: Leske + Budrich

Häußermann, Hartmut/Läpple, Dieter/Siebel, Walter (2008): Stadtpolitik. Frankfurt am Main: Suhrkamp

Kantonsrat Kanton St.Gallen (2008): Artikel 29 im Nachtrag zum kantonalen Polizeigesetz vom November 2008. http://www.gallex.ch/gallex/media/pdf/feb09/451.1_nGS_44-16.pdf. Stand 03.04.2010

Kavemann, Barbara/Kreyssig, Ulrike (Hrsg.) (2006): Handbuch Kinder und häusliche Gewalt. Wiesbaden: VS Verlag für Sozialwissenschaften

Kostof, Spiro (1993): Die Anatomie der Stadt. Geschichte städtischer Strukturen. Frankfurt am Main/New York: Campus

Linke, Martina/Plathe, Elke (2006): Kinder als Beteiligte im polizeilichen Einsatz bei häuslicher Gewalt. In: Kavemann/Kreyssig (Hrsg.) (2006): 259-266

Noack, Konstanze/Oevermann, Heike (2010): Urbaner Raum: Platz – Stadt – Agglomeration. In: Günzel (2010): 266-279

Nöthen-Schürmann, Ute (2006): Häusliche Gewalt gegen die Kindesmutter als Thema der polizeilichen Prävention – Polizeiliche Intervention als Einstieg in die Hilfe. In: Kavemann/Kreyssig (Hrsg.) (2006): 266-273

Programm Polizeiliche Kriminalprävention der Länder und des Bundes, Zentrale Geschäftsstelle: Ganze Sicherheit für unser Viertel. Wertvolle Tipps für mehr Sicherheit im Wohngebiet. Faltblatt. http://www.polizeiberatung.de/mediathek/kommunikationsmittel/faltblaetter/index/content_socket/Faltblaetter/display/40/, Stand 07.02.2010.

Reutlinger, Christian/Wigger, Annegret (2010): Transdisziplinäre Sozialraumarbeit: Grundlegungen und Perspektiven des St. Galler Modells zur Gestaltung des Sozialraums. Berlin: Frank & Timme

Scherr, Albert (2002): Soziale Probleme, Soziale Arbeit und menschliche Würde. In: Sozialextra. Juni 2002. 35-39

Schreiber, Jens (2000): Aufsuchende Jugend- und Sozialarbeit. In: Stimmer (2000): 55-57

Schroer, Markus (2006): Räume, Orte, Grenzen. Auf dem Weg zu einer Soziologie des Raums. Frankfurt am Main: Suhrkamp

Sennett, Richard (1997, orig. 1994): Fleisch und Stein. Der Körper und die Stadt in der westlichen Zivilisation. Berlin: Suhrkamp

Simon, Titus (2005): Kein Platz für Arme. Der Umgang mit Randgruppen in deutschen Städten. In: Bürgerrechte & Polizei/CILIP. Heft 81. 20-27

Stadt Bern: http://www.bern.ch/leben_in_bern/sicherheit/sicherheit/pinto, Stand 9.2.2010

Stimmer, Franz (2000): Lexikon der Sozialpädagogik und der Sozialarbeit. München: Oldenbourg

Weber, Max (1980, orig. 1922): Wirtschaft und Gesellschaft. Grundriss der verstehenden Soziologie. Tübingen: Mohr (5. Auflage)

Wentz, Martin (Hrsg.) (1991): Stadt-Räume. Frankfurt am Main: Campus

Zinnecker, Jürgen (2001): Stadtkids. Kinderleben zwischen Straße und Schule. Juventa: Weinheim

Patrick Oehler | Matthias Drilling

# Quartier

In einer Gemeinde im Norden der Stadt Basel soll auf etwa 19 ha in den kommenden Jahren ein neues Quartier für rund 2.000 Einwohner/innen entstehen. Um die Bedürfnisse Wohnen und Freizeit in Einklang zu bringen, wurden in der Gemeinde Workshops mit Bevölkerung und Politik durchgeführt. Weil die Vorstellungen zwischen Bevölkerung, Politik und Verwaltung sehr weit auseinandergingen, beauftragte die Gemeinde Fachpersonen der Sozialen Arbeit mit einer Analyse über die „Sicht der Bevölkerung auf die zukünftige Siedlungsentwicklung der Gemeinde". Dies zielte darauf ab, den engen Planungsperimeter der Gemeinde zu kontextualisieren und dabei die Gemeinde und ihre soziale Funktionsweise ingesamt ins Zentrum der Analyse zu rücken. So wurden Befragungen an verschiedenen Standorten der Gemeinde ebenso in der Analyse berücksichtigt, wie eine Begehung des zukünftigen Areals mit Kindern der angrenzenden Schule (genauer siehe Drilling/Blumer 2009).

## Das Quartier im wissenschaftlichen Diskurs

Die Beteiligung der Fachpersonen aus der Sozialen Arbeit an diesem Projekt war umstritten. Vor allem zwei Fragen wurden immer wieder gestellt: „Warum wirkt die Soziale Arbeit an einer Quartierentwicklung mit, wenn es doch noch gar keine Probleme gibt?" und „Das, was die Soziale Arbeit erforscht, das machen wir in der Raumplanung doch auch und noch viel umfassender." Dies ist ein interessanter und sowohl für die Praxis als auch die Theorie der Sozialen Arbeit relevanter Ausgangspunkt für die Frage nach dem Zusammenhang zwischen Quartierentwicklung und Sozialer Arbeit.

Nach vielen Jahren des quasi Nicht-Thematisierens wird das Quartier – nicht nur in der Sozialen Arbeit – wieder neu entdeckt und findet Einzug in die wissenschaftlichen sowie berufspraktischen Diskurse. Mit der mittlerweile interdisziplinär geführten Debatte ist die postmoderne Ignoranz gegenüber dem

Raum aufgehoben; vielmehr findet eine Re-Territorialisierung des Räumlichen statt, das sich vor allem auch in der Bedeutung des Lokalen (in der Stadtentwicklung meist das Quartier) manifestiert. Das Quartier fungiert dabei als ein überschaubarer Ort (» Basic: Ort), in dem die vielfältigen gesellschaftlichen und sozialen Probleme wie unter einer Lupe deutlich sichtbar, erkennbar und auch teilweise lösbar erscheinen.

Bei einer solch quartierbezogenen Optik darf aber nicht übersehen werden, dass die Ursachen für die Zustände in den Quartieren nicht nur in den Quartieren selber, sondern auch in den gesellschaftlichen Macht- und Ungleichheitsverhältnissen, die in den unterschiedlichen Quartieren materiell und sozial zum Ausdruck kommen, liegen (Bourdieu 1997: 159) Wird die Bourdieusche bzw. gesellschaftliche Perspektive ausgeklammert, besteht die Gefahr einer nicht kontextualisierten Problem- und Quartieranalyse.

Bei der Untersuchung, wie das Quartier in der Sozialen Arbeit verhandelt wird und welche Querbezüge dabei zu anderen Fachrichtungen entstehen, sieht man sich mit einer begrifflichen Unschärfe konfrontiert: Bei der Durchsicht aktueller Hand- und Wörterbücher der Sozialen Arbeit fällt auf, dass der Begriff Quartier selten und – wenn überhaupt – am ehesten in Artikeln zur *Gemeinwesenarbeit*, zum *Quartiersmanagement* und zur *Stadterneuerung* auftaucht (Müller 2005, Oelschlägel 2001, Strunk 2002). So sind es auch diese Praxis- und Forschungsfelder, in denen das Quartier zur Angelegenheit des professionellen Handelns und des wissenschaftlichen Diskurses wurde. Aus unserer Sicht sind es vier Etappen, wie das Quartier im Kontext Sozialer Arbeit als theoretischer und praktischer Anknüpfungspunkt diskutiert wird.

### Etappe 1: Quartiere als Labore der Erfindung professioneller Sozialer Arbeit

In der zweiten Hälfte des 19. Jahrhunderts entstanden in England und in den USA die ersten Ansätze von *community organization* und *community development*, die eine quartierbezogene „methodische" Reaktion auf die sozialen Probleme im Zuge der Industrialisierung in den Grossstädten waren und daher insbesondere die in einzelnen Quartieren wachsende Armut und schlechte Versorgungslage zum Ausganspunkt für Hilfsangebote nahmen (Müller 2005, Oelschlägel 2001). Auf Initiative des gebildeten Bürgertums wurden in den Slumquartieren der englischen und amerikanischen Großstädte Häuser, sogenannte „Settlements" eingerichtet, von denen aus Hilfsangebote für die Quartierbevölkerung organisiert wurden. Da der Gedanke der Hilfe zur Selbsthilfe und der Bildung in den Settlements tief verwurzelt war, wurde die Quartierbevölkerung stark in die Entwicklung der Angebote und Tätigkeiten einbezogen. Von den Settlements gingen verschiedenste sozio-kulturelle und (sozial)politische Aktivitäten aus. Diese verfolgten das Ziel, die Wohn- und Lebenssituation im Wohnquartier und die Entwicklung auf gesamtstädtischer Ebene zu verbessern (vgl. Wendt 2008: 373-387).

**Etappe 2: Quartiere als Gemeinwesen**
Nach diesem kräftigen Auftakt einer quartierbezogenen Sozialen Arbeit im angelsächsischen Raum, rückte in der Folge der methodisch-beruflichen Ausdifferenzierung der Sozialen Arbeit in den ersten Jahrzehnten des 20. Jahrhunderts immer mehr die Einzelfallperspektive ins Zentrum der Diskurse – was in mancher Hinsicht zu einer Übergewichtung der Einzelfallperspektive und -hilfe in der Sozialen Arbeit führte. Somit verlor die Auseinandersetzung mit dem Wohnquartier als Gegenstand der Sozialen Arbeit an Gewicht. Erst Jahrzehnte später, in den 1960er Jahren, als die Soziale Arbeit in und mit Gemeinwesen als dritte Methode, neben Einzelfallhilfe und Gruppenarbeit, unter dem Begriff „community work" (Deutsch: Gemeinwesenarbeit), in die Soziale Arbeit re-integriert wurde, gewann das Quartier wieder an Bedeutung (Müller 1973: 236). Weshalb terminologisch der Bezug zur community und zum Gemeinwesen gesucht und weniger von Quartieren oder dem Stadtviertel gesprochen wurde, hängt wahrscheinlich mit der methodischen Schwerpunktsetzung zusammen. Es wurden vermehrt die Aspekte der Gemeinschaft, Gesellschaft, Kommunikation und Gemeinsamkeit (z.B. von Interessen) bzw. die im Quartier lebenden Menschen hervorgehoben (so besteht im Englischen eine Verbindung zwischen den Wörtern common/gemeinsam, community/Gemeinschaft und communication/Kommunikation), und weniger die territoriale Dimension des Quartiers ins Zentrum gerückt.

Im deutschsprachigen Raum erlebte die GWA in den 1960er und 1970er Jahren ihre Blütezeit, als in der Gemeinwesenarbeit ein effektiver sozialarbeiterischer Ansatz gesehen wurde, um angesichts der sich verschärfenden sozialen Probleme grundsätzlich und langfristig Verbesserungen zu erreichen, kapitalistische Strukturen zu verändern und in „Krisengebieten" Konflikte zu regulieren (Mohrlock/Neubauer/Neubauer/Schönfelder 1993: 40ff.). In dieser Phase wurde die GWA einerseits „eigensinniger", andererseits jedoch auch populärer und auf breiter Ebene als Ansatz der Sozialen Arbeit anerkannt. Insbesondere als Interventionsform in städtischen „sozialen Brennpunkten" (» Basic: Brennpunkt) bzw. „Problemquartieren". Nichtsdestotrotz ist die GWA im deutschsprachigen Raum bis heute ein peripheres Gebiet der Sozialen Arbeit geblieben.

### Etappe 3: Das Quartier als Ort zur Umsetzung von Arbeitsprinzipien und Bezugsgrösse zur Neu- und Umstrukturierung sozialer Einrichtungen

Anfangs der 1980er Jahre wurde in der Gemeinwesenarbeit zunehmend ein Arbeitsprinzip der Sozialen Arbeit insgesamt sowie ein Strukturprinzip der Organisation Sozialer Dienstleistungen erkannt: Orientierung an der Lebenswelt (» Basic: Lebenswelt) der Menschen und sozialraumbezogene Gestaltung der Hilfsangebote – womit meist eine Fokusisierung auf das (Wohn-)*Quartier* gemeint war -, Bürgernähe, Beteiligung und Aktivierung der Betroffenen, ressourcenorientierte Perspektive, Prävention, sachgebietsübergreifende Kooperation und Vernetzung, Integration verschiedener Methoden, zielgruppenübergreifende Arbeitsweise seien bereichsübergreifende Pinzipien der Sozialen Arbeit, die handlungsleitend für das professionelle Handeln und die Herangehensweise an soziale Probleme sind (Boulet/Krauss/Oelschlägel 1980, Müller 2005, Mohrlock et al. 1993: 48ff). Im Gegenzug zu diesem „expansiven" Verständnis wendeten sich in den 1980er Jahre einzelne Exponenten der GWA bewusst vom Begriff der GWA ab und ersetzten diesen durch die „Stadtteilbezogene Soziale Arbeit" (vgl. Hinte/Metzger-Pregizer/Springer 1982). Eine wesentliche Akzentuierung dieses Modells besteht darin, durch die Koordination der Einrichtungen der sozialen Arbeit soziale Problematiken vom Stadtteil her anzugehen und Arbeitsfelder der Sozialen Arbeit in den Stadtteil zu verlagern bzw. auf einen sozialen Raum hin (neu) zu orientieren und – darauf läuft dieser Ansatz auf lange Sicht hinaus! – auch entsprechend umzustrukturieren (Mohrlock et al. 1993: 54ff.). Eine konsequente Umstrukturierung von Organisationen führt zu der Gefahr, dass die unerbittliche Verfolgung von abstrakten Prinzipien zu negativen Entwicklungen führen kann; etwa wenn Umstrukturierungen über die Köpfe des Fachpersonals hinweg top-down erzwungen werden oder das Klientel eines „problematischen" Quartiers durch die Neugestaltung der Hilfsangebote quasi im Quartier (räumlich und psychosozial) festgehalten wird.

### Etappe 4: Interdisziplinäres Revival des Quartiers als Bezugsgrösse zur Stadtentwicklung

Mit den 1990er Jahren wird der Bezug zum Quartier im Diskurs um verschiedene Ansätze zur Stadterneuerung (vgl. Häußermann/Wurtzbacher 2005: 519ff.) stärker expliziert:

In den Bereichen der Stadtplanung, der Stadtsanierung und der Wohnungswirtschaft entstehen Ansätze des kooperativen Planens, in denen grosse Bauträger vereinzelt auch Sozialarbeitende als intermediäre Instanz einschalten, beispielsweise um Sanierungsmassnahmen und die Entwicklung von neuen Wohnprojekten oder ganzen Quartieren sozial zu begleiten. Aufgabe dieser professionellen intermediären Instanz ist es etwa, die Bedürfnisse und Vorstellungen von (zukünftigen) BewohnerInnen zu eruieren, die Kooperation zwischen Geldgebern, Planern und Nutzern zu moderieren oder durch „Quartiersaufbau" die Entstehung von neuen Nachbarschaften und Gemeinwesen zu begleiten und zu fördern (Maier/Sommerfeld 2005: 26-27 u. 41ff.).

In diesem Sinne funktioniert auch das Bund-Länder-Programm „Soziale Stadt", das in Deutschland einen breiten inter- und transdiziplinären Diskurs zum Thema soziale Stadt- und Quartierentwicklung auslöste (vgl. Krummacher/Kulbach/Waltz/Wohlfahrt 2003, Maier/Sommerfeld 2005). Strategisch wird beim Quartiersmanagement versucht, die „Ressourcen kommunaler Träger, freier Initiativen, Verbände und Vereine, der lokalen Wirtschaft und der Bewohnerinnen und Bewohner in einem Handlungskonzept [zu bündeln], das in eine gesamtstädtische Entwicklungspolitik integriert und bereichsübergreifend angelegt ist" (Oelschlägel 2005: 689). Wohin sich der Stadtteil entwickeln soll, ist – sofern sich das Stadtteilmanagement an den Ideen der Demokratie und der ortsbezogenen richtigen Beschaffenheit orientiert – Ergebnis des Prozesses selber und kann nicht im vornherein bzw. von aussen gesetzt werden (vgl. Oehler 2007).

## Perspektiven eines Catch-All-Begriffs

Aus unserer Sicht hat sich im multidisziplinären Diskurs derzeit das territoriale Verständnis von Quartier durchgesetzt: gemeint werden abgegrenzte Stadträume, die funktional vielfältig genutzt werden (Wohnen, Arbeiten, Freizeit). Dieses Verständnis speist sich aus der Geschichte des Begriffs: Etymologisch bezeichnete der Begriff ursprünglich eine Schlafstelle, eine (zeitweilige) Wohnung und Unterkunft. Das Mittelhochdeutsche Quartier (=Viertel) ist dem altfranzösichen cartier, quartier, dem vierten Teil von etwas (z.B. Fläche, geschlachtetem Vieh) entlehnt (» Basic: Viertel).

Eher am Rande und konzeptionell unbefriedigend findet sich ein relationales Verständnis von Quartier: Öffentliche Räume wie Spielplätze, Wege und Plätze bieten im Selbstverständnis der Quartierbevölkerung eine gewisse Übereinstimmung in der Identität als *ein* Quartier.

Aus Sicht der Sozialen Arbeit, die sich nur zum Teil an der territorialen Definition von Quartier orientiert und vor allem das relationale Verständnis fördert, entsteht an dieser Stelle das Problem, das vor allem bei der Zusammenarbeit mit den Planungsdisziplinen die administrative Grenzziehung nicht mit dem „gefühlten" Quartier der Quartierbevölkerung und deren Lebenswelt übereinstimmt.

Diese Diskrepanz spiegelt sich in der Literatur wieder. So wird beispielsweise für die Praxis des Quartiermanagements empfohlen, die Quartiereingrenzung über einen Aushandlungsprozess mit denjenigen Akteuren (Staat, Verwaltung, Gewerbe und Bewohnerinnen und Bewohner) zu definieren, die eine Quartierentwicklung zum Thema machen wollen (vgl. Strunk 2002: 755). Vor dem Hintergrund der Unbestimmtheit des Quartierbegriffs schlägt der Geograph Olaf Schnur für die Quartiersforschung folgende Definition vor: „Ein Quartier ist ein kontextuell eingebetteter, durch externe und interne Handlungen konstruierter, jedoch unscharf konturierter Mittelpunkt-Ort alltäglicher Lebenswelten und individueller sozialer Sphären, deren Schnittmengen sich im räumlich-identifikatorischen Zusammenhang eines überschaubaren Wohnumfelds abbilden" (Schnur 2008: 40). Quartiere weisen dabei bauliche, physische, soziale, ökonomische, politische, symbolische sowie historische Bedeutungs- und Entwicklungsdimensionen auf. Schliesst man sich dieser Definiton von Quartier an, zeichnen sich Quartiere durch folgende Eigenschaften aus: Sie sind sozial konstruierbar (und nicht unbedingt administrativ eingegrenzt), überschaubar (also nicht zu gross), auf alltägliche Lebenswelten und soziale Sphären bezogen und sind identifikatorisch (sie bieten ein Potenzial für eine zumindest partielle lokale Identifikation).

## Zur Grundlegung eines richtungsweisenden Quartieransatzes für die Soziale Arbeit

Die gegenwärtigen Konzepte in Forschung und Praxis zum Quartier stehen heute weitgehend unverbunden nebeneinander und verhindern eine inhaltliche Synthese zwischen Gebietsbezogenheit und Überschaubarkeit, geographischem und wahrnehmungsorientiertem Massstab, Lebensweltbezogenheit und administrativer Einteilung. Erst zaghaft und in Nischen (wie z. B. der Quartierentwicklung) zeichnen sich erste Ansätze zur Entwicklung einer innovativen quartierbezogenen Sozialen Arbeit ab, die Wissensbestände und Erfahrungen aus der GWA, der kooperativen Planung, der Sozialraumarbeit und des Quartiermanagements bündeln, systematisieren und programmatisch auf eine *soziale* Stadt- und Quartierentwicklung hin transformieren. Bei der Arbeit im und am Quartier stehen die Fachkräfte der Sozialen Arbeit mit verschiedenen anderen Professionen (z. B. Sozial- und Kulturwissenschaften, Stadtplanung, Geographie, Ökonomie) in Konkurrenz und Kooperation gleichzeitig. Dabei gelingt es der Sozialen Arbeit bis jetzt oft nur, auf der (nachgelagerten) Ebene der Stadtteilarbeit/Gemeinwesenarbeit einen namhaften Platz einzunehmen. Auf der Ebene der Planung bleibt sie in der Regel aussen vor (Gefahr, dass die Rolle der Sozialen Arbeit auf einen „Reperaturdienst" reduziert wird). Eine mögliche Ursache dafür ist, dass die Disziplin und Profession der Sozialen Arbeit bisher auf die Wiederentdeckung des Quartiers nur bescheiden reagiert hat (Gefahr, dass der Quartier-Diskurs den anderen Disziplinen überlassen und damit nicht aus der eigenen Disziplin heraus mitgestaltet wird). Zwar gestaltet sie seit den späten 1990er Jahren den Sozialraumansatz (» Basic: Sozialaum) aktiv mit, doch zielt dieses Konzept in der praktischen Umsetzung vorwiegend auf eine Verwirklichung sozialräumlich organisierter und budgetierter sozialer Hilfsangebote und Dienstleistungen oder zielgruppenspezifische, lebensweltnahe Angebote und Projekte (z. B. sozialräumliche Jugendhilfe oder aufsuchende Soziale Arbeit vgl. Baum 2007b, Budde/ Früchtel/Hinte 2006).

Auf diese Weise besteht die Gefahr, dass das Potenzial der Sozialen Arbeit für die Stadt- und Quartierplanung und -entwicklung insgesamt übersehen und der Fokus nur auf die Bearbeitung von Problemgruppen und -gebiete reduziert wird. Die Perspektive eines richtungsweisenden Ansatzes Sozialer Arbeit nähme die Komplexität des Quartiersbegriffs als Ausgangspunkt und könnte daraus systematisch ein umfassendes Quartiersverständnis und Handlungsoptionen für die Soziale Arbeit in einem transdisziplinären Arbeitsfeld und auf verschiedenen Ebenen entwickeln. Absicht dieses Unterfangens ist es, die Expertise Soziale Arbeit im Feld der Quartier- und Stadtplanung und -entwicklung erfolgreicher und prominenter zu positionieren, so den professionsspezifischen Handlungsradius zu erweitern und damit soziale Probleme in Quartieren und Städten durch eine umsichtige Planung zu reduzieren.

## ✎ Merksatz

Es stehen sich verschiedene Verständnisse von Quartier und quartierbezogene Handlungsansätze und -traditionen gegenüber. Im Sinne einer Gesamtschau können wir Quartiere als weitgehend (selbst-)definierte Räume verstehen, die sowohl von innen, aus dem Quartier heraus, als auch von aussen (re)konstruierbar sind. Quartiere haben für die identifikatorischen Zusammenhänge von Menschen oft eine grosse Bedeutung (z. B. Identifikation mit dem Wohnumfeld). Zudem erfüllen Quartiere für die Quartierbevölkerung vielfältige Funktionen (Wohnen, Bildung, Arbeit, Freizeitgestaltung, soziale Kontakte, Erholungsraum usw.) und für das „klassische" Einsatzgebiet der Sozialen Arbeit, die „benachteiligten" Quartiere, ist es zentral, die Interessen der im Quartier ansässigen Bevölkerung vorrangig zu behandeln – denn oft ist ihre Option, das Quartier (freiwillig) zu verlassen, stark eingeschränkt.

**Empfohlene Literatur zur Vertiefung**

Krummacher, Michael/Kulbach, Roderich/Waltz, Viktoria/Wohlfahrt, Norbert (Hrsg.) (2003): Soziale Stadt – Sozialraumentwicklung – Quartiersmanagement. Herausforderungen für Politik, Raumplanung und Soziale Arbeit. Opladen: Leske + Budrich

Mohrlock, Marion/Neubauer, Michaela/Neubauer, Rainer/Schönfelder, Walter (1993): Let's organize! Gemeinwesenarbeit und Community Organization im Vergleich. München: AG SPAK

Oehler, Patrick (2007): Pragmatismus und Gemeinwesenarbeit: Die pragmatistische Methode von John Dewey und ihr Beitrag zur Theorie und Praxis der Gemeinwesenarbeit. Neu-Ulm: AG SPAK

Oelschlägel, Dieter (2005): Quartiersmanagement. In: Kreft et al. (2005): 688-691

Schnur, Olaf (2008) (Hrsg.): Quartiersforschung. Zwischen Theorie und Praxis. Wiesbaden: VS Verlag für Sozialwissenschaften

## Weitere verwendete Literatur

Baum, Detlef (2007a) (Hrsg.): Die Stadt in der Sozialen Arbeit. Ein Handbuch für soziale und planende Berufe. Wiesbaden: VS Verlag für Sozialwissenschaften

Baum, Detlef (2007b): Die Stadt in der Sozialen Arbeit. Eine andere Begründung der Sozialraumorientierung in der Kinder- und Jugendhilfe. In: Baum (2007a): 167-184

Bourdieu, Pierre (1997): Das Elend der Welt. Konstanz: Universitäts Verlag

Boulet, J. Jaak/Krauss, E. Jürgen/Oelschlägel, Dieter (1980): Gemeinwesenarbeit als Arbeitsprinzip. Eine Grundlegung. Bielefeld: AJZ Druck und Verlag

Budde, Wolfgang/Früchtel, Frank/Hinte, Wolfgang (2006) (Hrsg.). Sozialraumorientierung. Wege zu einer veränderten Praxis. Wiesbaden: VS Verlag für Sozialwissenschaften

Deutscher Verein für öffentliche und private Fürsorge (Hrsg.) (2002): Fachlexikon der sozialen Arbeit. Frankfurt am Main: Eigenverlag Deutscher Verein für öffentliche und private Fürsorge

Drilling, Matthias (2008): Die Metapher vom Raum als soziale Landschaft: Perspektiven zur Überwindung der Dichotomie von Quartierskonzeptionen. In: Schnur (2008): 55-68

Drilling, Matthias/Blumer, Daniel (2009): Die Sicht der Bevölkerung auf die Siedlungsentwicklung Riehen. Basel: FHNW (Download unter www.sozialestadtentwicklung.ch)

Häußermann, Hartmut/Wurtzbacher, Jens (2005): Stadterneuerungspolitik und Segregation. In: Kessl, et al. (2005): 513-52Hinte, Wolfgang/Metzger-Pregizer, Gerhard/ Springer, Werner (1982): Stadtteilbezogene Soziale Arbeit. Ein Kooperationsmodell für Ausbildung und berufliche Praxis. In: Neue Praxis 4. 1982. 345-357

Kessl, Fabian/Reutlinger, Christian/Maurer, Susanne/Frey, Oliver (Hrsg.) (2005): Handbuch Sozialraum. Wiesbaden: VS Verlag für Sozialwissenschaften

Kessl, Fabian/Reutlinger, Christian (2009): Sozialraumarbeit statt Sozialraumorientierung. URL: http://www.sozialraum.de/sozialraumarbeit-statt-sozialraumorientierung.php, [12.10.2009]

Kreft, Dieter/Mielenz, Ingrid (Hrsg.) (2005): Wörterbuch Soziale Arbeit. Aufgaben, Praxisfelder, Begriffe und Methoden der Sozialarbeit und Sozialpädagogik. Weinheim/München: Juventa Verlag

Maier, Konrad/Sommerfeld, Peter (2005): Inszenierung des Sozialen im Wohnquartier. Darstellung, Evaluation und Ertrag des Projekts ‚Quartiersaufbau Rieselfeld'. Freiburg: FEL Verlag Forschung – Entwicklung – Lehre

Müller, Wolfgang C. (1973): Die Rezeption der Gemeinwesenarbeit in der Bundesrepublik Deutschland. In: Müller et al. (1973): 228-240

Müller, Wolfgang C./Nimmermann, Peter (1973) (Hrsg.): Stadtplanung und Gemeinwesenarbeit. Texte und Dokumente. München: Juventa Verlag

Müller, Wolfgang C. (2005): Gemeinwesenarbeit. In: Kreft et al (2005): 337-339

Oelschlägel, Dieter (2001): Gemeinwesenarbeit. In: Otto et al. (2001): 653-659

Otto, Hans-Uwe/Thiersch, Hans (Hrsg.) (2001): Handbuch der Sozialarbeit/Sozialpädagogik. Neuwied, Kriftel: Luchterhand Verlag

Pfeifer, Wolfgang: Etymologisches Wörterbuch des Deutschen (2005). München: Deutscher Taschenbuchverlag

Schnur, Olaf (2008): Quartiersforschung im Überblick: Konzepte, Definitionen und aktuelle Perspektiven. In: Schnur (2008): 19-51

Strunk, Andreas (2002): Quartiersmanagement. In: Deutscher Verein für öffentliche und private Fürsorge (2002): 755-756

Wendt, Wolf Rainer (2008): Geschichte der Sozialen Arbeit. Band 1. Die Gesellschaft vor der sozialen Frage. Stuttgart: Lucius & Lucius Verlag

Christian Reutlinger

# Rand

„Für das ungestörte soziale Leben im öffentlichen Raum braucht es Spielregeln, die für alle gelten". Seit geraumer Zeit wurde der Bahnhofsplatz von jungen Erwachsenen „oftmals in Begleitung von teils frei laufenden und Passanten anbellenden Hunden, als Begegnungsort genutzt, um dort Alkohol zu konsumieren und Musik zu hören". Aufgrund der „unbefriedigenden Situation" wurden von der Stadt sowohl präventive als auch repressive Massnahmen eingeleitet. Diese beinhalteten „die Schaffung eines *Randgruppenreservates* [sic!], d. h. eines alternativen Begegnungsortes für die erwähnten jungen Erwachsenen". Dort sollen sie „durch die Gassenarbeit (Strassensozialarbeit) begleitet, betreut und in ihrer Eigenverantwortung bestärkt werden" (aus einem Parlamentsprotokoll einer schweizerischen Kleinstadt 2005).

## Soziale Randgruppen: Outsider, an der Peripherie der Gesellschaft

Der Begriff *Rand* erlebte im Sozialarbeitsdiskurs zwischen den 1960er und 1980er Jahren unter der *Randgruppenthematik* bzw. *-arbeit* seine eigentliche Konjunktur. Die dahinter liegenden Raumvorstellungen sind jedoch weiterhin aktuell, indem heute einerseits nach wie vor von sozialen *Rand*gruppen bzw. von *Rand*ständigkeit die Rede ist (vgl. Kilb 2010), andererseits diese Raumvorstellungen implizit in unterschiedlichen Diskursen weitertransportiert werden, wie bspw. zu Bildung (Kinder bildungs*naher* bzw. *-ferner* Eltern), zu Armut (Neue *Unterschicht*), Migration (*Parallel*gesellschaft), zur Sozialen Stadtentwicklung *(Ghettos der Vorstädte)* oder Jugend und öffentlichem Raum (*anstößiges* Verhalten Jugendlicher, Schaffung von *„Reservaten"*).

In der sozialarbeiterischen Diskussion zum gesellschaftlichen *Rand* werden Gruppen von Personen fokussiert, „die aufgrund von Defiziten (der Bildung, des Einkommens, der Sprache, der Lebensverhältnisse, der Wohnsituation usw.) nicht oder unvollkommen in der *Kern*gesellschaft integriert" (Nollert 2010) bzw.

„die aufgrund gravierender Benachteiligungen unterschiedlicher Art teilweise vom ‚normalen' Leben der Gesellschaft ausgeschlossen" sind (Geißler 2008: 201). Namentlich werden ganz unterschiedliche Ensembles von Personen als *Randgruppe* benannt bzw. zusammengefasst, was zu einer Ungenauigkeit und Unspezifik des Begriffes beiträgt: alte Menschen, Arbeitslose, Behinderte, Drogenabhängige, Homosexuelle, Kranke, Menschen mit Migrationshintergrund, Obdachlose, Prostituierte, Sozialhilfeempfänger, subkulturelle Jugendgruppen oder Vorbestrafte usw.

Wenngleich die Gruppen, die als *randständig* bezeichnet werden, sich im Verlauf der Zeit ändern, so scheint für alle charakteristisch zu sein, dass sich bei ihnen die erwähnten Defizite und Benachteiligungen kumulieren und dass sie dadurch von den gesellschaftlich geltenden Regeln und Normen abweichen. Verstehend-aufklärerische Perspektiven machen darauf aufmerksam, dass diese Personengruppen durch ihre Lebensart spezielles Wissen, Symbole und Rituale, eigene *Randgruppenkulturen* entwickeln, welche vom „braven Bürger als kriminell, lasterhaft, liederlich, pöbelhaft oder schlechthin als ‚unanständig' empfunden" werden (Girtler 2000: 558). Ihre *Randständigkeit*, d.h. ihr „Anders-als-die-Mehrheit-Sein" oder von der „Normalität-Abweichen", wird deshalb im Regelfall an ihrem Verhalten, ihrem Aussehen, ihren Neigungen oder Wertvorstellungen festgemacht. Aufgrund ihrer, meist an öffentlichen Plätzen (» Basic: Platz) sichtbaren Formen der Abweichung vom Mainstream werden sie „an den Rand der Gesellschaft gedrängt", *marginalisiert*. Mit der „Marginalisierung" (von lateinisch *margo* = Rand) verbunden sind starke ökonomische Defizite gekoppelt mit einer Tendenz zur sozialen Isolierung und Diskriminierung. Diese Faktoren führen zu einer Beeinträchtigung der Lebenschancen und schränken die Teilhabemöglichkeiten am gesellschaftlichen, kulturellen und politischen Leben weiter ein (Geißler 2008). Die Existenz am Rande einer sozialen Gruppe oder Gesellschaft wird als *Marginalität* bezeichnet.

Neben dieser durch gesellschaftliche Ungleichheit und/oder Unterdrückung verursachten Randständigkeit lässt sich eine *freiwillige* oder *elitäre Randständigkeit* beschreiben. Gesellschaftliche Aussteiger, Künstler und Kritiker nutzten zu jeder Zeit die Frei- bzw. Spielräume, die sich aus der gesellschaftlichen *Randposition* ergeben. Kapitalismuskritische bzw. klassenkämpferische Strömungen der Sozialen Arbeit in den 1970er Jahren wie bspw. in der Heimkampagne verfolgten eine so genannte *Randgruppenstrategie* (vgl. Trapper 2002: 52). Diese besagte, dass die besonders am kapitalistischen System leidenden Jugendlichen (als Reservearmee des Spätkapitalismus und Fraktionen der Arbeiterklasse), am ehesten für den revolutionären Kampf zu begeistern wären. Ziel dieser politischen Sozialen Arbeit war es, die Outsider-Position zu nutzen, um vom gesellschaftlichen Aussen oder Gegen kritisch aufs Zentrum blickend

(Guter 1994) vom Kapital für die Unterdrückten Freiräume zu erkämpfen bzw. abzutrotzen.

Die Geschichte der Sozialen Arbeit ist eng mit dem (scheinbaren) Bedrohungspotenzial verknüpft, welches durch Armut bzw. abweichendes, deviantes Verhalten marginalisierter Gruppen für den Kern der Gesellschaft ausgeht. Die Arbeit mit Randgruppen (*Randgruppenarbeit*) droht immer auf die Frage nach der Integrationsfähigkeit einer „asozialen" Gruppe verkürzt zu werden. Damit verbunden wären jedoch selten beantwortete gesellschaftstheoretische und sozialpolitische Fragestellungen: Wo positioniert sich Soziale Arbeit, „Innen" oder „Aussen"? Welche Perspektive kann sie überhaupt einnehmen? Wie gelingt es aus dieser Spagatposition Freiräume für benachteiligte Gruppen zu schaffen, ohne dass diese durch die Arbeit weiter stigmatisiert werden und damit an Teilhabechancen verlieren?

**Leben am Rande der Gesellschaft – Anmerkungen zum Perspektivwandel auf die Raumgruppenthematik**

Während die Auseinandersetzung des gesellschaftlichen Umgangs mit Bevölkerungsgruppen, welche sich aufgrund ihrer Lebenssituation durch eine eingeschränkte Teilhabe am gesellschaftlichen Leben auszeichnen, bis ins Mittelalter zurückreicht (damals beschränkt auf die Diskussion zu Armut), wurde der Begriff *Randgruppe* erstmals in der so genannten Minderheitenforschung der amerikanischen Soziologie (marginality, marginal man) verwendet (vgl. Park 1928). An diese Traditionen anschließend ist hierzulande seit den 1960er Jahren von Randgruppen die Rede, um die Lebenssituation und die Beziehungen solcher abweichender Gruppen untereinander, aber auch die gesellschaftlichen Folgen (Bedrohungs- bzw. Destabilisationspotential) zu analysieren (vgl. Fürstenberg 1965, Marcuse 1967).

Die dem Randgruppenkonzept ursprünglich hinterlegte Vorstellung, dass diese gesellschaftliche Abseitsposition selbst gewählt bzw. verschuldet wäre (d. h. personen- und defizitorientiert), wurde erst in den 1970er Jahren kritisiert: Die gesellschaftliche *Rand*position stellt das Ergebnis von Exklusions- und Stigmatisierungsprozessen der dominanten *Kern*gruppe bzw. -gesellschaft dar (d. h. ist ein immanent gesellschaftliches Problem) (vgl. Karstedt 1975). Ab den 1980er Jahren wurde am sozialen *Rand*gruppenkonzept verstärkt Kritik geübt. Heute wird gar bezweifelt, ob der Begriff weiterhin verwendet werden soll, suggeriert er doch einerseits, dass es ein Zentrum in der Gesellschaft gäbe, „an deren Peripherie die Vergessenen und Unterprivilegierten sich (zwangsmässig durch Ausgrenzung) wieder finden" (Brocke 1996: 495). Andererseits wird davon ausgegangen, dass eine problemfreie Mehrheit einer problembeladenen, nicht-integrierbaren Minderheit gegenüberstehen würde (Gefahr der Homogenisierung » Einleitung). Die wechselseitige Homogenisierungsvorstellung (Rand- vs. Kerngruppe) ist jedoch in modernen, differenzierten und zunehmend entgrenzten Gesellschaften ebenso unzulässig, wie die Vorstellung von sozial und territorial verortbaren, dualen Gesellschaftsbereichen (Zentrum vs. Peripherie). Neben diesen grundsätzlichen Kritikpunkten ist jedoch auch der Begriff der „Gruppe" problematisch, da es sich nicht um Gruppen im soziologischen Sinne, sondern vielmehr um statistische Gruppen bzw. eine Sozialkategorie handelt.

Durch das Festhalten Sozialer Arbeit am Randbegriff und den damit verbundenen Raumvorstellungen bleibt unhinterfragt, was eine marginale Position unter den heutigen gesellschaftlichen Bedingungen heissen könnte und ob von dieser Peripherie aus ein (gesellschaftskritischer) Blick auf den Kern sozialer Fragestellungen und Herausforderungen überhaupt möglich wird.

## Bedeutung von Zentrum – Peripherie in einer entgrenzten Welt (radikalisierter Kapitalismus)

Eine Theorie des Randes gibt es nicht, „nur funktionale, ästhetische oder politische Beschreibungen", fasst Detlev Ipsen in seinen Überlegungen zur städtischen Dynamik – Städte zwischen Innen und Aussen – zusammen (Ipsen 2003: 211). Obwohl schon seit Anfang des 20. Jhdt. im Rahmen der Chicago School of Sociology eine Forschungstradition über die Dynamik der Stadt in der Spannung zwischen ihrem Innen und Aussen vorliegt (vgl. Park 1928), gibt es über „räumlich-soziale" städtische Ränder nur wenig aktuelle Arbeiten (vgl. Bölling/Sieverts 2004, Matthisen 2002, Prigge 1998).

Raumtheoretisch ist ein Rand erst einmal eine Umrahmung, ein Saum, um einen Kern herum. Randständigkeit verweist einerseits auf eine (abseitige) Position in bestimmter Entfernung vom Zentrum, andererseits ist damit auch die Nähe zum Abgrund, d. h. zu einer Sphäre, die nicht mehr dazu gehört (resp. bedrohlich ist) angesprochen. An dieser Stelle ist auf die Allegorie zur mittelalterlichen Weltvorstellung von der Erde als flacher Scheibe, geschützt durch eine mit den Gestirnen bestückte Käseglocke hinzuweisen. Am Rand (bildlich am Tellerrand) befindet sich in dieser Weltvorstellung der drohende „Abgrund zur Unterwelt" (Gefahr der Containerisierung » Einleitung).

Während es sich bei Grenzen eher um Linien handelt, die klar unterscheidbare sozialräumliche Einheiten trennen (» Basic: Grenze), haben Ränder „Fläche, sie gleichen Bändern oder Teilen von Bändern", die Einheiten verbinden, „indem sie ausgewählte Teile von ihnen aufnehmen" (Ipsen 2003: 199). „Ränder sind Räume der Transformation" (ebd.), als solche bleiben sie mehrdeutig, simultan, indem diese geprägt sind von Unordnung und Verdünnung – ganz im

Gegensatz zum Innen der Stadt, welches sich durch ein Bestreben nach Ordnung und hoher Regulationsdichte auszeichnet.

Entscheidend ist, dass zwischen Gesellschaft/Stadt und Rand eine funktionale Korrespondenz auszumachen ist, indem sich die Gesellschaft/Stadt der im Moment unbrauchbaren Elemente (Dinge, Funktionen, Menschen) entledigt, diese an den Rand der Gesellschaft/Stadt drängt (ebd.: 212). Einer gesellschaftlichen Randposition wird eine soziale *und* räumliche Distanz hinterlegt, was bspw. neben den Gettos am Stadtrand auch in Form abgelegener Kliniken und Heime für Alte, Behinderte, Kranke, etc. deutlich wird. Obwohl diese Gebäude, Siedlungen etc. oft nicht mehr in Sichtweite („aus den Augen, aus dem Sinn") des Zentrums liegen, ist entscheidend, dass diese nicht unabhängig vom Kern betrachtet werden können, sondern immer in funktionaler Abhängigkeit und damit als Teil davon zu sehen sind.

Diese Tatsache der funktionalen Abhängigkeit widerspricht einer Dualismusvorstellung (im Sinne von zwei einander ausschließenden Arten von Einheiten) und öffnet den Blick auf das sich bedingende dialektische Spiel sozialräumlicher Polarisierung, welches dem Kern-Rand-Modell (Zentrum-Peripherie) inne wohnt. Die Polarisierungstheorie, populär geworden im so genannten Dependenz- oder Abhängigkeitsdiskurs in der Entwicklungsforschung der 1970er Jahre (vgl. Reutlinger 2008), versucht zu verstehen, „warum und wie die Entwicklung des Zentrums mit den wirtschaftlichen Problemen der Peripherie zusammenhängt" (Novy 2002: 68): Die langfristig wirkenden Mechanismen des Marktes führen nicht zu einem Abbau, sondern zu einer Zunahme der wirtschaftlichen Ungleichgewichte (» Basic: Brennpunkt). Diese These lässt sich aber auch auf das Ergebnis von Exklusions- und Stigmatisierungsprozessen der dominanten *Kern*gruppe bzw. -gesellschaften auf gesellschaftliche Randbereiche beziehen (siehe oben).

In der so genannten ersten, „schweren Moderne" (Bauman 2000) wurde die Expansion der westlichen (ökonomischen, kulturellen und sozialen) Werte über die Veränderung der physisch-materiellen Welt (beispielsweise durch Maschinen, Turbinen, Straßen etc.) und der Inbesitznahme und Strukturierung des Territoriums vollzogen. Im Entwicklungsmodell war die Koppelung zwischen Territorium und sozialem bzw. wirtschaftlichem Raum angelegt: Dies wurde bspw. im Diskurs um Abhängigkeit anhand des Wechselspiels von territorial verortbaren zentralen und peripheren Räumen und die negativen Konsequenzen für die Peripherie dargestellt (vgl. Reutlinger 2008).

Heute, in der so genannten leichten oder „flüchtigen Moderne", lässt sich durch neue Technologien und Medien der Distanz-Raum der schweren Moderne überwinden. Dadurch verliert dieser Raum seine strategische Bedeutung (Bauman 2000: 140). Die alte Dichotomie Zentrum-Peripherie als territorial ablesbares und verortenbares Phänomen (Stadt-Land-Gegensätze, Regionale Disparitäten, Nord-Süd-Konflikte u.v.a.m) löst sich zunehmend auf. Neue Abhängigkeiten und damit weitere, nicht unbedingt territorial ausgeprägte Spaltungen treten an seine Stelle. Im Zentrum der Analyse „ungleicher Entwicklung" steht deshalb „die zugleich integrierende und fragmentierende Dynamik des Kapitalismus, die sich immer wieder in neuen räumlichen Konfigurationen durchsetzt" (Zeller 2004: 324ff.). Daraus resultieren neue Dichotomien oder Polarisierungen. Diese sind viel subtiler und auf den ersten Blick nicht eindeutig sichtbar bzw. als Zentrum-Peripherie räumlich verortbar.

Als geeignetes Modell um diese neuen Verwerfungen und ungleichen Entwicklungen zu erfassen bietet sich das Modell der *segmentierten Arbeitsgesellschaft* an (Böhnisch/Schröer 2001). Dieses geht davon aus, dass die ungleichen Entwicklungen Segmente oder Zonen mit entsprechenden Kulturen hervorbringen. In seiner Untersuchung zur „Metamorphose der sozialen Frage", in welcher er die Geschichte der Lohnarbeit analysiert, stellt der französische Soziologe Robert Castel eine starke Korrelation zwischen einem bestimmten, innerhalb der gesellschaftlichen Arbeitsteilung eingenommenen Platz und der Teilhabe an den Netzen der primären Sozialbeziehungen und den Sicherungssystemen fest (vgl. Castel 2000). So wird die Konstruktion dessen möglich, „was ich metaphorisch ‚Zonen' sozialer Kohäsion nennen möchte. Das Paar ‚stabiles Arbeitsverhältnis-solides Eingegliedertsein in soziale Beziehungen' bildet die *Zone der Integration*. Umgekehrt addieren sich die negativen Auswirkungen des Fehlens jeglicher produktiven Tätigkeit und der Mangel an gesellschaftlichen Beziehungen zu sozialer Ausgrenzung oder [...] eher zu ‚Entkoppelung'. Die soziale Verwundbarkeit stellt eine *instabile Zwischenzone* dar, welche ein prekäres Verhältnis zur Arbeit mit einer fragilen Unterstützung durch die nächste Umgebung kombiniert" (ebd.: 13). Die Menschen, die der heutige Kapitalismus in den „*entkoppelten Zonen*" freisetzt, haben einen neuen Status: *sie sind überflüssig.*

Castels Modell ist kein statisches Modell. Es geht ihm nicht darum, die Individuen in Zonen zu verorten, „als vielmehr Prozesse aufzuklären, die ihren Übergang von der einen in die andere bewirken, etwa das Hinüberwechseln von der Zone der Integration in die der Verwundbarkeit oder den Absturz aus dieser Zone in die gesellschaftliche Nicht-Existenz: Woraus speisen sich die sozialen Räume, wie erhalten sich und vor allem wie lösen sich diese Stellungen auf?" (ebd.:14). In seinem „Zonenmodell" der segmentierten Arbeitsgesellschaft kommt ein wichtiger Aspekt des neuen Raum-Gesellschafts-Verhältnis angesichts heutiger Entgrenzungsmechanismen zum Tragen: Die beschriebenen sozialen Prozesse verändern die Handlungslogik der Menschen – egal auf welcher sozialen Ebene bzw. gesellschaftlicher Einbettung – grundlegend. Dies hat entscheidende Konsequenzen – auch für die Soziale Arbeit.

## Zum Umgang mit Ausgrenzung- und Segmentierungsprozessen aus einer ermöglichenden Perspektive – Rückbindung in die Soziale Arbeit

Die bisherigen Ausführungen verdeutlichen, dass in der Sozialen Arbeit nicht mehr von Rand die Rede sein sollte, da die Logik des radikalisierten Kapitalismus mittlerweile alle gesellschaftlichen Zonen (*Zone der Integration, Zwischenzone Verwundbarkeit sowie entkoppelte Zone der Nicht-Existenz*) durchzieht und die damit verbundenen Spaltungs- und Segmentierungsprozesse die Handlungslogiken aller Menschen strukturiert. „Die heutige Situation macht Zentrum und Peripherie gleich" oder sie bringt „eine neue Peripherie hervor" (Virilio 1995: 92/89). Raumtheoretisch hat dieser Wandel zur Folge, dass aktuelle Sozialarbeitsdiskurse, die an der Dichotomie Zentrum-Peripherie festhalten (siehe Eingangskapitel), zugunsten einer Perspektive ersetzt werden müssten, die die dialektischen Polarisierungsprozesse in den Fokus rückt und sozialräumliche Konsequenzen mit adäquaten Konzepten zu berücksichtigen vermag. Für die Soziale Arbeit ergeben sich daraus mindestens zwei Konsequenzen:

Einerseits die Herausforderung, den benachteiligten Menschen der gesellschaftlichen Zone der Verwundbarkeit oder der Zone der Nicht-Existenz erneute Teilnahmechancen zu ermöglichen, ohne dass diese durch die Arbeit bzw. der damit hinterlegten Raumkonzepte verstärkt stigmatisiert werden. Ansatzpunkte dürfen deshalb nicht mehr länger so genannte „abgehängte Gruppen" in „benachteiligten Stadtteilen" an der gesellschaftlichen Peripherie sein, sondern vielmehr das aus dem Alltag hervorgehende Bewältigungs- und Gestaltungshandeln aller Menschen. Das hinter den alltäglichen Bewältigungs- bzw. Gestaltungskarten liegende Potential gilt es mit geeigneten Ansätzen zu erschließen bzw. sichtbar zu machen. Hintergrund ist die Vorstellung, dass alle Menschen durch ihre Bewältigungs- und Gestaltungsleistungen in ihrem Alltag biographisch relevante „Bewältigungs- bzw. Gestaltungskarten" schreiben (Reutlinger 2003), wie dies bspw. im sozialgeographischen Konzept des „Alltäglichen Geographie-Machens" diskutiert wird (» Basic: Geographie]. An diesen Bewältigungs- und Gestaltungskarten ansetzend müsste es der Sozialen Arbeit darum gehen, Ermöglichungsstrukturen (Reutlinger 2008) mit dem Ziel auszubauen, darüber die Handlungsfreiheiten des Einzelnen (vgl. Sen 1999 in Drilling 2004) zu stärken.

Der Ausbau von Handlungsfreiheiten kann andererseits nicht, wie diese globalisierungskritische Überlegungen vorgeben, über die Bereitstellung bzw. das Erkämpfen von alternativen „peripheren Schutzgebieten" *außerhalb* der Wogen der globalisierten neoliberalen Logik gelingen. Will Soziale Arbeit für benachteiligte Menschen ermöglichende Bedingungen, d. h. Handlungserweiterungen schaffen, dürfen diese nicht nur auf ein lokal verortetes Territorium beschränkt bleiben, da die aktuellen gesellschaftlichen Herausforderungen dort gar nicht gelöst werden können. Vielmehr bedarf es der Konstituierung neuer „kollektiver Gestaltungsräume" (Böhnisch/Schröer 2002: 186), ähnlich wie der Sozialstaat sich historisch „aus der Spannung zwischen Ökonomie und Sozialem als eigenständige Kraft entwickelt" hat, die damit „gesellschaftliche Räume von Konflikt und Konsens eröffnet hat und damit eine eigene Idee des Sozialen in diese Räume hinein trägt" (ebd.: 183). Daraus resultiert eine sozialpolitische Aufgabe für die Soziale Arbeit, die heutige „soziale Frage", d. h. die strukturellen Implikationen von Segmentierungsprozessen, zu thematisieren und sich reflexiv positionieren zu müssen. Notwendig ist hierfür eine „reflexiv räumliche Haltung" (Kessl/Reutlinger 2010): „Diese konkretisiert sich durch eine systematische Kontextualisierung des jeweiligen Handlungsraumes, das heißt eine systematische und möglichst umfassende Inblicknahme des Erbringungszusammenhangs. Alle Beteiligten machen sich im Idealfall in diesem Prozess bewusst, welche Interessen- und damit Macht- und Herrschaftskonstellationen vorliegen" (ebd.: 126).

 ## Merksatz

Als raumwissenschaftliche Konsequenz des radikalisierten Kapitalismus (mit den damit verbundenen Spaltungs- und Segmentierungsprozessen) sollten dichotome Vorstellungen von Zentrum-Peripherie ebenso abgelegt werden, wie ein statisches Verständnis von Rand als soziale und territoriale Distanz zum Kern. In den Blick sollen vielmehr die dialektischen Prozesse von Polarisierungen und Ausgrenzungen rücken, d. h. ein dynamischer Begriff von Marginalisierung. Vor diesem Hintergrund ist zu prüfen, ob in der Sozialen Arbeit der Begriff Rand überhaupt noch zu verwenden ist.

 ## Empfohlene Literatur zur Vertiefung

Böhnisch, Lothar/Schröer, Wolfgang (2001): Pädagogik und Arbeitsgesellschaft. Weinheim und München: Juventa Verlag

Castel, Robert (2000): Die Metamorphosen der sozialen Frage. Eine Chronik der Lohnarbeit. Konstanz: UVK

Hamedinger, Alexander (1998): Raum, Struktur und Handlung als Kategorien der Entwicklungstheorie. Eine Auseinandersetzung mit Giddens, Foucault und Lefêbvre. Frankfurt am Main; New York: campus

Kessl, Fabian/Reutlinger, Christian (2010): Sozialraum. Eine Einführung. Wiesbaden: VS Verlag für Sozialwissenschaften

Reutlinger, Christian (2008): Raum und soziale Entwicklung. Kritische Reflexion und neue Perspektiven für den sozialpädagogischen Diskurs. Weinheim und München: Juventa Verlag

## Weitere verwendete Literatur

Bauman, Zygmunt (2000): Flüchtige Moderne. Frankfurt am Main: Suhrkamp
Böhnisch, Lothar/Schröer, Wolfgang (2002): Die soziale Bürgergesellschaft. Zur Einbindung des Sozialpolitischen in den zivilgesellschaftlichen Diskurs. Weinheim und München: Juventa Verlag.
Bölling, Lars/Sieverts, Thomas (Hrsg.) (2004): Mitten am Rand. Auf dem Weg von der Vorstadt über die Zwischenstadt zur regionalen Stadtlandschaft. Wuppertal: Müller und Busmann
Brocke, Hartmut (1996): Randgruppen. In: Kreft/Mielenz (1969): 459
Brusten, Manfred/Hohmeier, Jürgen (Hrsg.) (1975): Stigmatisierung 1+2. Zur Produktion gesellschaftlicher Randgruppen. Neuwied/Darmstadt: Luchterhand
Drilling, Matthias (2004): Young urban poor. Abstiegsprozesse in den Zentren des Sozialstaates. Wiesbaden: VS Verlag für Sozialwissenschaften.
Fuchs, Gotthard/Moltmann, Bernhard/Prigge, Walter (Hrsg.) (1995): Mythos Metropole. Frankfurt am Main: Suhrkamp Verlag
Fürstenberg, Friedrich (1965): Randgruppen in der modernen Gesellschaft. In: Soziale Welt, 16 (1965): 236-245
Gerlach, Olaf/Kalmring, Stefan/Kumitz, Daniel/Nowak, Andreas (Hrsg.) (2004): Peripherie und globalisierter Kapitalismus. Zur Kritik der Entwicklungstheorie. Frankfurt am Main: Brandes & Apsel
Geißler, Rainer (2008): Die Sozialstruktur Deutschlands. Zur gesellschaftlichen Entwicklung mit einer Bilanz zur Vereinigung. 5., durchgesehene Aufl. Wiesbaden: VS Verlag für Sozialwissenschaften
Girtler, Roland (2000): Randgruppen/Randkulturen. In: Stimmer (2000): 558-562
Guter, Anne (1994): Blick vom Rand aufs Zentrum. Gangs in amerikanischen Großstädten. Hamburg: Europäische Verlagsanstalt
Ipsen, Detlev (2003): Städte zwischen Innen und Aussen: Randbemerkungen. In: Krämer-Badoni/Kuhm (2003): 197-214
Karstedt, Susanne (1975): Soziale Randgruppen und soziologische Theorie. In: Brusten/Hohmeier (1975): 169-196
Kilb, Rainer (2010): Jugendarbeit mit marginalisierten jungen Menschen („Randgruppen"). In: Enzyklopädie Erziehungswissenschaft Online (EEO). Weinheim und München: Juventa Verlag
Kreft, Dieter/Mielenz, Ingrid (Hrsg.) (1996): Wörterbuch Soziale Arbeit. 4. Aufl., Weinheim, Basel: Belz
Krämer-Badoni, Thomas/Kuhm, Klaus (Hrsg.) (2003): Die Gesellschaft und ihr Raum. Raum als Gegenstand der Soziologie. Opladen: Leske + Budrich
Marcuse, Herbert (1967): Der eindimensionale Mensch. Frankfurt am Main: Suhrkamp Verlag
Matthisen, Ulf (Hrsg.) (2002): An den Rändern der deutschen Hauptstadt. Opladen: Leske + Budrich
Nollert, Michael (2010): Soziale Randgruppe. In: Socialinfo. Wörterbuch der Sozialpolitik. http://www.socialinfo.ch/cgi-bin/dicopossode/show.cfm?id=583 (eingesehen 4.2010)

Novy, Andreas (2002): Entwicklung gestalten. Gesellschaftsveränderungen in der Einen Welt. Frankfurt am Main: Brandes & Apsel

Park, Robert E (1928): Human migration and the marginal man. The American Journal of Sociology, v. 33, n. 6. 1928. 881-893

Prigge, Walter (Hrsg.) (1998): Peripherie ist überall. Frankfurt am Main: Edition Bauhaus

Reutlinger, Christian (2003): Jugend, Stadt und Raum. Sozialgeographische Grundlagen einer Sozialpädagogik des Jugendalters. Opladen: Leske + Budrich

Stimmer, Franz. (Hrsg.) (2000): Lexikon der Sozialpädagogik und Sozialarbeit. München, Wien: Oldenbourg

Trapper, Thomas (2002): Erziehungshilfe: Von der Disziplinierung zur Vermarktung? Entwicklungslinien der Hilfen zur Erziehung in den gesellschaftlichen Antinomien zum Ende des 20. Jahrhunderts. Bad Heilbrunn: Julius Klinkhardt

Virilio, Paul im Gespräch mit Marianne Brausch (1995): Randgruppen. In: Fuchs et al. (1995): 89-97

Zeller, Christian (2004): Ungleiche Entwicklung, globale Enteignungsökonomie und Hierarchien des Imperialismus. In: Gerlach et al. (2004): 324-347

Daniela Ahrens

# Region

„Regionalentwicklung: Strategien der Beschäftigungsentwicklung müssen an den Ressourcen und Entwicklungspotenzialen der Region anknüpfen und biografische Optionen für Berufs- und Lebenswegeplanung junger Menschen schaffen. Damit Regionen ihre endogenen Potenziale aktivieren können, müssen sie über geeignete institutionelle Rahmenbedingungen und Kooperationen mit den für die Region relevanten Akteuren aus Wirtschaft, Verwaltung, Bildung und Politik verfügen" (BMWA 2004: 4).

## Die Region in der Sozialen Arbeit

Der Zusammenhang zwischen Region und Sozialarbeit ist keineswegs eindeutig: Ist die Soziale Arbeit ein regionaler Akteur oder Akteur des Regionalen? Wie wird in der Sozialen Arbeit Bezug auf die Region genommen? Erfüllt die Soziale Arbeit ihre Aufgaben innerhalb einer Region oder ist sie an Regionalisierungsprozessen beteiligt? Die Region kommt in der Regel dann ins Spiel, wenn es darum geht, verschiedene Einrichtungen beispielsweise aus der Politik, der Verwaltung sowie Verbände unterschiedlicher Trägerschaft untereinander zu vernetzen und die Zusammenarbeit zwischen den verschiedenen kommunalen Einrichtungen zu verbessern. Ziele derartiger Regionalisierungsprozesse sind eine stärkere Bürgernähe und Transparenz durch die Entsäulung der verschiedenen Dienste. Beispielhaft sei hier das Modell „Regionale Netzwerke für soziale Arbeit in München" (www.regsam.net) erwähnt. In Reaktion auf die zunehmend komplexer werdenden Problemlagen in der Stadt, verfolgt REGSAM einen Ansatz, der durch die Entwicklung regionaler Netzwerke gleichermaßen die Lebenssituationen der Menschen und die Effizienz kommunaler Dienstleistungen verbessern will. Durch einen regelmäßigen horizontalen Fachaustausch sollen sozialpolitische und gesellschaftliche Entwicklungen und Bedarfe vor Ort erkannt und benannt werden. Es geht dem Trägerverein für regionale soziale Arbeit e.V. um mehr Bürgernähe, bessere Nutzung der Ressourcen, bedarfsgerechte Einrichtungen vor Ort und um sozialpolitische Entscheidungen „von unten". Adressaten sind in erster Linie Kinder, Jugendliche, Familien und Senioren. Für die Umsetzung werden neue Teams gegründet, die sich gleichermaßen aus privaten und freien Trägern zusammensetzen. Der Austausch findet über so genannte Facharbeitskreise statt, die ihre Angebote träger- und referatsübergreifend abstimmen. Das Beispiel REGSAM veranschaulicht die seit Mitte der 1990er Jahre zu beobachtende Dezentralisierung und Regionalisierung der Sozialen Arbeit. An prominenter Stelle steht dabei die Schaffung neuer Kooperationsstrukturen – etwa zwischen Jugendhilfe und Schulbildung - die sich nicht auf die Leistungserbringung oder Finanzierung erzieherischer Hilfen konzentrieren, sondern auf die Leistungsverbesserung in der sozialen Versorgung durch partnerschaftliche Zusammenarbeit (vgl. Wohlfahrt 2002).

Es wird davon ausgegangen, dass eine stärkere Sensibilisierung für räumliche Bezüge in der Sozialen Arbeit der Kinder- und Jugendhilfe neue Steuerungskonzepte auf der Organisations- und Verwaltungsebene notwendig machen. Besonderes Gewicht haben hier Aspekte der Verlagerung von Kompetenzen und die Förderung von horizontalen Kooperationen jenseits starrer Ressortgrenzen. Die Umsetzung von „Vor-Ort-Lösungen" erfordert dynamische Organisationen sowie interkommunale Kommunikation, Verantwortungsteilung- und Arbeitsteilung. Gerade mit Blick auf immer knapper werdende öffentliche Gelder werden derartige dezentrale Steuerungsmodelle favorisiert, um durch eine engere Kopplung zwischen den verschiedenen Einrichtungen Bürokratie abzubauen und Entscheidungsprozesse zu verkürzen.

Regionalisierungsprozesse tauchen hier in Form von Sozialregionen als neue Zuständigkeitsbereiche mit der Absicht auf, die Einzelfallorientierung ebenso zu überwinden wie die „Buchstabenzuständigkeit"[1]. Die Hinwendung zu Regionen erfolgt auf der administrativen und der organisatorischen Ebene. Anspruch hierbei ist, Soziale Arbeit so zu (re-)organisieren, dass die verschiedenen Institutionen und Einrichtungen zueinander Kontakt haben und neue Arbeits- und Sinnzusammenhänge entfalten. Es wird davon ausgegangen, dass durch räumliche Nähe und eine regionale Begrenzung Synergieeffekte gefördert und erzeugt werden (Gefahr der Containerisierung des Sozialen » Einleitung). Sozialregionen siedeln sich quasi zwischen Gebietskörperschaften unterhalb der Länderebene und oberhalb der Kommunen an.

Gleichwohl bleibt der Regionsbegriff ein „offener Begriff" (vgl. Blotevogel 1996), da sich die jeweiligen Sozialregionen sowohl qualitativ als auch quantitativ stark voneinander unterscheiden. Zu nennen ist hier zum einen die Reich-

---

1 Vgl. Zwischenbericht des Projekts „Sozialraumorientierung in Graz", Amt für Jugend und Familie, Zwischenbericht April 2006 (www.graz.at/cms/dokumente/10040655_2123962/13994 8f8/Projekt Sozialraumorientierung – Zwischenbericht.pdf)

weite von Regionen respektive ihre Grenzen. Hier laufen insbesondere jene Regionalisierungsprozesse, die sich aufgrund bestimmter politisch gesetzter Förderrichtlinien entwickeln, Gefahr, die Region als einen Behälter bzw. Container für vorab definierte Ziele zu begreifen. Regionen fungieren dann als bloße Umsetzungsebenen ohne die Berücksichtigung der Frage, inwieweit durch Vernetzungen und Kooperationen neue Räume aufgespannt werden. Zum anderen sind Regionen keine homogenen Gebilde, sondern eine *„Einheit als Vielfalt"* (Baecker 2009: 21, Hervorh.i.O.). Welche regionalen Identitäten und Zugehörigkeiten sich entwickeln, erschließt sich erst durch die jeweilige Perspektive, mittels derer die Region betrachtet wird. Eine allgemeingültige Antwort auf die Frage ‚was' die Region denn nun sei, kann daher nicht formuliert werden. Lohnenswert scheint eine Annäherung an den Regionsbegriff über die Kehrseite der Region: die Globalisierung. Anstelle einer gegenstandsbezogenen Betrachtung geht es dabei um die Frage, wie in Regionalisierungsprozessen auf den geographischen Raum als strukturiertes und strukturierendes Phänomen zurückgegriffen wird.

## Region und Regionalisierung

Über die Existenz von Regionen kann nicht gestritten werden, wohl aber über ihre Funktion und ihre Bedeutung. Wovon ist die Rede bei der Region? Die Hinwendung zur Region bzw. zu Regionalisierungsprozessen lässt sich als Reaktion auf den Globalisierungsprozess und die strukturellen Veränderungen auf dem Weg zu einer wissensbasierten Gesellschaft verstehen. Region fungiert in diesem Zusammenhang jedoch weder als passiver Resonanzkörper globaler Prozesse noch reicht ein territoriales Verständnis von Region aus, um die vielfältigen Regionalisierungsprozesse zu erschließen[2]. Am Beispiel des Terminus „Lernende Region", der Mitte der 1990er Jahre populär wurde, lässt sich die Wiederentdeckung des Lokalen und Regionalen veranschaulichen. Der Europäische Rat von Lissabon formulierte im Jahr 2000 sein „Memorandum über lebenslanges Lernen" (Kommission der Europäischen Gemeinschaften 2000: 4). Anliegen dieses Memorandums ist die Aufforderung, den Übergang zur wissensbasierten Gesellschaft mit Strategien des lebenslangen Lernens institutionell und räumlich zu verknüpfen. In diesem Zusammenhang rücken Regionen als Adressaten für lernhaltige Strategien und Konzepte in den Vordergrund.

---

2 Auf politischer Ebene forcierten die zahlreiche Förderprogramme auf europäischer Ebene die Hinwendung zu Regionen. An zentraler Stelle stehen hier der Europäische Fonds für Regionale Entwicklung (EFRE) seit 1975 und das Europäische Raumentwicklungskonzept (EUREK) von 1998/99 (vgl. Altemeyer-Bartscher 2009).

„als deutlich wurde, dass nationalstaatliche oder gar supranationale Interventionen und Programme nicht die erhofften Resultate erzielten, weil sie in ihren Ausrichtungen die Unterschiedlichkeit der regionalen Rahmenbedingungen, die Ungleichzeitigkeiten regionaler Entwicklungen, die Verschiedenheit der infrastrukturellen Voraussetzungen u.a. nicht hinreichend berücksichtigen konnten und somit in ihren Wirkungen entsprechend hinter den Erwartungen zurückblieben" (Matthiesen/Reutter 2003b: 8).

Dass sich gerade im Zuge der Globalisierungsdebatte die Aufmerksamkeit auf die Region richtet, scheint auf den ersten Blick paradox, deutet doch alles darauf hin, dass wir uns auf eine globale Gesellschaft hinbewegen, in der keiner mehr außerhalb steht, in der aufgrund weltweiter Vernetzung sowie erdballumspannender Kommunikationsmöglichkeiten Raumdifferenzen immer bedeutungsloser werden. Den Globalisierungsprozess jedoch einseitig als Prozess der Deterritorialisierung und Verflüssigung des Raumes zu begreifen, greift zu kurz. Die globalisierungsbedingte Erosion des Nationalstaats, das prinzipielle Weltweit-Werden provoziert vielmehr die „Suche nach neuen räumlichen Einheiten" (Reutlinger 2008: 65). Im Zuge der weltweiten Vernetzung bilden sich Regionen als neue Räume aus, innerhalb derer globale Prozesse „gebrochen", gedämpft und/oder verstärkt werden, je nach dem regionalen Kontext und Wirkungsgefüge (vgl. Ahrens 2005). Die Region fungiert als Einbettungszusammenhang globaler Prozesse: Die wachsende Bedeutung von Regionen und lokalen Entscheidungsstrukturen reagiert auf den erhöhten Bedarf an Entscheidungsfindung und Dienstleistungsangeboten ‚vor Ort'. Insbesondere im Bereich (Berufs-) Bildung suchen die Menschen auf regionale Spezifika abgestimmte Angebote (vgl. Europäische Kommission 2000)

Im „Verweisungsfeld von Ökonomie – Raum – Wissenschaft – Kultur" (Matthiesen/Bürkner 2004: 65) werden neue Verbindungen und Netzwerke erprobt, um Entwicklungschancen von Regionen zu optimieren. Regionalökonomen betonen in diesem Zusammenhang die Verlagerung von der Konkurrenz singulärer Standorte zu einer Konkurrenz zwischen Regionen (Gefahr der Verdinglichung » Einleitung). Regionalisierungsprozesse erfüllen somit mindestens zwei Funktionen: Nach innen erfüllen Regionen die Funktion der Vernetzung regionaler Akteure und verschiedener gesellschaftlicher Teilsysteme, nach außen gerichtet erfüllen Regionen die Funktion der Konnektivität, die über nachbarschaftliche Beziehungen hinausgeht und die Region prinzipiell global anschlussfähig macht (vgl. Altemeyer-Bartscher 2009). Die Analyse von Regionalisierungsprozessen speist sich aus Ansätzen der Innovations- und Netzwerkforschung sowie dem soziologischen Milieuansatz[3]. Nicht allein durch den

---

3   Der soziologische Milieuansatz stammt aus der sozialen Ungleichheitsforschung und betont die

"Supercode" Ökonomie, sondern durch die gezielte Vernetzung unterschiedlicher Teilsysteme – etwa Bildung, Politik, Wissenschaft und Wirtschaft – sollen Regionen attraktiv und damit unterscheidbar werden:

> "Geographische, kulturelle und institutionelle Nähe führt zu einem privilegierten Zugang, engeren Beziehungen, kräftigeren Anreizen und weiteren Produktivitäts- und Innovationsvorteilen, die sich schwerlich aus der Ferne nutzen lassen" (Porter 1999: 63).

Anstelle der klassischen produktionsorientierten Standortfaktoren der industriegesellschaftlichen Moderne gewinnen in der wissenszentrierten und globalisierten Gesellschaft Wissen und Kreativität als neue Standortfaktoren an Bedeutung. Offen ist in diesem Zusammenhang jedoch die Frage, wie sich neue Raumbindungen durch eine Wissensbasierung ausbilden. Als eine zentrale analytische Kategorie schlägt der Stadtsoziologe Ulf Matthiesen die Identifizierung von Wissensmilieus vor, um den "knowledge turn" in der Raumforschung zu konkretisieren und "Fühlungsvorteile konkreter Orte" (Matthiesen/Bürkner 2004: 67) zu unterscheiden. Anknüpfend an neue Formen der Wissensproduktion und der Bedeutungszunahme von Raumbindungen speziell in wissens- und designintensiven Produktionszweigen fungiert der Begriff der Wissensmilieus als eine Art Suchbegriff für die Analyse neuer sozialräumlicher Netze in Stadtregionen. Dabei geht es um wissensbasierte Beziehungsmuster in der Politik, in der Ökonomie ebenso wie im Bereich der Kultur, der Medien und der Sozialstrukturen. Angeregt durch den strukturellen Wandel einer wissenszentrierten Gesellschaft konzentriert sich dieser Ansatz auf die Nutzung von Räumen und Raumbedarfen von Wissensmilieus sowie deren sozialräumlichen Ansprüche. Leitend für dieses Konzept ist die Analyse sich wandelnder Stadträume. Dabei richtet sich der Blick sowohl auf die Raumwirkungen der technologisch avancierten Produzentenseite von Wissen – etwa Standortentscheidungen für neue Forschungsstätten oder F&E-intensive Unternehmen - und ihren Produkten als auch auf die Konsumentenseite – etwa neue Formen der Telearbeit, Flexibilisierung von Arbeits- und Lernzeiten (ebd.).

Ausgehend davon, dass durch Dezentralisierung und globale Interdependenzen die "klassischen" Unterscheidungspaare Zentrum/Peripherie sowie Stadt/ Land an Erklärungskraft verlieren zugunsten der Region, beschäftigen sich insbesondere Stadtsoziologen und -planer sowie die Regionalwissenschaftler mit

---

individuellen Lebensweisen sozialer Gruppierungen (vgl. Hradil 2001). Milieus lassen sich als relativ homogene Interaktionsformen mit erhöhter Binnenkommunikation begreifen. Zu dem engen Zusammenhang zwischen Milieu, Quartiersentwicklung und gebauter Räume vgl. Manderscheid 2004.

dem Zusammenhang von Wissens-, Raum- und Milieuentwicklung. Leitend ist dabei die Annahme, dass räumliche Nähe und regionale Begrenzung netzwerkgestützte Synergieeffekte initiiert und damit letztlich regionale Wettbewerbsvorteile entstehen (Gefahr der Containerisierung des Sozialen »Einleitung). Regionen sind somit hochselektive Konstruktionen, die ein spezifisches Netz von Nähe und Ferne entwerfen. Auf diese Weise entwickelt sich eine regionale Identität, die Regionen von ihrer Umgebung sowie von anderen Regionen unterscheidbar machen. Prozesse der Regionalisierung können von verschiedenen Akteuren – Personen, Organisationen – entworfen werden. Zentraler Mechanismus der Regionalisierung ist die Kommunikation respektive die räumlich begrenzten kommunikativen Anschlussmöglichkeiten[4].

„,Eine Region', das ist der Output einer Tätigkeit, die man ‚Regionalisieren' nennen kann, und ‚Regionalisieren' heißt, Begriffe und Bilder von Regionen herzustellen und diese mit mehr oder weniger Erfolg in die soziale Kommunikation einzufädeln" (Hard 1994: 54).

Der Fokus auf die Region offenbart zweierlei: Einerseits stellt der Globalisierungsprozess eine Möglichkeitsbedingung für Regionalisierungsprozesse dar, zweitens erfährt der Globalisierungsprozess durch Regionalisierungsprozesse seine jeweilige Bestimmtheit (vgl. Stichweh 2000). Die Region ist kein Container innerhalb dessen sich lokale Prozesse abspielen. Diese neuen kommunikativen Verbindungen evozieren ihrerseits Bedeutungen in Gestalt von Identitäten, Wissen, Kontexten etc. (»Basic: Kontext) Regionalisierungsprozesse entstehen durch neue Querverbindungen zwischen verschiedenen Institutionen funktionaler Teilsysteme, die gleichermaßen Handlungsoptionen ermöglichen als auch begrenzen. Regionalisierungsprozesse lassen sich als Strategien der Wiedereinbettung und als eine Art „Einschränkungszusammenhang" begreifen, der auf nahräumliche Beziehungen (»Basic: Nahraum) angewiesen ist. In den Vordergrund tritt eine stärkere Kontextbezogenheit, die sich – entgegen modernem Denken – nicht abstrakt auf alle Räume, und damit auf keinen, bezieht, sondern auf die Frage der jeweiligen Situierung im Raum.

---

4   Der Fokus liegt hier auf der Kommunikation. In Werlens sozialgeographischem Ansatz basieren die alltäglichen Regionalisierungen auf einem handlungstheoretischen Konzept. Werlen (1997) hat das alltägliche „Geographie-Machen" einzelner Subjekte im Blick. Kristallisationspunkt der alltäglichen Regionalisierungen sind Prozesse der Entankerung und Verankerung.

## Die Region als neue Handlungsarena der Sozialen Arbeit

Regionen wird eine Bindungs- und Mobilisierungsfunktion zugeschrieben, wenn es darum geht, Querverbindungen zwischen verschiedenen gesellschaftlichen Teilbereichen aufzubauen. Ein zentrales Charakteristikum von Regionen sind Akteursnetzwerke, und zwar gleichermaßen auf institutioneller Ebene als auch bei den Adressaten der Sozialen Arbeit. Regionalisierung umfasst die spezifische Art und Weise wie diese Netzwerke miteinander verflochten sind, welche Interdependenzen zwischen den verschiedenen gesellschaftlichen Bereichen – insbesondere Politik, Kultur, Wirtschaft, Bildung – existieren. Regionen bilden sich durch enge Kopplungen aus, die auf räumliche Nähe angewiesen sind. Dadurch wird eine regionstypische Identität geschaffen, die auf der Basis lokaler und regionaler Eigenschaften einen Handlungsrahmen schafft, der leitend für die Nutzung und Wahrnehmung des Raumes ist. Die Betonung von Netzwerken verweist auf den hohen Stellenwert kommunikativer Aushandlungsprozesse im Regionalisierungsprozess – und damit auf die Region als soziale Konstruktion. Die Region begrenzt und kontextualisiert die Möglichkeiten sozialer Zusammenhänge. Regionen als physisch-materielle Wirklichkeiten der Erdoberfläche zu begreifen, greift daher zu kurz.

Zu beachten ist hierbei immer die Frage nach dem Gegenstand der Netzwerkbildung: Wenn es eher um die Generierung neuer Ideen geht, ist der Institutionalisierungsbedarf wesentlich geringer als bei konkretem umsetzungsbezogenem Handeln und der Initiierung längerfristiger Transferprozesse. Spätestens hier wird die Problematik von Regionalisierungsprozessen deutlich. Regionalisierungsprozesse haben mit Bestandsproblemen zu kämpfen. Kaum eine Region behält über die Zeit ihre Identität. Will man die räumlichen Bezüge von Regionalisierungsprozessen erschließen, stellen sich unter anderem folgende Fragen: Wie behaupten sich die sozialen Beziehungen, institutionellen Kooperationen und Verflechtungen? Welche interdependenten Kopplungen entstehen, welche Handlungsoptionen werden eröffnet, welche werden limitiert?

Regionen als neue Handlungsarena auszuweisen, erfordert die Ausarbeitung regionaler Entwicklungskonzepte. Regionalplaner kritisieren in diesem Zusammenhang die nach wie vor vorhandene Zersplitterung regionaler Planungs- und Verwaltungsaufgaben auf Landesministerien, Regional- und Kommunalverbände (vgl. Kaltenbrunner 2009). Erforderlich seien stattdessen integrative Handlungsansätze auf regionaler Ebene. Diese bleiben jedoch so lange unterkomplex, so lange sie die Region als bloßen Container verstehen und die Regionalisierungsprozesse in ihren spezifischen Raumbezügen vernachlässigen.

**Merksatz**

Es lassen sich keine allgemeingültigen Aussagen über die Größe und die Merkmale einer Region treffen. Regionen präsentieren sich vielmehr in Form einer Vielheit als Einheit. Die Soziale Arbeit stellt gleichermaßen Ressourcen für Regionalisierungsprozesse bereit und regionalisiert den Raum.

 **Empfohlene Literatur zur Vertiefung**

Ahrens, Daniela (2005): Rolle und Funktion der Region. In: Ott, Michaela/Uhl, Elke (Hrsg.) (2005): 89

Altemeyer-Bartscher, Daniel (2009): Region als Vision. In: Hey, Marissa/Engert, Kornelia (Hrsg.) (2009): 27-52

Baecker, Dirk (2009): Das Projekt der Regionalisierung. In: Hey, Marissa/Engert, Kornelia (Hrsg.) (2009): 21-25

Blotevogel, Hans Heinrich (1996): Auf dem Weg zu einer „Theorie der Regionalität". Die Region als Forschungsobjekt der Geographie. In: Brunn, Gerhard (Hrsg.) (1996): 44-68

Kaltenbrunner, Robert (2009): Das ‚Überörtliche' als Strukturprinzip. Über das Verhältnis von Stadt und Region, Standortfaktoren und Planung. In: Hey, Marissa/Engert, Kornelia (Hrsg.) (2009): 53-78

Reutlinger, Christian (2008): Region, Regionalisierung, Regionalität. Vom Suchen und Finden neuer räumlicher Einheiten in der Global-Lokal-Dynamik. In: Arnold, Helmut/Lempp, Theresa (Hrsg.) (2008): 61-83

**Weitere verwendete Literatur**

Amt für Jugend und Familie Landeshauptstadt Graz (2006) Zwischenbericht des Projekts „Sozialraumorientierung in Graz" www.graz.at/cms/dokumente/10040655_2123962/139948f8/Projekt Sozialraumorientierung – Zwischenbericht.pdf (Stand: 7.06.2010)

Arnold, Helmut/Lempp, Theresa (Hrsg.) (2008): Regionale Gestaltung von Übergängen in Beschäftigung. Praxisansätze zur Kompetenzförderung junger Erwachsener und Perspektiven für die Regionalentwicklung: Weinheim/München: Juventa Verlag

Brunn, Gerhard (Hrsg.) (1996): Region und Regionsbildung in Europa. Konzeption der Forschung und empirische Befunde. Baden-Baden: Nomos

Budde, Wolfgang/Früchtel, Frank/Hinte, Wolfgang (Hrsg.) (2006): Sozialraumorientierung. Wege zu einer veränderten Praxis. Wiesbaden: VS Verlag für Sozialwissenschaften

Europäische Kommission (2000): Memorandum über lebenslanges Lernen. Arbeitspapier der Kommissionsdienststellen vom 30.10.2000. Brüssel

Bundesministerium für Wirtschaft und Arbeit (BMWA) (Hrsg.) (2004): Equal Newsletter Nr. 10 Oktober 2004. Bonn

http://www.equal.esf.de/Equal/Redaktion/Medien/Anlagen/EQUAL-Newsletter/
   EQUAL-Newsletter-Nr-10-November-2004,property=pdf,bereich=equal,sprache=
   de,rwb=true.pdf (Stand: 7.06.2010)
Hard, Gerhard (1994): Regionalisierungen. In: Wentz, Martin (Hrsg.) (1994): 53-57
Hey, Marissa/Engert, Kornelia (Hrsg.) (2009): Komplexe Regionen – Regionenkomplexe. Multiperspektivische Ansätze zur Beschreibung regionaler und urbaner Dynamiken. Wiesbaden: VS Verlag für Sozialwissenschaften
Hradil, S. (2001): Sozialer Wandel. Gesellschaftliche Entwicklungstrends. In: Schäfers, B./Zapf, W. (Hrsg.): Handwörterbuch zur Gesellschaft. 2. Auflage. Opladen: Leske+Budrich: 642-653
Manderscheid, Katharina (2004): Milieu, Urbanität und Raum, Soziale Prägung und Wirksamkeit städtebaulicher Leitbilder und gebauter Räume. Wiesbaden: VS Verlag für Sozialwissenschaften
Matthiesen, Ulf (Hrsg.) (2004): Stadtregion und Wissen. Analysen und Plädoyers für eine wissensbasierte Stadtpolitik. Wiesbaden: VS Verlag für Sozialwissenschaften
Matthiesen, Ulf/Bürkner Hans-Joachim (2004): Wissensmilieus – Zur sozialen Konstruktion und analytischen Rekonstruktion eines neuen Sozialraum-Typus. In: Matthiesen, Ulf (Hrsg.) (2004): 65-91
Matthiesen, Ulf/Reutter, Gerhard (Hrsg.) (2003a): Lernende Region – Mythos oder lebendige Praxis? Bielefeld: Bertelsmann
Matthiesen, Ulf/Reutter, Gerhard (2003b): Einleitung. In: Matthiesen, Ulf/Reutter, Gerhard (Hrsg.) (2003a): 7-13
Porter, Michael E. (1999): Unternehmen können von regionaler Vernetzung profitieren. In: Harvard Business Manager (3). 51-63
Stichweh, Rudolf (2000): Raum, Region und Stadt in der Systemtheorie. In: Stichweh, Rudolf (2000a): 184-207
Wentz, Martin (Hrsg.) (1994): Region. Frankfurt/New York: Campus
Werlen, Benno (1997): Sozialgeographie alltäglicher Regionalisierungen. Bd.2: Globalisierung, Region und Regionalisierung. Stuttgart: Steiner Verlag
Wohlfahrt, Norbert (2002): Sozialraumbudgets in der Kinder- und Jugendhilfe. Eine verwaltungswissenschaftliche Bewertung. Gutachten im Auftrag der Stiftung SPI. Sozialpädagogisches Institut Berlin. download: www.efh-bochum.de/homepages/wohlfahrt/pdf/Jugendhilfe.pdf

Gerd Held

# Revier

„Kampf um Graffiti-Reviere", so lautete im Sommer 2009 eine Schlagzeile in der Berliner Tagespresse. Berichtet wurde von gewalttätigen Auseinandersetzungen zwischen Sprayer-Gruppen. Die Gruppen versuchten, bestimmte Territorien für ihre Aktivitäten zu besetzen und gegen andere Gruppen abzugrenzen – mit bestimmten „tags" als Grenzmarkierungen. Während nächtlicher Sprayaktionen war es zu Kämpfen um einzelne Orte gekommen. Eine Sprayergruppe hatte sich regelrecht auf die Lauer gelegt und war mit Schlagringen und Messer bewaffnet. Die Presse sprach daraufhin von einem „Bandenkrieg" in der Sprayerszene.

## Das Bedeutungsfeld des Revier-Begriffs

Während der Begriff *Revier* in der professionellen Sprache der Sozialen Arbeit eher selten gebraucht wird (*Reviere der Sozialarbeit* in Parallele zu Polizei-Revieren gibt es nicht), findet man ihn durchaus in der Umgangssprache, insbesondere von Jugendlichen. Hier wird häufig von *unserem Revier* gesprochen, wenn eine Jugendgang die Zone umschreiben will, die sie genau kennt und in der sie Einfluss ausübt. Das gibt es auch individuell: „Ich bin wieder hier, in meinem Revier" singt Marius Müller-Westernhagen. Immer wird mit dem Wort *Revier* eine raumbezogene Form von Kontrolle bezeichnet, die einen eigenen Einflussbereich von anderen Bereichen absetzt. Die Kontrolle ist nicht so stark wie bei *meiner Wohnung* oder *meinem Zimmer*, aber sie ist stärker als in einem öffentlichen Raum. Man müsste von einer mittleren Aneignungsform zwischen privatem und öffentlichem Raum sprechen.

In der Bildung von Revieren drückt sich eine räumliche Strukturierung des Sozialen (Kessl/Reutlinger 2007; Held 2008) aus, die die professionelle Soziale Arbeit nicht *erfinden* oder *machen* kann, sondern die sie vorfindet. Diese Strukturierung will angemessen wahrgenommen und respektiert sein. In diesem Sinn ist *Revier* ein wichtiger Begriff in der Sozialen Arbeit, auch wenn sie selber sich nicht reviermäßig organisiert. Dabei muss man berücksichtigen, dass ein Revierverhalten auch dort vorliegen kann, wo die Akteure dies nicht ausdrücklich so nennen. Der Begriff *Revier* steht hier für ein ganzes Bedeutungsfeld, dessen spezifische Erscheinungsformen und Logiken im Folgenden näher bestimmt werden sollen.

## Reviere beruhen auf bestimmendem Verhalten

Ein Revier gehört zur Vielzahl relativ überschaubarer, kleinräumlicher Bildungen im urbanen und suburbanen Zusammenhang, die in der Fachliteratur erörtert werden (Gebhardt/Schweizer 1995; Kessl/Otto 2007; Schnur 2008). Das besondere Merkmal, das Reviere dabei auszeichnet, ist die starke Bedeutung der Grenzziehung (» Basic: Grenze), die von bestimmten sozialen Akteuren vorgenommen wird. Das Präfix *unser* spielt eine entscheidende Rolle. Oft werden Reviere dadurch bezeichnet, dass allgemeinere Begriffe wie Viertel, Block, Gebiet durch dieses Präfix gleichsam in Beschlag genommen werden (unser Viertel, unser Block usw.). Das kann auch paradox geschehen mit *unser Ghetto* oder *unsere Kolonie* (Dubet/Lapeyronnie 1994). Oder durch Übernahme amtlicher Bezeichnungen: In den USA gibt es den Begriff des *Beat*, der ursprünglich einen (kleineren) Polizeiabschnitt in der Stadt bezeichnet und zu einem Schlüsselwort kommunitaristischer Selbstorganisation in vielen Städten geworden ist (beat meeting) (Skogan/Hartnett/DuBois/et al. 1999; Donzelot 2003; Held 2006). Der Revier-Begriff selber geht auf hoheitliche Raumabgrenzungen zurück (Jagdrevier, Bergbaurevier) und ist dann in den alltagsweltlichen Sprachgebrauch übernommen worden.

Tatsächlich ist die hoheitliche Färbung des Begriffs hier nicht bedeutungslos. Damit aus einem Viertel, Kiez oder Quartier (» Basics: Viertel und Quartier) ein Revier wird, muss ein bestimmendes Verhalten einzelner Akteure oder Akteursgruppen am Werk sein. Erst dies (*Revier-*)Verhalten macht einen lokalen Raum zum Revier. Dadurch bekommen die Raumgrenzen einen härteren Charakter, als es bei *Szenen* oder *Milieus* (» Basic: Milieu) der Fall ist. „Härter" heißt, dass hier unterschiedliche Räume nicht implizit entstehen, sondern explizit durch Grenzen abgesteckt und beansprucht werden (Albrecht/Eckert/Roth/Thielen-Reffge/Wetzstein 2007). Das bestimmende Verhalten kann dabei unterschiedlich stark ausfallen. Es kann von rein symbolischer, demonstrativer Präsenz an einem zentralen Ort (oder einer Patrouille) bis zur Ausübung von Zwang auf andere Menschen (vom Verhaltenszwang über Abgaben bis zu Zutrittsverboten) reichen. Die auf Reviere bezogene soziale Gruppenbildung reicht von offenen Gelegenheitstreffs bis zu organisierten Banden – allein in Berlin wurden 2009 laut Tagespresse 20 Jugendbanden mit spezifischen Gebieten gezählt (zur Banden-Thematik siehe dazu auch „The Gang" von Frederic Milton Thrasher (1927), welcher zu den Klassikern der Kriminalsoziologie zählt).

Der Sachverhalt, den wir mit dem Revierbegriff erfassen, ist also nicht der gleiche wie der zum Beispiel durch *Szene* bezeichnete Sachverhalt. Für den Zusammenhalt einer Jugend-Szene ist die Ähnlichkeit von Kultur, Herkunft, Glauben, Beruf/Branche oder Ethnie wichtig. Sie erhebt keine Geltungsansprüche gegenüber anderen Menschen. Die zeitgenössischen Lebensstil-Szenen (Schulze 1993) sind wenig raumgebunden; sie können globale Dimensionen haben, mit punktuellen, vorübergehenden Treffpunkten (Events, Clubs). Auch *Aktionsräume* (» Basic: Aktionsraum) konstituieren keine Territorien mit starken Grenzen. Die soziale Kohärenz wird hier durch den Aktionsradius ganz unterschiedlicher Bewegungen und Handlungen gestiftet (Berufstätigkeit, Besuche, Tourismus, Freizeit, Einkauf). Aktionsräume eines Akteurs verpflichten keine anderen Akteure. Auch sie können sehr ausgedehnt sein und sich vielfach überlagern.

Allerdings können Reviere in Milieus oder Aktionsräumen gebildet werden und deren Kohärenz nutzen (Bahnhofsviertel, Einwandererviertel, Bankenviertel, Gay-Viertel). Um ein Revier zu verstehen, müssen in der Sozialen Arbeit also Szenebindungen und Akteursreichweiten wahrgenommen werden. Aber es muss darüber hinaus auf besondere Gruppen mit bestimmendem Verhalten geachtet werden.

## Der soziale Sinn von Revierbildungen

Diese Verhaltensasymmetrie, die jeder Revierbildung zugrundeliegt, könnte dazu verleiten, diesen Begriff eher mit negativen Konnotationen zu verbinden. Die hier zu beobachtende mehr oder weniger ausgeprägte Dominanz über einen Raum entspricht nicht dem verbreiteten Idealbild von einem öffentlichen Raum, der für jedermann gleichermaßen zugänglich ist und der kommunikativ aus einer gleichberechtigten *idealen Sprechsituation* (Habermas 1986) hervorgeht. Dennoch ist die negative Konnotation unangemessen, weil hier ein anderer normativer Maßstab im Spiel ist: die Aneignung (» Basic: Aneignungsraum). Räumliche Aneignungsmöglichkeiten werden in der Sozialen Arbeit positiv bewertet. Ihre *Blockierung* wird kritisch gesehen (Böhnisch/Münchmeier 1987; Reutlinger/Mack/Wächter/Lang 2007). Aneignungsprozesse sind deshalb wichtig, weil sie Selbstwertgefühl, Identität und auch Verantwortung ermöglichen. Dort, wo Bindungslosigkeit und Exklusion drohen, hat daher das klassische Argument für Eigentumsrechte und Grenzziehungen seine Berechtigung („Ein Zimmer für mich allein"): Die Verfügungsrechte von Menschen über ihre Lebensbedingungen ist eine Errungenschaft, die den sozialen Zusammenhalt nicht schwächt, sondern ihn durch Selbstständigkeit und Menschenwürde stärkt und nachhaltig macht (North 1988). Öffentlichkeit für alle ist also kein absoluter Maßstab. Vor allem gilt: Aneignungsprozesse sind nicht nur für *Reiche* und *Mächtige* wichtig, sondern auch für Menschen in schwierigen Lagen und benachteiligten Startbedingungen (Soto 1992). Nicht zufällig ist das Revierverhalten oft gerade bei Jugendlichen aus prekären Umständen zu finden. Dafür müssen Abstriche vom Ideal des öffentlichen Raums in Kauf genommen werden. Im Grunde handelt es sich um ein Dilemma zwischen zwei guten, aber oft gegenläufigen normativen Ansprüchen: Eigensinn und sozialer Ausgleich.

Hier wird die Tatsache wichtig, dass das Revier eine mittlere Aneignungsform darstellt, d. h. eine Besetzung mittlerer Stärke und Exklusivität beinhaltet. Die Räume eines Reviers sind nicht privat wie eine Wohnung, aber auch nicht öffentlich wie die zentralen Plätze einer Stadt (» Basic: Platz). Die Aneignung eines Reviers durch eine Gruppe ist in der Regel nicht total. Wenn eine Gruppe *ihr* Gebiet kontrolliert, bedeutet das noch keine *no go area* für andere. Oft wird die Kontrolle nicht durch direkte Konfrontation ausgeübt, sondern durch parallele Netzwerke, Zeichensprachen und Geheimgänge. Die Kontrollposten sind oft in Enklaven des Siedlungsraums zu finden (Abbruchhäuser, Brachen), noch häufiger in Halbdistanz zu allgemein frequentierten Orten wie Bürgersteigen in der Einkaufsstraße, Eingängen von Supermärkten oder Bahnhöfen, Spiel- und Sportflächen – im suburbanen Raum auch auf Tankstellenplätzen (Wüstenrot-Stiftung 2008). Eine Berliner Jugendgang nannte sich *Spinnenbande*, weil ihr Treffpunkt die Kletterspinne auf einem Spielplatz war. Viele Posten gibt es nur zu bestimmten Zeiten (abends). Es kommt also auf die Feinheiten an. Für Reviere braucht man einen genauen Blick und keinen Wort-Extremismus. Reviere sind – jedenfalls im Kontext Sozialer Arbeit – ein kleinräumliches Phänomen, bei dem es auf Meter und nicht auf Kilometer ankommt. Kleine Distanzunterschiede entscheiden darüber, ob ein Verhalten als Übergriff oder als Anspruch auf Respekt eingestuft wird. Geographische Quantität bekommt hier soziale Qualität – ein altes Argument von Montesquieu kehrt unverhofft in einem neuen Kontext wieder (Montesquieu 1992).

Natürlich besteht die Gefahr, dass Reviere zu Räumen der Willkürherrschaft werden, in denen Schlägertrupps, Clans oder Mafiosi eine totale Aneignung praktizieren. Ebenso können Reviere dadurch zerstört werden, dass Umerziehungsprozesse nach einem abstrakten Konsens-Ideal veranstaltet werden. Ein Revier ist kein multikultureller Raum, seine Bindungskraft beruht auf einer gewissen Einseitigkeit, die auch die Soziale Arbeit respektieren muss. Die professionelle Arbeit besteht in einem ständigen Abwägen und Navigieren zwischen unterschiedlichen Ansprüchen und Gefahren.

## Es geht um Ressourcen

Die konstitutive Rolle von Aneignungsprozessen könnte zu dem Schluss verleiten, hier ginge es vor allem um ein subjektives Geschehen und die Abgrenzung eines Reviers sei eine reine Machtfrage – der Stärkere würde das größere Gebiet besetzen. Aber Aneignung ist eine gegenständliche Tätigkeit. Von ihr kann nur dort die Rede sein, wo es eine Welt von Gegenständen zum Aneignen gibt. Die Verwendung von *Revier* bei Lebensräumen oder bei der Rohstoffgewinnung zeigt, dass bei diesem Raumbegriff objektive Gegebenheiten – Ressourcen – eine starke Rolle spielen. Die (urbane) Landschaft zählt hier nicht nur als Kulisse für soziale Beziehungen, sondern sie gibt diesen Beziehungen Stoff, Stimmung, Inspiration, Restriktion und Herausforderung. Georg Simmel hat an verschiedener Stelle, auch in seiner Schrift über das Geistesleben der Großstädte, das besondere Gewicht der „objektiven Kultur" in der Moderne betont (Simmel 1983a; 1984).

Bei Revierbildungen in der Stadt können die Ressourcen sowohl aus der gebauten, tektonischen Umwelt (einschließlich *wilder* Brachen) als auch aus den Arbeits- und Lebensprozessen kommen. Auslagen von Einzelhändlern, Werkstätten von Handwerkern, (Auto-)Reparaturgaragen, Kunst-Ateliers, Cafes, Kinderläden, Kulturtreffs, Spielhallen und vieles mehr bilden die Nahrungsgrundlage eines Reviers – zur Beobachtung, zur Imitation, für kleine Handreichungen, für Jobs und natürlich auch für illegale Aneignungen (Diebstähle). Oft ist gerade an spezifischen Sach-Gegenständen die Spezifik eines Reviers festzumachen: Das Revierverhalten bezieht sich auf die typischen *Rohstoffe* eines Hafen-, Szene-, Bergarbeiter- oder Immigrations-Viertels (und auf die entsprechenden Schlüsselorte). Die professionelle Soziale Arbeit muss diese objektive Seite eines Reviers zu lesen verstehen. Der subjektive Habitus der Akteure wird erst dann in seinen tieferen Schichten und seinem Reichtum sichtbar.

Diese Aufmerksamkeit für die *Sachen*, die ein Revier prägen, bekommt vor dem Hintergrund eines Grundproblems, mit dem sich die Soziale Arbeit auseinandersetzen muss, eine besondere Bedeutung: der zunehmenden Schwierigkeit für Menschen, „Objekte zu bilden" (Sichtermann 1982). Arbeitslosigkeit ist hier ein Faktor, aber auch das Verschwinden vieler Fertigungsprozesse aus unseren Städten. Gegenstände gibt es nur noch fertig verpackt oder in medialer Reproduktion. Schon früher wurde vor einer Verarmung des weltbezogenen, tätigen Lebens (Arendt 1981) und vor einer „Tyrannei der Intimität" (Sennett 1983) gewarnt; an die Adresse der Sozialwissenschaften richtete Hans Linde die Klage über eine zunehmende *Sachferne* ihres Blicks (Linde 1972).

In der Realität ist die gegenständliche Verarmung des Sozialverhaltens (bis in die Gestik: leere Machtgebärden) bei vielen Problemen im Spiel. Demgegenüber erweisen sich solche Strategien Sozialer Arbeit als erfolgreich, die einen Sach-Gegenstand und Gelegenheit zur tätigen Auseinandersetzung mit ihm bieten (z. B. Sport, Platzumbau, Musik). Der Begriff *Revier* kann hier eine nützliche Orientierung bieten, sofern er die Aufmerksamkeit auf die objektiven Ressourcen lenkt, die unsere Stadtquartiere immer noch bieten. Dagegen führt der Ausweg, dass Jugendliche ohne Job-Bezug ihre Anerkennung zunehmend im Selbstbezug suchen, in eine gefährliche Isolation (Reutlinger et al. 2007).

### Die räumliche Sichtweise

An diesem Punkt wird der Sinn räumlicher Fragestellungen in der Sozialen Arbeit deutlicher. So unterschiedlich der *spatial turn* gesehen wird (Hard 1993; Kessl/Reutlinger 2007; Berking/Löw 2008; Held 2008), so bringt er doch ein Unbehagen mit rein intersubjektiven Forschungsansätzen zum Ausdruck. Diese reichen nicht aus, um soziale Prozesse angemessen zu verstehen – der Welt- und Sachbezug sozialen Handelns kommt zu kurz. Räume sind spezifische Zugänge zur Welt, bei denen viele Einzelheiten jeweils summarisch zusammengefasst werden. Das bringt nur dann Erkenntnisgewinne, wenn nicht nur von dem einen Raum (in dem immer alles geschieht) gesprochen wird, sondern auf die spezifische Struktur von Räumen geachtet wird (Held 2005). Auch sollte das Räumliche nicht als neue Metaerklärung überhöht werden, sondern sich als ein intervenierender Faktor neben anderen einordnen.

Beim Begriff *Revier* liegt die Bedeutung dieser Postulate auf der Hand. Seine Verwendung in der Sozialen Arbeit macht nur Sinn, wenn es um spezifische Raumzuschnitte und Problemlagen geht. Wo Reviere eine Rolle spielen, geht es um eine mittlere Aneignungsform zwischen privater und öffentlicher Sphäre. Diese Form bietet insbesondere Menschen und Gruppen mit geringen privaten Aneignungsmöglichkeiten die Chance, eigene Gegenstände zu bilden. Sie kann für bestimmte soziale Gruppen ein Stück Stabilität und Teilhabe darstellen. So paradox es klingt: Beim Revier kann Abgrenzung zur sozialen Integration beitragen. Die Abgrenzung kann allerdings auch zu einseitiger Dominanz und Diskriminierung führen.

### ✎ Merksatz

Reviere sind ressourcenbezogene soziale Raumabgrenzungen, die Aneignungsprozesse erleichtern, aber auch das Risiko der Diskriminierung enthalten.

##  Empfohlene Literatur zur Vertiefung

Albrecht, Peter-Georg/Eckert, Roland/Roth, Roland/Thielen-Reffge, Caroline/Wetzstein, Thomas (2007): Wir und die anderen: Gruppenauseinandersetzungen Jugendlicher in Ost und West. Wiesbaden: VS Verlag für Sozialwissenschaften

Dubet, François/Lapeyronnie, Didier (1994): Im Aus der Vorstädte. Der Zerfall der demokratischen Gesellschaft. Stuttgart: Klett-Cotta

Held, Gerd (2005): Territorium und Großstadt. Die räumliche Differenzierung der Moderne. Wiesbaden: VS Verlag für Sozialwissenschaften

Kessl, Fabian/Otto, Hans-Uwe (2007): Territorialisierung des Sozialen. Regieren über soziale Nahräume. Opladen: Barbara Budrich

Gebhardt, Hans/Schweizer, Günther (Hrsg.) (1995): Zuhause in der Großstadt. Ortsbindung und räumliche Identifikation im Verdichtungsraum. Kölner Geographische Arbeiten H. 61

## Weitere verwendete Literatur

Arendt, Hannah (1981): Vita activa. Oder: Vom tätigen Leben. München: Piper

Berking, Helmuth/Löw, Martina (Hrsg.) (2008): Die Eigenlogik der Städte. Neue Wege in der Stadtforschung. Frankfurt am Main und New York: Campus

Böhnisch, Lothar/Münchmeier, Richard (1987): Pädagogik des Jugendraums. Zur Begründung und Praxis einer sozialräumlichen Jugendpädagogik. Weinheim und München: Juventa

Donzelot, Jacques (2003): Faire société. La politique de la ville aux Etats-Unis et en France. Paris: Editions du Seuil

Göbelsmann, Christel/Schimmang, Jochen (Hrsg.) (1982): Liebesgeschichten. Frankfurt am Main: Suhrkamp

Habermas, Jürgen (1986): Theorie des kommunikativen Handelns. Frankfurt am Main: Suhrkamp

Hard, Gerhard (1993): Über Räume reden. Zum Gebrauch des Wortes »Raum« in Sozialwissenschaftlichem Zusammenhang. In: Mayer (1993): 53-76

Held, Gerd (2006): Wenn die Armut regiert. In den Armutsstadtteilen der USA und Frankreich werden zwei unterschiedliche Governance-Kulturen sichtbar. In: Berichte zur deutschen Landeskunde. Bd.80, H.1. 101-115

Held, Gerd (2008): Der städtische Raum als Voraussetzung des Sozialen. In: Berking/Löw (2008): 169-206

Kessl, Fabian/Reutlinger, Christian (2007): Sozialraum. Eine Einführung. Wiesbaden: VS Verlag für Sozialwissenschaften

Linde, Hans (1972): Sachdominanz in Sozialstrukturen. Tübingen: Mohr Siebeck

Mayer, Jörg (Hrsg.) (1993): Die aufgeräumte Welt. Raumbilder und Raumkonzepte im Zeitalter globaler Marktwirtschaft. Loccumer Protokolle 74/92. Rehberg-Loccum

Montesquieu, Charles de (1992): Der Geist der Gesetze. Tübingen: J.C.B. Mohr

North, Douglass (1988): Theorie des institutionellen Wandels. Tübingen: Mohr Siebeck

Reutlinger, Christian/Mack, Wolfgang/Wächter, Franziska/Lang, Susanne (Hrsg.) (2007): Jugend und Jugendpolitik in benachteiligten Stadtteilen in Europa. Wiesbaden: VS Verlag für Sozialwissenschaften

Schnur, Olaf (Hrsg.) (2008): Quartiersforschung – zwischen Theorie und Praxis. Wiesbaden: VS Verlag für Sozialwissenschaften

Schulze, Gerhard (1993): Die Erlebnisgesellschaft. Frankfurt am Main und New York: Campus

Sennett, Richard (1983): Verfall und Ende des öffentlichen Lebens. Die Tyrannei der Intimität. Frankfurt am Main: Fischer

Sichtermann, Barbara (1982): „Von einem Silbermesser zerteilt." Über die Schwierigkeiten für Frauen, Objekte zu bilden und über die Folgen dieser Schwierigkeiten für die Liebe. In: Göbelsmann/Schimmang (1982): 161-173

Simmel, Georg (1983a): Die Arbeitsteilung als Ursache für das Auseinandertreten der subjektiven und objektiven Kultur. In: Ders. (1983b): 95-130

Simmel, Georg (1983b): Schriften zur Soziologie: eine Auswahl. Frankfurt am Main: Suhrkamp

Simmel, Georg (1984a): Die Großstädte und das Geistesleben. In: Ders. (1984b): 192-204

Simmel, Georg (1984b): Das Individuum und die Freiheit. Berlin: Klaus Wagenbach

Skogan, Wesley/Hartnett, Susan M./DuBois, Jill/et al. (1999): On the beat. Police and community problem solving. Boulder, CO: Westview Publishing

Soto, Hernando de (1992): Marktwirtschaft von unten. Die unsichtbare Revolution in Entwicklungsländern. Zürich und Köln: Orell Füssli

Thrasher, Frederic Milton (1927): The Gang. A Study of 1.313 Gangs in Chicago. Chicago: University of Chicago Press

Wüstenrot-Stiftung (Hrsg.) (2008): Stadtsurfer, Quartierfans & Co – Stadtkonstruktion Jugendlicher und das Netz urbaner öffentlicher Räume. Berlin: Jovis

Helga Cremer-Schäfer

# Situation

„Schaffen Sie eine Gesprächssituation, die so angenehm und vertrauensvoll ist, dass der Kunde bereit zur Kommunikation sein wird. (…) Anzeichen im Verhalten und in den verbalen Äußerungen des Kunden können auf vorhandene Problemlagen hindeuten (…). Sind Sie als persönliche Ansprechpartnerin sensibel, so werden Sie diese Signale aufnehmen und durch Ansprechen von eventuell empfundenen Diskrepanzen und Widersprüchen versuchen, diese mit den Kunden gemeinsam zu deuten, zu interpretieren" (Bundesagentur für Arbeit 2007: 40).

## „Situation" in der Sozialen Arbeit

Beobachtet man die Diskursarenen, so wird „Situation" in der Sozialen Arbeit und den zugehörigen Wissensproduktionen vor allem im Zusammenhang mit Interventionshandeln thematisiert. Gefragt wird nach Regeln der Interaktion als Bedingungen für Intervention und nach Paradoxien und Antinomien, die sich aus der Institutionalisierung und Organisierung Sozialer Arbeit ergeben. Obgleich „Situation" in Einführungen als Grundbegriff behandelt wird (vgl. Hamburger 2007), eine besondere Konjunktur des Begriffs lässt sich nicht beobachten. Wissen über die verhaltenssteuernde „Macht von Situationen" (Zimbardo/ Gerrig 2004) wird sehr wohl verbreitet. Das umfasst die zitierten Tipps für „aktivierende" Soziale Arbeit, mit denen Fachkräfte des aktivierenden Sozialstaats „Kunden bereit machen zur Kommunikation" ebenso wie Herrschaftstechniken der „situativen Prävention". Diese zielt darauf, den öffentlichen Raum für „unordentliche" Leute „unattraktiv zu gestalten" und durch Sicherungstechnik, Abschreckung, Kontrolle und Überwachung nach dem Muster von „Zero Tolerance" „Kriminellen" das Geschäft schwieriger, risikoreicher und weniger lohnend zu machen (» Basic: Platz). Am häufigsten wird „Soziale Situation" als ein Synonym für „soziale Lage" oder „Milieu" (» Basic: Milieu) verwendet. Es gab Zeiten, da gehörte „Situation" nicht zu den derart vernachlässigten oder technisch gewendeten Begriffen.

## Wie Situationsbegriffe in die Kritik Sozialer Arbeit kamen

Es ist nicht zufällig, dass der Situationsbegriff im Zusammenhang einer „methodologischen Betroffenheit" der Sozialwissenschaft (vgl. Gstettner 1979: 146) in den 1970er Jahren in die Soziale Arbeit kam. Dies ging zusammen mit einer wissenschaftlichen, politischen und inneren professionellen Kritik von Sozialer Arbeit. „Soziale Kontrolle", „Gefesselte Jugend" und „herrschaftlich gewährte Hilfe" waren Stichworte. Wie kommt es, dass Sozialwissenschaft bisher kaum etwas anderes getan hat, als die Herrschaft durch Institutionen und Machtstrukturen in ihren Forschungsmethoden abzubilden und wissenschaftliche „Objektivität" gegen die Erfahrung und Situationsdefinitionen der Beforschten ausspielt?

Die Interventionskategorien („kriminell", „verrückt" und „verwahrlost") wurden als „Etiketten" analysiert: Als Abstraktionen mit dem Zweck Leute „als Objekt zu präparieren" (Gefahr der Verdinglichung » Einleitung) (Cicourel 1968: 46). Das geschieht am leichtesten, wenn Handlungsweisen durch Interpunktion von ihrem interaktiv-situativen bzw. ihrem biographischen Kontext (» Basic: Kontext) befreit sowie Interpunktion und Etikettierung als soziale Akte unsichtbar gemacht werden. Die Annahme, Etiketten und Diagnosen würden einen Gegenstand nur abbilden, erzeugt eine „Situation, die als eine Nicht-Situation präsentiert wird" (Laing 1974: 51).

Die „Kritische Instanzenforschung" der 1970er Jahre untersuchte die Etikettierungs- und Definitionsmacht (Keckeisen 1974) von Institutionen; sie analysierte die „Produktion von Außenseitern" ebenso wie befriedende Folgen von Sozialarbeit als „institutionalisierter (Klassen-) Konflikt" (Kunstreich 1975) und „sanfte Kontrolle" (Peters/Cremer-Schäfer 1975), die in die „Produktion von Fürsorglichkeit" (Wolff 1983) eingelagert sind. Zu den nicht optimistisch stimmenden Ergebnissen von materialistischen, interaktionistischen und ethnomethodologischen Studien zu Gerichtssituationen, solchen im Amt, in der Schule, auf dem Revier und in geschlossenen Anstalten gehörte, dass das Personal („Kontrollagenten" war ein zeitgenössisches Wort) mit Etiketten und Interventionsformen (zwischen sozialer Ausschließung, Strafen, Sanktionen und Dienstleistungen) situativ variabel, strategisch und selektiv umgeht. Der Klassiker von Erving Goffman (1972) über die „Soziale Situation von Insassen" in einer „totalen Institution" zeigte, dass Organisationen ihr Personal keineswegs programmieren; vielmehr werden deren „Programme" des Verurteilens und Ausschließens, des Helfens und Disziplinierens unterlaufen oder verstärkt. Es kommt auf die Arbeitssituation an. Der Satz „die Handlungssituation Sozialarbeiter – Betroffener ist eine tendenziell ‚totale Situation'" (Kunstreich 1975: 37) bedeutet, beide Akteure arbeiten an Verdinglichungsprozessen zum Zweck der Disziplinierung und Ausschließung mit *und* sie können situativ dagegen arbeiten (Gefahr der Verdinglichung » Einleitung). Vorausgesetzt sie entwickeln ein Wissen darüber.

## ... und was praktisch-theoretisch daraus geworden ist

Offene Jugendarbeit, offensive Jugendhilfe, adressatenorientierte Sozialarbeit, Lebensweltorientierung, Gemeinwesenorientierung, sozialräumliche Ansätze, sozial-ökologische, ressourcenorientierte oder Konflikte regulierende Arbeitsprinzipien, Empowerment implizieren einen Begriff von „situiertem Handeln". Auf Personen (und ihre Veränderung) zugreifende Interventionen werden durch Arbeitsformen und Prinzipien ersetzt, die materielle und objektive Elemente einer Situation verändern. Als Gegenstand einer „gestaltenden" Intervention gelten die organisatorischen, infrastrukturellen und räumlichen Rahmenbedingungen von Interaktionssituationen als bestimmt. Auf den Begriff gebracht hat dies in den 1980ern Marianne Meinhold (1988): „Wir behandeln Situationen und nicht Personen". Es ist sicher nicht zufällig, dass zur Charakterisierung von emanzipierenden, Partizipation ermöglichenden Modellen Sozialer Arbeit auf Rahmenbegriffe zurückgegriffen wird: so der „ermöglichende Raum" (vgl. Reutlinger 2008) oder der „Verhandlungs- und Partizipationsraum". Aktuell konkretisieren die Begründungen einer „dialogisch" agierenden Wissenschaft und Praxis (Kunstreich 2005) am weitestgehenden die Vorstellung von Sozialer Arbeit als die Herstellung einer Vergesellschaftungsmöglichkeiten generierenden Situation. „Arbeit an Situationen" lässt sich am besten von einer indirekten Verhaltenssteuerung abgrenzen, wenn die Beschaffenheit menschlicher Interaktion als Bezugspunkt wissenschaftlicher und (alltags-) praktischer Reflexivität gewählt wird.

## Situation – (k)eine Definition

„Situation" lexikalisch zu definieren wäre unlogisch (Gefahr der Verdinglichung »Einleitung). Was als Elemente einer sozialen Situation und einer Situationsanalyse diskutiert wird, soll gleichwohl den Gebrauch des Begriffs und die Analyseperspektive klären. Als Elemente, die Situationen von anderen Arrangements unterscheiden, werden genannt: a/mindestens ein handelnder Akteur im Austausch sozialer Handlungen (Interaktion) b/ein Thema (z. B. die Erledigung von Arbeit, Vollzug eines Rituals) c/Gegebenheiten, soweit Akteure ihnen Bedeutung zuschreiben: so der räumliche Kontext (» Basic: Kontext), die zeitliche Begrenzung, die Handlungsstrategien der Interaktionspartner sowie die eigenen Erfahrungen. Zu den Gegebenheiten gehören Regeln, die symbolischer Interaktion zugrundeliegen, sowie spezifische Regeln, die in einer konkreten Situation gelten sollen; d/ein Horizont und Rahmen, durch welche Gegebenheiten von Nichtgegebenheiten unterschieden werden können.

Die Relevanz von Situationen und ihrer Definition durch die Akteure für Interpretation und Interaktion wird sowohl anerkannt wie durch „Reifikation sozialer Relationen" (Steinert 1972) negiert (Gefahr der Verdinglichung » Einleitung). Wer (außer mächtigen Institutionen und ihren Verwaltern) wollte bestreiten, dass Raum, Zeit, Verfügung über materielle Ressourcen, überwältigende und symbolische Machtmittel (wie „Normen") und Herrschaftstechniken sowohl als Handlungsgelegenheiten wie als Zwangs- und Notsituationen erfahren werden? Wer wollte in einen toten Winkel die Erfahrung verbannen, dass wir uns in verschiedenen Interaktionsordnungen (von Gleichen und Ungleichen), an verschiedenen sozialen Orten (zwischen Zentrum und Peripherie) andere Handlungsstrategien entwickeln? Die Kritik der Konzeption von Raum als ein „Container" (siehe Einleitung in diesem Band) zeigt z. B. ganz explizit, dass es ein Set von Begriffen braucht, um Verdinglichungen zu vermeiden. Wissenschaft bereitet nur mit Ausnahmen darauf vor.

### Interaktionssituationen – die interaktionistische Perspektive

Die Analyse von Situationen ist konstitutiv für den „symbolischen Interaktionismus", der sich aus dem Denken von George H. Mead entwickelte (vgl. Falk 1979, Falk/Steinert 1973, Steinert 1972, 1977). Im Zentrum der interaktionistischen Kritik stehen dualistische Konzeptionen von Struktur und Person, die sich Gesellschaftmitglieder wie Automaten vorstellen, wie den „judgemental dope" (Garfinkel 1967: 67): Personen reagieren danach entweder auf innere „Antriebsfaktoren" oder auf äußere Reize einer „Umwelt" oder eines „Milieus".

In Bezug auf Menschen steht kaum mehr in Frage sie (zumindest grundsätzlich) als „Akteure" zu begreifen. Eine Prämisse des Interaktionismus wurde zu einer verallgemeinerten Prämisse: Menschen interagieren vermittelt über Symbole: „Menschen (handeln) gegenüber Dingen auf der Grundlage der Bedeutung, die diese Dinge für sie besitzen" (Blumer 1973: 81). Zur vielleicht prominentesten Aussage wurde die Annahme in der Wendung des „Thomas-Theorems": „Wenn Menschen Situationen als real definieren, so sind auch ihre Folgen real" (Thomas/Thomas 1928/1973: 335). Handlungsweisen lassen sich nur verstehen, wenn die Bedeutungen, durch die Akteure die Gegebenheiten einer Situation definieren, in Erfahrung gebracht und ihre Strategien der Situationsbewältigung darauf bezogen werden.

Sehr viel weniger Plausibilität wurde Beobachtungen entgegen gebracht, die sich mit der Entstehung der Bedeutung von sozialen Objekten befassen. Die Bedeutung von Handlungen und Dingen kann weder vorab bestimmt sein, noch in einer „Wesenheit" des Objekts liegen. Was eine Handlung bedeutet, können Akteure und Beobachterinnen nur situativ und interpretativ aus der Reaktion eines anderen Akteurs erschließen. Bedeutungen werden als situative Bedeutungen realisiert. Das Be-Deuten als einen eigenen, das Objekt konstituierenden

„Akt" zu begreifen, d.h. als eine „Zuschreibung", konnte in Wissenschaft und Profession am wenigsten den Status einer Selbstverständlichkeit erlangen.

Kritische Rezeptionen des symbolischen Interaktionismus bezeichnen die Analyse von Situationen als den „imposantesten Teil des interaktionistischen Gedanken- und Forschungsgebäudes" (Falk 1979: 64). Kriminalisierung und Gefängnis, psychiatrische Anstalt, Erziehungsanstalt, soziale Degradierung und Ghettoisierung, Fremdmachen und die Produktion von „Außenseitern" wurden im interaktionistischen Paradigma nicht mehr aus der Perspektive und den Situationsdefinitionen von Organisationsführungen und ihrer Ordnungspolitiken untersucht. Sichtbar gemacht haben „Klassiker der zweiten Generation" wie Howard S. Becker, Harold Garfinkel, Aaron Cicourel, Erving Goffman die beständig „von unten" produzierten „Welten des Alltags". Der junge Goffman (1972) nennt die territorialen Praktiken der Insassen von Asylen und ihre Praktiken des ökonomischen und sozialen Austauschs treffend „die Welt der Insassen", die zusammen mit der „Welt des Personals" das „Unterleben" einer Anstalt betreiben.

Der Perspektivenwechsel hin zur Seite der „handelnden Einheit" (Becker 1973) ist gegenüber einer herrschenden Ordnung keineswegs neutral. Die Konstituierung des Forschungsobjektes als kompetenter Akteur führt Interaktionisten zur Beschäftigung mit Institutionen und Prozessen, die ganz spezifische Situationen arrangieren: Situationen, die Möglichkeiten der Vergesellschaftung und Möglichkeiten, sich als ein Individuum zu erfahren, begrenzen, erschweren oder gänzlich aufheben. Die „Arbeit an Situationen" (zwischen „kluger" oder „hilfloser Anpassung", individuellen Ausbruchsversuchen oder kollektiver Abwehr von Etikettierung) wird in der Regel als Abweichung von Norm und Normalität definiert, als eine „Nicht-Situation". Die Aktualität der interaktionistischen Perspektive beruht auf der Möglichkeit, Handlungsstrategien als „situiertes Handeln" zu begreifen. Der weitere Verlauf einer Handlungskette (ihr Interaktions- oder Arbeitsbündnis) wird nicht durch Vergangenheit determiniert, sondern hängt ab von der Verfügbarkeit einer Verhandlungssituation.

## Rückführung in die Soziale Arbeit – einige praxisrelevante theoretische Errungenschaften

Mit dem interaktionstischen Handlungsmodell haben sich Möglichkeiten von Reflexivität erweitert. Wissensarbeit könnte sich theoretisch wie forschungspraktisch von der institutionellen Praxis lösen, durch das Kategorisieren von Personen soziale Wirklichkeit zu schaffen, indem nicht in Kategorien von Normalität und Devianz gedacht wird, sondern sie systematisch zum Gegenstand gemacht werden. In der Sozialen Arbeit sind dazu (so im Zusammenhang der

Konjunkturen von Prävention und Diagnostizieren) eher Gegenbewegungen zu beobachten (Gefahr der Verdinglichung in Form der Reifikation sozialer Relationen durch Theoriebildung).

Vielleicht ist die Situation offener im Hinblick auf Alternativen zur etablierten sozialstaatlichen Infrastruktur. Ein beachtlicher Teil der interdisziplinären Forschung zur Nutzung sozialer Dienstleistungen entkräftet z.B. die Unterstellungen des aktuellen „Aktivierungsjargons" (vgl. Cremer-Schäfer 2004, 2005a/b). Eigenständigkeit, das Leben in die eigene Hand nehmen, schwierige Situationen verhandelnd bearbeiten, all das gehört zu den Alltagsroutinen und Praktiken der Leute. Doch etwas fehlt der sozialstaatlichen Infrastruktur, um sie für die Bearbeitung schwieriger Situationen in Gebrauch nehmen zu können. Aus verschiedenen Forschungen lassen sich (vorläufig) einige Grundsätze benennen, die die „Arbeit am eigenen Leben" (Steinert 2005) erleichtern würden: Die Bearbeitung schwieriger Situationen würde durch ein allen garantiertes Existenzgeld erleichtert. Das Problem der Nutzung Sozialer Arbeit als Ressource der Situationsbearbeitung liegt in den Konditionalitäten sozialer Dienstleistungen (der Lohnarbeitsbindung, der Ausschließung per Nationalität und durch Normalitätsanforderungen); in der Defizit-Orientierung des Zugangs und den degradierenden Kontrollen von Leistungsberechtigten. Der Zwang, einen prekären Arbeitsplatz anzunehmen, stellt ein Risiko der Kumulation von Ausschließungen dar. Es fehlen „dialogische Situationen" in der Sozialen Arbeit, um allgemeine Regeln mit einer je besonderen Situation und menschlichem Eigensinn zu vermitteln.

 **Merksatz**

Die Brauchbarkeit Sozialer Arbeit wächst mit der Abschaffung der hinreichend bekannten personalisierenden Konditionalitäten und dem Aufbau einer lokal und allgemein verfügbaren sozialen Infrastruktur von Ressourcen, die das Betreiben eines eigenen Lebens ermöglichen. Zu wissen was im besonderen Fall dazu verhilft, setzt voraus, die Handlungssituation „Soziale Arbeit" als Kooperation zu verstehen, die Regeln menschlicher Interaktion folgt.

 **Empfohlene Literatur zur Vertiefung**

Falk, Gunter (1979): Das Handlungsmodell des Symbolischen Interaktionismus In: Heigl-Evers/Streeck, (Hrsg.) (1979): 58-69

Cremer-Schäfer, Helga (2004): Nicht Person, nicht Struktur: Soziale Situation! Bewältigungsstrategien sozialer Ausgrenzung. In: Kessl/Otto(Hrsg.) (2004): 169-183

Reutlinger, Christian (2008): Agency und ermöglichende Räume – „Auswege aus der doppelten Territorialisierung". In: Homfeldt et al. (Hrsg.) (2008): 211-232

Steinert, Heinz (2005): Eine kleine Radikalisierung der Sozialpolitik: Die allgemein verfügbare „soziale Infrastruktur zum Betreiben des eigenen Lebens" ist notwendig und denkbar. In: Widersprüche Heft 97 „Politik des Sozialen – Alternativen zur Sozialstruktur": 51-67

## Weitere verwendete Literatur

Anhorn, Roland/Bettinger Frank (Hrsg.) (2005) Sozialer Ausschluss und Soziale Arbeit. Wiesbaden: VS Verlag für Sozialwissenschaften

Baacke, Dieter/Schulze, Theodor (1979): Aus Geschichten lernen. Zur Einübung pädagogischen Verstehens. München: Juventa

Becker, Howard S. (1973): Außenseiter. Zur Soziologie abweichenden Verhaltens. Frankfurt: Suhrkamp

Blumer, Herbert (1973): Der methodologische Standort des symbolischen Interaktionismus. In: Arbeitsgruppe Bielefelder Soziologen (Hrsg.) (1973): Alltagswissen. Interaktion und gesellschaftliche Wirklichkeit. Reinbek: rororo

Braun, Wolfgang/Nauerth, Michael. (Hrsg.) (2005): Lust an der Erkenntnis. Zum Gebrauchswert soziologischen Denkens für die Praxis Sozialer Arbeit. Bielefeld: Kleine Verlag

Bundesagentur für Arbeit (Hrsg.) (2007): Interaktion zur Integration. Ein praxisorientierter Leitfaden zur Beratung im SGB II. Bautzen

Cicourel, Aaron V. (1968): The Social Organisation of Juvenile Justice. New York, London, Sydney: Heinemann Educational Books Ltd.

Cremer-Schäfer, Helga (2005a): Lehren aus der (Nicht-)Nutzung wohlfahrtstaatlichen Dienste. Zur Gebrauchswert-Logik sozialer Infrastruktur. In: Oelerich/Schaarschuch (Hrsg.) (2005): 163-177

Cremer-Schäfer, Helga (2005b): Situationen sozialer Ausschließung und ihre Bewältigung durch die Subjekte. In: Anhorn/Bettinger (Hrsg.) (2005): 147-164

Falk, Gunter/Steinert, Heinz (1973): Über den Soziologen als Konstrukteur sozialer Wirklichkeit, das Wesen der sozialen Realität, die Definition sozialer Situationen und die Strategien ihrer Bewältigung. In: Steinert (1973): 28-46

Garfinkel, Harold (1967): Studies in Ethnomethodology. N.J.: Englewood Cliffs,

Garfinkel, Harold (1967/1973), Studien über Routinegrundlagen des Alltagshandelns. In: Steinert (1973): 280-314

Goffman, Erving (1972): Asyle. Über die soziale Situation psychiatrischer Patienten und anderer Insassen. Frankfurt: Suhrkamp

Gstettner, Peter (1979): Störungsanalysen. Zur Reinterpretation entwicklungspsychologisch relevanter Tagebuchaufzeichnungen. In: Baacke,/Schulze (1979): 146-181

Hamburger, Franz (2007): Einführung in die Sozialpädagogik. Stuttgart: Kohlhammer Verlag

Heigl-Evers, Anette/Streeck, Ulrich (Hrsg.) (1979): Lewin und die Folgen. Die Psychologie des 20. Jahrhundert, Bd. 8, Zürich: Kindler

Homfeldt, Hans-Günther/Schröer, Wolfgang/Schweppe, Cornelia (Hrsg.) (2008): Vom Adressaten zum Akteur. Soziale Arbeit und Agency. Opladen & Farmington Hills: Verlag Barbara Budrich

Hörmann, Georg/Körner, Wilhelm/Buer, Ferdinand (Hrsg.) (1988): Familie und Familientherapie. Opladen: Westdeutscher Verlag

Keckeisen, Wolfgang (1974): Die gesellschaftliche Definition abweichenden Verhaltens. Perspektiven und Grenzen des labeling approach. München: Juventa

Kessl, Fabian/Otto, Hans-Uwe (Hrsg.) (2004). Soziale Arbeit und soziales Kapital. Zur Kritik lokaler Gemeinschaftlichkeit. Wiesbaden: VS Verlag für Sozialwissenschaften

Kunstreich, Timm (1975): Der institutionalisierte Konflikt. Eine exemplarische Untersuchung zur Rolle des Sozialarbeiters in der Klassengesellschaft am Beispiel der Jugend- und Familienfürsorge. Offenbach: Arbeitsmaterialien zum Sozialbereich

Kunstreich, Timm (2005): „Dialogische Sozialwissenschaft". Versuch, eine „generative Methodik" in der Sozialen Arbeit handlungstheoretisch zu begründen. In: Braun/ Nauerth (Hrsg.) (2005): 49-66

Laing, Ronald D. (1974): Die Politik der Familie. Köln: Kiepenheuer & Witsch

Lenk, Hans (Hrsg.) (1977): Handlungstheorien interdisziplinär, Bd.IV, München: W. Fink

Meinhold, Marianne (1988): Sozio-ökologische Konzepte – alternative Grundlage für die Familienarbeit. In: Hörmann/Körner/Buer (Hrsg.) (1988): 252-287

Oelerich, Gertrud/Schaarschuch, Andreas (Hrsg.) (2005): Soziale Dienstleistungen aus Nutzersicht. Zum Gebrauchswert Sozialer Arbeit. München, Basel: Reinhardt

Peters, Helge/Cremer-Schäfer, Helga (1975): Die sanften Kontrolleure. Wie Sozialarbeiter mit Devianten umgehen. Stuttgart: Enke Verlag

Steinert, Heinz, (1972): Über die Reifikation sozialer Relationen und die Strategien sozialisierten Verhaltens. In: Gruppendynamik. Heft 2. 223-234

Steinert, Heinz(1973): Symbolische Interaktion. Arbeiten zu einer reflexiven Soziologie. Stuttgart: Klett

Steinert, Heinz, (1977): Das Handlungsmodell des Symbolischen Interaktionismus. In: Lenk (Hrsg.) (1977): 79-99

Thomas, William I./Thomas, Dorothy S. (1928/1973): „Die Definition der Situation". In: Steinert (1973): 333-335

Wolff, Stephan (1983): Die Produktion von Fürsorglichkeit, Bielefeld: AJZ Druck und Verlag

Zimbardo, Philipp G./Gerrig, Richard J. (2004): Psychologie. München: Pearson Studium

Fabian Kessl | Christian Reutlinger

# Sozialraum

„Bei der Betrachtung von Sozialraumorientierung als sozialpädagogischer Arbeitsmethode geht es im Wesentlichen um die fachliche Weiterentwicklung der Sozialarbeit zu mehr Einbindung der sozialen Infrastruktur in das eigene Leistungsgefüge und größerer Berücksichtigung der Lebenswelten der Adressaten der Jugendhilfe."
„In Berlin wird unter einem Sozialraum ein (administrativ bestimmter, historische und stadtplanerische Aspekte berücksichtigender) Raum sinnvoller Größe verstanden, der den Fachkräften die notwendige Übersicht erlaubt und angemessene Kooperationsstrukturen ermöglicht. Im Sozialraum finden die Steuerungsprozesse statt."
(Aus den Materialien zum Projekt „Sozialraumorientierung in der Berliner Jugendhilfe", Berliner Senat 2002 & 2008)

## Sozialraum in der Sozialen Arbeit

Sozialraum wird in der Sozialen Arbeit seit Anfang der 1990er Jahre als „Sozialraumorientierung" verhandelt und meint sowohl handlungskonzeptionelle Reformprogramme als auch kommunal-administrative Strategien der neuen Steuerung in den Feldern Sozialer Arbeit.

Als Forderung nach einer veränderten *Fachlichkeit* zielen handlungskonzeptionelle Reformprogramme auf einen integrierten und flexiblen Unterstützungsansatz (vgl. Deutschendorf/Hamberger/Koch/Lenz/Peters 2006). Das „sozialräumliche" Umfeld ist demnach deutlicher im Rahmen des sozialpädagogischen Handlungsvollzugs wahrzunehmen und gezielter in diesen einzubeziehen. In den Fokus werden nahräumliche Beziehungsstrukturen (»Basic: Nahraum), angrenzende Hilfsangebote – in professioneller wie bürgerschaftlicher Form – und sozioökonomische wie kulturelle Rahmenbedingungen der sozialpädagogischen Einzelfallarbeit gerückt. Sozialraumorientierung zielt allerdings nicht nur auf den Einbezug des Umfeldes in die Fallarbeit und auf deren Kontextualisierung (»Basic: Kontext), sondern auch auf die *Aktivierung* dieser nahräumlichen Ressourcen (vgl. Hamberger 2006: 110).

Als kommunal-administrative Strategie der neuen Steuerung beschreibt Sozialraumorientierung eine an territorialen, geographischen Einheiten ausgerichtete *Dezentralisierung* der kommunalen Sozialen Arbeit und der damit zusammenhängenden Organisationsstrukturen (vgl. Brocke 2005; Hinte 2002). Im Zuge dessen sind in den vergangenen Jahren im gesamten deutschsprachigen Raum vor allem Jugendamtsstrukturen umgebaut worden oder zumindest in den Fokus eines entsprechenden Umbaus geraten: Quartiersbezogene Interventionsteams wurden aufgebaut, Sozialraumbudgets sollten eingeführt und damit verbunden bezirksbezogene Angebotsstrukturen installiert werden (vgl. Landeshauptstadt München Sozialreferat, Stadtjugendamt/Regionale Kinder- und Jugendhilfeplanung 2005; Herrmann 2006). Diese Dezentralisierungsbestrebungen sind zugleich kein singuläres Phänomen in den Feldern Sozialer Arbeit, sondern finden seit den 1990er Jahren im Kontext von Prozessen einer „Neuen Steuerung" der staatlichen Administration, vor allem auf kommunalem Level, statt (Krummacher/Kulbach/Waltz/Wohlfahrt 2003: 148f.). Dieser allgemeine Dezentralisierungstrend findet auf Seiten der VertreterInnen einer sozialraumorientierten Neujustierung Sozialer Arbeit in der Form Fürsprache, dass die bestehende institutionelle Ausdifferenzierung der Sozialen Arbeit und im bundesdeutschen Kontext insbesondere der Kinder- und Jugendhilfe als „Versäulung" von Hilfearten kritisiert wird (*Bürokratiekritik*) (vgl. Hinte 1999: 85). Diese „Säulen" – d.h. einzelne Bereiche innerhalb von Verwaltungen – agierten, so die Annahme, unter dem Dach der kommunalen bzw. regionalen Sozialadministration zumeist nur nebeneinander und nicht fallbezogen miteinander. Diese bereichsspezifische „Versäulung" soll daher durch die Schaffung neuer, zumeist territorial begrenzter Zuständigkeitsräume abgelöst werden (Abbau von sektoriellen zugunsten von übergreifenden und ganzheitlichen Betrachtungsweisen). Sozialraumorientierte Re-Organisation beschreibt in diesem Fall eine Dezentralisierung entlang spezifischer Territorien als Bezugsgröße für die Konzentration von Personal und anderen Ressourcen sozialer Dienste. Andere Modelle setzen an Stelle eines starken Territoriums- einen Lebensweltbezug (»Basic: Lebenswelt) als Ausgangspunkt des geforderten Umbaus von „Steuerungssystemen und Organisationen" (Budde/Früchtel 2006: 37ff.). Ziel ist aber in beiden Fällen eine umfassende Neugestaltung der bisherigen Leistungsstrukturen.

Als „sozialraumorientiert" werden beide Entwicklungsstränge tituliert, der *Strang der Aktivierung* wie der *Strang der Dezentralisierung*, weil sie sich – wenn auch in unterschiedlicher Akzentuierung – auf kleinräumige Einheiten (Lebenswelt oder sozialer Nahraum) oder Areale (Stadtteile, Bezirke oder Nachbarschaften) beziehen (vgl. Hamburger/Müller 2006). Die beiden Entwicklungsstränge werden im sozialpädagogischen Alltag außerdem häufig eng miteinander verkoppelt, wie der idealtypische Verlauf einer sozialraumorientierten Reform in einer bundesdeutschen Kommune symbolisieren kann: Städtische Sozialräume werden sozialkartographisch erfasst, beispielsweise als „benachteiligte Stadtteile", die auf Basis sozialstatistischer Daten (z. B. Anteil von ALG II-EmpfängerInnen oder Anteil von MigrantInnen) identifiziert und in kommunalen Sozial- und Kriminalitätsatlanten kartiert werden. Diese kleinräumigen Einheiten dienen dann als Markierung der Bevölkerungsgruppen, die als Zielgruppen sozialraumorientierter Angebote ausgemacht werden. Deren ungenutzte oder zu wenig genutzte Ressourcenpotenziale werden schließlich als brachliegendes „soziales Kapital" sozialpädagogisch und damit als zu aktivierende Größe in den Blick genommen (vgl. Pantucek 2008).

### Bestimmung: Was sind Sozialräume?

Soziale Arbeit als sozial*raum*orientiert zu bestimmen, verweist auf ihre geographische Verortung: Soziale Arbeit wird hier als Interventionsinstanz bestimmt, die sich an kleinräumigen Einheiten oder Arealen orientiert bzw. orientieren soll. Doch der Begriff „*Sozial*raum" kann zugleich auch darauf verweisen, dass die Bestimmung einer sozialraumorientierten Sozialen Arbeit als *raumorientiert* oder *raumbezogen* unzureichend ist, denn die Rede vom *Sozial*raum markiert raumtheoretisch eine Erweiterung traditionell verdinglichender Lesarten, die dem Begriff des Raumes bis heute inhärent ist. Raum wurde in diesen Bestimmungen als gegebene, das heißt scheinbar unabänderliche Tatsache konzipiert. Derartige *absolute Raumvorstellungen* unterstellen also eine dem menschlichen Handeln vorgängige physisch-materielle Welt, die auf diese sozialen Zusammenhänge eine spezifische determinierende Wirkung ausübt. Gegenüber solchen Vorstellungen des Raumes als fixer Dingwelt kann der Begriff des *Sozial*raums darauf hinweisen, dass die erdräumlichen Anordnungsmuster immer auch das Ergebnis sozialer Aktion darstellen, weshalb viele AutorInnen auch von einem *relationalen Raum* sprechen (vgl. Soja 2008: 252). Mit dem Verweis auf diese konstitutive Relationalität soll also verdeutlicht werden, dass Räume keine fixierten, absoluten Einheiten sind, die sozialen Prozessen nur vorausgehen, sondern selbst das Ergebnis sozialer Prozesse, das heißt „ständig (re)produzierte Gewebe sozialer Praktiken" (Kessl/Reutlinger 2010: 21). Sozialräume sind in diesem Sinne sinnvoll als ein Gewebe zu beschreiben, also als ein heterogenzellulärer Verbund, da in ihnen differente historische Entwicklungen, kulturelle Prägungen und politische Entscheidungen eingeschrieben werden. Eine solche relationale Raumvorstellung setzt sich aber wiederum auch von der Idee ab, dass Sozialräume gänzlich in sozialen Praktiken aufgehen und Raum nur mehr *relativ* sei – eine Vorstellung, wie sie beispielsweise in der Debatte um eine sozialräumliche Kinder- und Jugendarbeit als Reaktion auf erste raumtheoretische Einwände inzwischen formuliert wird. Vielmehr bilden Sozialräume einen diese sozialen Handlungsmuster wiederum prägenden und in diesem Sinne durchaus stabilen Verbund (vgl. Massey 1999).

Raumtheoretische Vergewisserungen weisen also darauf hin, dass eine adäquate *Sozialraum*perspektive ihren Bezug weder auf erdräumliche Anordnungsmuster (wie bspw. physisch-materielle Objekte) reduzieren darf, also auf das, was wir alltagssprachlich als gegebene „Orte" oder „Plätze" beschreiben: Gebäude, Straßenzüge oder Stadtteile. Noch sollte eine Sozialraumperspektive nur auf soziale Handlungsmuster reduziert werden, das heißt auf Prozesse der Aneignung, der Deutung oder der Repräsentation, weil damit die materielle Dimension von Räumen aus dem Blick geraten kann und die im Räumlichen eingeschriebenen gesellschaftlichen Verhältnisse (bspw. Macht und Herrschaft) potenziell vernachlässigt werden. Vielmehr rückt eine raumtheoretisch fundierte Sozialraumperspektive die von den beteiligten AkteurInnen permanent (re)produzierten Räumlichkeiten ins Zentrum des Interesses: die räumlichen Formate sozialer Interaktion (» Basic: Format), die hegemonialen Deutungsmuster, das heißt die dominierenden Räumlichkeitsmuster und Raumordnungen und die historisch-spezifischen sozialen Verhältnisse (vgl. Lefebvre 1991). Eben diese räumlichen [Re]Produktionsmuster kann das Präfix „sozial" markieren. Mit Sozialraum wird somit die von den handelnden AkteurInnen permanent (re)produzierte Räumlichkeit bezeichnet (vgl. Kessl/Reutlinger 2008a). Eine Räumlichkeit, die deren Praktiken wiederum beeinflusst.

Diese raumtheoretische Einsicht ist innerhalb der deutschsprachigen Diskussionen um eine sozialraumorientierte Soziale Arbeit allerdings noch immer erstaunlich wenig verbreitet. Zwar beziehen sich in jüngster Zeit einige AutorInnen explizit auf raumtheoretische Bestimmungen, verbleiben allerdings auf der Ebene von Verweisen, ohne dass diese theorie-konzeptionelle Konsequenzen zeitigen: Raum wird weiterhin entweder als absoluter Raum (z.B. Stadtteil und Quartier) verstanden – auf den sich entsprechende „sozialraumorientierte" Konzepte, beispielsweise des Quartiermanagement beziehen – oder als relativer Raum (z.B. Beziehungsmuster) – wie er anderen Entwürfen, beispielsweise den handlungstheoretisch ausgerichteten Modellen einer „sozialräumlichen Jugendarbeit" unterliegt.

## Disziplinäre und professionelle Konfliktlinien und Ansatzpunkte

Im kritischen Anschluss an vorliegende sozialraumorientierte Ansätze versucht das Konzept einer *reflexiven räumlichen Haltung* an ein relationales Raumverständnis anzuknüpfen. Ein solcher professioneller wie forscherischer Sozialraumbezug hätte die bestehenden Reproduktionsmuster vorherrschender Raumordnungen und -deutungen, in die sozialpädagogische AkteurInnen wie ihre NutzerInnen permanent eingewoben sind, und die sie eben auch mit produzieren, an den Beginn seines Tuns zu stellen. Einer reflexiven Sozialraumperspektive stellt sich somit die Frage der räumlichen Dimensionierung von Machtverhältnissen und Herrschaftsstrukturierungen – im „sozialen Raum", so ließe es sich mit Pierre Bourdieu formulieren (» Basic: Ort) (vgl. Bourdieu 1998). Einer reflexiven räumlichen Haltung steht daher auch kein einheitliches Instrumentarium zur Verfügung, wie eine im Sinne administrativer Rationalität vorgenommene Territorialisierung („Im Sozialraum finden die Steuerungsprozesse statt", siehe Eingangsbeispiel). Vielmehr gilt es die Heterogenität der gegenwärtigen Territorialisierungsprozesse in den Blick zu nehmen, die von allen beteiligten AkteurInnen und Akteursgruppen realisiert werden (z. B. Selbstorganisation von NutzerInnen und Fachkräften) (vgl. Reutlinger 2003; Kessl/Otto/Ziegler 2002).

Die Einnahme einer derartigen reflexiven räumlichen Haltung konkretisiert sich im sozialpädagogischen Handlungsvollzug durch eine systematische Kontextualisierung des jeweiligen professionellen Agierens, das heißt durch eine systematische und möglichst umfassende Inblicknahme des jeweiligen räumlichen Erbringungszusammenhangs (» Basic: Kontext). Die Beteiligten machen sich dabei im Idealfall bewusst, dass und welche Interessen- und damit Macht- und Herrschaftskonstellationen vorliegen. Diese Vergewisserung über die Art und Weise der (Re)Produktion der jeweiligen räumlichen Zusammenhänge rückt ihnen zugleich die Grenzen der gegenwärtigen Raumordnungen in den Blick. Das heißt, eine reflexive räumliche Haltung kann den Beteiligten verdeutlichen, welche räumlichen Zusammenhänge zu einem bestimmten historischen Zeitpunkt gewollt und welche nicht gewollt sind (*Hegemoniale Räumlichkeit*). Entscheidend für eine reflexive (Soziale) Arbeit am Sozialraum (*Sozialraumarbeit*) ist dabei nicht nur das Gewollte, sondern gerade auch das Nicht-Gewollte. Letzteres verweist häufig auf die Grenzen der bestehenden Raumordnungen, deren Bearbeitung die Voraussetzung für eine Erweiterung von Handlungsoptionen für die NutzerInnen darstellt (Kessl/Reutlinger 2008b; Reutlinger/Wigger 2010).

Eine reflexive räumliche Haltung als Kernbestandteil einer sozialpädagogischen Sozialraumarbeit macht deren (politische) Positionierung erforderlich. Denn ein Dilemma raumbezogener Vorgehensweisen liegt darin, dass jede bewusste und geplante Intervention bestimmte Raumdeutungen (re)produziert, das heißt räumliche Beschreibungskategorien (wie bspw. „Sozialer Brennpunkt", »Basic: Brennpunkt) verwendet, da Kategorien immer historisch-kulturelle Verständigungsinstrumente darstellen und nicht einfach beliebig verändert werden können. Gleichzeitig kann ihre schlichte (Re)Produktion angesichts der Begrenzungen, die sie für die NutzerInnen sozialpädagogischer Angebote häufig darstellen, nicht einfach akzeptiert oder übernommen und damit reproduziert werden. Eine reflexive räumliche Haltung erfordert daher das Einnehmen einer bewussten Positionierung, beispielsweise als nicht-territorialisierende Arbeit am Sozialraum.

Sozialraumarbeit ist nicht per se gut oder auf der richtigen Seite. Ihre Position hat sie zu legitimieren – kommunalpolitisch, fachlich und, nicht zuletzt, gegenüber den NutzerInnen.

Diese Legitimationsarbeit ist gerade angesichts der Transformation der bisherigen wohlfahrtsstaatlichen Raumordnungen von entscheidender Bedeutung, denn die Soziale Arbeit insgesamt steht seit dem letzten Drittel des 20. Jahrhunderts zunehmend unter Legitimationsdruck (vgl. Kessl/Otto 2008). Diesem Druck begegnet sie aber nur unzureichend wenn sie nur für eine Sozialraumorientierung als allgemeines Leitprinzip plädiert. Im Sinne einer reflexiven räumlichen Haltung hätten die AkteurInnen der Sozialen Arbeit (Fachkräfte, Organisationen wie politisch Verantwortliche) vielmehr in ihrem konkreten Handlungsvollzug zu verdeutlichen, warum eine öffentliche Unterstützungs- und Beeinflussungsinstanz menschlicher Lebensführung sinnvoll und notwendig ist. Die Einnahme einer solchen – durchaus sehr anspruchsvollen – Haltung ist daher eine permanente Aufgabe, die nicht durch die Vereinbarung eines organisatorischen oder fachlichen Leitbildes „Sozialraumorientierung" fixierbar ist. Sie kann auch nicht durch das Engagement einzelner Fachkräfte allein realisiert werden. Vielmehr erfordert sie entsprechende (kommunal)politische und organisatorische Ermöglichungsbedingungen für Fachkräfte und damit auch für die NutzerInnen dieser Angebote. Sozialraumarbeit meint daher keine alternative Sozialraumorientierung, sie bietet im Unterschied zu vielen vorliegenden Programmen und Strategien der Sozialraumorientierung kein fertiges raumbezogenes Handlungskonzept an. Sozialraumarbeit zielt auf die Einnahme einer reflexiven Haltung, das heißt eine situationsspezifische und transparente Positionierung in der Auseinandersetzung um die (Weiter)Entwicklung raumbezogener Konzeptionen.

**Merksatz**

Sozialräume sind keine fixierten, absoluten Einheiten, die sozialen Prozessen vorausgehen, sondern sie stellen selbst das Ergebnis sozialer Prozesse dar, das heißt sie sind ein ständig (re)produziertes Gewebe sozialer Praktiken. Sozialräume sind in diesem Sinne sinnvoll als ein heterogen-zellulärer Verbund, als Gewebe zu beschreiben, da in ihnen heterogene historische Entwicklungen, kulturelle Prägungen, politische Entscheidungen und damit bestehende Macht- und Herrschaftsverhältnisse eingeschrieben sind. Dieses Gewebe wirkt wiederum auf die Handlungen zurück.

 **Empfohlene Literatur zur Vertiefung**

Hamburger, Franz/Müller, Heinz (2006): „Die Stimme der AdressatInnen" im Kontext der sozialraumorientierten Weiterentwicklung der Hilfen zur Erziehung. In: Bitzan/Bolay/Thiersch (2006): 13-38

Kessl, Fabian/Reutlinger, Christian (2010): Sozialraum – eine Einführung. Wiesbaden: VS Verlag für Sozialwissenschaften, 2. durchgesehene Auflage

Soja, Edward (2008): Vom ‚Zeitgeist' zum ‚Raumgeist. New Twists on the Spatial Turn. In: Döring,/Thielemann (Hrsg.) (2008): 241-262

Reutlinger, Christian/Wigger, Annegret (Hrsg.) (2010): Transdisziplinäre Sozialraumarbeit. Grundlegungen und Perspektiven des St.Galler Modells zur Gestaltung des Sozialraums. Berlin: Frank & Timme

## Weitere verwendete Literatur

Berliner Senat – Senatsverwaltung für Bildung, Jugend und Sport (Hrsg.) (2002): Sozialraumorientierung in der Berliner Jugendhilfe: ein Positionspapier zur Diskussion. Berlin: Eigenverlag

Berliner Senat – Senatsverwaltung für Bildung, Wissenschaft und Forschung (Hrsg.) (2008): Abschlussbericht zum Projekt Sozialraumorientierung in der Berliner Jugendhilfe (Projekt SRO). Berlin: Eigenverlag

Bitzan, Maria/Bolay, Eberhard/Thiersch, Hans (Hrsg.) (2006): Die Stimme der Adressaten. Empirische Forschung über Erfahrungen mit Mädchen und Jungen mit der Jugendhilfe. Weinheim und München: Juventa

Bourdieu, Pierre (1998): Ortseffekte. In: Bourdieu et al. (1998): 159-167

Bourdieu, Pierre et al. (1998): Das Elend der Welt: Zeugnisse und Diagnosen alltäglichen Leidens an der Gesellschaft. Konstanz: UVK

Brocke, Hartmut (2005): Soziale Arbeit als Koproduktion. In: Projekt „Netzwerke im Stadtteil" (2005): 235-259

Budde, Wolfgang/Früchtel, Frank (2006): Die Felder der Sozialraumorientierung – ein Überblick. In: Budde/Früchtel/Hinte (2006): 27-50

Budde, Wolfgang/Früchtel, Frank/Hinte, Wolfgang (Hrsg.) (2006): Sozialraumorientierung. Wege zu einer veränderten Praxis. Wiesbaden: VS Verlag für Sozialwissenschaften

Deutschendorf, René/Hamberger, Matthias/Koch, Josef/Lenz, Stefan/Peters, Friedhelm (Hrsg.) (2006): Werkstattbuch INTEGRA: Grundlagen, Anregungen und Arbeitsmaterialien für Integrierte, flexible und sozialräumlich ausgerichtete Erziehungshilfen. Weinheim und München: Juventa

Döring, Jörg/Thielemann, Tristan (Hrsg.) (2008): Spatial Turn. Das Raumparadigma in den Kultur- und Sozialwissenschaften. Bielefeld: transcript

Hamberger, Matthias (2006): Der Fall im Feld: Sozial- und ressourcenorientierte Arbeit in den Erziehungshilfen. In: Deutschendorf et al. (2006): 111-124

Herrmann, Klaus (Hrsg.) (2006): Leuchtfeuer querab! Wohin steuert die Sozialraumorientierung? Berlin und Bonn: Westkreuz

Hinte, Wolfgang (1999): Fallarbeit und Lebensweltgestaltung – Sozialraumbudgets statt Fallfinanzierung. In: ISA (Hrsg.) (1999): 182-194

Hinte, Wolfgang (2002): Fälle, Felder und Budgets. Zur Rezeption sozialraumorientierter Ansätze in der Jugendhilfe. In: Merten (Hrsg.) (2002): 91-126

ISA – Institut für soziale Arbeit e.V. (Hrsg.) (1999): Soziale Indikatoren und Sozialraumbudgets in der Kinder- und Jugendhilfe. Münster: Eigenverlag

Kessl, Fabian/Otto, Hans-Uwe (Hrsg.) (2008): Soziale Arbeit ohne Wohlfahrtsstaat? Zeitdiagnosen, Problematisierungen und Perspektiven. Weinheim und München: Juventa

Kessl, Fabian/Otto, Hans-Uwe/Ziegler, Holger (2002): Der Raum, sein Kapital und seine Nutzer. In: Riege/Schubert(Hrsg.) (2002): 191-206

Kessl, Fabian/Reutlinger Christian (2008a): Zur Archäologie der Sozialraumforschung – eine Einleitung. In: Kessl/Reutlinger (2008b): 9-21

Kessl, Fabian/Reutlinger, Christian(2008b): Schlüsselwerke der Sozialraumforschung. Traditionslinien in Texten und Kontexten. Wiesbaden: VS Verlag für Sozialwissenschaften

Krummacher, Michael/Kulbach, Roderich/Waltz, Viktoria/Wohlfahrt, Norbert (2003): Soziale Stadt – Sozialraumentwicklung – Quartiersmanagement. Herausforderungen für Politik, Raumplanung und soziale Arbeit. Opladen: Leske + Budrich

Landeshauptstadt München, Sozialreferat, Stadtjugendamt/Regionale Kinder- und Jugendhilfeplanung (Hrsg.) (2005): Tagungsdokumentation Sozialraumorientierung in der Münchner Kinder- und Jugendhilfe: Bilanzierung, Qualitäten, Perspektiven, 18. Februar 2005, München

Lefebvre, Henri (1991): The Production of Space. Chichester: John Wiley and Sons

Massey, Doreen (1999): Philosophy and politics of spatiality: some considerations. In: Geographische Zeitschrift. 87. Jg. Heft 1. 1-12

Merten, Roland (Hrsg.) (2002): Sozialraumorientierung. Zwischen fachlicher Innovation und rechtlicher Machbarkeit. Weinheim und München: Juventa

Pantucek, Peter (2008): Soziales Kapital und Soziale Arbeit. In: soziales_kapital, Heft 1, www.soziales kapital.at/index.php/sozialeskapital/article/viewFile/70/88.pdf, letzter Zugriff 03.05.2010

Projekt „Netzwerke im Stadtteil" (Hrsg.) (2005): Grenzen des Sozialraums. Kritik eines Konzepts – Perspektiven für Soziale Arbeit. Wiesbaden: VS Verlag für Sozialwissenschaften

Reutlinger, Christian (2003): Jugend, Stadt und Raum. Sozialpädagogische Grundlagen einer Sozialpädagogik des Jugendraums. Opladen: Leske + Budrich

Riege, Marlo/Schubert, Herbert (Hrsg.) (2002): Sozialraumanalyse. Grundlagen – Methoden – Praxis. Wiesbaden: VS Verlag für Sozialwissenschaften

Nadia Baghdadi

# Transit

„In Deutschland leben derzeit etwa 15,3 Millionen Menschen mit Migrationshintergrund – dazu zählen unter anderem AusländerInnen, SpätaussiedlerInnen sowie die Nachkommen zugewanderter Eltern; ca. 37 Prozent dieser Bevölkerungsgruppe sind unter 25 Jahre alt. Diese Jugendlichen finden sich oftmals hin- und hergerissen zwischen zwei Welten: dem „Herkunftsland" auf der einen Seite, das sie in vielen Fällen nur noch aus der frühen Kindheit, durch die Erzählungen der Eltern oder von Urlaubsaufenthalten kennen, und Deutschland auf der anderen Seite, wo ihr Lebensmittelpunkt liegt" (Hütsch-Seide und Wehler-Schöck 2006: 5).[1]

## Durchgang und Leerstelle

Im alltagssprachlichen Gebrauch wird der Begriff Transit in der Regel mit der Zwischen- oder Durchgangsstation einer Reise verbunden. Der Reisende bewegt sich zu Fuß oder mit Hilfe eines Verkehrsmittels von A nach B, von einem bestimmten Abfahrtsort zur vorgesehenen Ankunftsdestination. Der Transit, die Durchquerung des Gebiets von A nach B bzw. das Dazwischensein, ist in dieser Konzeption der Weg zum Ziel und eine vorübergehende Erscheinung.

Ein vergleichbares implizites oder explizites Transitverständnis herrschte – und herrscht teilweise heute noch – in theoretischen und praxisbezogenen Ansätzen der Sozialen Arbeit vor, insbesondere in Zusammenhang mit Mobilität und Migration (Reutlinger/Baghdadi/Kniffki *im Erscheinen*). Transit wird wahrgenommen – ähnlich wie in oben stehendem Zitat – als Zwischenstation auf dem Weg vom „Herkunftsland" „auf der einen Seite" (A) ins Zielland „auf der

---

[1] Die Publikation entstand anlässlich der Veranstaltung „Integration von Migrantinnen und Migranten", einem Open Space in der Reihe „Jugend im gewaltfreien Raum", organisiert von der Friedrich-Ebert-Stiftung und der Landeskommission Berlin gegen Gewalt im September 2006. Eingeladen waren „SchülerInnen, LehrerInnen, PädagogInnen, SozialarbeiterInnen – kurzum alle, die mit diesem Thema, sei es beruflich oder privat, in Berührung kommen".

anderen Seite" (B). Hierbei hat die Bewegung zwischen A und B eine lineare, unidirektionale Richtung, sie ist eine einmalige Aus- und Einwanderung. Während des Niederlassungs- und Integrationsprozesses werden am neuen Wohnort der „Lebensmittelpunkt" und die damit verbundenen Identifikationen und sozialen Bezüge aufgebaut. Dieses Mobilitäts- und Integrationsverständnis folgt einer entweder-oder-Logik: Man lässt sich in einem Land nieder und integriert sich oder man geht zurück. Es wird zudem deutlich, dass der Transit in dieser Sichtweise auf nationalstaatlichen und nationalgesellschaftlichen Grenzen zwischen A und B basiert und diese zugleich konstituiert. Die Einheiten A und B erscheinen als klar voneinander abgrenzbare und homogene „Nationalcontainer" (Pries 2009: 21) (Gefahr der Containerisierung » Einleitung). Gemäß Pries (2008) handelt es sich hierbei um ein absolutistisches Raumverständnis, in welchem der jeweilige Flächenraum genau einem Sozialraum entspricht und umgekehrt – letzterer im Sinne eines „relationalen Gefüge von Artefakten, sozialer Praxis und Symbolsystemen, welches sich handlungsstrukturierend sowohl im Bewusstsein der Menschen als auch in den von ihnen geschaffenen Objekten niederschlägt und reproduziert" (Pries 2008: 91). In anderen Worten exkludieren und inkludieren sich Flächen- und Sozialraum wechselseitig in einer „doppelt exklusiven Verschachtelung". Gerade moderne Nationalstaaten gründe(te)n auf einer Kongruenz von Territorium, Staat, Nation, Gesellschaft und Kultur.

In dieser Sichtweise stehen die nationalstaatlich verfassten Einheiten A und B in einem dichotomen und oftmals auch in einem hierarchischen Verhältnis zueinander. Basierend auf einer Modernitäts-Differenz-These erscheint demnach ein Land, in der Regel das „eigene", moderner und fortschrittlicher als das „andere" (Baghdadi *im Erscheinen*) (Gefahr der Hierarchisierung). Häufig ist nicht nur eine der beiden nationalstaatlichen Einheiten negativ besetzt, sondern desgleichen der Zwischenraum. Wie im Zitat exemplarisch deutlich wird, ist ein Pendeln „zwischen den Welten" ein Abweichen von der Normalitätsvorstellung und damit nicht vorgesehen. Dies drückt sich im obigen Beispiel darin aus, dass die „Nachkommen zugewanderter Eltern" „zwischen zwei Welten hin- und hergerissen" seien. Dem Zwischenraum wird in der Konsequenz wenig Aufmerksamkeit zuteil; er ist geradezu eine perspektivische Leerstelle. Auch in der Sozialen Arbeit wurde das Dazwischen, bestimmt durch das Nationalstaatsparadigma, bislang selten detailliert betrachtet. So wurden soziale Probleme, Organisationen und Unterstützungsformen, auch in Zusammenhang mit Mobilität und Migration, vorwiegend national beschrieben, analysiert und erforscht, wie Homfeldt, Schröer und Schweppe (2008) kritisch feststellen. Diese „national eingefärbte Sicht" (Dahinden 2009: 17), auch „methodologischer Nationalismus" genannt (Wimmer/Glick Schiller 2002), wird in der in den letzten Jahren aufgekommenen Diskussion um Nationalstaaten überschreitende Prozesse immer häufiger kritisiert. Dabei greift die Diskussion im deutschsprachigen Raum auf die zunächst im angelsächsischen Sprachraum entwickelten Konzepte wie Transmigration oder Transnationalisierung zurück (Leiprecht/Vogel 2008).

## (Quer-)Verbindungen und Multiplikationen

Der Begriff Transmigration wurde von den Sozialanthropologinnen Glick Schiller, Basch und Blanc-Szanton (1992) eingeführt als Kritik an der vorherrschenden Erklärung von internationaler Migration mit dem Aus- und Einwanderungsparadigma. Sie machten vor dem Hintergrund einer zunehmenden Globalisierung und der damit verbundenen Beschleunigung der Mobilitäts- und Kommunikationsmittel auf die neue Form der transnationalen Migration aufmerksam, auf das Hin- und Herbewegen zwischen zwei Ländern bzw. auf den Wechsel zwischen mehreren Ländern und die dadurch entstandenen länderübergreifenden sozialen Netzwerke. Transnationalisierung wird demzufolge bestimmbar als „neuer sozialer Verflechtungszusammenhang"[2], der die sozialen Gegebenheiten auf der Mikroebene, d. h. die Sichthorizonte von Akteuren – ihre Positionen, Lebenspraxen/-stile und Identitäten etc. – erfasst, wie auch die Mesoebene der nationalen Zusammenhänge und die Makroebene, d. h. die politischen Bedingungen einer Weltgesellschaft (Homfeldt et al. 2008: 8f).

„In einem sehr weit gefassten Begriffsverständnis bezieht sich *transnationalism* auf Zugehörigkeitsgefühle, kulturelle Gemeinsamkeiten, Kommunikationsverflechtungen, Arbeitszusammenhänge und die alltägliche Lebenspraxis sowie die hierauf bezogenen gesellschaftlichen Ordnungen und Regulierungen, die die Grenzen von Nationalstaaten überschreiten. In einer engen Fassung des *transnationalism*-Begriffs werden damit nur sehr dauerhafte, massive und strukturierte bzw. institutionalisierte Beziehungen bezeichnet, die pluri-lokal, über nationalstaatliche Grenzen hinweg existieren" (Pries 2002: 264).

Das Suffix Trans bzw. das entsprechende Adjektiv verweist in dieser Lesart also auf Verbindungen zwischen und jenseits von Nationalstaaten. Der Blick richtet sich auf die Sozialräume von Transmigrantinnen und -migranten, die sich zwischen verschiedenen Wohnorten und Ländern aufspannen (Mau 2007). Das bedeutet, dass bislang als getrennt wahrgenommene „geographische Räume"

---

2 Es wird vermehrt darauf hingewiesen, dass transnationale Phänomene nicht neu seien, sondern vielmehr eine Intensivierung erfahren hätten. Daher ist der Transnationalisierungsansatz eher eine neue Perspektive des Beobachtenden (Portes 2003) auf soziale Phänomene als ein neues soziales Phänomen an sich.

als „eine einzige Arena sozialer Aktion" (Dahinden 2009: 17) gefasst werden und es wird von neuen Formen der Grenzziehungen ausgegangen, die „quer zu Herkunfts- und zur Ankunftsregion(en) liegen" (Schröer/Schweppe 2010: 37). Dieser Perspektive zugrunde liegt ein relationales Raumkonzept (Schröer 2006), demzufolge ein Sozialraum unterschiedliche Flächenräume über-/umspannen kann und umgekehrt können sich in einem Flächenraum unterschiedliche Sozialräume „aufstapeln" (Pries 2008: 132). Somit werden Sozialräume verstanden als dauerhafte und dichte Interaktionsbeziehungen in unterschiedlichen Raumkonfigurationen.

Die Restrukturierung von Flächen- und Sozialraumbezügen führt zwar zu verschiedenen neuen Formen der Internationalisierung von Vergesellschaftung (Pries 2008), nichtsdestotrotz bleiben Nationalgesellschaften als Analyseeinheiten weiterhin von Bedeutung. „Damit vollzieht die Transnationalisierungsforschung einen Balanceakt zwischen der Relativierung und der Betonung der Gebundenheit an den Flächenraum. Transnationale Prozesse werden einerseits als ortsgebunden und ‚verwurzelt' betrachtet, andererseits sind sie in Bewegung und verlaufen über die Grenzen von einem oder mehreren Nationalstaaten hinweg" (Bauschke-Urban 2010: 38).[3]

Im Mittelpunkt des Transnationalisierungsansatzes steht eine akteur- und handlungszentrierte analytische Perspektive auf grenzüberschreitende Prozesse.[4] In diesem Zusammenhang stellen Konzepte wie Multilokalität (Weichhart 2009), multiple Identitäten, sowohl-als-auch-Identitäten bzw. Bindestrichidentitäten (Mecheril 2004) den Versuch dar, die Vermehrung von Lebensorten – „hier und dort zuhause zu sein" – und die Identifikation mit mehr als einem Nationalstaat zu fassen. Für die Praxis der Sozialen Arbeit wird die Forderung formuliert, Zugehörigkeiten zu zwei und mehr kulturellen und nationalen Kontexten nicht mit problembehafteter Identitätsbildung zu verbinden (Homfeldt et al. 2008). Im Hinblick auf die Integration von Migrantinnen und Migranten sei zu berücksichtigen, dass transnationale Netzwerke eine eigenständige Rolle für soziale Integration und Unterstützung spielen können (Mau 2007) bzw. Integration „gleichzeitig in transnationalen und lokalen Räumen erfolgen" kann (Dahinden 2009: 19) (Gefahr der Dichotomisierung von transnational und lokal).

---

3 Im Gegensatz dazu stehen Globalisierungstheorien, welche die lokale Verfasstheit von sozialen Beziehungen grundsätzlich in Frage stellen (z. B. der Ansatz der spaces of flow von Castells 2003 bzw. der Weltgesellschaft z. B. von Wallerstein 1974). Transnationalisierungsansätze hingegen gehen nicht von einer entgrenzten globalen Gesellschaft aus, sondern von einem Abbau und einer Verschiebung von Grenzen.

4 Die Analyse aus einer akteurzentrierten Perspektive („Transnationalisierung von unten" Guarnizo 1998) ist ein weiterer Unterschied zu Globalisierungstheorien.

## Transformationen

Im Zuge der Debatten um Globalisierung und Transnationalisierung wurden nicht nur die Beziehung zwischen Flächen- und Sozialraum, sondern ebenfalls die Begriffe Nation und Kultur kritisch hinterfragt und neu formuliert. Nation als homogene Einheit und kulturelle Bezugsgröße wurde in Frage gestellt. Heute besteht weitgehend ein Konsens darüber, dass Kulturen nicht unveränderbar und einheitlich, sondern heterogen, prozesshaft und dynamisch sind. Vor dem Hintergrund der „kulturellen Verflechtung und Mobilität über räumliche Grenzen hinweg" (Ong 2005) ist davon auszugehen, dass Kulturen von „Mischungen, Verbindungen, Übernahmen, Neuinterpretationen, Transformationen usw. gekennzeichnet sind" (Leiprecht/Vogel 2008: 29). Aufgrund dessen geht Welsch (1997) in seinem Transkulturalitätsansatz nicht mehr von (ausschließlich) territorial gebundenen Kulturen aus, sondern von einer Verknüpfung mit anderen nationalen Kulturen und einer neuen grenzüberschreitenden kulturellen Vielfalt (vgl. auch Bauschke-Urban 2010). Kultur wird jedoch nicht ortlos. Vielmehr wird sie durch die Wechselwirkung von Lokalem und Globalem und damit durch eine neue Qualität gekennzeichnet (vgl. dazu auch das Konzept der Glokalisierung von Robertson 1998 sowie das Konzept des *third space* von Bhabha 1990). Demzufolge existieren Lokalitäten – hier verstanden als lokale soziale und kulturelle Praktiken und Projekte – nicht isoliert von globalen Phänomenen, sondern sind praktisch und diskursiv u.a. von massenmedial vermittelten Vorstellungen und Ereignissen von anderswo durchdrungen (Appadurai 2005).

In empirischen Arbeiten werden auf der Ebene der Individuen neu entstandene Interaktionsräume und veränderte Lebenspraxen analysiert. Es wird gezeigt, dass soziale Beziehungen durch Transnationalisierungsprozesse anders gestaltet werden und sich beispielsweise Familien- und Partnerschaftsformen verändern (Bauschke-Urban 2010). Ein charakteristisches Merkmal ist die Veränderung der Ortsgebundenheit von Sozialbeziehungen (hier im Sinne einer Ko-Präsenz vor Ort), indem im Zuge transnationaler Entwicklungen die Einheit von Sozialität, Anwesenheit und Raum aufgebrochen wird (Mau 2007).[5] Außerdem belegen Studien, dass durch transnationale Lebenspraxis neue biografische Strukturen erzeugt werden (Homfeldt et al. 2008). Dabei lassen sich typische Strukturen der Auseinandersetzung mit Grenzüberschreitungen feststellen, die Apitzsch und Siouti (2008) veranlassten, Biografien in einem metaphorischen Sinne als „Orte transnationaler Räume" zu bezeichnen.

---

5 Hier sei auf Harveys (1989) bekannte These der time-space-compression, der Verdichtung von Raum und Zeit in einer globalisierten Welt, verwiesen.

## Fazit für die Soziale Arbeit

Das Suffix Trans hat in verschiedenen Lesarten Eingang in die Soziale Arbeit gefunden. In einem alltagssprachlich orientierten Verständnis steht Transit für eine kaum wahrgenommene Durchgangsstation zwischen Nationalstaaten und für einen negativ besetzten Zwischenraum. Transnationalisierungsansätze machen auf die Querverbindungen zwischen Nationalstaaten aufmerksam und die dadurch entstandenen multilokalen Verortungen und Identitäten. Schließlich verdeutlichen die Ansätze zu Transkulturalität die transformative Komponente von Nation und Kultur. Kurz gesagt, verschob sich die Konzeption des *in-between* von einer Korridorvorstellung zu einem Knotenpunkt der Veränderung. Im Zuge dieser Entwicklung wird die Notwendigkeit einer Perspektivöffnung in der Sozialen Arbeit auf die „Neukonfigurationen des Raumes in einer globalisierten Welt" (Bauschke-Urban 2010: 16) betont. Es gilt, theoretischer Analyse und professionellem Handeln nicht mehr ausschließlich den Nationalstaat als Basiseinheit zugrunde zu legen, sondern Prozesse, Handlungen und Transaktionen in den Blick zu rücken, „die die Wände des Nationalstaates porös und zunehmend durchlässig erscheinen lassen" (Mau 2007: 37), ohne zu unterstellen, dass Nationalstaaten gänzlich an Bedeutung verloren hätten. Wie Pries (2008) feststellt, führt erst die Analyse von essentialistischen und relationalen Raumvorstellungen zu einem angemessenen Verständnis der Dynamik aktueller Vergesellschaftungsprozesse.

## ✎ Merksatz

Ein Verständnis von Transit als Zwischenstation und Abfahrts- sowie Ankunftsdestinationen als homogene, voneinander abgrenzbare, in einem hierarchischen Verhältnis stehende nationalstaatliche Container wird aktuellen Vergesellschaftungsprozessen nicht (mehr) gerecht. Eine Erweiterung der Perspektive ist notwendig, um Bewegungen und Querverbindungen und damit einhergehende Transformationen sozialer und räumlicher Bezüge erfassen zu können. Transnationalisierungs- und Transkulturalisierungsansätze ermöglichen eine angemessene Analyse der Dialektik zwischen Gebundenheit an Flächenräume und Bewegungen über diese hinweg sowie der daraus resultierenden Neukonfigurationen von resp. zwischen Territorium, Staat, Gesellschaft und Kultur.

**Empfohlene Literatur zur Vertiefung**

Glick Schiller, Nina/Basch, Linda/Blanc-Szanton, Cristina (Hrsg.) (1992): Towards a Transnational Perspective on Migration: Race, Class, Ethnicity, and Nationalism Reconsidered. New York: The New York Academy of Sciences

Homfeldt, Hans Günther/Schröer, Wolfgang/Schweppe, Cornelia (Hrsg.) (2008): Soziale Arbeit und Transnationalität. Herausforderungen eines spannungsreichen Bezugs. Weinheim: Juventa Verlag

Mau, Steffen (2007): Transnationale Vergesellschaftung. Die Entgrenzung sozialer Lebenswelten. Frankfurt am Main: Campus

Pries, Ludger (2008): Die Transnationalisierung der sozialen Welt. Frankfurt am Main: Suhrkamp

Reutlinger, Christian/Baghdadi, Nadia/Kniffki, Johannes (Hrsg.) (im Erscheinen): Die soziale Welt quer denken: Transnationalisierung und ihre Folgen für die Soziale Arbeit. Berlin: Frank & Timme

## Weitere verwendete Literatur

Allenbach, Brigit/Sökefeld, Martin (Hrsg.)(im Erscheinen): Muslime in der Schweiz. Zürich: Seismo

Appadurai, Arjun (2005): Modernity at Large. Cultural Dimensions of Globalization. Minneapolis: University of Minnesota Press

Apitzsch, Ursula/Siouti, Irini (2008): Transnationale Biographien. In: Homfeldt et al. (2008): 97-112

Baghdadi, Nadia (im Erscheinen): „Die Muslimin" im Spannungsfeld von Zuschreibung, Abgrenzung und Umdeutung. In: Allenbach et al. (im Erscheinen)

Bauschke-Urban, Carola (2010): Im Transit. Transnationalisierungsprozesse in der Wissenschaft. Wiesbaden: VS Verlag für Sozialwissenschaften

Beck, Ulrich (Hrsg.)(1998): Perspektiven der Weltgesellschaft. Frankfurt am Main: Suhrkamp

Bhabha, Homi (1990): The Third Space. In: Rutherford (1990): 207-221

Castells, Manuel (2003): Der Aufstieg der Netzwerkgesellschaft. Das Informationszeitalter I. Opladen: Leske + Budrich

Dahinden, Janine (2009): Neue Ansätze in der Migrationsforschung. Die transnationale Perspektive. In: terra cognita. Schweizer Zeitschrift zu Integration und Migration 15. 16-19

Glick Schiller, Nina/Basch, Linda/Blanc-Szanton, Cristina (1992): Transnationalism: A New Analytical Framework for Understanding Migration. In: Glick Schiller et al. (1992): 1-24

Guarnizo, Luis E./Smith, Michael Peter (1998): Transnationalism from below. New Brunswick/New Jersey: Transaction Publishers

Harvey, David (1989): The Condition of Postmodernity. Oxford: Basil Blackwell

Homfeldt, Hans Günther/Schröer, Wolfgang/Schweppe, Cornelia (2008): Transnationalität und Soziale Arbeit – ein thematischer Aufriss. In: Homfeldt et al. (2008): 7-24

Hütsch-Seide, Hiltrun/Wehler-Schöck, Anja (2006): Integration von Migrantinnen und Migranten. Ein Open Space in der Reihe „Jugend im gewaltfreien Raum". Berlin: Friedrich-Ebert-Stiftung und Landeskommission Berlin gegen Gewalt

Leiprecht, Rudolf/Vogel, Dita (2008): Transkulturalität und Transnationalität als Herausforderung für die Gestaltung Sozialer Arbeit und sozialer Dienste vor Ort. In: Homfeldt et al. (2008): 25-44

Mecheril, Paul (2004): Einführung in die Migrationspädagogik. Weinheim: Beltz

Ong, Aihwa (2005): Flexible Staatsbürgerschaften. Die kulturelle Logik von Transnationalität. Frankfurt am Main: Suhrkamp

Portes, Alejandro (2003): Conclusion: theoretical convergencies and empirical evidence in the study of immigrant transnationalism. In: International Migration Review 37. 3. 874-892

Pries, Ludger (2002): Transnationalisierung der sozialen Welt? In: Berliner Journal für Soziologie 2. 263-272

Pries, Ludger (2009): Migration als Internationalisierung von unten. In: terra cognita. Schweizer Zeitschrift zu Integration und Migration 15. 20-23

Robertson, Roland (1998): Glokalisierung. Homogenität und Heterogenität in Raum und Zeit. In: Beck (1998): 192-220

Rutherford, Jonathan (Hrsg.) (1990): Identity, Community, Culture and Difference. London/New York: Routledge

Schneider, Irmela/Thomsen, Christian W. (Hrsg.) (1997): Hybridkultur. Medien Netze Künste. Köln: Wienand

Schroer, Markus (2006): Räume, Orte, Grenzen. Auf dem Weg einer Soziologie des Raumes. Frankfurt am Main: Suhrkamp

Schröer, Wolfgang/Schweppe, Cornelia (2010): Transmigration und Soziale Arbeit. Eine Einführung. In: Sozial Extra 1. 2. 37

Wallerstein, Immanuel (1974): The Modern World System: Capitalist Agriculture and the Origins of the European World Economy in the Sixteenth Century. New York/San Francisco/London: Academic Press

Weichhart, Peter (2009): Multilokalität – Konzepte, Theoriebezüge und Forschungsfragen. In: Informationen zur Raumentwicklung 1. 2. 1-14

Welsch, Wolfgang (1997): Transkulturalität. Zur veränderten Verfassung heutiger Kulturen. In: Schneider et al. (1997): 61-91

Wimmer, Andreas/Glick Schiller, Nina (2002): Methodological Nationalism and Beyond: Nation-State Building, Migration and the Social Sciences. In: Global Networks 2. 4. 301-334

Alois Herlth

# Umwelt

„Alle Fürsorge besteht darin, daß man entweder einem Menschen hilft, sich in der gegebenen Umwelt einzuordnen, zu behaupten, zurecht zu finden oder daß man seine Umwelt so umgestaltet, verändert, beeinflußt, daß er sich darin bewähren, seine Kräfte entfalten kann. Persönlichkeitsentwicklung durch bewußte Anpassung an seine Umwelt oder der Umwelt an die besonderen Bedürfnisse und Kräfte des betreffenden Menschen" (Alice Salomon 1927: 60).

## „Umwelt" in der Sozialen Arbeit

Nicht nur zu Zeiten von Alice Salomon, sondern auch nach dem gegenwärtigen Selbstverständnis von Sozialer Arbeit greift sie dort ein, „wo Menschen mit ihrer Umwelt in Interaktion treten", und zwar „gestützt auf wissenschaftliche Erkenntnisse über menschliches Verhalten und soziale Systeme" (IFSW 2005). Damit rückt insbesondere die *Beziehung* des Menschen zu seiner Umwelt in den Fokus des Interesses: Ein Mensch nimmt Umwelt wahr und reagiert auf diese Umwelt – steht also zu ihr in einer ständigen *Beziehung*. Ohne diesen Blick auf eine solche *Beziehung* wäre der Umweltbegriff reichlich nichts sagend. Für sozialwissenschaftliche Zwecke hat Hans Paul Bahrdt den Begriff der Umwelt und die in ihm angelegte Subjekt-Objekt-*Beziehung* sehr präzise herausgearbeitet: Umwelt ist demnach zwar in jedem Falle „objektivierbares Nicht-Ich" (1974: 16), d.h. Subjekt und Umwelt sind von einander zu unterscheiden. Das jedoch reicht zur begrifflichen Bestimmung noch nicht aus: „Umwelt ist niemals dem Ich völlig selbständig gegenübergestellt, sondern stets in einer Relevanz für das Subjekt gegeben" (ebd.). Gemeint ist damit eine „dauerhafte Bedeutsamkeit für typische Verhaltensweisen des Lebewesens und dementsprechend Selektivität, Perspektivität und Strukturierung (…)" (ebd.). Mit diesem Blick auf Umwelt ergibt sich auch die Relevanz des Begriffs im Rahmen der Sozialen Arbeit, wo es zum einen darum geht, die Adressaten bzw. Klienten als *Akteure* in ihren jeweiligen Umwelten zu erfassen („Person-in-Umwelt-Modell", vgl. Röh 2009: 202) und sie dahingehend „zu befähigen, ihre gesamten Möglichkeiten zu entwickeln, ihr Leben zu bereichern und Dysfunktionen vorzubeugen" (IFSW 2005). Zum anderen versteht sich die Soziale Arbeit selbst als institutioneller Akteur, der in einer Umwelt operiert und in Bezug auf diese dann die Adressaten/Klienten in ihren jeweiligen Umwelten als sozialarbeiterisches oder sozialpädagogisches Interventionsfeld konstruiert (vgl. May 2009: 39ff.).

Nichtsdestotrotz bleibt der Umweltbegriff immer noch sehr ungenau, solange man diese Beziehung des jeweiligen Akteurs zu seiner Umwelt nicht näher spezifiziert. Häufig geschieht das durch die Verwendung von Synonymen wie z. B. „Milieu", „Lebensraum", „Lebenswelt", „Ökologie", „Kontext" usw., die dann einen spezifischen Blick (Problembezug) auf Umwelt beinhalten (vgl. hierzu auch die entsprechenden Basics in diesem Band). Bezüglich der Verwendung des Umweltbegriffs in der Sozialen Arbeit lassen sich dessen ungeachtet zwei unterscheidbare Dimensionen einer solchen Subjekt-Umwelt-Beziehung herausarbeiten, die den Gebrauch des Begriffs bestimmen und die analytisch mit Priorität zu unterscheiden sind. Umwelt wird zum einen als alltäglicher Lebens- und Verhaltensraum von Menschen (Akteuren) betrachtet, den sie wahrnehmen, in dem sie sich bewegen und orientieren, auf den sie einwirken und den sie ggf. nach ihren Vorstellungen gestalten. In der Perspektive der Sozialen Arbeit handelt es sich also immer um Akteure oder Klienten, die sich in ihrem Alltag mit den Gegebenheiten ihrer Umwelt mehr oder weniger aktiv auseinandersetzen müssen. Zum anderen erscheinen diese Akteure/Klienten in ihrem Verhalten und in ihrer Entwicklung durch die Gegebenheiten dieser Umwelten („Umweltfaktoren") beeinflusst, und zwar häufig in einer Weise, dass es im Rahmen der Sozialen Arbeit aus (sozial)pädagogischen oder (sozial)politischen Gründen geboten erscheint, auf diese „Umweltfaktoren" planerisch und gestalterisch einzuwirken oder die Betroffenen im Umgang mit solchen Umweltgegebenheiten zu unterstützen (vgl. Staub-Bernasconi 2009). Dabei werden üblicherweise eine räumlich-dinghafte, eine soziale und eine kulturelle Umwelt als Einfluss- und Gestaltungsebenen unterschieden.

## Umweltbeziehung als „Wechselwirkung"

Die Beziehung zwischen Mensch und Umwelt erscheint hochgradig „konfundiert" (Dippelhofer-Stiem 2008: 119f.), d. h. es muss zwar von einer wechselseitigen Beeinflussung ausgegangen werden, jedoch sind die jeweiligen Effekte nicht immer eindeutig zu trennen und zu erfassen. Umweltgegebenheiten beeinflussen nachweislich unsere Wahrnehmung und unser Verhalten wie umgekehrt auch unsere Wahrnehmung und unser Verhalten die jeweiligen Umwelteinflüsse überhaupt erst ermöglichen und bedingen. Es muss hier also der Gefahr einer einseitigen Sicht im Sinne einer ausschließlichen *Determination* durch Umwelt begegnet werden.

In den Sozialwissenschaften wird Umwelt in besonderem Maße als etwas problematisiert, das das Handeln von Menschen und ihre Entwicklung – ihre Lebens- und Entwicklungschancen – beeinflusst. Die Umwelt wird als ein Komplex von Einflussfaktoren (Umweltbedingungen) betrachtet, unter dem sich Handeln und Entwicklung vollziehen und somit von solchen Faktoren geprägt werden. Der Mensch erscheint in dieser Hinsicht auf Beziehungen zu seiner Umwelt angewiesen und durch Umwelteinflüsse formbar zu sein. Er wird sozialisiert, erzogen und gebildet, sein Handeln erscheint insbesondere durch seine soziale Umwelt kontrollierbar und konditionierbar. Grundlage dieser Beziehung zur Umwelt ist in dieser Perspektive das *Lernen* des Menschen und seine Lernfähigkeit (vgl. Schneewind/Pekrun 1994).

In der Perspektive der Lern- und Verhaltenstheorie hat Umwelt in erster Linie eine verhaltensstimulierende und verhaltenssteuernde Funktion. „Wir mögen geteilter Meinung sein über Wesen und Umfang der Steuerung, durch die sie (die Umwelt, A. H.) uns beeinflusst, doch ist ein gewisses Maß an Steuerung offensichtlich" (Skinner 1973: 126). Die Umwelt erscheint als ein Reservoir von Reizen, auf die hin der Mensch reagiert und sein Verhalten – gemäß dem Reiz-Reaktions-Schema – an den von der Umwelt dargebotenen Konsequenzen seiner Reaktion (belohnende/bestrafende) orientiert. Bandura (1979: 26ff.) bezeichnet dies als Lernen aufgrund von „Reaktionskonsequenzen". Nimmt man gezielt Einfluss auf solche Reaktionskonsequenzen (wie das z. B. bei der Erziehung versucht wird), erscheinen Verhalten und Entwicklung von Menschen in gewissem Maße auch durch die Umwelt intentional steuerbar.

Vom Gedanken einer „konfundierten" Beziehung zwischen Subjekt und Umwelt ausgehend, dürfte ein solcher Einfluss jedoch nicht ohne die zugleich auch stattfindende Eigenleistung des Subjekts zu denken sein. Dieser Aspekt begegnet einem bereits im s. g. „Symbolischen Interaktionismus": Der Mensch verhält sich i. d. R. nicht unmittelbar reaktiv seiner natürlichen (physischen oder sozialen) Umwelt gegenüber, vielmehr verhält er sich immer in Bezug auf eine im eigenen Bewusstsein verfügbare *symbolische Repräsentation* dieser Umwelt, also dementsprechend, wie er diese Umwelt sinnhaft deutet und erlebt (vgl. Rose 1967). Die Entscheidung, etwas zu tun oder zu unterlassen, und über die Art und Weise, wie sie es tun, treffen Menschen auf der Basis von „Sinnkonstruktionen", z. B. in Form von Wirklichkeitsannahmen, wie dies klassisch im s. g. „Thomas-Theorem" prägnant auf den Punkt gebracht wurde.[1] Schon im „Sym-

---

1 „If men define situations as real, they are real in their consequences" (W. I. Thomas, zitiert nach Bronfenbrenner 1979: 23).

bolischen Interaktionismus" kündigt sich somit eine eher konstruktivistische Konzeption der Subjekt-Umwelt-Beziehung an, die dann besonders deutlich in der gegenwärtigen Systemtheorie herausgearbeitet wird. In systemtheoretischer Sicht konstituieren sich (Sinn)Systeme durch eine selbsterzeugte Differenz gegenüber ihrer Umwelt: „Die Umwelt erhält ihre Einheit erst durch das System und relativ zum System. (…) Die Zurechnung auf Umwelt (…) ist ihrerseits eine Systemstrategie" (Luhmann 1988: 36). *Umwelteinfluss* ist hier nicht anders zu denken als im Sinne einer Eigenleistung von Systemen – im Falle von Erziehung etwa als Eigenleistung von psychischen Systemen (vgl. Luhmann 2004). Zweifelsohne geht auch die Systemtheorie von *Umwelteinfluss* aus, aber nur im Sinne einer *„Irritation"* des Systems (z. B. des Bewusstseins) und keinesfalls im Sinne einer kausalen Bewirkung.

Dessen ungeachtet erscheint der Mensch aber nicht nur durch seine Umwelt *beeinflusst*. Die Umwelt gerät ferner in den Blick, weil das individuelle oder auch artspezifische „Überleben" eine Beziehung zur Umwelt im Sinne einer aktiven Auseinandersetzung mit ihr unabdingbar macht. Beim Menschen gehen wir üblicherweise von Bedürfnissen aus, deren Befriedigung zu seinem körperlichen, psychischen, sozialen und kulturellen Überleben in gewissem Maße erforderlich und nur über entsprechende Umweltbeziehungen realisierbar erscheint. Umwelt wird diesbezüglich als Lebens- und Verhaltensraum gedacht, in dem sich ein Mensch aktiv verhält und mit dessen jeweiligen Gegebenheiten er sich lebenslang aktiv auseinandersetzen muss (vgl. Hurrelmann 2002: 24ff.). Dies geschieht über Wahrnehmungs- und Verhaltens*aktivitäten* (vgl. Schneewind/Pekrun 1994), mit denen das Subjekt nicht nur auf seine Umwelt reagiert und sich anpasst (so etwa Parsons 1972: 17ff.), sondern auch eigenaktiv, kreativ und gestaltend auf seine Umwelt einwirkt, wie dies etwa im Konzept der *Umweltaneignung* (Deinet/Reutlinger 2005: 295ff.) zum Ausdruck kommt. Bei diesen Formen der aktiven Auseinandersetzung mit der Umwelt greift etwas, das erstmals von White (1959) herausgearbeitet und als „Kompetenzmotivation" bezeichnet wurde: Menschen haben ein Interesse, sich in der Beziehung zu ihrer Umwelt als wirksam und kompetent zu erleben – ein Umstand, den die Soziale Arbeit nicht aus dem Blick verlieren darf.

## Rückführung in die Soziale Arbeit: Umwelt als Ökologie

Die *Mensch-Umwelt-Beziehung* ist also nur als wechselseitige Beeinflussung adäquat zu fassen. Ein Umweltbegriff, der genau diese die *Wechselbeziehungen* zwischen Organismen bzw. „Subjekten" und ihrer jeweiligen Umwelt im Blick hat, geht häufig von einem „ökologischen" Umweltverständnis aus und hat in dieser Fassung auch verstärkte Resonanz in der Sozialen Arbeit gefunden (vgl.

Wendt 1990: 21ff.; Bango 2001: 46ff.; Biesel 2007: 143). Kennzeichen eines solchen Verständnisses ist, dass es der Gefahr begegnet, Umwelt als einzelne isolierte Reize oder „Umweltfaktoren", die auf den Organismus bzw. das Subjekt einwirken, zu konstruieren, und statt dessen Umwelt als einen Zusammenhang einer Vielzahl von sich wechselseitig beeinflussenden Merkmalen begreift, in den das Subjekt oder der Organismus einbezogen ist. Hawley (1944) hat das die „interrelatednes of life" genannt. Damit wurde explizit auf Darwins biologische Vorstellung eines „web of life" Bezug genommen und als „Morphologie des kollektiven Lebens" spezifiziert (Hawley 1950: 33ff., 67). In den Sozialwissenschaften spielte diese aus der Biologie entlehnte ökologisch gedachte Vorstellung von Umwelt vor allem in der Tradition der Humanökologie eine bedeutende Rolle (z. B. McKenzie 1926; Park 1936). Diese war insbesondere fixiert auf die Beschreibung und Analyse der sozialräumlichen Strukturen und Prozesse, die als Folge der großstädtischen Entwicklung in den USA nach dem Ersten Weltkrieg beobachtet werden konnten (z. B. Herausbildung urbaner Subkulturen oder ethnische Konflikte). Umwelt wird hier als eine Vielzahl miteinander verwobener Lebenszusammenhänge verstanden. Für die Akteure ergibt sich so ein gleichzeitig lebenssichernder wie lebensbedrohender Handlungsraum (vgl. Hawley 1950: 16f.). Bedeutsam ist dabei, dass auch – sinnhaft gedeutete und verarbeitete – räumlich-dinghafte Gegebenheiten als handlungsrelevant in die Analyse der Probleme des sozialen Zusammenlebens einbezogen wurden.

Für die Soziale Arbeit wichtige ökologisch orientierte Umweltvorstellungen begegnen uns ebenso in der Psychologie. So begreift Kurt Lewin Umwelt als physikalisch und sozial strukturierten Lebensraum und das Verhalten als *Bewegung* in diesem Lebensraum (vgl. Oerter 1998: 85ff.; » Basic: Lebensraum). Sein Konzept gilt als grundlegend für das ökologische Denken in der Psychologie und wird insbesondere von Roger G. Barker und Urie Bronfenbrenner weiterentwickelt. Mit Barker ist die Entwicklung einer „ökologischen Psychologie" (1968) und das Konzept des „Behavior Settings" verbunden. Es ging ihm dabei um die „Passung" von Umwelt und Verhalten, die er in spezifischen ökologischen Umweltausschnitten – eben den „Behavior Settings" untersuchte. Er unterstellt diesbezüglich einen „Synomorphie" zwischen dem Verhalten und der räumlich-dinghaften Ausstattung eines solchen Ausschnitts der ökologischen Umwelt, d. h. das Verhalten orientiert sich an räumlich-dinghaften Gegebenheiten, so dass durch die Gestaltung von „Behavior Settings" mittelbar Einfluss auf das Verhalten genommen werden kann.

Im Zentrum des Interesses von Urie Bronfenbrenner (1979/1981) steht die „Ökologie der menschlichen Entwicklung", die er als das Ergebnis einer transaktionalen Beziehung zwischen dem sich entwickelnden Individuum und den Gegebenheiten der Umwelt versteht (vgl. auch Engelbert/Herlth 2010). Es ist

Bronfenbrenners Verdienst, mit seinem „bio-ökologischen Modell" (Bronfenbrenner/Morris 2000) der Mensch-Umwelt-Beziehung einen Ansatz entwickelt zu haben, der sich auch in der Sozialen Arbeit als fruchtbar erweist, indem die dauerhafte Umwelt eines Menschen als „Entwicklungsraum" betrachtet wird (z. B. Biesel 2007: 141ff.; vgl. auch Röh 2009: 202). Zentral für Bronfenbrenners Verständnis der Mensch-Umwelt-Beziehung ist die Transaktionalität dieser Beziehung, wodurch er beide oben dargelegten Aspekte der Mensch-Umwelt-Beziehung miteinander verknüpft: Menschen entwickeln sich unter Umwelteinfluss, aber dies geschieht nur in dem Maße wie Menschen in Bezug auf diese Umwelt aktiv sind, sich aktiv mit ihr auseinandersetzen, weshalb für den Umwelteinfluss die Inhalte dieser Auseinandersetzung von Bedeutung sind: was wird wahrgenommen, womit ist man beschäftigt, womit geht man um etc. Bronfenbrenner bezeichnet diese Formen der „Interaktion zwischen einem aktiven, sich entwickelnden biopsychischen menschlichen Organismus und den Personen, Objekten und Symbolen in seiner unmittelbaren äußeren Umwelt", sofern sie sich regelmäßig und dauerhaft vollziehen, als *„proximale Prozesse"* (Bronfenbrenner/Morris 2000), durch die er die individuelle Entwicklung vorangetrieben sieht. Umwelteinflüsse verortet er dann im Rahmen eines „Mehrebenenmodells" in unterschiedlichen Systemen, die die proximalen Prozesse als Kern – einer russischen Puppe („Matrjoschka") nicht unähnlich – in einzelnen Schichten umgeben: Mikro-, Meso-, Exo-, Makro- und Chronosysteme (vgl. Engelbert/Herlth 2010; Grundmann/Kunze 2008).

Mit einem solchen Umweltkonzept gelingt es zum einen, den „Handlungsraum" der Akteure, mit dessen Gegebenheiten sie sich im Alltag aktiv auseinandersetzen und auf den sie einwirken, zugleich als „Entwicklungsraum" (Biesel) zu betrachten, dessen Einflussfaktoren sie im Vollzug einer solchen Auseinandersetzung ausgesetzt sind. Und es wird zum anderen konzeptionell erfasst, wie ein solcher unmittelbarer „Handlungs- und Entwicklungsraum" mit anderen Lebensbereichen in einem umfassenderen ökologischen Umfeld „verwoben" ist. Proximale Prozesse ereignen sich *unmittelbar* in *„Mikrosystemen"*, die von den Akteuren als ein Muster von Aktivitäten, Rollen und Beziehungen in ihren alltäglichen Lebensbereichen („settings") unter Einschluss ihrer materiell-körperlichen Beschaffenheit *erfahren* werden. Umwelteinfluss ergibt sich hier *vermittelt* über die umweltbezogenen Aktivitäten der Akteure im Umgang mit den „Umweltmerkmalen". *„Mesosysteme"* ergeben sich, wenn die Akteure von einem Lebensbereich in einen anderen wechseln, und sind bedeutsam für die Passung der jeweiligen Lebensbereiche: Was wissen z. B. Familie und Schule von einander, wie sind sie aufeinander abgestimmt, nehmen sie aufeinander Bezug? *„Exosysteme"* sind Lebensbereiche, in die die Akteure selbst nicht einbezogen sind, die aber dennoch das Geschehen in den Mikrosystemen tangieren

(z. B. das Jugendamt). Umschlossen werden diese Systeme vom „Makrosystem" als (sub)kultureller Kontext, in dem alle anderen Systeme operieren und sich aufeinander beziehen, und zeitlich erscheinen sie miteinander verknüpft durch das „Chronosystem" (vgl. Bronfenbrenner/Morris 2000).

Wenn Soziale Arbeit – wie oben vermerkt – dort eingreift, wo „Menschen mit ihrer Umwelt in Interaktion treten" (IFSW 2005), dann empfiehlt sich für die Soziale Arbeit ein solches ökologisches Umweltverständnis, denn es gestattet, „die ‚wirkliche' Bedeutung der Umwelt von Individuen so zu erfassen, wie sie sich in alltäglichen Situationen für die handelnden Personen darstellen" (Grundmann/Kunze 2008: 174). Und das ist notwendig, weil die Soziale Arbeit ihre Ziele nur in Kooperation mit den Akteuren und durch deren Eigenleistungen als „Akteure in Umwelten" erreichen kann.

 **Merksatz**

Umwelt ist zu denken als ein verwobenes Geflecht von räumlich-dinghaften, sozialen und kulturellen Gegebenheiten zu denen Menschen in ihrem Alltag in Beziehung stehen. Sie setzen sich mit diesen Gegebenheiten aktiv auseinander – sie gestalten und verändern diese Umwelt und werden in diesen Prozessen der aktiven Auseinandersetzung von ihrer Umwelt in ihrem Verhalten und in ihrer Entwicklung beeinflusst.

### Empfohlene Literatur zur Vertiefung

Biesel, Kay (2007): Sozialräumliche Soziale Arbeit. Historische, theoretische und programmatische Fundierungen. Wiesbaden: Deutscher Universitäts-Verlag

Bronfenbrenner, Urie (1981): Die Ökologie der menschlichen Entwicklung: Natürliche und geplante Experimente. Stuttgart: Klett-Cotta

Engelbert, Angelika/Herlth, Alois (2010): Sozialökologische Ansätze. In: Krüger/Grunert (2010): 103-123

May, Michael (2009): Aktuelle Theoriediskurse Sozialer Arbeit. Eine Einführung. 2. überarb. u. erw. Aufl. Wiesbaden: VS Verlag für Sozialwissenschaften

### Weitere verwendete Literatur

Bahrdt, Hans Paul (1974): Umwelterfahrung. Soziologische Betrachtungen über den Beitrag des Subjekts zur Konstitution von Umwelt. München: Nymphenburger Verlagsgesellschaft

Bandura, Albert (1979): Sozial-kognitive Lerntheorie. Stuttgart: Klett-Cotta

Bango, Jenö (2001): Sozialarbeitswissenschaft heute. Wissen, Bezugswissenschaften und Grundbegriffe. Stuttgart: Lucius & Lucius

Barker, Roger Garlock (1968): Ecological Psychology. Concepts for Studying the Environment of Human Behavior. Stanford, Calif.: Stanford University Press

Birgmeier, Bernd/Mührel, Eric (Hrsg.) (2009): Sozialarbeitswissenschaft und ihre Theorie(n). Positionen, Kontroversen, Perspektiven. Wiesbaden: VS Verlag für Sozialwissenschaften

Bronfenbrenner, Urie (1979): The Ecology of Human Development. Experiments by Nature and Design. Cambridge, Mass.: Harvard University Press (Übersetzung 1981: Die Ökologie der menschlichen Entwicklung: Natürliche und geplante Experimente. Stuttgart: Klett-Cotta)

Bronfenbrenner, Urie/Morris, Pamela (2000): Die Ökologie des Entwicklungsprozesses. In: Lange/Lauterbach (2000): 29-58

Deinet, Ulrich/Reutlinger, Christian (2005): Aneignung. In: Kessl et al. (2005): 295-312

Dippelhofer-Stiem, Barbara (2008): Die Gestalt von Sozialisationsumwelten. In: Hurrelmann et al. (2008): 117-128

Grundmann, Matthias/Kunze, Iris (2008): Systematische Sozialraumforschung: Urie Bronfenbrenners Ökologie der menschlichen Entwicklung und die Modellierung mikrosozialer Raumgestaltung. In: Kessl/Reutlinger (2008): 172-188

Hartmann, Heinz (Hrsg.) (1967): Moderne amerikanische Soziologie. Neuere Beiträge zur soziologischen Theorie. Stuttgart: Enke

Hawley, Amos H. (1944): Ecology and Human Ecology. In: Social Forces 22. 398-405

Hawley, Amos H. (1950): Human Ecology. A Theory of Community Structure. New York: Ronald Press

Hurrelmann, Klaus (2002): Einführung in die Sozialisationstheorie. Weinheim, Basel: Beltz

Hurrelmann, Klaus/Grundmann, Matthias/Walper, Sabine (Hrsg.) (2008): Handbuch Sozialisationsforschung. 7. vollst. überarb. Aufl. Weinheim, Basel: Beltz Verlag

IFSW (International Federation of Social Workers) (2005): Definition von Sozialarbeit. http://www.ifsw.org/en/p38000409.html (24.04.2010)

Kessl, Fabian/Reutlinger, Christian/Maurer, Susanne/Frey, Oliver (Hrsg.) (2005): Handbuch Sozialraum. Wiesbaden: VS Verlag für Sozialwissenschaften

Kessl, Fabian/Reutlinger, Christian (Hrsg.) (2008): Schlüsselwerke der Sozialraumforschung. Traditionslinien in Text und Kontexten. Wiesbaden: VS Verlag für Sozialwissenschaften

Krüger, Heinz-Hermann/Grunert, Cathleen (Hrsg.) (2010): Handbuch Kindheits- und Jugendforschung, 2. aktualisierte u. erweiterte Aufl. Wiesbaden: VS Verlag für Sozialwissenschaften

Lange, Andreas/Lauterbach, Wolfgang (Hrsg.) (2000): Kinder in Familie und Gesellschaft zu Beginn des 21sten Jahrhunderts. Stuttgart: Lucius & Lucius

Luhmann, Niklas (1988): Soziale Systeme. Grundriß einer allgemeinen Theorie. 2. Aufl. Frankfurt am Main: Suhrkamp

Luhmann, Niklas (2004): Sozialisation und Erziehung. In: Ders.: Schriften zur Pädagogik. Frankfurt am Main: Suhrkamp. 111-122

McKenzie. Roderick D (1926): The scope of human ecology. In: American Journal of Sociology 32. 141-154

Oerter, Rolf (1998): Kultur, Ökologie und Entwicklung. In: Oerter/Montada (1998): 84-127

Oerter, Rolf/Montada, Leo (Hrsg.) (1998): Entwicklungspsychologie. Ein Lehrbuch. 4. Aufl. Weinheim: Psychologie Verlags Union

Park, Robert Ezra (1936): Human Ecology. In: American Journal of Sociology 42. 1-15

Parsons, Talcott (1972): Das System moderner Gesellschaften. München: Juventa

Röh, Dieter (2009): Metatheoretische Überlegungen zu einem integrativen Theorieansatz für die Sozialarbeitswissenschaft als Auseinandersetzung mit Tillmanns Modell der Trajektivität. In: Birgmeier/Mührel (2009): 199-208

Rose, Arnold M. (1967): Systematische Zusammenfassung der Theorie der symbolischen Interaktion. In: Hartmann (1967): 219-231

Salomon, Alice (1927): Sociale Diagnose. Berlin: Carl Heymann

Schneewind, Klaus A. (Hrsg.) (1994): Psychologie der Erziehung und Sozialisation (Enzyklopädie der Psychologie: Pädagogische Psychologie. Bd. 1). Göttingen u. a.: Hogrefe

Schneewind, Klaus A./Pekrun, Reinhard (1994): Theorien der Erziehungs- und Sozialisationspsychologie. In: Schneewind (1994): 3-39

Skinner, B.F. (1973): Wissenschaft und menschliches Verhalten. Kindler Studienausgabe. München: Kindler

Staub-Bernasconi, Silvia (2009): Soziale Arbeit als Handlungswissenschaft. In: Birgmeier/Mührel (2009): 131-146

Wendt, Wolf Rainer (1990): Ökosozial denken und handeln. Grundlagen und Anwendungen in der Sozialarbeit. Freiburg im Breisgau: Lambertus

White, Robert Winthrop (1959): Motivation Reconsidered: The Concept of Competence. In: Psychological Review 66. 297-333

Silke Steets

# Viertel

„Im Herzen der ‚Eastern City' liegt ein Slumviertel, das als ‚Cornerville' bekannt ist und beinahe ausschließlich von italienischen Einwanderern und ihren Kindern bewohnt wird. Dem Rest der Stadt ist es ein mysteriöses, gefährliches und deprimierendes Gebiet. ‚Cornerville' liegt nur ein paar Minuten zu Fuß von der eleganten High Street entfernt, doch der Anwohner der High Street, der sich auf diesen Gang begibt, macht eine Passage vom Gewohnten ins Unbekannte" (Whyte 1996: xvii).

## Der Begriff des Viertels in der Sozialen Arbeit: Räume als Container

Mit dem *spatial turn* in der Sozialen Arbeit rückte die räumliche Dimension des sozialen Lebens verstärkt in den Fokus der Aufmerksamkeit (Reutlinger 2007). Sinnvoll erscheint dies vor allem vor dem Hintergrund der Annahme grundlegender gesellschaftlicher Transformationen, die „traditionelle Integrationsmotoren" (Vogelpohl 2008: 69) wie den Arbeitsmarkt, die Familie oder die Religion im Erodieren begriffen sieht und wodurch umgekehrt soziale Netzwerke, konkrete städtische Lebensräume, Nachbarschaften und direkte Interaktionen, kurz: die räumliche Ebene des Lokalen wieder wichtiger werden.

Mit dem Fokus auf den Raum geht in der Sozialen Arbeit allerdings oft ein sozialräumlicher Reduktionismus einher, der dazu führt, dass das Stadtviertel als ein in sich homogener, in seinen Grenzen statischer und quantifizierbarer Raumcontainer analog dem statistischen Bezirk gedacht wird, als ein Territorium, das man – gewissermaßen von außen – mit entsprechenden Eigenschaften belegen kann (Reutlinger 2007) Deutlich wird dies etwa in Bezeichnungen wie „sozialer Brennpunkt" (» Basic: Brennpunkt), „sozial benachteiligtes Gebiet" oder „Quartier mit besonderem Entwicklungsbedarf" (Gefahr der Homogenisierung und Containerisierung des Sozialen » Einleitung).

Verständlich wird dieses Denken nur vor dem Hintergrund der Vorstellung eines per se fragmentierten Raums. Problematisch daran ist zweierlei: Zum einen hat das theoretische Argument, das die Ursache für die räumliche Fragmentierung in der industriekapitalistischen Produktionsweise ausmacht (Lefèbvre 1991; Harvey 1989) in nachindustriellen Gesellschaften deutlich an Plausibilität verloren (vgl. Reutlinger 2007). Zum anderen lässt sich die Dominanz strukturtheoretischer Erklärungsmodelle kritisieren, welche die sozialen Praktiken der Bewohner/-innen weitgehend ausblenden (vgl. Drilling 2008: 56). Weder die Strukturprinzipien einer spezifischen kapitalistischen Form der Vergesellschaftung, die im Städtischen ihren Ausdruck (zum Beispiel als Fragmentierung) finden, noch die Vorstellung, dass ein gegebener Raumcontainer beziehungsweise „das Viertel an sich" die Handlungen in diesem prägen – wie es etwa Baum (2007b) stark macht –, können vollständig erklären, wie ein Viertel letztlich funktioniert und was es ausmacht. Ein relationales Raumverständnis rückt hingegen stärker den Handlungsaspekt und die Frage nach der alltagspraktischen Herstellung sozialer Räume in den Vordergrund.

## Das Stadtviertel im Alltagsverständnis

Schlägt man in der populären Online-Enzyklopädie *Wikipedia* den Begriff des Viertels nach, dann erhält man eine ganze Reihe unterschiedlichster Treffer. Viertel, so liest man dort, heißt wörtlich „der vierte Teil". Und den gibt es in der Musik (Viertelnote), im Sport (als Einheit der Spieldauer – etwa im Basketball), als Maßeinheit (ein viertel Liter Wein), als Mondphase und – als Stadtviertel. Auch auf der Ebene der Stadt leitet sich die Bezeichnung „Viertel" von der Idee eines viergeteilten Ganzen ab: in den planmäßig angelegten römischen Städten trennten die beiden sich im Zentrum kreuzenden Hauptstraßen die Stadt in vier symmetrische Quadranten (vgl. Sennett 1997: 137). Deshalb heißen die räumlich abgrenzbaren städtischen Einheiten vielerorts heute noch Viertel, selbst wenn es in der Regel deren mehr als vier gibt. Ein Stadtviertel, so liest man bei *Wikipedia* weiter,

> „ist ein überschaubares, häufig nur aus einigen Straßenzügen bestehendes, soziales Bezugssystem, das sich sowohl räumlich/geographisch als auch von der sozialen oder ethnischen Struktur seiner Bewohner her von anderen Stadtvierteln abgrenzt. Eine offizielle Grenzziehung existiert dabei meist nicht. Das Gebiet wird durch seine Bewohner definiert und ist unabhängig vom Gebiet eines Stadtteils oder Stadtbezirks" (http://de.wikipedia.org/wiki/Stadtviertel, Zugriff 06.01.2010).

Diese, mit *Wikipedia* dem Alltagsverständnis entlehnte Begriffsklärung soll im Folgenden als Arbeitsdefinition und Ausgangspunkt für vertiefende Überlegungen dienen. Die Definition lässt sich wie folgt präzisieren: Der Begriff des Stadtviertels wird unterschieden von den Verwaltungsgebieten – den Stadtteilen oder Bezirken – einer Stadt. Vielmehr wird das Viertel als lebensweltlich erfahrbare und als Ganzes erfassbare Sinn- und Raumeinheit begriffen. Die Grenzen dieser Einheit sind keine administrativ festgelegten, dennoch vorhandenen Grenzen, denn die Bewohner/-innen einer Stadt wissen in der Regel, wo ein Viertel beginnt und wo es aufhört. Das hat nicht nur mit dem besonderen Charakter zu tun, den man Vierteln oft zuspricht und der sich in Bezeichnungen wie Bahnhofsviertel, Bankenviertel, Elendsviertel, Hafenviertel, Szeneviertel, Lesben- und Schwulenviertel oder Rotlichtviertel widerspiegelt. Denn Menschen können auch das eigene Wohnviertel – ihren „Kiez", ihr „Veedel" (Deutschland), ihr „Quartier" (Schweiz) oder ihr „Gräzl" (Österreich) – von anderen städtischen Teilräumen unterscheiden. Wie aber funktioniert dieser Grenzziehungsprozess (» Basic: Grenze)? Wie ist dieser Vorgang raumtheoretisch zu erklären? Und warum ist das für die Soziale Arbeit von Relevanz?

## Stadtforschung als Stadtteilforschung

Wie dominant die Vorstellung des Raums als Container ist, stellt man auch beim Blick in die soziologische Stadtforschung fest. Dort werden Stadtviertel erstmals systematisch im Kontext der so genannten *Chicago School of Urban Sociology* untersucht. Unter der Ägide von Robert E. Park, der das soziologische Institut in Chicago von 1915 bis 1932 leitete, entstanden zahlreiche ethnografische Studien kleiner Lebenswelten, Berufsmilieus und Szenen, sogenannte *community studies* oder Gemeindestudien (vgl. Lindner 2004; 2007). *Community studies* unterscheiden sich von „herkömmlichen" ethnografischen Untersuchungen hinsichtlich ihres räumlichen Fokus. Park versteht unter *communities* soziale Gruppen gemeinsamer ethnischer oder milieuspezifischer Zugehörigkeit, die sich, der humanökologischen These einer quasi-natürlichen Segregation folgend, im Chicago der 1920er Jahre an einem gemeinsamen Ort (» Basic: Ort), einem Stadtteil, versammeln. Die Erforschung eines Milieus (» Basic: Milieu) ist dort deshalb zugleich eine Stadtteilanalyse (vgl. Löw 2001b). Raum wird als erdgebundener Hintergrund vorausgesetzt und dient im Forschungsdesign lediglich der (räumlichen) Abgrenzung des Untersuchungsgegenstandes. Soziologisch relevant wird er bestenfalls als Kontextinformation in der Beschreibung des räumlichen Settings einer Studie. Dennoch sind die Chicagoer Gemeindestudien interessant (und äußerst spannend zu lesen), weil sie lebensweltliche Handlungsorientierungen in den Vordergrund stellen. Sie zeichnen sich durch einen spezifischen Zugang zur Alltagswirklichkeit sozialer Gruppen aus. Das Interesse ist auf die subjektive Perspektive der Akteure innerhalb eines Viertels gerichtet, auf die Art, wie sie agieren, auf institutionelle Bedingungen reagieren und dadurch ihrem Leben Sinn verleihen.

Als (raum)theoretische Basis entwickelten Robert E. Park und seine Mitstreiter – hier sind im Wesentlichen Ernest W. Burgess, Roderick D. McKenzie und Louis Wirth zu nennen – in den 1920er Jahren eine Theorie von Urbanität, die auf zwei zentralen, wenngleich sich unvermittelt gegenüberstehenden Annahmen beruht (vgl. Park/Burgess/McKenzie 1967). Ausgehend von der Suche nach einer Erklärung der komplexen Gruppenbildungsprozesse in modernen, industrialisierten Großstädten – Chicago diente hier als anschauliches Beispiel – sahen sie einerseits die Gesetze einer humanen Ökologie am Wirken sowie andererseits eine moralische Ordnung entstehen. Die erste Annahme, die Humanökologie, basiert auf der Überzeugung, dass Erkenntnisse aus der Pflanzenökologie auf die menschliche Gesellschaft übertragbar seien. Der Grundgedanke ist, dass Menschen – ähnlich wie natürliche Organismen – im Konkurrenzkampf um knappe Ressourcen in einer wachsenden und damit immer dichter werdenden Großstadt homogene Gemeinschaften bilden, die sich auf quasi-natürliche Weise auf bestimmte Gebiete in der Stadt, sogenannte „natural areas", verteilen. Diese Gebiete stehen sich Park zufolge disjunkt gegenüber und formen ein „Mosaik je fremder Welten" (Lindner 2007: 46). Sie wirken, wie er es in seiner Formel der vier Entwicklungsstadien ethnischer Beziehungen – Kontakt, Konkurrenz, Anpassung und Assimilation – formuliert hat (vgl. Park 1928), zudem nahezu deterministisch auf das Verhalten der in den einzelnen Milieus bzw. Stadtzonen sich niederlassenden Menschen. Verschiedene Viertel erscheinen so als Anpassungsformen der Menschen an ihre Umgebung (ähnlich argumentiert heute Baum 2007b).

Da die Humanökologie zwar die sozialräumliche Segregation moderner Großstädte, nicht aber die Formierung urbaner Gemeinschaften und die Vielfalt kultureller Lebensformen hinreichend erklären kann, ergänzt Park seine naturalistischen Annahmen um eine vom Pragmatismus geleitete These: Die Dichte großstädtischer Räume bringe im Moment ihres Entstehens neben dem Wettbewerb um knappe Ressourcen gleichzeitig eine moralische Ordnung hervor (Park 1967). Für Park sind die „natural areas" zugleich unterschiedliche kulturelle Gebiete, geprägt durch Traditionen, einen Sittenkodex und die sozialen Rituale ihrer Bewohner/-innen. Die moralische Ordnung kennzeichnet ein über Werte und Bedeutungen geregeltes kollektives Handeln. Werte und Bedeutungen einer jeden *community* werden über Kommunikation konstituiert, worunter Park vielfältige Prozesse sinnhafter Interaktionen versteht.

Ungelöst aber bleibt bei Park auf theoretischer Ebene die Vermittlung zwischen ökologischer und moralischer Ordnung. Sighard Neckel betont, dass die Ursachen gesellschaftlicher Wettbewerbszwänge mit Parks Theorie soziologisch nicht erklärbar sind: „In der Perspektive der Chicago School beginnen die moralischen Ordnungen sozialer Gruppen – und damit das eigentliche Gebiet der Soziologie – erst dort, wo die Zwänge eines individualistischen Wettbewerbs selbst Gegenstand von Kommunikation, Symbolbildung und kollektiver Handlungen werden (…)" (Neckel 1997: 76). Auf die Entstehensgründe der Zwänge und der räumlichen Fragmentierung der Stadt gibt Park mit der Humanökologie eine naturalistische, keine soziologische Antwort.

## Das Viertel als Raum-Ort-Konstellation

Martina Löw argumentiert, dass die starke Verquickung von gemeinsamer Ortsbindung und Milieu, die im Parkschen Ansatz deutlich wird, nicht notwendig in dessen *community*-Begriff angelegt ist und Gemeindestudien nicht notwendigerweise mit einem territorialen Raumbegriff arbeiten müssen (Löw 2001b). Zum einen zeigen kulturelle Netzwerke, posttraditionale oder auch transnationale Gemeinschaften, dass sich soziale Gruppen nicht notwendigerweise auf einem abgrenzbaren Stadtgebiet versammeln, um eine gemeinsame symbolische Welt zu teilen und zum anderen sind die Grenzen von Stadtvierteln nicht unbedingt statisch. Löw plädiert deshalb für einen doppelten Fokus zeitgemäßer Gemeindestudien: Sie sollen zum einen die Verknüpfung von Handeln und Struktur untersuchen und zum anderen die spezifischen Raum-Ort-Konstellationen sozialer Milieus in den Blick nehmen (Löw 2001b: 122ff.).

Indem Löw Räume als relationale (An)Ordnungen von Lebewesen und sozialen Gütern an Orten begreift (Löw 2001a), sind Räume gleichzeitig *Ergebnis* und *Voraussetzung* von Handlungen, wirken also einerseits handlungsstrukturierend, andererseits bilden sie Handlungen ab und ermöglichen diese erst. Zeitgenössische ethnographische Gemeindestudien sind, so Löw, ein probates Mittel, um ebensolche Verknüpfungen von Handeln und Struktur über die Kategorie des Raums genauer unter die Lupe zu nehmen. Übertragen auf das Viertel könnte man fragen: Welche Bewegungsweisen, Interaktionspraktiken oder Kommunikationsmodi werden durch räumliche Strukturen vor Ort nahegelegt, welche werden verhindert und welche entstehen zum Beispiel durch kreative Zweckentfremdung?

Ein weiteres Potential moderner *community studies* liegt in der Möglichkeit der Untersuchung von Raum-Ort-Konstellationen, welche globalisierungsbedingt neu verhandelt werden. Helmuth Berking (1998) hat gezeigt, dass „global flows" (Castells 1994) lokal different interpretiert werden. Berking stellt die

Differenz und die Bedeutung lokaler Wissensbestände für die Produktion von Orten heraus. Lokale Kontexte bilden ihm zufolge den Rahmen („local frame"), eine Art Filter, durch den hindurch globale Prozesse und global zirkulierende Bilder und Symbole überhaupt angeeignet werden und Bedeutung erlangen. Die „Redeweise von der McDonaldisierung der Welt", so Berking, „macht vergessen, daß das, was in Moskau als zivilisatorischer Fortschritt erscheint, in Paris als typischer Ausdruck des amerikanischen Kulturimperialismus dechiffriert werden mag" (Berking 1998: 388).

Sinnvoll ist es deshalb, so schließt Berking, genau jene Rahmungen empirisch zu untersuchen, durch die „global flows" zu Teilen von „local cultures" werden. Das Spezifische eines Ortes beziehungsweise eines Viertels zeigt sich dann in der Art und Weise, in der sich die Welt in ihm wiederfindet. Eine solche Perspektive verabschiedet sich zum einen von der Idee, Orte (oder Viertel) seien schlicht territoriale Ausschnitte der Erdoberfläche, an denen eine bestimmte Kultur und Identität der in ihnen lebenden Menschen entstünde. Zum anderen bedeutet dies ein Abschied von der verbreiteten Vorstellung einer starren Opposition von Globalem und Lokalem. Der Vorteil dieses Ansatzes besteht darin, Globalisierungs- und Lokalisierungsprozesse in ihrer Gleichzeitigkeit zu beschreiben, was sich auch in dem hybriden Begriff der „Glocalization" vermittelt, den Erik Swyngedouw (1997) formt.

## Rückführung in die Soziale Arbeit: Viertel als glokale Handlungsräume

Zusammenfassend lässt sich festhalten, dass Stadtviertel zugleich Räume und Orte sind, je nachdem, aus welcher Perspektive man auf sie blickt. Als Räume lassen sie sich thematisieren, wenn man herausfinden will, wie im Wechselspiel zwischen Handeln und Struktur Grenzen und Schwellen oder auch Möglichkeiten der Aneignung geschaffen werden. Als Orte haben Viertel Grenzen. Diese werden durch kollektive Alltagsroutinen und Sinnzuschreibungen hergestellt. In der Handlungswiederholung entstehen Zonen der Vertrautheit, die irgendwo enden. Die Schwierigkeit des Ortsbegriffs liegt gleichsam darin, dass wir alle in unserem Alltag Orte in ihrer Territorialform, als geschlossene Ausschnitte der Erdoberfläche wahrnehmen. Das oben Dargestellte aber sollte deutlich machen, dass es wichtig ist, Orte und damit auch Viertel auf der Ebene des Denkens als *offen* und in einem andauernden global-lokalen Wechselspiel entstehend zu begreifen. So gehört der pakistanische Kioskbesitzer (der neben dem *Darmstädter Echo* auch die *New York Times* und die *Hurriyet* im Angebot hat) ebenso zum Viertel, wie die deutsche Putzfrau (die regelmäßig mit ihrer in Frankreich lebenden Tochter telefoniert), die finnische Studentin (die Heimweh hat) und der arbeitslose Russe (der nun einen Kleingarten mieten will). Durch das Geflecht an räumlichen Bezügen, das sich in einem Viertel aufspannt, entsteht zugleich seine Besonderheit. So war das auch mit „Cornerville", jenem vorwiegend von italienischen Einwanderern bevölkerten Stadtviertel im Norden Bostons, auf welches sich das Eingangszitat bezieht und das der junge Soziologe William F. Whyte Anfang der 1940er Jahre in einer berühmt gewordenen Studie porträtierte (Whyte 1996). Sizilien traf dort auf Amerika und es entwickelten sich räumliche Praktiken, deren wesentliches Aktionsfeld die Straßenecke bildete, weshalb das Viertel als „Cornerville" bekannt war.

 **Merksatz**

Das Viertel ist eine benennbare räumliche Einheit in einer Stadt. Seine Reichweite wird über kollektive Alltagsroutinen und Sinnzuschreibungen sozial hergestellt und ist deshalb grundsätzlich veränderbar. Darüber hinaus ist ein Viertel – neben dem Städtischen, dem Nationalen, dem Globalen etc. – eine Maßstabsebene menschlichen Handelns. Die Besonderheit dieser Maßstabsebene liegt in ihrer Alltagsrelevanz.

 **Empfohlene Literatur zur Vertiefung**

Berking, Helmuth (1998): „Global Flows and Local Cultures". Über die Rekonfiguration sozialer Räume im Globalisierungsprozeß. In: Berliner Journal für Soziologie 8. 381-392
Lindner, Rolf (2007): Die Entdeckung der Stadtkultur. Soziologie aus der Erfahrung der Reportage. Frankfurt am Main und New York: Campus
Löw, Martina (2001b): Gemeindestudien heute: Sozialforschung in der Tradition der Chicagoer Schule? In: Zeitschrift für Qualitative Bildungs-, Beratungs- und Sozialforschung. Heft 1. 111-131
Park, Robert Ezra (1967): The City. Suggestions for the Investigation of Human Behavior in the Urban Environment. In: Park/Burgess/McKenzie (Hrsg.) (1967): 1-46
Whyte, William Foote (1996): Die Street Corner Society. Die Sozialstruktur eines Italienerviertels. Berlin und New York: de Gruyter

**Weitere verwendete Literatur**

Baum, Detlef (Hrsg.) (2007a): Die Stadt in der Sozialen Arbeit: Ein Handbuch für soziale und planende Berufe. Wiesbaden: VS Verlag für Sozialwissenschaften

Baum, Detlef (2007b): Sozial benachteiligte Quartiere: Der Zusammenhang von räumlicher Segregation und sozialer Exklusion am Beispiel städtischer Problemquartiere. In: Baum (Hrsg.) (2007a): 136-155

Berking, Helmuth/Löw, Martina (Hrsg.) (2005): Die Wirklichkeit der Städte. Baden-Baden: Nomos

Castells, Manuel (1994): Space of Flows. Raum der Ströme. Eine Theorie des Raumes in der Informationsgesellschaft. In: Noller (Hrsg.) (1994): 120-134

Cox, Kevin (1997): Spaces of Globalization. New York: Guilford Press.

Drilling, Matthias (2008): Die Metapher vom Raum als soziale Landschaft: Perspektiven zur Überwindung der Dichotomie von Quartierskonzeptionen. In: Schnur (Hrsg.) (2008): 55-68

Harvey, David (1989): The Condition of Postmodernity. Oxford: Blackwell

Häußermann, Hartmut/Kemper, Jan (2005): Die soziologische Theoretisierung der Stadt und die „New Urban Sociology". In: Berking/Löw (Hrsg.) (2005): 25-53

Lefèbvre, Henri (1991): The Production of Space. Oxford und Cambridge: Blackwell

Lindner, Rolf (2004): Walks on the Wild Side. Eine Geschichte der Stadtforschung. Frankfurt am Main und New York: Campus.

Löw, Martina (2001a): Raumsoziologie. Frankfurt am Main: Suhrkamp

Neckel, Sieghard (1997): Zwischen Robert E. Park und Pierre Bourdieu. Eine dritte „Chicagoer Schule"? Soziologische Perspektiven einer amerikanischen Forschungstradition. In: Soziale Welt 47. Heft 7. 1-84

Noller, Peter (Hrsg.) (1994): Stadt-Welt. Frankfurt am Main und New York: Campus

Park, Robert Ezra (1928): Human Migration and the Marginal Man. In: American Journal of Sociology 33: 881-893

Park, Robert Ezra/Burgess, Ernest Watson/McKenzie, Roderick Duncan (Hrsg.) (1967): The City. Chicago: University of Chicago Press

Reutlinger, Christian (2007): Die Stadt als sozialer Raum und die Raumbezogenheit sozialer Probleme in der Stadt. In: Baum (Hrsg.) (2007a): 94-110

Sennett, Richard (1997): Fleisch und Stein. Der Körper und die Stadt in der westlichen Zivilisation. Frankfurt am Main: Suhrkamp

Schnur, Olaf (2008): Quartiersforschung. Wiesbaden: VS Verlag für Sozialwissenschaften

Swyngedouw, Erik (1997): Neither Global nor Local: „Glocalization" and the Politics of Scale. In: Cox (Hrsg.) (1997): 137-166

Vogelpohl, Anne (2008): Stadt der Quartiere? Das Place-Konzept und die Idee von urbanen Dörfern. In: Schnur (Hrsg.) (2008): 69-86

Wikipedia: http://de.wikipedia.org/wiki/Stadtviertel, Zugriff 06.01.2010

# 101 Stichworte

| | | | | |
|---|---|---|---|---|
| 1 | Aktionsraum 25ff (Basic), 233 | | 20 | Format 16, 63ff (Basic), 85, 250 |
| 2 | Aktivierung 16, 55, 204, 244, 248 | | 21 | Gangs 193, 231ff |
| 3 | Alltagshandeln 31 | | 22 | Gemeinwesenarbeit 13, 130, 142, 170, 174, 183, 193, 202ff |
| 4 | Aneignung 14, 21, 35ff (Basic), 67, 77, 88, 129, 131ff, 143, 193, 233ff, 250, 280 | | 23 | Geographie 14, 20f, 25ff, 46, 65, 71ff (Basic), 95, 103, 132, 152, 206, 217, 226 |
| 5 | Aneignungsraum 14, 35ff (Basic), 130, 169, 193, 233 | | 24 | Geographie-Machen 28, 71ff, 94, 217, 226 |
| 6 | Atmosphäre 59, 60, 61 | | 25 | gesellschaftliche Raumverhältnisse 72f |
| 7 | aufsuchende Soziale Arbeit 20, 35, 192f, 196, 207 | | 26 | Globalisierung 92, 124, 152, 183ff, 217, 223ff, 259ff, 279, 280 |
| 8 | Benachteiligung 51, 130, 181f 212 | | 27 | glokale Handlungsräume 280 |
| 9 | Beteiligung 41, 91, 95, 146, 201, 204 | | 28 | Grenze 9, 14, 29, 81ff (Basic), 94, 124f, 132ff, 145, 170, 182, 187, 214, 222f, 232f, 251, 258f, 275ff |
| 10 | Bildung 39, 40ff, 48, 81, 91, 103, 109, 119ff, 129, 149, 150, 160f, 181ff, 191ff, 202, 207, 211, 221f, 242, 225ff | | 29 | Heimat 76, 91ff (Basic), 130, 134, 162 |
| 11 | Brennpunkt 13, 16, 19, 45ff (Basic), 73, 78, 100, 104, 163f, 169, 181, 203, 215, 252, 275 | | 30 | Heimat machen 94 |
| | | | 31 | Identität 82ff, 92ff, 109, 146, 159, 205, 223ff, 233, 259ff, 280 |
| 12 | Chicago School of Urban Sociology 99, 171, 214, 277ff | | 32 | Identitätsraum 153 |
| 13 | Community Development 202 | | 33 | Integration 60, 85, 91, 94f, 141, 161ff, 183, 204, 213ff, 236, 257ff, 275 |
| 14 | community studies/Gemeindestudien 277ff | | 34 | Interaktion 14, 29, 58, 61ff, 83, 85, 88, 114f, 125, 131, 143ff, 152f, 169, 173, 186, 225, 239ff, 250, 260f, 265ff, 275ff |
| 15 | Deutungs- und Handlungsmuster 141ff | | | |
| 16 | Dezentralisierung 222, 225, 248 | | | |
| 17 | Disparitäten 47ff, 216 | | 35 | Kartographie 29, 47, 75, 99ff (Basic) |
| 18 | Dominanz/Exklusion 46, 51, 187, 213ff, 233ff, 276 | | 36 | Kinder und Jugendliche 14, 26, 35ff, 79, 86, 120, 130, 181, 184 |
| 19 | Feld 9, 11, 21, 55ff (Basic), 88, 132, 161, 164, 184, 207,247ff | | | |

37 kleinräumliche Strukturen  232, 234
38 Konstruktion  13, 28, 30, 52, 67, 77, 85, 93ff, 110ff, 17ff, 216, 226f
39 Kontext  10, 26ff, 46ff, 56ff, 63, 67, 76, 83, 87, 99f, 105, 109ff (Basic), 121, 134, 154, 160, 174, 202, 218, 224ff, 234, 240f, 247, 251, 260, 266ff, 277, 280
40 Kontextualisierung  31, 50, 111ff, 218, 251
41 Konzept  16, 19, 25ff, 36ff, 46, 49, 64ff, 75, 77, 85, 93, 110, 119, 135, 141ff, 160, 171, 176, 182, 186ff, 205ff, 213, 217, 222ff, 242, 250f, 259ff, 268ff
42 Landschaft  39f, 119ff (Basic), 133f, 182, 235
43 Lebensraum  129ff (Basic), 181, 235, 266, 269, 275
44 Lebensverhältnisse  29, 47ff, 129, 141, 146, 211
45 Lebenswelt  38ff, 51, 83, 120, 132f, 141ff (Basic), 151, 155, 183, 204ff, 240f, 247f, 266, 277
46 Lern-/Bildungsorte  120f, 181f, 188
47 Medien  30, 63, 88, 149ff (Basic), 175, 215, 225
48 Medienwelt  30, 88, 149ff (Basic)
49 Methoden  14, 17, 31, 36ff, 86, 101, 112ff, 204, 240
50 Migration  26, 45, 82, 91ff, 102, 211f, 235, 257ff
51 Milieu  56, 58, 102, 113, 159ff (Basic), 187, 193ff, 224ff, 232f, 239, 242, 266, 277ff
52 Milieuschutz  159
53 Mobilität  25ff, 103, 130, 162, 173, 175, 257ff
54 Multilokal  29, 92, 95, 260, 262
55 Nachbarschaften  100, 104, 169, 171ff, 176, 183, 205, 248, 275

56 Nahraum  16, 21, 103, 160, 169ff (Basic), 183, 185, 195, 226, 247f
57 Netzwerke  13, 29, 78, 124, 130, 136, 153, 170, 181, 221, 224, 227, 234, 259f, 275, 279
58 öffentlicher Raum  14, 20, 35, 36ff, 50, 81, 86, 131f, 150, 191ff, 205, 211, 231ff, 239
59 ökologischer Fehlschluss  102
60 Ordnung  11, 37, 60, 63ff, 71ff, 84ff, 101, 107, 111ff, 125, 143, 175ff, 183, 186, 192ff, 214f, 242f, 249f, 252, 259, 278f
61 Ort  13, 18ff, 26, 35, 45, 56, 59f, 64ff, 75, 78, 83, 92, 94, 103, 105, 119, 121, 125, 131, 135, 143, 153, 155, 162, 170f, 181ff (Basic), 191ff, 202, 204, 206, 221, 232, 251, 261, 277ff
62 Ortsgestaltung  184
63 persönliche Beziehungen  173, 175
64 Platz  21, 63f, 82, 130ff, 144, 149, 163, 177, 186, 191ff (Basic), 206, 211f, 216, 234, 236, 239, 244, 250
65 Politik  15ff, 20, 25, 26, 35, 58, 73f, 78, 85, 91, 94f, 120, 146, 162, 182, 201, 221, 225, 227, 243
66 Positionierung  38, 111, 113, 115, 125, 187, 251f
67 Quartier  13, 16ff, 46, 51, 65, 67, 71, 104, 130ff, 159, 160ff, 169ff, 181, 183, 201ff (Basic), 225, 232, 236, 248, 250, 275, 277
68 Rand  9, 11, 19f, 36, 64, 84, 101, 191, 193, 196, 211ff (Basic)
69 Raumsoziologie  9, 38, 186
70 reflexive Haltung/Reflexivität  10, 17, 21, 50, 110ff, 143, 150ff, 218, 241, 243, 251f
71 Region  27f, 48, 49, 91ff, 95, 102, 104, 120f, 159, 161f, 221ff (Basic), 248

| | | | |
|---|---|---|---|
| 72 | regionale Identität 92f, 95, 226 | 89 | Sozialraumforschung 10, 67 |
| 73 | Regionalisierung 28, 103ff, 141, 221ff | 90 | Sozialraumorientierung 9, 16, 20, 67, 130, 142, 181, 185, 188, 222, 247f, 252, |
| 74 | Reichweite 28, 93, 142, 144f, 233, 281 | 91 | Stadtentwicklung 18, 26, 169, 181, 202, 204, 211 |
| 75 | Revier 20, 141, 231ff (Basic), 241 | 92 | Stigmatisierung 66, 213, 215 |
| 76 | scales 75 | 93 | Transit 15, 82, 92, 163, 169, 257ff (Basic) |
| 77 | Segregation 26, 71, 79, 99, 101, 131, 277f | 94 | Transkulturalisierung 152, 261f |
| 78 | Sicherheit 18f, 95, 173, 192, 195 | 95 | Transnationalisierung 67, 82, 89, 169, 259ff, 279 |
| 79 | Situation 19, 25, 36, 39, 41, 59, 61, 72, 87ff, 132, 142, 144, 146, 152, 169, 174, 203, 211, 213, 217, 221, 233, 239ff (Basic), 252, 271 | 96 | Umfeld 11f, 55f, 91, 103, 141, 169, 206f, 183, 247, 270 |
| 80 | soziale Herkunft 71, 79, 122, 159, 191, 233, 257, 260 | 97 | Umwelt 26, 37f, 56, 58, 93ff, 123, 129ff, 151f, 162, 164, 235, 242, 265ff (Basic), |
| 81 | soziale Probleme 64, 72, 183, 204, 207, 258 | 98 | Viertel 21, 45, 101, 103, 132, 164, 171, 187, 203, 205, 232f, 235, 275ff (Basic) |
| 82 | sozialer Raum (Pierre Bourdieu) 105, 186, 187, 188, 251 | 99 | Virtualität 30, 38, 88, 149ff, 163f |
| 83 | Sozialgeographie 9, 92f, 103, 133 | 100 | Wirkzone 144f |
| 84 | Sozialhilfe 45f, 83, 85, 100, 105f, 212 | 101 | Zwischenraum 258, 262 |
| 85 | Sozialökologie 132, 152 | | |
| 86 | Sozialraum 13, 15, 35, 64, 67, 142, 152, 181, 185ff, 247ff (Basic), 258, 260f | | |
| 87 | Sozialraumanalyse 26, 100f, 105, 187 | | |
| 88 | Sozialraumarbeit 10, 113, 115, 206, 251 | | |

# Autorinnen | Autoren

**Daniela Ahrens** (geb. 1965) arbeitet als wissenschaftliche Mitarbeiterin am Institut Technik & Bildung der Universität Bremen. Als Soziologin interessiert sie die konstruktive Gestaltung von Räumen und Orten. Die Auseinandersetzung mit räumlichen Unterscheidungen – global/regional (Basic: Region) – ermöglicht neue Perspektiven auf soziale Prozesse und Strukturen. Weitere Themen, die sie zukünftig vertiefen möchte, sind: Lernorte (informell, formell), Nische und der Wandel von Nähe und Distanz.

**Nadia Baghdadi** (geb. 1976) ist Sozialgeographin und Islamwissenschaftlerin und arbeitet als Wissenschaftliche Mitarbeiterin im Ressort Internationales am Fachbereich Soziale Arbeit der FHS St.Gallen. Sie beschäftigt sich seit langem mit Fragen des Dazwischens und mit Grenzüberschreitungen, sei es im Rahmen von Forschungsprojekten im Bereich Migration oder in der Auseinandersetzung mit alltäglichen Erlebnissen, insbesondere wenn nach der eigenen Herkunft und Zugehörigkeit gefragt wird. Dies hat sie veranlasst, sich für diese Publikation mit dem Begriff Transit zu beschäftigen. Weitere Begriffe, mit denen sie sich in Zukunft gerne vertieft auseinandersetzen möchte, sind: Zwischenwelt, Minarett und new geography of family life.

**Helga Cremer-Schäfer** (geb. 1948) hat Gesellschaftswissenschaft studiert und erfährt seit vielen Jahren die Arbeits-Situation einer Hochschullehrerin am Fachbereich Erziehungswissenschaften der Goethe-Universität Frankfurt am Main. Im gesamten „wissenschaftlichen Werdegang" hat sie den symbolischen Interaktionismus und die Etikettierungsperspektive als eine Ressource genutzt, den in der Situation von Wissenschaftlern mehrfach angelegten Reifizierungen sozialer Relationen und Verdinglichungen entgegen zu arbeiten. Und damit das Projekt der Kritik von Ausschluss- und Kontroll-Wissen, die Kritik der Politik helfender und strafender Organisationen, ausschließender und disziplinierender Institutionen sowie öffentlicher Diskurse über „Außenseiter" (die „Jugend", der „Arme", der „Kriminelle") zu verfolgen. Basis dieser Kritik wurde zunehmend der Bezug auf die alltäglichen Bearbeitungsstrategien von schwierigen Situationen durch die Leute.

**Ulrich Deinet** (geb. 1959) ist Pädagoge und arbeitet als Professor für Didaktik/ Methoden und Verwaltung/Organisation der Sozialpädagogik an der Fachhochschule Düsseldorf. Er ist dort Leiter der Forschungsstelle „Sozialraumorientierte Praxisforschung und -entwicklung" (FSPE). Mit dem Begriff der „Raumaneignung" verbindet er eine lange Praxis von Jugendstudien und Projekten der Konzeptentwicklung in Jugendarbeit, Schulsozialarbeit und anderen Feldern. Eine besondere Herausforderung ist für ihn die für Jugendliche so typische Aneignungsform des „Verharren(s) in Gelegenheitsstrukturen" (Begriff von Lothar Böhnisch), das er immer wieder im öffentlichen Raum ausübt. Andererseits ist er als Dauerbahnfahrer an der Dynamik von Raum, Schiene und Zeit interessiert und würde gern einmal einen Artikel über die Deutsche Bahn als Medium der Raumaneignung schreiben.

**Matthias Drilling** (geb. 1964), Dr. rer. Nat., Sozialgeograph und Raumplaner MAS ETH. Leiter Institut Sozialplanung und Stadtentwicklung der Hochschule für Soziale Arbeit, Fachhochschule Nordwestschweiz und Lehrbeauftragter zu Raumtheorien am Geographischen Institut der Universität Basel.

**Caroline Fritsche** (geb. 1979) ist Soziologin und arbeitet als wissenschaftliche Mitarbeiterin in der Forschung am Kompetenzzentrum Soziale Räume der FHS St.Gallen. Da sie sich in einem aktuellen Forschungsprojekt intensiv mit öffentlichen Räumen beschäftigt, hat sie sich für den Begriff Platz entschieden. Besonders spannend fand sie die Möglichkeit anhand des Begriffes gedankliche Streifzüge sowohl durch die Soziale Arbeit wie auch in Städtebau und Soziologie zu unternehmen. Weitere Begriffe, mit denen sie sich gerne auseinandersetzen möchte, sind Unort, Raumstation und Blockschaltbild.

**Nadine Günnewig** (geb. 1977) arbeitet als wissenschaftliche Mitarbeiterin und Lehrkraft am Institut für Soziale Arbeit und Sozialpolitik an der Universität Duisburg-Essen. In ihrer Dissertation beschäftigt sie sich mit der Frage, wie Professionelle und NutzerInnen der Sozialpädagogischen Familienhilfe diesen ‚Hilfe'-Kontext (» Basic: Kontext) interaktiv herstellen und interpretieren. Die qualitativ-empirisch angelegte Arbeit interessiert sich insbesondere für bestehende Macht- und Herrschaftsverhältnisse als Teil sozialpädagogischer Arbeit und ihren Erscheinungsweisen in der Interaktion bzw. ihren Formen der Auslegung vornehmlich aus Sicht der NutzerInnen. Besonders spannend fand sie es im Rahmen des Beitrags der Vielfalt von Verständnissen und Bedeutungen des Kontext-Begriffs in Ansätzen nachzugehen und mit den entstandenen Gedanken weitere Gedanken anzuregen. Weitere Begriffe, mit denen sie sich gerne auseinandersetzen würde, sind: Stellenangebot, Phänomen und Hilfsorganisation.

**Gerd Held** (geb. 1951), Diplomsozialwissenschaftler, promoviert und habilitiert an der Fakultät Raumplanung der Universität Dortmund, gegenwärtig als Privatdozent an der TU Berlin (Institut für Stadt- und Regionalplanung) beschäftigt. Daneben als Publizist (vor allem für die Zeitung „Die Welt") tätig. Der Basics-Beitrag zum Stichwort „Revier" geht auf meinen Forschungsschwerpunkt „Räumliche Theorien der sozialen Entwicklung" und auf mehrere Projekte über „Jugendräume" (in Dortmund) zurück.

**Markus Hesse** (geb. 1960) ist Geograph und arbeitet als Professor für Stadtforschung an der Universität Luxemburg. Er lehrt und forscht zu Fragen der Raumentwicklung und Raumplanung.

**Alois Herlth** (geb. 1946) ist Soziologe und arbeitet als wissenschaftlicher Mitarbeiter an der Fakultät für Gesundheitswissenschaften der Universität Bielefeld. Er nimmt dort Lehraufgaben im Bereich Gesundheitsbildung wahr und obendrein in der dortigen Fakultät für Soziologie in den Bereichen Familiensoziologie und Sozialisationsforschung. Sein Forschungsinteresse richtet sich im Besonderen Maße auf das Zusammenleben in Familien und die Konsequenzen, die das für das Aufwachsen und die Entwicklung von Kindern hat. Seit seinen ersten Forschungsaktivitäten ist er ein großer Fan von Urie Bronfenbrenner und hat sich durch ihn anregen lassen, sich intensiv mit der Frage zu befassen, wie eigentlich Umweltgegebenheiten auf das Handeln und die Entwicklung von Menschen Einfluss nehmen und wie man darauf wiederum Einfluss nehmen kann. Gern hätte er sich auch mit der Wohnung als dem Raum befasst, in dem das Familienleben überwiegend zelebriert wird.

**Michael Hermann** (geb. 1971) ist Inhaber und Leiter der Forschungsstelle sotomo und assoziiertes Mitglied der Abteilung für politische Geographie an der Universität Zürich. Als Sozial- und Politgeograph beschäftigt er sich mit der räumlichen Ordnung der Gesellschaft. Sein Know-how in Geoinformatik setzt er ein zur kartographischen Visualisierung sozialer und politischer Räume. Entsprechend hat er sich im Rahmen dieser Publikation mit dem Begriff Kartographie befasst. Andere Begriffe, die ihn interessieren, sind: Werte, Mentalität und Grenzen.

**Raimund Kemper** (geb. 1970), Dipl.-Ing., hat Raumplanung in Dortmund und London studiert. Seit 2007 ist er am Institut für Raumentwicklung der Hochschule für Technik Rapperswil (HSR) als wissenschaftlicher Mitarbeiter tätig. Schwerpunktmäßig befasst er sich in unterschiedlichen Projekten mit Fragen zur Stadterneuerung, nachhaltiger Regionalentwicklung und Partizipation.

**Fabian Kessl** (geb. 1971) arbeitet aktuell vor allem an Fragen der Transformation des wohlfahrtsstaatlichen Arrangements, insbesondere in den Feldern der Sozialen Arbeit. Im Zentrum des Interesses stehen dabei Prozesse der Raum(re)produktion Sozialer Arbeit im bundesdeutschen und internationalen Zusammenhang.

**Thomas Latka** (geb. 1971) ist Philosoph und Vorstandsvorsitzender der maxviva Technologies AG. Seitdem er als Student in Japan über den Begriff des Feldes (jap. „ba") gestolpert ist, lässt ihn dieser nicht mehr los (Basic: Feld). Die Erforschung von Stimmungen, Atmosphären und anderen Feldphänomenen im sozialen Leben beschäftigen ihn nachhaltig und haben zur Gründung des Instituts für Topologie geführt. Neben der hauptberuflichen Softwareentwicklung für die Tourismusbranche sucht er den Ausgleich in der Arbeit mit der Natur und engagiert sich bei planoalto, dem Weiterbildungsinstitut für Erlebnispädagogik und systemischer Naturtherapie in St. Gallen. Er bleibt optimistisch, dass alle Raumthemen irgendwie zusammengehören, und versucht auch andere dafür regelmäßig zu begeistern. Weitere Begriffe, mit denen er sich noch mehr auseinander setzen würde, sind: Ort, Ausrichtung, topologische Kommunikation und die Räumlichkeit der Gefühle.

**Eva Lingg** (geb. 1979) ist Architektin und arbeitet als wissenschaftliche Mitarbeiterin in der Forschung am Kompetenzzentrum Soziale Räume der FHS St.Gallen. Für die vorliegende Publikation hat sie sich gemeinsam mit Steve Stiehler mit der Dualität von Nachbarschaft – im Sinne baulicher Gegebenheiten – und nachbarschaftlicher Beziehung auseinandergesetzt (Basic: Nahraum) und darin an die Erkenntnisse und Fragen aus einem eben durchgeführten Forschungsprojekt angeknüpft. Gleichzeitig überquert sie tagtäglich die Rhein-Grenz-Landschaft zwischen Österreich und der Schweiz (Basic: Landschaft). Andere Begriffe, mit welchen sie sich gerne beschäftigen würde, sind Freiraum, Küche, Hof, Plan und Zone.

**Katharina Manderscheid** (geb. 1973) ist Soziologin und arbeitet als Oberassistentin am Soziologischen Seminar der Universität Luzern. Die Frage nach Raum und gesellschaftlicher Integration durchziehen ihre Forschungsarbeiten seit ihrer Dissertation und daher hat sie das Basic Milieu geschrieben. In diesem Begriff kommen verschiedene gesellschaftliche und räumliche Entwicklungen zusammen, die gerade nicht (nur) mit Auflösung und Zerfall beschrieben werden können. Andere Begriffe, mit denen sie sich auch gerne auseinander setzen würde, sind Mobilität, widerständige Raumkonstitutionen und Haltestellen.

**Stefan Obkircher** (geb. 1982) ist Sozialgeograph und hat bis Ende 2009 als wissenschaftlicher Projektmitarbeiter am Institut für Raumentwicklung der HSR Rapperswil und am Institut für Geographie der Universität Innsbruck gearbeitet. Gegenwärtig ist er in der Raumplanungsabteilung des Bundeslandes Vorarlberg (Österreich) tätig. Sein grundlegendes Forschungsinteresse gilt den Mensch-Umwelt-Beziehungen in ihren vielfältigsten gesellschaftlichen und physischen Ausprägungen. Im Zuge dessen hat er sich für diese Publikation intensiv mit Heimat auseinandergesetzt und fand es darüber hinaus spannend nachzuzeichnen, wie sich die Wahrnehmung des Begriffs im Laufe der Zeit verändert hat. Weitere Begriffe, mit denen er sich gerne auseinandersetzen würde, sind Regionenmacher, Spielraum, Grenzerfahrung, Bewegungsfreiheit und Fernweh.

**Patrick Oehler** (geb. 1968) ist Sozialpädagoge/M.A. Community Development und arbeitet als wissenschaftlicher Mitarbeiter in der Lehre und Forschung an der Hochschule für Soziale Arbeit, Institut Sozialplanung und Stadtentwicklung (FHNW) in Basel, genauer: im Gundeldinger-Quartier (Basic: Quartier). Im Rahmen eines laufenden Forschungsprojektes befasst er sich mit stadtbezogenen Traditionen und Wissensbeständen Sozialer Arbeit. Begriffe, mit denen er sich intensiver auseinandersetzen will, sind Stadtplanung, Urban Agriculture und Demokratie.

**Peter Rahn** (geb. 1963) ist Sozialpädagoge und Professor am Fachbereich Soziale Arbeit der FHS St. Gallen. Lebenswelten stellen den zentralen Bezugspunkt in seinen Forschungsarbeiten zur Bewältigung sozialer Benachteiligung und Ausgrenzung durch Kinder, Jugendliche und junge Erwachsene dar und bilden einen Schwerpunkt seines Lehrangebots. Für eine Handlungslehre Sozialer Arbeit sensibilisiert Lebenswelt für die Orientierung am Weltverstehen der Individuen. Die Konsequenzen, die Soziale Arbeit daraus insbesondere im Bereich der Armutsbekämpfung theoretisch wie praktisch ziehen sollte, werden ihn auch in Zukunft beschäftigen.

**Christian Reutlinger** (geb. 1971) ist Sozialgeograph und Erziehungswissenschaftler und leitet das Kompetenzzentrum Soziale Räume der FHS St.Gallen. Als gelernter Geograph und begeisterter „Bergler" hält er sich gerne außerhalb von Gebäuden „in der Natur" auf (Basic: Landschaft). Die damit verbundene quer und übergreifende Sichtweise führt auch zu anderen Perspektiven im Alltagsbetrieb, wie bspw. auf die Verwendung räumlicher Begriffe und Raumvorstellungen in der Sozialen Arbeit. Diese führte bei ihm schon seit dem ersten Seminar im Rahmen des Studiums in Sozialpädagogik an der Uni Zürich zum Thema „randständige Jugendliche" zu einem Unwohlsein (Basic: Rand). An einer reflexiv-kritischen Auseinandersetzung (reflexiv-räumlicher Haltung) und produktiv-ermöglichenden Umgang mit Raum und Räumlichkeit arbeitet er seit mehreren Jahren zusammen mit Fabian Kessl (Basics: Format und Sozialraum). Weitere Begriffe, mit denen er sich in Zukunft gerne vertiefter auseinandersetzen würde, sind: Anstößigkeit, Gegend, Panorama, Plattform und Weite.

**Eric van Santen** (geb. 1961) ist Soziologe und arbeitet als wissenschaftlicher Mitarbeiter der Abteilung Jugend und Jugendhilfe des Deutschen Jugendinstituts in München. Oft hat er sich die Frage gestellt, warum das eine Gebiet als Brennpunkt bezeichnet wird und ein anderes, aber vergleichbares Gebiet andernorts, nicht. Der Beitrag bot die Gelegenheit, dieser Frage nachzugehen und die dahinter liegenden Definitions- und Entscheidungsprozesse zu reflektieren (Basic: Brennpunkt). Weitere Begriffe, mit denen er sich in Zukunft gerne auseinandersetzen möchte, sind Ausblick, Höhe, Fremde, Löcher und Ferne.

**Joachim Schöffel** (geb. 1964), Dr. Ing., Stadtplaner und Landschaftsarchitekt, ist Professor an der Abteilung Raumplanung der Hochschule für Technik Rapperswil (HSR), davor Stadtentwickler in Freiburg im Breisgau (D) und wissenschaftlicher Mitarbeiter am Fachbereich Architektur der TU Darmstadt (D). Forschungsschwerpunkte: Städtebau und Landschaftsentwicklung in Agglomerationsräumen, Quartierentwicklung, Entwicklung urbaner, öffentlicher Räume. Die Diskussion des Lebensraum-Begriffs bot die Möglichkeit, Erkenntnisse aus der Beschäftigung mit den unterschiedlichen Maßstäben von Lebensraum einfließen zu lassen.

**Markus Schroer** (geb. 1964) ist Professor für Soziologische Theorie und Philosophie der Sozialwissenschaften an der Universität Kassel und beschäftigt sich seit einigen Jahren mit den Themen Raum, Ort, Grenze und Aufmerksamkeit.

**Silke Steets** (geb. 1973) ist Soziologin und arbeitet als wissenschaftliche Mitarbeiterin am Institut für Soziologie der TU Darmstadt. Ethnographische Streifzüge durch kulturelle Netzwerke und städtische Szenen sowie die raumsoziologische Deutung der Praktiken von Kulturakteuren bilden einen Schwerpunkt ihrer bisherigen Arbeit. Dabei fiel ihr auf, dass sich Szenen und kulturelle Netzwerke oft in spezifischen Stadtvierteln verdichten und diese zu prägen beginnen, weshalb sie sich für die vorliegende Publikation mit dem Begriff des Viertels beschäftigt hat. Interessant fände sie auch eine Auseinandersetzung mit den Begriffen Öffentliches Wohnzimmer, Baukörpergrenze, Raumdeckung und Lounge.

**Steve Stiehler** (geb.1969) ist Diplompädagoge wie Freundschaftsforscher und arbeitet als Dozent am Fachbereich Soziale Arbeit der FHS St.Gallen. Sein besonderes Interesse gilt einerseits den Spannungen, die in den verschiedenen Dualitäten wie z.B. zwischen Männern und Frauen, Alten und Jungen oder auch (territorialer) Nachbarschaft und (persönlichen) Nachbarschaftsbeziehung angelegt sind. Andererseits will er dem auf den Grund gehen, was die (Beziehungs-) Welt der Männer zusammen hält. Weitere offene Thematiken, für deren vertiefte Auseinandersetzung es immer wieder an Zeit mangelt, sind Beziehungs- und Anerkennungsräume sowie soziale Gesundheit und soziale Nachbarschaften.

**Angela Tillmann** (geb. 1969) ist Erziehungswissenschaftlerin und Medienpädagogin. Seit ihrem Studium beschäftigt sie sich mit der Medienwelt und den virtuellen Räumen insbesondere von Kindern und Jugendlichen. Ihr Schwerpunkt am Institut für Medienforschung und Medienpädagogik an der FH Köln liegt im Bereich der digitalen Medienkultur. Für sie sind die Handlungsfelder und Sozialwelten sowie individuellen und kulturellen Sinngebungen untrennbar mit Medien verschränkt. Dementsprechend interessiert sie sich für die vielfältigen und komplexen Raumbezüge in der heutigen mediatisierten Welt. Sie ist sowohl an einer reflexiv-kritischen Auseinandersetzung über Bildungspotentiale und Herausforderungen der Medienwelt interessiert, als auch an der Entwicklung und Förderung von Bildungsgelegenheiten. Sie hat selber zwei Internet-Angebote, eines für Mädchen (LizzyNet) und eines für Kinder (KiWi – Kinder-Wissen im Internet) mit entwickelt. Zukünftig wird sie sich vertieft mit den erweiterten Aspekten und Ebenen von Mobilität auseinandersetzen und hier insbesondere die mobile Spiel- und Medienkultur von Kindern und Jugendlichen in den Blick nehmen. Begriffe, die sie in diesem Zusammenhang interessieren, sind: Nicht-Ort, Busfahrt, Haltestelle, Wartezimmer, Überbrückung.

**Benno Werlen** (geb. 1952) ist Inhaber des Lehrstuhls für Sozialgeographie an der Friedrich-Schiller-Universität Jena und arbeitet seit über 30 Jahren zur Schnittstelle „Geographie und Gesellschaftstheorie" zu der er in dieser Zeit zahlreiche Publikationen veröffentlicht und Lehrveranstaltungen im internationalen Kontext angeboten hat. Sein besonderes Interesse gilt den Geographien des Alltags, insbesondere den Geographien alltäglicher Regionalisierungen von Kindern und Jugendlichen, den Spannungsfeldern der Räumlichkeit der Geschlechterverhältnisse, Öffentlichkeit und Privatheit sowie der Dialektik des Lokalen und Globalen. Mit diesen Themenfeldern verbunden sind auch die Begriffe mit denen er sich in Zukunft weiter intensiv auseinandersetzten wird: Räumlichkeit des Gesellschaftlichen, gesellschaftliche Raumverhältnisse, Globales verstehen, Welt-Gesellschaft.

**Annegret Wigger** (geb. 1953) ist Erziehungswissenschaftlerin und leitet das Institut für Soziale Arbeit an der FHS St. Gallen. Grenzen überschreiten oder auch die pädagogisch-normative Aufforderung Grenzen zu setzen prägen meine Biographie. Als ich mich 1982 entschied als Norddeutsche in die Schweiz zu ziehen und im Appenzellerland gemeinsam mit meinen Mann eine professionelle Pflegefamilie aufzubauen, wurde der Grenzbegriff auf vielfältige Weise real. Manchmal habe ich Grenzen überschritten ohne es selber zu realisieren, manchmal hatte ich Angst davor reale oder vermeintliche Grenzen zu überqueren – und in der pädagogischen Pflegefamilienlandschaft war das „Grenzen setzen können" eine unhinterfragte pädagogische Kompetenz. Die normative Anforderung löste bei mir von Beginn an Widerstand aus, auch wenn ich in unserem Pflegefamilienalltag diese Handlungsstrategie durchaus eingesetzt habe. Die Anfrage bot mir die Chance mich nochmal systematisch mit räumlichen, staatlichen, kulturellen Grenzen auseinanderzusetzen und auszuloten was die räumliche Metapher im Kontext von Erziehung und Entwicklung für Möglichkeiten oder aber auch Grenzen enthält.

**Jessica Wilde** (geb. 1982) ist Soziologin und arbeitet als wissenschaftliche Mitarbeiterin am Arbeitsbereich Soziologische Theorie und Philosophie der Sozialwissenschaften an der Universität Kassel. Ihr Forschungsinteresse gilt einer stärkeren Anwendung soziologischer Theorieperspektiven in der Stadt- und Raumsoziologie. Begriffe und Themenfelder, mit denen sie sich auseinandersetzt, sind u.a. Öffentlichkeit und Stadt, kreative Stadt und postmoderne Urbanität.

# Schwerpunkt Sozialraum

Fabian Kessl / Christian Reutlinger
**Sozialraum**
Eine Einführung
2., durchges. Aufl. 2010. 135 S. Br. EUR 14,95
ISBN 978-3-531-16340-6
Was ist ein „Sozialraum"? Was müssen Studierende in den Fachbereichen Soziale Arbeit und Sozialpädagogik, Soziologie, Geographie und Architektur von sozialräumlichen Arbeiten in Theorie und Praxis wissen? Das Lehrbuch stellt einen systematischen Überblick disziplinärer Positionen und relevanter Handlungsfelder zur Verfügung.

Hans-Uwe Otto / Petra Bollweg (Hrsg.)
**Räume flexibler Bildung**
Bildungslandschaft in der Diskussion
2010. ca. 450 S. Br. ca. EUR 39,95
ISBN 978-3-531-17483-9

Fabian Kessl / Christian Reutlinger (Hrsg.)
**Schlüsselwerke der Sozialraumforschung**
Traditionslinien in Text und Kontexten
2008. 239 S. (Sozialraumforschung und Sozialraumarbeit Bd. 1) Br. EUR 19,90
ISBN 978-3-531-15152-6

Fabian Kessl / Christian Reutlinger (Hrsg.)
**Urbane Spielräume**
Bildung und Stadtentwicklung
2011. ca. 220 S. Br. ca. EUR 24,95
ISBN 978-3-531-17756-4

Erhältlich im Buchhandel oder beim Verlag.
Änderungen vorbehalten. Stand: Juli 2010.

Fabian Kessl / Christian Reutlinger / Annegret Wigger (Hrsg.)
**Thematisierungslinien Sozialraumarbeit**
2011. ca. 280 S. Br. ca. EUR 29,95
ISBN 978-3-531-16462-5

Ulrich Deinet (Hrsg.)
**Methodenbuch Sozialraum**
2009. 324 S. Br. EUR 29,90
ISBN 978-3-531-15999-7

Frank Früchtel / Wolfgang Budde / Gudrun Cyprian
**Sozialer Raum und Soziale Arbeit**
Fieldbook: Methoden und Techniken
2., durchges. Aufl. 2010. 335 S. Br. EUR 24,95
ISBN 978-3-531-17180-7

Frank Früchtel / Gudrun Cyprian / Wolfgang Budde
**Sozialer Raum und Soziale Arbeit**
Textbook: Theoretische Grundlagen
2. Aufl. 2010. 228 S. Br. EUR 19,95
ISBN 978-3-531-17195-1

Christian Reutlinger / Caroline Fritsche / Eva Lingg (Hrsg.)
**Raumwissenschaftliche Basics**
Eine Einführung für die Soziale Arbeit
2010. 292 S. Br. ca. EUR 19,95
ISBN 978-3-531-16849-4

**www.vs-verlag.de**

**VS VERLAG**

Abraham-Lincoln-Straße 46
65189 Wiesbaden
Tel. 0611.7878-722
Fax 0611.7878-400

# Soziale Passagen –
## Journal für Empirie und Theorie Sozialer Arbeit

*Soziale Passagen*

- sind ein interaktives Projekt, das sich den durch gesellschaftliche Veränderungen provozierten Herausforderungen stellt und sich dezidiert als wissenschaftliche Publikationsplattform zu Fragen der Sozialen Arbeit versteht.

- stehen für eine deutlich konturierte empirische Fundierung und die ‚Entdeckung' der Hochschulen, Forschungsprojekte und Forschungsinstitute als Praxisorte. Sie bieten einen diskursiven Raum für interdisziplinäre Debatten und sind ein Forum für empirisch fundierte und theoretisch elaborierte Reflexionen.

- enthalten in jeder Ausgabe einen Thementeil und ein Forum für einzelne Beiträge. Einen weiteren Schwerpunkt bilden Kurzberichte aus laufenden Forschungsprojekten. Die inhaltliche Qualität ist über ein peer-review-Verfahren gesichert.

- richten sich an Mitarbeiterinnen, Mitarbeiter und Studierende an Universitäten, Fachhochschulen und Instituten sowie an wissenschaftlich orientierte Leitungs- und Fachkräfte in der sozialpädagogischen Praxis.

2. Jahrgang 2010 – 2 Hefte jährlich
**www.sozialepassagen.de**

### Abonnieren Sie gleich!
vs@abo-service.info
Tel: 0611. 7878151 · Fax: 0611. 7878423

Erhältlich im Buchhandel oder beim Verlag.
Änderungen vorbehalten. Stand: Juli 2010.

**VS-JOURNALS.DE**

Abraham-Lincoln-Straße 46
65189 Wiesbaden
Tel. 0611.7878-722
Fax 0611.7878-400

MIX
Papier aus verantwortungsvollen Quellen
Paper from responsible sources
**FSC® C105338**

If you have any concerns about our products,
you can contact us on
**ProductSafety@springernature.com**

In case Publisher is established outside the EU,
the EU authorized representative is:
**Springer Nature Customer Service Center GmbH
Europaplatz 3, 69115 Heidelberg, Germany**

Printed by Libri Plureos GmbH
in Hamburg, Germany